中公新書 2806

佐藤卓己著

言論統制 増補版

情報官・鈴木庫三と教育の国防国家

中央公論新社刊

言論統制❖目次

【凡例】

①出所を示す（○○：＊）は、○○が著者、＊がページ数を表す。文中の表記で典拠が明らかな場合は、単にページ数のみ（＊）と表記した。また、同一著者の文献は、「○○††」と刊行年の下二桁を加えた。さらに年譜中の鈴木文献には識別上アルファベットを加えた。未公刊文献については本文中に表記し、引用文献リストには入れなかった。

②引用文中の省略についてのみ（略）と表記し、「前略」および「後略」は省いた。引用文の強調は、特記しないかぎり、引用者による。解読不能な文字は○○で表記し、引用文の補足、解説は〔　〕内に記述した。引用元の表記は不統一だが、引用文中の雑誌、書籍は『　』、論文、演題は「　」、映画タイトルは《　》で統一した。

③未公刊史料として、鈴木庫三氏の遺族が保存されている手稿「思出記」（一九一八年）と日記、手帳類のほか、日本大学大学院『演習日誌』などを参照した。「鈴木日記」は、「大正三年（一九一四年）懐中日記（博文館）」から「鈴木家日記」（一九五三年一〇月一六日～一九五四年三月七日）までの総称である。本文中での日記の引用は、（19††-††.††）で日付を表記した。

④二・二六事件前後（一九三五～一九三七年）の日記は本書旧版（二〇〇四年）の刊行後に発見された。日米開戦期（一九四一～一九四二年）の日記は未発見である。終戦前後（一九四四～一九四五年）の日記を部隊で焼却したことを悔やむ記述が一九四六年の日記にある。

⑤日記・手帳の記述は、軍用文への習熟のため士官学校時代から一九二四年までカタカナ表記だが、それ以外はおおむね口語文かな表記である。軍用文の通例で濁点・句読点が省略されていることが多い。歴史研究者として原文表記の重要性は十分に認識するが、幅広い読者を対象とする新書の性格に鑑み、読みやすさを優先して濁点と句読点を補った。歴史的かな遣いは原文のままとしたが、旧字体の漢字は新字体に改めた。また、極端な当て字、人名・地名などの明らかな誤字についても訂正を加えた。

⑥軍人については、陸軍士官学校と陸軍大学校の卒業期と最終階級を（○期・陸大△期・××）と略記した。

⑦引用中に差別などにかかわる不適切な語句があるが、今日の視点で史料に手を加えることはしなかった。

言論統制——情報官・鈴木庫三と教育の国防国家　増補版

ロベスピエールを称《たた》える人も、憎む人も後生だからお願いだ。ロベスピエールとは何者であったのか、それだけを言ってくれたまえ。

——マルク・ブロック『歴史のための弁明』より

序章

『風にそよぐ葦』の神話

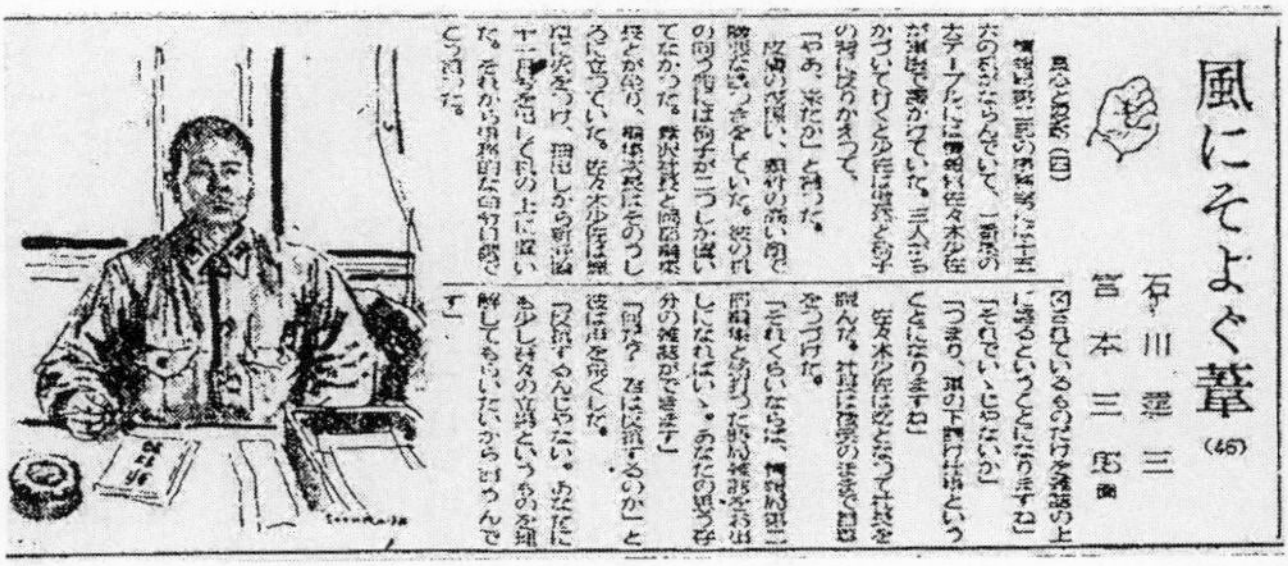

石川達三作・宮本三郎画「風にそよぐ葦」
『毎日新聞』1949年5月30日（連載第46回）　挿絵は情報官「佐々木少佐」

言論統制は内閣直属の情報局でやつてゐた。それが新聞雑誌其他《そのた》一般出版物の指導をしてゐた。そして其指図に従はないと紙の配給を止め或《あるい》は減少し得る組織になつてゐて、結局新聞社、雑誌社、出版会社を潰《つぶ》し得る。さうした非常手段に訴へずとも、情報局は雑誌社に向つて、何日迄《まで》に自発的廃業をせよ、それをしなければ、強制的に廃業せしめるといふ通告をした事さへある。情報局には陸海軍その他の官庁から情報官が出てゐて、これらは軍人独特の高圧的態度で新聞記者、又雑誌記者に臨んだ。これに睨《にら》まれては何の雑誌も仕事が出来なくなるが故に、みんな脹《は》れ物に障《さわ》るやうな態度で応待〔ママ〕した。中にはその御機嫌を取る為《た》めに特別に迎合的態度を採るものもあつた。或は情報局に居る軍人を喜ばす為めに、その軍人の書いたものを出版して、巨額の印税を贈つたといふ噂《うわさ》もあつた。

馬場恒吾《つねご》『平和と自由への驀進《ばくしん》』（一九四五年一一月一日印刷）

1――中央公論社を叩き潰した陸軍少佐？

昭和言論史の悪名

「中央公論は、たゞいまからでもぶつつぶしてみせる！」

一九四一年二月二六日、中央公論社編集部と情報局第二部第二課の懇談会で情報官・鈴木庫《くら》三《ぞう》少佐が「非協力的」な嶋中雄作《しまなかゆうさく》社長に投げつけた言葉、とされる。日米開戦はその約一〇カ月後のことである。当時の『中央公論』編集長・畑中繁雄《はたなかしげお》が日本ジャーナリスト連盟編『言論弾圧史』（一九四九年）に書き留めている。その回想をもう少し詳しく引用してみよう。

　当時、帝国劇場にあつた第三会議室において、主として第二課長大熊〔譲〕海軍大佐、情報官鈴木庫三少佐らは、同社の国策非協力を痛烈に叱責《しっせき》、自由主義的傾向の清算に基づく編集方針の根本的切り替えを強談した。これにたいし嶋中は鈴木少佐に向つて、「貴下たちは、命令さえ下せば、国民は思うように意に従うと考えておられるが、それは軍隊式の考え方であつて、言論指導とは、それほど単純なものではない。少くとも、その点に関するかぎりわれわれの方がくろうとである〔強調は原文〕。だから、藉《しゃ》するに時日をもつてして、思想指導はむしろわれわれに任していたゞいた方がよい」と答えた。と、このとき鈴木少佐は満面に朱をそゝぎ、サーベルの鞆〔ママ〕を摑《つか》んで、憤然立ち上り、「なにをいうか、そういう考えをもつている人間が出版界にまだたくさんいるから、いつまで経つても国民は国策にそつぽを向いているのだ。もともと自分は、出版はあくまで民営であるべき信念を有しているが、君らのような人間はとうてい許しがたい。君らは社内の後輩に向つても、いつも自由主義的方針を宣伝しているではないか。隠しても駄目だ、君らの足下の社員からそういう投書が自分の許《もと》に来ているのだ。そういう中央公論社は、たゞいまからでもぶつつぶしてみせる！」と絶叫しつゞけた。仁王立ちした少佐の形相はもの凄《すご》く、四囲をへいげいした。かくて、その会の「懇談」はうやむやのうちにもの別れとなつてしまつた。（101-102）

軍部の「剣」の前に、知性の「ペン」は沈黙した。それは疑うべくもない戦後的常識となっている。その剣を振るった軍人として最も悪名高いのが、この鈴木少佐である。鈴木少佐に恫《どう》喝《かっ》されたという出版社は、中央公論社だけではない。岩波書店、講談社、実業之日本社など有名出版社の社史をひもとけば、「鈴木庫三」は言論弾圧の代名詞のように使われている。木村毅《き》編集代表『講談社の歩んだ五十年』（一九五九年）では『現代』編集長・御郷《みごう》信祐の証言が引用されている。

鈴木氏は少佐から中佐時代でも大臣以上だった。あの圧力というものは情報局の役人なんかまで彼の前ではご機嫌をうかがいながら話をするという様子だった。（略）軍といっても、海軍は割合におだやかだったといえる。陸軍の中でも話のわかる、まことに感じのいい人もあったが、とにかく鈴木中佐には手こずりぬいた。（473）

また、当時『日本評論』編集部にいた美作《みまさか》太郎《たろう》は『言論の敗北』（一九五九年）で鈴木少佐を「小型ヒムラー」と名づけている。

> 鈴木少佐というのは、情報局情報官で日本出版〔文化協〕会文化委員で陸軍少佐を兼ねた「小型ヒムラー」であった。鈴木庫三といえば、当時出版界に籍をおいた人間でたれ知らぬ者はないくらい、言論出版のことにかけては軍人仲間の「権威」を気取り、サーベルと日本精神をふりまわしながら、「泣く子も黙る」蛮勇をほしいままにした男であった。用紙の割当量をふやしてもらいたいばかりに、この男を料亭に招待して阿諛追従にうきみをやつし、はなはだしいばあいには、この男の論文をれいれいしく雑誌に掲げ、またはこの男の著書を出版して、紙不足の折にもかかわらず大部数を印刷してその印税を献ずるなど、当今では想像も及ばない、こっけいなスキャンダルが、便乗第一の大出版社のあるものによっておこなわれたことも言い添えておいてよいであろう。しかし多少とも恥を知る出版業者や編集者でかれと接触したことのある者ならば、あの蒼《あお》黒《ぐろ》い風貌《ふうぼう》と蛇のような目つきと鋭い金属音のような音声を想起しつつ、痛憤と憎悪を新たにせずにはいられないであろう。（80）

この文章を読んだとき、私の脳裏に浮かんだ鈴木少佐は、時代劇に登場する「悪代官」のイメージであった。実際、畑中や美作の回想などに全面的に依拠した、その後の戦時ジャーナリズム史研究で、「鈴木少佐」は「サーベルと日本精神をふりまわ」す最も悪名高い軍人として描かれてきた。

だが、鈴木庫三が残した手稿や日記を読み終えた今、私の印象はほとんど一変した。序章では、まずこうした「悪名」が成立したプロセスを検証してみたい。

呼び付けられた編集者たち

そもそも、冒頭で引用した『言論弾圧史』の鈴木発言、「中央公論社は、たゞいまからでもぶっつぶしてみせる！」は、その文脈をふまえて理解されてきただろうか。その強烈なセリフの前に鈴木少佐が口にした言葉、「君らの足下の社員からそういう投書が自分の許に来ているのだ」に強い関心を示した者はほとんどいない。後述するように、会議出席、執筆や講演など公務に忙殺されている鈴木少佐が多くの雑誌に目を通すことなど不可能である。一方、情報局や陸軍報道部には膨大な数の投書が寄せられており、それが検閲や指導に利用されていた。「ペン」を沈黙させた「剣」とは、鈴木少佐が握っていた竹光の指揮刀だったのだろうか。むしろ、当局に寄せられる部内者や読者の投書こそが言論弾圧の「剣」だったのではないのか。

鈴木少佐による検閲の様子を再現した回想として、戦時下の『サンデー毎日』編集部にいた大阪毎日新聞社学芸部記者・辻平一の「軍部の検閲」（『文芸記者三十年』一九五七年所収）を見ておこう。この回想は辻と親しく付き合った高見順の『昭和文学盛衰史』（一九五八年）に再録されたのでよく知られている（高見：526–529）。

辻平一は一九四〇年夏に陸軍報道部の「S少佐」から電話で出頭を求められた。辻にとって、それは戦時下の不条理かつ不愉快極まりない出来事だったようだ。鈴木少佐は『サンデー毎日』の表紙を飾る岩田専太郎の美人画に「これは何だ！」と罵声を浴びせたという。大原女《おはらめ》を描いた表紙絵を「これは朝鮮の風俗だ。日本には古来からこんな風習はない」と言い放ち、ネッカチーフで頭髪をつつんだ女の姿を「これも外国の風習だ」と難癖をつけた（161）、という。

この証言を正しいとしよう。しかし、同時期の鈴木少佐は「内鮮一体と満洲開拓問題」（『拓務評論』一九四〇年六月号）などで「内鮮の協和同化」を強く主張している。また第五章六節で見るように「せめて一年間働いて派手々々しいぱつとするやうな柄の着物を一枚も着たいとい ふ」女工たちの願いを戦時下で擁護した人物である。はたして表紙イラストへの批判は「S少佐」本人の意見だったのだろうか。大竹編集長と辻の反論に対して、「S少佐」は次のような反応したという。

S少佐はこちらの言葉は全部、黙殺したかたちだった。「そうか」ともいわなかったかわり「それがいけないのだ」ともいわなかった。S少佐の言葉を一方的に押しつけるだけで、こちらの返事には反撃も加えなかった。（161-162）

この反応を辻は「上官の命令に意見をさしはさむ余地は全然ない」軍隊風と解釈している。だが、第一章で見るように鈴木庫三は「上官に意見する士官」であり、第二章で詳述するように東京帝大文学部教育学科と日本大学大学院で学んだ「討論する教育将校」である。だとすれば、「S少佐」はこれを報道部に寄せられた告発を編集者に伝達するセレモニーと考えていたのではないか。その儀式は次のように終わった、と辻は記録している。

最後のとどめをさす時は、S少佐はスックと立ち上がっていた。「お前たちは新聞社の人間じゃないか。新聞は時勢を察するに非常に明敏だ。すばやく、頭をきりかえてゆく。それなのに、おまえたちの頭はどうしてきりかえられないのか」と、しゃがれた声を大きくして、どんと机をたたいた。(162)

鈴木少佐が対応した部屋には他の将校や嘱託たちが多くいた。そこでの演技的振舞いを『日本評論』編集長だった下村亮一は、『昭和動乱期を語る――一流雑誌記者の証言』(一九八二年)で次のように回想している。

私の見た庫さんは、怒っても後でペロッと舌を出してニヤッと笑っているんだ。その周りには陸軍の嘱託が一杯いるんですよ。あの連中の顔を見てニヤッと笑うんです。やっつけたぞというところを見せるんだ、案外愛嬌《あいきょう》があったんじゃないかなという気がするんだがな。(下村:338)

いずれにせよ、辻の「軍部の検閲」によれば、鈴木少佐の呼び出し以後、『サンデー毎日』は「急角度で、表紙の絵も写真もかわった」。さらに同編集部は「陸軍報道部のお歴々を星ケ岡に招待することになった」(164)という。懇談会には報道部長の「M〔松村秀逸《しゅういつ》〕大佐」、「好色家らしい」「F〔藤田実彦《さねひこ》〕中佐」がいたようだが、そこに鈴木少佐はいない。接待や宴会を嫌う鈴木少佐は、ある意味、編集者にとって最も扱いにくい軍人だった。この酒宴における松村秀逸報道部長の「御高説」を辻はこう記録している。

「君たちはS少佐を、うるさい厄介な男だと思っているかもしれないが、なァに簡単なもんだよ。

Sの判定の規準をのみこんでしまえばいいんだよ」こともなげに、M大佐は断定した。(166)

なるほど「Sの判定の規準」は、酒席で何ごとも片付けようとする記者の規準とは大きく異なっていた。

小島政二郎の「眼中の敵」とは

鈴木少佐の検閲を投書や密告という視点から見た場合、興味深いのは『サンデー毎日』表紙問題よりも『主婦之友』一九四一年一〇月号から始まった小島政二郎《まさじろう》の連載小説が翌月号で打ち切りとなったエピソードである。小島は自伝「眼中の人(その二)」『新潮』一九六七年六月号でこう書いている。

私が「主婦の友」に「夫婦の鈴」を連載中、軍部に呼ばれて情報部に行くと、鈴木という田舎者丸出しの陸軍少佐が、部下を引き連れて現われた。こいつが、

「なぜ君は大根のような太い足をした女を書かないのか」

そんなことを言って、私の小説に登場する女主人公の描写の与える印象が、華奢《きゃしゃ》で美し過ぎて戦時的でないと言って攻撃した。掲載を中止するという重なる理由が、それだった。(小島：292)

山田幸伯の小島評伝『敵中の人』(二〇一五年)で引用された部分である(305-306)。これだけ読むと、鈴木少佐は暴君のようであり、「これでは呆れて、反論も出来ないだろう」(306)

という山田の指摘は正しい。だが、本当に重要なのはこの引用の前後にある小島の回想である。この直前には次の文章が置かれていた。

私が朝鮮へ行った時、その地の作家が尋〔ママ〕ねて来ていろいろ雑談している時、「いいえ、恐いのは官権よりも、同じ仲間の作家です。仲間はお互に何も彼もよく知っていますから、密告するのはいつも彼等です」そう言っていたが、（同）

これを受けて、山田が右に引用した文章が続く。だとすれば、鈴木情報官が「部下を引き連れて現われた」という記述も特別な意味をもつことになる。次の説明が後に続くからである。

そいつ〔鈴木少佐〕が引き連れて来た部下が、グルリと私を取り巻いて、そいつのいうことの尾について私の小説を非難し始めた。彼等の顔を見たとたんに、私は笑い出したくなった。彼等は一人残らず小説家志望者で、志を得なかった落伍者ばかりだった。久米〔正雄〕の好意で、時々人間の食うものを御馳走になりながら、私は一人そんなことを思い出していた。
「こんな落伍者が寄り集まって、文学のブの字も知らない軍人を焚《た》きつけて我々を統制していい気持になっているようでは、十年は愚か、戦争は一年とは続くまい」（小島：292–293）

つまり、小島が書き留めたのは、鈴木情報官の個人的意見ではなく、作家仲間の密告や大衆の投書による統制システムである。「眼中の敵」は少佐ではなく、作家仲間だったのだ。鈴木庫三には自身の論文執筆に必要な倫理学や教育学の著作ならともかく、通俗小説を読む時間的余裕などありえなかったからである。

酒席を嫌悪した鈴木少佐

だとすれば、先に引用した『言論の敗北』の記述にも明らかな印象操作が存在する。一つは料亭接待のくだりである。第二章以下、「鈴木日記」を使って検証するように、鈴木は他の将校と異なり、酒席への接待や阿諛追従《あゆついしょう》を極端に嫌悪した生真面目《きまじめ》すぎる軍人であった。毎晩欠かさず詳細な日記をつけ、寸暇を惜しんで勉強し原稿を執筆した鈴木少佐は、夜の会合をなるべく避けようとしていた。だが、各省の役人や各出版社を含む会合はどうしても夕方にならざるをえない。陸軍省情報部員であった日中戦争期のある日の日記を引用する。

雑誌の指導を行ふ。情報部長の序文を依頼されて起案した。防空演習の空襲警報に会つて毎夜電車が止り、或は極端な雑踏《ざっとう》で帰宅が後れる。然《しか》し、夜間の講演や会合がないので大助かりだ。

1939-10.27

防空演習で「夜間の講演や会合がない」ことを鈴木は心から喜んでいる。その生活態度は青年将校時代から一貫している。次は、一九二四年一月、鈴木少尉が陸軍砲工学校の勉強会「余丁会」の懇親会に行ったときの感想である。新年会を兼ねて渋谷福寿亭で催されたが、研究目的の懇親に飲酒や芸妓《げいぎ》は不要だと幹事を厳しく批判している。

一体日本人ハ此《かく》ノ如《ごと》キ場所ニ出入シ、芸妓ヲ上ゲテ舞ハシテ酒ヲ飲マネバ、総《すべ》テノ相談ガ纏《まと》マランダラウカ。或ハ仕事ノ受渡ガ出来ヌダラウカ？　或ハ余丁会ノ如キ会ノ研究親和ノ目的ガ達成セラレンダラウカ？（略）親睦ヲ計ルニハ、必ズシモ宴会ヲ伴ヒ芸妓ヲ伴ハネバナラヌモノデモアルマイ。然《しか》ルニ近頃ノ社交会ハ皆斯《かく》ノ如キ有様ナルヲ如何《いか》ニセン。又之《これ》ヲ極端ニ拒絶スル時ハ、世ノ流ニ逆行シテ、遂《つい》ニハ生活問題ニ迄関係シテ来ル。斯ノ如キ社会状態ヲ如何ニセン。又斯《かく》ノ如キ陸軍ノ空気ヲ如何ニセン。又之ヲ断然拒絶スルノ勇気ナキ自己ヲ如何ニセン。拒絶セラレザルガ如キ道徳界、社会状態ヲ如何ニセン。1924-1.12

鈴木少尉は宴会に群がる陸軍上層の堕落に対しても絶えず厳しい視線を向け続けた。こうした社会の矛盾を、後述する「軍隊教育学」の研究から乗り越えようと試みた。それゆえ、アメリカの禁酒法（一九二〇年一月発効）も高く評価していた。

此〔禁酒法〕ノ決心ガ他ノ方面ニモ働クトシタラ、確《たし》ニ米国ハ我国民ノ油断ニナラヌ大敵デアル。日本国民ニ此決心アリヤ否ヤ。1923-3.26

とすれば、むしろ原因と結果が逆なのではあるまいか。如才ない編集者が鈴木少佐のこうした性格を理解せず懇親と称して宴席に誘い、この真面目すぎる軍人の不信と嫌悪を買ったという可能性が高いのである。

ブルジョア的空気

鈴木少佐が編集者たちに抱いた不信感について、情報部時代のある日の日記を取り上げてみよう。一九四〇年二月三日土曜日、四大総合雑誌『中央公論』『改造』『文藝春秋』『日本評論』の編集部と陸軍省情報部の懇親会が熱海の青木館で開かれた。当日の午前中も鈴木少佐は部落差別の解消を目指した教員講習会で熱弁をふるい、午後は原稿執筆に追われている。夜の酒席そのものが、鈴木少佐にとって楽しいものではなかった。

今日は午前九時から東京市社会事業部の融和事業関係教員の講習に臨み、「新東亜建設と融和事業」に関する講演を行ふ。午後から『〔昭和〕躍進時代』〔健康保険協会〕の原稿を書く。午後四時半東京駅を起《た》って熱海に向ふ。青木館に一泊、四大雑誌社の編輯部《へんしゅうぶ》と陸軍との懇親会を開く。政治、経済、思想等の綜合雑誌を指導するのは簡単には行かぬが、今日の旅行で特に得る所があったのは、熱海附近に遊ぶ戦争成金の堕落した姿を具《つぶさ》に視《み》ることが出来た点にある。戦争負担の公正は何か？　1940-2.3

この夜、熱海で編集者たちと過ごした「ブルジョア的空気」が彼には大いに不愉快であった。大出版社の編集者たちが、彼の不機嫌の理由を正しく理解したとは思えない。この陸軍と四誌編輯部の熱海での懇親会について、『日本評論』編集長・下村亮一が『雑誌記者五十年——虹と嵐と雲と』（一九八四年）に回想を残している。

有名なヒゲの藤田中佐とか、何々中佐とかいうような将校たちとも、ドテラ姿で酒を酌みかわし、さては芸者と共におどり、時にはそのまま一夜を共にする者もあったが、明くれば、また同じ浴槽の中で、他愛もない話に興じ、又朝酒がはじまるということもあった。まさに戦場を共にする戦友のようなもので、これが知的な編集者の振舞いかと疑いたくはなるが、時代の空気というものは不思議なもので、四社のインテリの代表達が、結構、こうした雰囲気にひたっていたのであるから、今となってこれを向きになって批判してもはじまらない。こうした会合が編集上重要だというのは、まことに巫山戯《ふざけ》た話だが本当だから仕方がない。(93)

この時期、鈴木少佐は差別解消や内鮮融和を目的とした講演を何度も行っており、国防国家における社会的平等の同時実現を訴えていた。この日の講演は中央融和事業協会機関紙『融和時報』第一六四号(一九四〇年七月一日)の第一面に掲げられた「新東亜建設と融和事業」である。中央融和事業協会は全国水平社と異なり、官民協調での差別解消を目指した組織だが、現役将校の寄稿は稀有《けう》である。編集者の感激は「陸軍省情報部・陸軍輜重《しちょう》兵少佐　鈴木庫三」の直筆署名をわざわざ写植した凸版から伝わってくる。

之〔新東亜建設〕がためには満洲や支那に対しても融和同化の皇道精神を以《も》つて臨まねばならぬことになる。是《ここ》に於《お》いて国内の情勢を顧みるに、日本国内の融和は果して名実共に完成して居《お》るかどうか。未だにくだらぬ迷信や感情に捕はれて同じ血を分けた同胞を差別視する様な馬鹿者は居らぬか。

歴史的にみるも数学的にみるも、日本民族は過去三千年の間に、天孫民族を主流として完全に血液の連鎖ができて居るのだ。又我国史を精査すれば半島や支那民族との血液の連鎖もある。之程明瞭《めいりょう》な証跡があるのにくだらぬ迷信や感情に支配されて居るのは、大国民の態度でもなければ文明人の態度でもない。一日も早くかゝる謬見《びゅうけん》を捨てゝ真の融和を完成し、半島に及び台湾に及び満洲、支那に及ばねばならぬ。(2)

さらに「半島から大陸へ――内鮮一体と満洲開拓に就《つい》て」『新満洲』(満洲移住協会)一九四〇年五月号でも、こう述べている。

私は此の二月下旬に麻布《あざぶ》の養生館《ようせいかん》で半島人の青年代表と懇談をした。話は内鮮同化問題の色々な方面に及んだが、其の一つは教養の低い内地人の半島人に対する差別感であり、其の二は内地と半島との間に於ける人口の交流であり、其の三は半島に対する徴兵令の問題であった。之等の問題はいふまでもなく、内鮮同化当面の障碍《しょうがい》である。(略)此の様な矛盾状態は何から来るか、それは言ふまでもなく、内地人と半島人との物質的生活水準の相違から来る。故に此の問題を解決するためには、内地人の物質的生活水準を高めない様に自制せしむると共に、他方、半島自体に於て島民の生活を高め内地と均衡をとらしむる様な政治、経済の手をうたねばならない。(41)

今日、こうした主張を「社会帝国主義」と切り捨てることは理屈の上では簡単である。しかし、鈴木少佐が満洲移民や大東亜共栄圏を唱道した動機に、社会的弱者への視線があったことを無視すべきではあるまい。当然ながら、鈴木は軍隊内の弱者、すなわち下士官や兵卒の側にたって上官に意見具申を繰り返した。その結果、上官や先任将校たちとも摩擦対立を引き起こしている。その経緯は、第一章で鈴木の生い立ちや軍内の経歴から明らかにする。ある意味で、鈴木庫三は「弱きを助け、強きを挫《くじ》く」正義漢だった、と言えるだろう。はたして、編集者や文化人は弱き者だったのか。日中戦争期の日記である。

今日は午後三時から文藝春秋社長の菊池寛氏から歌舞伎座に招待された。忠臣蔵の芝居、子供の時代によく見たおかるや勘平の場面が出た。芝居は兎《と》に角《かく》として一等席の観覧料が八円五十銭、食事を入れると十円以上になる。支那事変債券一枚の価格だ。国家は此の公債を買つてもらひたいのに、何千人といふ人がつまらぬ金を使つて国債も買はない。独り歌舞伎座ばかりではあるまい。あらゆる劇場が満員に相違ない。何たる個人主義か。1940-3.20

戦後は強い軍部が弱い知識人をいじめる、「剣はペンより強し」という構図が議論の前提である。はたして、この前提は正しいのだろうか。軍人と知識人は、いずれの社会的地位が高かったのであろうか。いずれにせよ、鈴木少佐にとって知識人は弱者ではなかった。

なぜ鈴木「少佐」なのか？

実は、冒頭に引いた「中央公論社をぶっ潰す」発言から三日後の一九四一年三月一日、鈴木庫三は「中佐」に昇進している。だが、その後書かれた多くの歴史書では、鈴木「少佐」こそ言論暗黒時代の下克上《げこくじょう》を象徴する名前として語り継がれてきた。たとえば、日本通史のスタンダードである林茂『日本の歴史25　太平洋戦争』（中央公論社）の第九章「翼賛政治」では、一九四一年二月二六日、中央公論社などと情報局の懇談会で示された執筆者ブラック・リストが紹介されている。矢内原忠雄《やないはらただお》、馬場恒吾・清沢洌《きよさわきよし》・横田喜三郎・田中耕太郎など自由主義

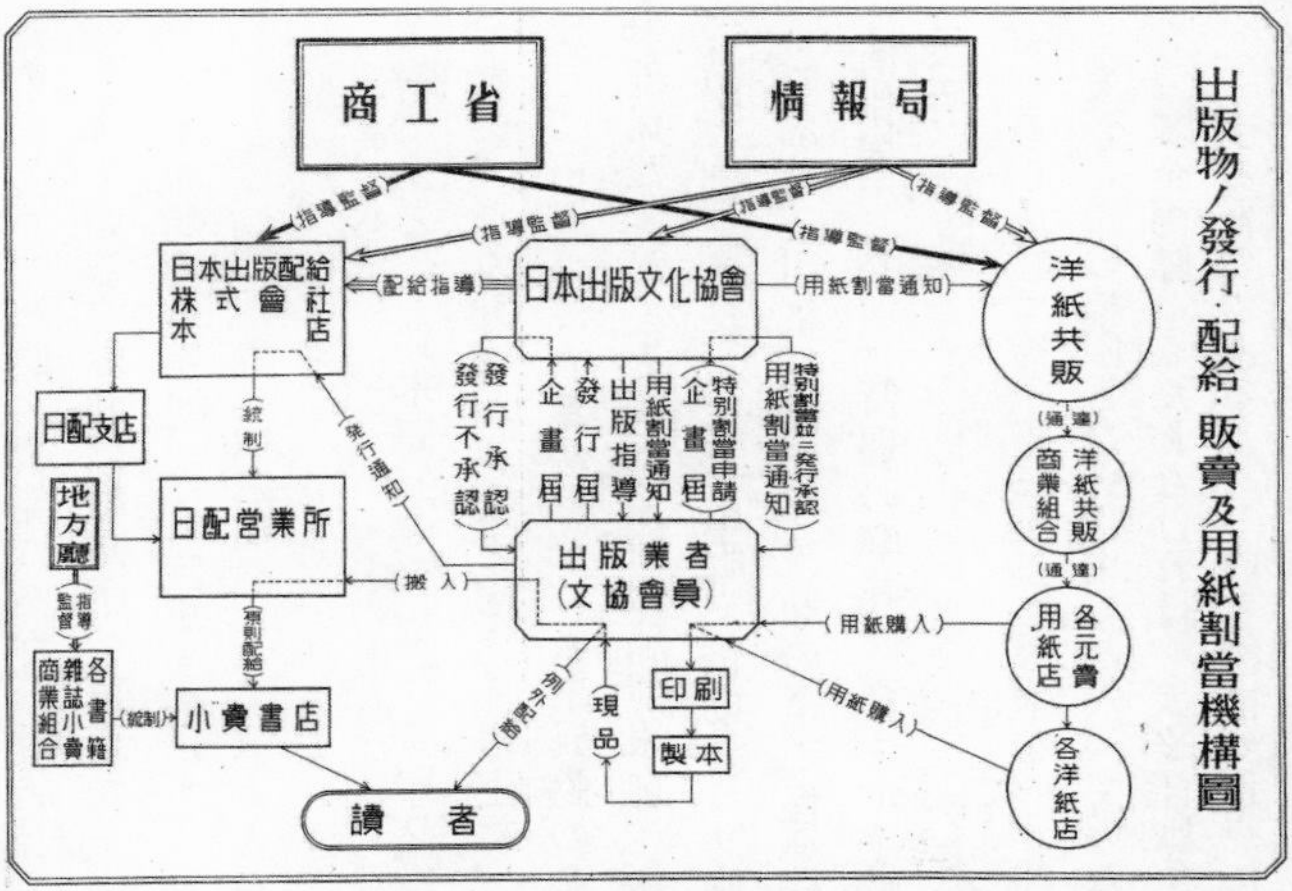

「出版物ノ発行・配給・販売及用紙割当機構図」（『出版年鑑』昭和17年版）。情報局の情報官、新聞雑誌用紙統制委員会幹事として洋紙共販を指導し、日本出版文化協会文化委員、日本出版配給株式会社創立委員として出版、流通を監督し、商工省の岸信介次官に個人的なルートまでもっていた鈴木庫三の権限の大きさがわかる（詳しくは第五章参照）

者の執筆禁止という消極的統制に加えて、軍部指導の積極的宣伝が次のように記述されている。

新しく花形となったのは、情報局や大本営報道部を中心とした官僚・軍人のグループであった。奥《おく》村《むら》喜《き》和《わ》男《お》情報局次長・谷萩《やはぎ》那華雄《なかお》陸軍報道部長・平出英夫《ひらいでひでお》海軍報道部長・鈴木庫三情報官（陸軍少佐）といった顔ぶれである。かれらのいわゆる「官製原稿」は奪い合いで盛んに新聞・雑誌その他の出版物の紙面をにぎわした。（323）

谷萩に（陸軍大佐）、平出に（海軍大佐）と補足せず、鈴木にのみ（陸軍少佐）と階級が付記されていることに注目したい。一少佐が論壇に君臨した異常性を執筆者は示したかったのだろう。当時の異常な噂が臼井吉見『蛙のうた——ある編集者の回想』（一九六五年）に記録されている。臼井は戦時中、東京女子大学に出講しつつ筑摩書房で編集にたずさわっていた。

情報局の鈴木庫三なる陸軍少佐によって、日本の出版の全権が握られていて、いろんな噂が流れた。（略）「鈴木庫三演説集」というのが、「東条英機演説集」とならんで、次々に版をかさねていた。（29–30）

噂である。「鈴木庫三演説集」という書物などは存在しない以上、それが版をかさねるはずもない。こんな噂が真実と思えるほどに、この一九四一年初頭、鈴木少佐の職権はその階級に比して桁違《けたちが》いに大きかった。人事異動の多い陸軍省報道部でも鈴木少佐は在籍三年になる最古参部員だった。その上、情報局情報官、新聞雑誌用紙統制委員会幹事、日本出版配給株式会社（日配）創立委員、日本出版文化協会（文協）文化委員を兼ねていた。すなわち、陸軍省の検閲官であり、用紙、出版、流通の全工程の統制団体に睨みを利かせていたことになる。当時、「情報局の判任官待遇の嘱託」だった平野謙は「続戦争下の伊藤整——わが戦後文学史（十三）」（『群像』一九六七年一月号）でこう書いている。

もしかりに鈴木庫三からこの本を一万部刷れといってきたら、出版文協はその鶴の一声に抗すべきなんの権限もない仕組みになっていた。このことは、ひとつの機構として、戦争協力をその出版企画願にうたわなければ、太平洋戦争下のすべての出版物は許可されないという建て前を意味するものである。そういう機構の頂点に鈴木庫三が立っていたわけだから、出版界に対するその権力には絶大なものがあったといわねばなるまい。無論、私は当時の鈴木庫三に不正があったなどというのではない。ただそういう機構そのものが、当時の独裁的な政治の動向をよく象徴している、といいたいだけである。（平野：139–140）

他の証言者とは異なり、同じ情報局にいた平野が「私は当時の鈴木庫三に不正があったなどというのではない」と、文壇に流布した「鈴木庫三伝説」を否定している。それに留意した上で、評論家・清沢洌の「戦争日記」を読んでいただきたい。清沢は鈴木庫三が情報局を追われて二年以上が経過していた一九四四年五月二〇日の日記にこう書きつけている。

この鈴木という少佐は、その頃の日本思想界の独裁者で、出版、団体その他、一としてこの人の許諾によらないものはなく、講談社あたりは同人の書を出版して、多額の印税を贈ったといわれる。（清沢：198）。

この噂の意味するところは第五章で詳しく検討する。

2——石川達三『風にそよぐ葦』の現実

『言論弾圧史』をドラマ化

この清沢とゴルフ仲間であった石川達三《たつぞう》が、冒頭に引用した畑中回想録を読んで連載小説の創作意欲をかきたてられたことは間違いない。『言論弾圧史』刊行から三ヵ月後、一九四九年四月一五日、軍部の言論弾圧に抗したインテリ群像を描く社会小説『風にそよぐ葦《あし》』前篇の連載が『毎日新聞』で始まった。

主人公の新評論社社長・葦沢悠平と評論家・清原節雄は、中央公論社社長・嶋中雄作と清沢洌をそれぞれモデルとしている。中央公論社はその自由主義的論調で改造社と並んで、陸軍報道部から「敵視」されていた。一九四二年の『改造』八月号と九月号に掲載された満鉄調査部嘱託・細川嘉六《かろく》「世界史の動向と日本」に端を発するフレームアップ（でっちあげ）事件（神奈川県特高《とっこう》警察が指揮したため「横浜事件」と呼ばれる）では、中央公論社編集部は最も多い検挙者を出し、嶋中自身も厳しい取り調べを受けた。ついには、一九四四年七月情報局の解散命令によって伝統ある『中央公論』も『改造』とともに廃刊に追い込まれた。『風にそよぐ葦』前篇のヤマ場は、日本出版史上に名高い「横浜事件」である。

新聞連載の第四六〜四七回、「佐々木少佐」の登場場面を見てみよう。『言論弾圧史』の畑中証言をドラマ化したことは明白である。

情報局第二部の事務室には十五六の机がならんでいて、一番奥の大テーブルには情報官佐々木少佐が軍服で腰かけていた。三人〔葦沢悠平新評論社社長、岡部熊雄編集長、同編集次長〕がちかづいて行くと少佐は傲然《ごうぜん》と椅子《いす》の背に反《そ》り返って、

「やあ、来たか」と言った。

皮膚の浅黒い、頬骨《ほおぼね》の高い顔で、険悪な眼つきをしていた。彼の机の向う側には椅子が二つし

か置いてなかった。葦沢社長と岡部編集長とが坐り、編集次長はそのうしろに立っていた。佐々木少佐は煙草に火をつけ、抽出《ひきだ》しから『新評論』十一月号を出して机の上に置いた。それから事務的な命令口調でこう言った。

「君の雑誌は今後、毎月十日までに全部の編集企画を持って来て見せること。よろしいな。提出されなかった編集企画は一切掲載をゆるさないことにするから、承知して置きたまえ。用件はそれだけだ」

年のころまだ三十二、三にしかなるまい。葦沢社長から見れば応召した長男泰介といくらも違わないくらいの若い将校であった。おそらく彼は青年時代から士官学校や歩兵学校で、機動作戦だとか山岳戦だとか、そういう事ばかり勉強して来たにちがいない。出版事業について又は思想文化について、何ほどの抱負と経綸《けいりん》とをもつものであろうか。しかも彼は、一兵卒に命令すると同じ態度をもって葦沢社長に編集上の命令をあたえながら、何の恥かしさも感じていないのであった。それを見ると悠平は、胸のなかに皮肉な言葉が湧《わ》きあがってきて、思わず頰の肉がゆるんだ。

「そうしますと私たちは、軍の意図されているものだけを雑誌の上に盛るということになりますね」

「それでいいじゃないか」

「つまり、軍の下請け仕事ということになりますね」

佐々木少佐は屹《きっ》となって社長を睨んだ。社長は微笑のままで言葉をつづけた。

「それぐらいならば、情報局第二局《〔ママ〕》第二部《〔ママ〕》編集と銘打った時局雑誌をお出しになればいい。あなたの思う存分の雑誌ができます」

「何だ？　君は反抗するのか」と彼は声を荒くした。

「反抗するんじゃない。あなたにも少し吾々《われわれ》の立場というものを理解してもらいたいから言うんです」

「解っとる解っとる！　君たちは何かというと自分の立場を理解してくれと言う。それ自体が自由主義だ。だからこそ毎月こういう雑誌しか造らんのだ」

彼は机の上の『新評論』を平手で二つ叩《たた》いて見せた。

「君たちの立場とは一体何だ。今はどんな時代だと思っとる。国民ことごとく戦争に協力しとるんだ。個人個人の立場なんかすべて犠牲にして居るんだ。一番大事なのは誰の立場か。言って見ろ！　国家の立場だ。国家の立場を無視して自分の雑誌の立場ばかりを考えて居るからこそ、こういう自由主義の雑誌をつくるんだ。君のような雑誌社は片っぱしからぶっ潰すぞ」

頭の上から浴びせかけられる暴言を、葦沢悠平は微笑をたたえたままで聞いていた。彼の憤激を抑えている力は、彼の年齢がもつ反省力と、体面を重んずる紳士気質《かたぎ》とであった。

（略）

佐々木少佐は再び机の上の『新評論』を平手で叩いた。葦沢社長はそれには取り合わずに言葉をつづけた。

「国民を動かすには動かす順序があります。国民がよく納得できてはじめてその方向に動いて行くんです。私たちは何も国家の方針や軍の方針に楯《たて》ついているんじゃない。戦争には勝ってもらわなくては困る。その為《ため》には急がずにゆっくりと国民を指導して行かなくてはならない。あなた方は首に綱をつけて国民を曳《ひ》きずろうとしている。私たちは国民の心を一つの方角に向けるように、内面的なやり方で協力しているつもりですよ」

「そういうのが自由主義と言うんだ」と少佐は叫んだ。「君たちの考えはいつでもそれだ。国家はそんなのんびりしたことを言っては居れんのだ。いいか。この切端《せっぱ》つまった時になって、国民ひとりひとりの心など問題にして居られるか。幼稚園の教育じゃないんだぞ。号令一下、一斉に私心をすてて立つというのが国家の要請する臣道実践だ。全体の為にはあくまで自己を抛棄《ほうき》して公に奉じなけりゃならん。その時になってから、何だ！　国民の心を納得させるとは。……軍隊では如何なる命令も絶対命令だ。あたえられた命令に対して、私は納得できませんなどと言うやつが居ったら、作戦行動は出来やせん。君の言うことは根本的に自由主義だ。断じて放って置くわけには行かん。……いいかね編集長。社長は駄目だから君に言って置く。毎月十日までに毎月の編集プランを持って来て見せろ。原稿を全部持って来て見せること。解ったな」

「わかりました」と岡部熊雄は低い声で言った。

（略）

社長は左の腕にステッキをかけ、右手に帽子をもってゆっくりと部屋を出た。彼の頬には絶望的な微笑が暗いかげをたたえていた。何を言うことがあろう。雑誌『新評論』の一切の権威は、一陸軍少佐の子供のような頑冥さのために、簡単に蹂躙《じゅうりん》されてしまったのだ。彼ばかりではない。政治と文化と教育と経済と、芸術の部門にまでも、彼等軍人たちの兇暴《きょうぼう》な支配力と破壊力とが及びつつある。戦争の勝敗にかかわらず、永年にわたって培《つちか》われてきた社会の良き秩序は日々に崩壊しつつあるのだ。

外の濠端《ほりばた》に出るとすぐに、岡部熊雄が彼の横にならんだ。

「社長、口惜《くや》しいですね。あんなわからず屋どもが、雑誌文化を支配する気でいやがるんですから。文字通りの軍部独裁ですよ。だけどあの連中には何を言ったって解らんです。秋山中佐はまだ話がわかりますが、佐々木少佐はもう札付きですよ。どこの雑誌もみんなあいつ一人の為に苛《いじ》められているんです。あいつが転任しない限り出版文化は壊滅しますよ。在る婦人雑誌の連中なんか佐々木少佐に毎月賄賂《わいろ》をおくったり御馳走《ごちそう》したりして、原稿はそれこそ広告に至るまで一々あいつに聞きに行って、散々御機嫌とりをやって紙の配給をふやしてもらっているんだそうです。それであいつは良い気になって、吾々までもその流儀で言うことを聞かせようと考えているんですよ。どうです、一度佐々木少佐を招待して御馳走してやりましょうか。案外そんなやり方で行く方が近道かもしれませんよ」

社長は頭を振って、

「僕はいやだ」と言った。(92–96)

この新聞連載は大好評で、翌一九五〇年七月一〇日から今度は葦沢悠平が共産主義者から「戦争協力」を糾弾される戦後混乱期を舞台にした後篇が開始された。その二週間後、GHQ(連合国最高司令官総司令部)の指令による共産党員の公職追放(レッド・パージ)が開始された。この後篇も好評で翌一九五一年三月一〇日まで続き、「時代小説」以外では異例の長期連載(通算四五四回)となった。連載完結から五カ月後の八月一六日、吉田茂内閣は旧陸海軍将校一万余名の追放解除を行っている。サンフランシスコ講和会議はさらにその半月後である。

実は、この小説前篇を公職追放中の「鈴木少佐」は、連載終了の直前、熊本は阿蘇山麓《あそさんろく》で手にしていた。日記には、こう書き残している。

〔大政翼賛会組織部にゐた〕北沢政直君から『風にそよぐ葦』といふ石川達三作の小説を送つて来たのでこれを読み耽《ふけ》つた。此の小説は大東亜戦争中に於ける全体主義と自由主義との抗争を時代の流に沿つて書いたもので、敗戦日本の今日に至るまでの経過である。それを東京の陸海軍や情報局、出版界、言論界などの動きを通じて表現してゐるので、私が陸軍省や情報局の職員であつた関係上舞台に参上して来る。佐々木少佐の名で出てゐるが大分歪《ゆが》められ事実と異るところが多い。当時、雷おやじとまで出版界から恐れられてゐたせゐか、大分事実と違つて悪者にされてゐる。其の為か佐々木少佐といふ仮名をつかつてゐる。松村、平出、秋山、東條、其他の人々に対しては本名をそのまゝつかつてゐる。今は自由主義者の天下で敗北した吾等に対して何と悪口を言はうと、何《ど》んな造言を以て非難しようと、何の反動も起らないから、何《ど》んな卑怯《ひきょう》なことでも出来る彼等である。世の中が顚倒《てんとう》したのだから前の時代に大いに働いたもの程今は悪者になつてゐる。1951-2.6

その翌日、鈴木は長男と薪を取りに山に入ったが、夕食後に再び石川の小説を読み続けている。

読み続けてゐた『風にそよぐ葦』は今日読み終つた。丁度、夜の十一時頃になつた。読み終つたのは前篇である。後篇は『毎日新聞』に連載中だといふ。前篇は映画になつて封を切られた。熊本では朝日館でやつてゐるといふ。前篇だけ読んだ感想では昨日も言つたやうに敗戦の結果、自由主義者の天下になったので、勝手な自分達にのみ都合のよいことを遠慮もなく記述してゐる。

之に対して誰れ一人抗議する人もない。世界情勢は激変して、対日講和が急がれ折角《せっかく》制定した自由主義憲法は改正の寸前に迫り再軍備が高らかに唱へられるやうになつたのに、あんなにまで『風にそよぐ葦』によつて反軍思想を根強く植付けて了《しま》つたことは何うして取り返すだらう。自由主義者の所謂《いわゆる》再軍備とは何んなものだらう。日本は今、『風にそよぐ葦』の葦沢悠平等と同じく、世界を吹きまくる嵐の中でか弱い一本の葦として立つてゐるのではないか。1951-2.8

映画《風にそよぐ葦》

ちょうど同じころ、石川達三とその仲間の自由主義者たちは、『中央公論・文芸特集』第七号の座談会「〃風にそよぐ葦〃と現実」で、映画《風にそよぐ葦》をネタに再軍備と憲法改正について議論していた。

三宅晴輝　しかし、広瀬軍曹のようなのは、今後再軍備するとしても、いかんね。あれじゃ敗ける。（笑声）

芦田均《あしだひとし》　だから、再軍備という文字がいけないので、私は新軍備と言っています。再軍備でなく新軍備でなければならない。（148）

芦田均は、終戦後鳩山一郎と日本自由党結成に参加、幣原喜重郎《しではらきじゅうろう》内閣の厚相になり、一九四六年には衆議院憲法改正委員会委員長を務めている。日本国憲法第九条に自衛権を認めさせる含意の「芦田修正」を加えた人物でもある。一九四七年自由党を脱党して民主党結成に参加、総裁となり、片山哲《てつ》内閣の副総理・外相、翌四八年には自ら芦田内閣を組閣している。
石川　（芦田氏に）話は違いますが、憲法改正はやるんですか。
芦田　やらないでしょう。今さしあたってすぐ憲法を改正するということはないでしょう。
石川　そうちょいちょいかえるようじゃ、憲法じゃないと思うんです。
芦田　アメリカでも憲法を修正してますよ。
大宅壮一　憲法は絶対にして犯すべからずということは、一種の拝物主義じゃないですか。
（149）

「鈴木日記」にはその映画を見に行った形跡はない。後篇が新聞連載中の一九五〇年一〇月、『キネマ旬報』復刊第一号の「撮影所通信」には、東横映画が「脚色舟橋和郎《ふなはしかずお》、監督成瀬巳喜男《なるせみきお》の予定」で《風にそよぐ葦》製作準備中とある。この年、舟橋は《日本戦歿学生の手記　きけ、わだつみの声》（東横映画）の脚本を書き、成瀬も《石中先生行状記》（原作石坂洋次郎・新東宝）を監督している。いずれも日本映画黄金期を代表する映画人である。だが、次号同欄では「監督成瀬巳喜男」は消えている。『キネマ旬報』一九五一年一月下旬号に映画のあらすじが掲載されている。言論弾圧問題は背景に退き、葦沢悠平（薄田研二《すすきだけんじ》）の長男で元左翼学生の泰介（北沢彪《ひょう》）が内務班の虐待で死亡し、復讐《ふくしゅう》を誓ったヒロイン葦沢榕子《ようこ》（木暮実千代《こぐれみちよ》）が夫の仇《かたき》である広瀬軍曹（岡田英次）によろめく、というメロドラマにスポットが当たっている。製作は《天皇の帽子》（東横・一九五〇年）のマキノ光雄、脚本は《山びこ学校》（八木プロ・一

《風にそよぐ葦》（春原政久監督、1951年）のポスター。東横映画を代表するヒット作となった（写真提供：東映株式会社）

九五二年）の八木保太郎、監督は《三等重役》（東宝・一九五二年）の春原政久である。不思議なことに、原作では重要な役割を果たす「佐々木少佐」はキャスティングに見当たらない。なぜだろうか。

大下英治『映画三国志』（一九九〇年）は、意外なエピソードを伝えている。「倉村少佐」役の予定であった木村功が、ギャラ問題を理由に急にキャンセルしてしまった。進行主任の岡田茂は代役を提案したが、春原監督は「重要な役だ。それに、品がいる」と断った(64)。やむなく進行責任者として岡田本人が代役を務めることになった。後に東映時代劇を任侠《にんきょう》映画へ路線転換させた「日本映画界のドン」岡田茂が、自ら「日本思想界の独裁者」を演じたのである。岡田は自伝『波瀾万丈《はらんばんじょう》の映画人生』（二〇〇四年）でこう書いている。

かくて僕は、銀幕に登場した。倉村少佐という検閲担当の役で、原作の中央公論社の社長、嶋中雄作役の薄田研二さんを、「時局をなんと心得てるんだ。廃刊にするぞ」とか脅かすのだ。僕は監督に注文をつけた。

「テストはあんまりしないでくれよ。お芝居になるからね。僕は素でしゃべる」

自分では平常心をもってやれたと思う。(64-65)

岡田はベテランの薄田を前に椅子にふんぞりかえり、机に両脚をあげ、ののしりのセリフを吐いたという。一九四七年に東大経済学部を卒業して東横映画に入社した岡田茂は、入社四年目の二六歳である。もちろん、本物の鈴木少佐を知るはずもない。しかし、「品がいる」と代役を断った春原監督をはじめ映画界には、実在の鈴木少佐と接した者も少なくなかったはずである。脚本家の八木が、他の登場人物を原作のままにしながら「佐々木少佐」を「倉村少佐」と変えたことにも理由はありそうだ。

八木は陸軍航空本部監修の国策映画《燃ゆる大空》(東宝・一九四〇年)などを手がけたベテランである。一九四〇年に鈴木少佐と出会った可能性が高い。

《燃ゆる大空》といふ映画が出来る。浜松の飛行場で実写するので、之に新聞記者や雑誌記者を連れて行つて撮影させたり宣伝させたりする計画が出来た。これがため の雑誌指導を行ふ。

1940-4.6

鈴木少佐自身、映画の大衆性をよく理解しており、小説の映画化を何度も斡旋《あっせん》している(第四章参照)。映画史では《風にそよぐ葦・前篇》は東横映画ヒット作品の一つに数えられているが、滋野辰彦は次のように厳しく批評している。

この数年来、いくつかの反戦映画が作られ、その多くは左翼の思想に立脚するものであつた。そうでなければ感情的な反パッが主となつて思想的立場は不明であつた。この映画ははつきりと自由主義の立場を守つて、戦争と軍部に反対している。原作では、それがよく現われていたと思うが、映画の方では、その点が少しハッキリしなかつたようだ。（略）前半の軍隊生活をえがいた部分は、この映画のすぐれたところだが、軍隊に対する憎しみは、かえつて原作よりもうすれている。脚本も演出も形にはまりすぎ、熱心だがマンネリズムを感じさせる。おそらく映画の作者たち自身の感情がうすいためではないかと思う。(46)

だが、メロドラマ《風にそよぐ葦》で大衆化され、さらに文庫化により古典化されることで、世間一般の「形にはまりすぎ」た戦時言論統制イメージの確立にこの小説が大きく寄与したことは間違いない。軍隊生活のリアルな映像化もあって、このフィクション（小説）そのものが当時から「ノン・フィクション」として論ぜられていた。

一九五一年一月二〇日付『毎日新聞』には「映画《風にそよぐ葦》を観て」の座談会が掲載されている。出席者は原作者・石川達三、ヒロイン榕子役の木暮実千代、評論家・阿部静枝、中央公論社社長・嶋中鵬二《ほうじ》ほかである。主人公のモデル・故嶋中雄作の次男鵬二が語るように、世間では「実話」として流通した。小説中の次男・葦沢邦雄は、特高警察に父の自由主義的態度を密告する手紙を出している。

私は邦雄のモデルと思われて非常に迷惑しているんですよ（笑）。はなはだしきに至ってはオヤジを密告したかなんて聞く人もあるという。（笑）

「新評論社」が中央公論社であることは、ほとんど世間の常識となっていたのである。

モデル小説の虚構――鈴木少佐は正しく記録されていたか？

重要なことは、この小説のテクストが、それ以後に続々と刊行された回想録、すなわち「ノン・フィクション」の筆者たちに与えた影響だろう。実は、『風にそよぐ葦』連載以前に「鈴木少佐」を実名批判した著作は、畑中繁雄「出版弾圧史」（『言論弾圧史』）以外にはほとんどなかった。しかも、畑中論文は鈴木少佐だけを標的としたものではない。横浜事件の火付け役・平櫛孝《ひらぐしたかし》少佐、谷崎潤一郎『細雪』批判の杉本和朗少佐などと並べて批判していた。しかし、「佐々木少佐」登場以後は、軍人では鈴木庫三少佐に狙《ねら》いを定めた回想が堰《せき》を切ったように続々と公刊されはじめた。それ以後の主要な著作を並べておこう。

高木惣吉「日本陸海軍抗争史」『聯合艦隊始末記』文藝春秋新社、一九四九年
内山基《もとい》「風にそよいだ人たち」『婦人の世紀』第一二号、一九五〇年
黒田秀俊『血ぬられた言論――戦時言論弾圧史』学風書院、一九五一年
富重義人「馬場恒吾と鈴木庫三少佐」『東洋経済新報別冊』第一三号、一九五三年
長尾和郎『戦争屋――あのころの知識人の映像』妙義出版株式会社、一九五五年
辻平一「軍部の検閲」『文芸記者三十年』毎日新聞社、一九五七年
池島信平《しんぺい》『雑誌記者』中央公論社、一九五八年

三枝重雄『言論昭和史――弾圧と抵抗』日本評論新社、一九五八年
美作太郎・藤田親昌《ちかまさ》・渡辺潔『言論の敗北――横浜事件の真実』三一新書、一九五九年
木村毅編集代表『講談社の歩んだ五十年』講談社、一九五九年

こうした一九五〇年代の鈴木批判文献を「活用」した通史として、小川菊松『日本出版界のあゆみ』（一九六二年）を挙げてもよいだろう。文協で評議員の小川菊松と文化委員の鈴木中佐は、顔見知りであった。出版新体制を詳述した前著『出版興亡五十年』（一九五三年）で小川は、鈴木少佐の「ス」の字も登場させてはいなかった。一九五三年八月二六日、鈴木は日記に同書の新聞広告を貼っている。

誠文堂新光社の小川菊松氏が『出版興亡五十年』といふ書物を出した。彼も茨城県人で出版界の成功者の一人だ。御祝状を出して置いた。1953-8.26

小川は返事を書かなかった。九年後の『日本出版界のあゆみ』で小川は「鈴木少佐」を言論統制の象徴として叙述している。御祝状への返事としては皮肉だが、言論弾圧史の叙述が構築されるプロセスとして印象的な事例である。

とくに影響力が大きかった証言は、「小説の舞台」に同席していた中央公論編集部員・黒田秀俊の『血ぬられた言論』である。「『風にそよぐ葦』のモデルについて」を収めた同書に、石川達三は「知識人の座右に置かるべき戒心の書」と絶賛する序を寄せている(3)。

葦沢社長を前にして、「君のような雑誌社は片つぱしからぶつ潰すぞ」と呶鳴《どな》る佐々木少佐は、

当時泣く子も黙るといわれた鈴木庫三少佐とみてさしつかえあるまい。（略）「皮膚の浅黒い、頬骨の高い顔で、嶮悪《けんあく》な眼つきをしていた」と書かれている鈴木少佐は、実際には、頬骨の高い、というよりも顎《あご》の張った、ムッソリーニに似た顔だちであった。輜重科の出身で、陸軍の委託学生として、東大の教育科に籍をおいたこともあるとかいう話であったが、およそ非文化的な、憲兵の下士官あたりによくみうけられるような暗い、嶮《けわ》しい感じの軍人であった。「年のころはまだ三十二三にしかなるまい。葦沢社長から見れば応召した長男泰介といくらも違わないくらいの若い将校であった」とあるが、ほんものの鈴木少佐はもっとふけていて、あるいは四十に達していたのではなかったかとおもう。（268–269）

一般に、目撃者の証言は信憑《しんぴょう》性が高い。だが、はたして黒田は「鈴木少佐」を正しく観察していただろうか。ここで書かれた鈴木少佐の経歴、「輜重科の出身で、陸軍の委託学生として、東大の教育科に籍をおいた」ことは、鈴木少佐の著書をひもとけば誰でもわかる事実である。だが、それ以上のことを黒田は知らない。いや、黒田をはじめ昭和言論史の執筆者は「それ以上」を知ろうとしなかった。驚くべきことに、これほど多くの批判が繰り返された人物に関する個別研究は今日に至るまで存在しないのである。しかも鈴木の単行本七冊、一五〇本以上の雑誌論文をまじめに読もうとした形跡すらない。そのため、鈴木少佐のイメージは小説の「佐々木少佐」や映画の「倉村少佐」をモデルとして好き勝手に造形されていった。

たとえば、黒田が指摘しているモデルと実物の年齢差について考えてみよう。小説で実際よりも若く描かれた理由を黒田は、無教養な軍人が「一兵卒に命令するのと同じ態度をもって」出版界の長老（嶋中は五四歳）に命令する不条理のコントラストをより明確にして示すためだったと、推測している。だが小説のこの場面、一九四一年一〇月、鈴木庫三少佐は四七歳である。小説の「三十二三」はおろか黒田推定の「四十に達していた」ともかなりの差がある。これほど大きい年齢の誤差を、コントラストの強調だけで片付けるわけにはいくまい。黒田も「佐々木少佐」のモデルを詳しくは知らなかったのではあるまいか。

たしかに、陸軍省報道部には陸軍大学校を出たエリート将校が多く在籍していた。その部員なら「三十二三歳」で少佐であってもおかしくはない。実際、鈴木少佐（一八九四年生）の後任である平櫛孝少佐（一九〇八年生・陸大専科一一期）の場合、少佐昇進は三三歳である。上司の報道部長である松村秀逸大佐（一九〇〇年生・陸大四〇期）、馬淵逸雄《まぶちいつお》大佐（一八九七年生・陸大四一期）はいずれも鈴木少佐より若く、少佐昇進はそれぞれ三五歳と三六歳、中佐昇進は三八歳と四〇歳である。ちなみに、秀才の誉れ高い元関東軍参謀・瀬島龍三《せじまりゅうぞう》中佐（一九一一年生・陸大五一期）の場合、二九歳で少佐、三三歳で中佐というスピード昇進である。比するに、鈴木庫三は四三歳で少佐に、四七歳で中佐に昇進している。

「佐々木少佐」をエリート幕僚として描くためにこそ、「三十二三歳」という設定が必然だったのではあるまいか。小説連載当時は、終戦からまだ四年たらずであり、街頭には階級章をはずしただけの軍服着用者もめずらしくなかった。将校の階級と年齢に、当時の読者は今日の読者以上に敏感であったはずである。たとえば、四七歳の少佐ならそのまま停年を迎えるか、せいぜい中佐で予備役だろう、と。しかし、みすず書房設立者の一人である小尾俊人《おびとしと》は、「私の経験としての一九四〇—一九五〇年」で、鈴木少佐を「軍人のなかのきわ立ったエリートだったのでしょう」と述べている(20)。鈴木少佐と面識のない小尾が、戦後の記述からそう推定するのは無理もないことである。だが、「日本思想界の独裁者」とまで呼ばれた鈴木少佐の昇進の遅さは、一体何を意味するのか。それは、次章でその生い立ちをたどる中で明らかにしたい。

作家の記憶は嘘をつく

モデルの年齢設定以上に不可解なことは、石川達三が情報局の軍人中、鈴木少佐だけをなぜ「佐々木少佐」の仮名で登場させたかという点である。松村秀逸大佐、秋山邦雄中佐、あるいは海軍の平出英夫大佐など他の将校の多くが実名で描かれている。なぜ、「鈴木」を「佐々木」と変える必要があったのだろうか。仮名の使用には、いかなる心理的メカニズムが潜んでいたのだろうか。石川達三は『風にそよぐ葦』の執筆動機について二〇年後『経験的小説論』で、こう回想している。

これは戦時中の国家権力や軍部に対する私の小さな復讐であった。私としては書くべき義務を感じた作品である。その義務は、あるいは単なる私の腹癒《はらい》せであったかも知れないが、是非とも書こういう激しい情熱だけは感じていた。しかし復讐の相手方であるところの当時の国家権力や軍部は、もはや消滅していた。彼等のうちの或る者は東京裁判の結果、絞首刑を受け、または巣《す》鴨《がも》に拘禁されており、暴威をふるった特高警察は解体していた。従って私の復讐は敵を見失った孤独な闘いでもあった。(125)

とすれば、「敵を見失った」復讐の相手として、鈴木少佐が選ばれたことになる。この回想で石川は実名で鈴木少佐に言及している。

昭和十八年ごろ、陸軍報道部(?)に鈴木某という少佐(?)がいた。彼は身の程知らずにも作家たちに向って小説の指導をやろうとした。一夕、私たちは彼に招かれて集ったことがある。尾崎士郎、丹羽文雄《にわふみお》その他八九人も居たように記憶するが確かではない。鈴木某は非常時に於ける作家の在り方を説き、愛国的小説を書くことを要求した。そしてナチスドイツに於ける代表的愛国小説というものの内容を説明した。(若い女が或る銀行家に瞞《だま》されて妊娠し、捨てられる。女は産れた子供の処置に困って川に投げ捨てたが、たまたま目撃者が居り、下流に走って子供を助けた。それから人々は集ってこの女を糾弾する。お前の子はお前だけの子ではない。ドイツが必要とする人材である。その人材を川に投ずるとは非国民の行為だ……)というのである。諸君もこういう小説を書かなくてはならんのだと、鈴木某は言った。だから私は直《す》ぐに答えた。その位の小説ならいくらでも書いて見せる。ところが日本の検閲は、女が銀行家に瞞されて妊娠したところまで書くと、それだけでもう削ってしまうではないか。そんな検閲ですぐれた愛国小説が生れる道理はないと。鈴木某は黙して答えられなかった。そういうばかばかしい検閲に、私たちは

ほとんど十年も耐えて来た。(64-65)

これが事実とすれば、鈴木中佐が満洲にいた「昭和十八年」(一九四三年)ではなく、「昭和十五年」(一九四〇年)あたりのことだろうか。欧州戦線ではドイツ軍の電撃戦によりベルギー、オランダが席巻《せっけん》され、イギリス派遣軍がダンケルクから撤退を開始した。そのころ、鈴木少佐は何度か石川達三が名前を挙げた作家たちと懇談している。たとえば、一九四〇年五月二九日。

午後五時から博文館主催の大衆作家懇談会に出席す。作家約六十名が会合したが、何《いず》れも時局と大衆小説の方向に就ては熱心に研究した。国際、国内情勢の見透《みとおし》と大衆小説の進路を暗示したら非常に喜んで懇談会を続けた。1940-5.29

あるいは、翌三〇日の懇談会だったのかもしれない。

午後五時から講談社の斡旋で帝国ホテルに大衆作家との懇談会を開く。菊池寛、竹田敏彦、加藤武雄、木村毅、海音寺潮五郎等の一流作家十数名の会合、時局問題と言論に就て深刻な研究と意見の交換が行はれた。1940-5.30

こうした作家との懇談会はその後も何度か開かれている。しかし、石川の回想に登場する丹羽文雄が同席していた懇談会となると時期はさらに絞られる。戦時下に『海戦』(中央公論社、一九四二年)、『報道班員の手記』(改造社・一九四三年)などを執筆した丹羽は、敗戦後は戦争協力者として批判された。その弁明のためだろう、自身に加えられた言論抑圧を描いた私小説『告白』(一九四九年)において鈴木庫三少佐の講演に言及している。

情報局は段々と文芸批評をやるようになった。婦人雑誌は、情報局の課長である鈴木庫三少佐を招待して、一席の講演を作家にも聞かせた。陸軍少佐は、肩章をもって、小説家に小説の書き方を講義した。そのあとで、軍人を中心にして、芸者を聘《よ》んで、飲食した。その席に、紋太〔主人公＝丹羽文雄〕もいた。

「君は、恋愛ばかり書いている。恋愛ばかり書いていちゃ駄目だ。いま、朝日新聞に小説を書いているが、あれ以上芸者が活躍したら、発行停止にしてしまうぞ。そういう意見が、陸軍省の内部でも、ぼつぼつ起っている。注意して書き給え」

紋太は、朝日新聞に、『闘魚』を書いていた。出征軍人に形見としてふところ鏡を贈る芸者を描いた。芸者のために、小説が中断されてはたまらなかった。（丹羽：54）

鈴木少佐が講演後の宴会にいたと明記されておらず、誰が「発行停止にしてしまうぞ」と発言したのかも曖昧《あいまい》である。また、雑誌担当の鈴木少佐に新聞を発行停止にする権限はないが、文脈からは鈴木発言と読み取るべきだろう。問題は、鈴木の講義や発言がいつ行われたかである。丹羽の風俗小説「闘魚」が『朝日新聞』朝刊に連載されていたのは一九四〇年六月一三日から同一二月五日までの間である。その後、単行本として新潮社から一九四一年二月に刊行され、島津保次郎監督の同名映画（東宝）も同七月に公開されている。丹羽は右の記述の前に一九四〇年一一月の出来事を書いているので、これが鈴木発言だとすれば、一九四〇年後半にあった出来事だろう。「婦人誌」関連の作家向け講演ということで絞り込むと、「鈴木日記」の六月二九日と九月一一日のいずれかが該当する。

　午後四時から帝国ホテルで講談社関係の少年少女作家を集めて講演を行ひ、七時から九時まで懇談会を行ふ。情報部からは資料班関係の人々が列席したが熱心な会合であつた。1940-6.29
　午後四時から六時まで主婦之友関係作家画家に対する講演で全く疲れ果てた。1940-9.11

それにしても、「そういう意見が、陸軍省の内部でも、ぼつぼつ起っている。注意して書き給え」という発言は、投書や同業者の密告に対して、作家側に寄り添った警告だったようにも読める。というのも、この「鈴木発言」の前に置かれた検閲当局の弾圧――青春小説『藍染めて』の紙型押収事件――に関して、丹羽は次のように書いているからである。

　誰かが投書したのだろうね。今度の本〔『中年』河出書房・一九四一年七月初版〕が発禁となったのは、判るとしても、三年前の、誰も君のところに以前の選集の、使用しない紙型があるなんて知りはしないのだが、同業者が投書したのか、それとも投書狂が密告したのだろうね。（丹羽：47）

丹羽文雄の「告白」も記述が時間的に前後しているが、石川の回想の「昭和十八年ごろ」は、明らかに嘘《うそ》である。記憶は構築される。このリアルな「体験談」は、設定そのものが虚構なのである。なぜなら、一九四二（昭和一七）年四月に鈴木中佐は情報局から輜重学校付に転出し、同年八月には満洲ハイラルの輜重兵第二三連隊長となっている。石川の言う「昭和十八年ごろ」、鈴木中佐は日本にはいない。しかも、これは石川の単なる記憶違いではありえない。意図的に日付を操作した痕跡《こんせき》がある。というのも、『風にそよぐ葦』でもアッツ島玉砕(昭和一八年五月二九日)以後に、先の回想と同じ「佐々木少佐」のエピソードが挿入されているからである。「岡部熊雄」編集長(畑中繁雄がモデル)が社長にこう語っている。

十日ばかり前に報道部の佐々木少佐がですね、丹羽文雄、高見順、尾崎士郎というような働きざかりの作家連中を赤坂の紅葉亭に呼んで懇談会をひらいたんですが、今まではとにかく小説という小説に一々けちをつけて、文士はみんな非国民みたいな見方をしていた佐々木が急に態度を変えてしまってね、作家はよい小説をうんと書け、書かなけりゃならん、それによって国民の感情が高揚されたり慰安されたりするんだから、大いに書いてもらいたいという演説をやったそうですね。ところが作家という人種はそんな馬鹿じゃないんで、うっかりその手は喰《く》わんという態度ですよ。芸術家というのは本質的には自由主義ですからね、散々になぐられたあとで頭を撫《な》でられたようなもんだって、笑っていましたよ。(303-304)

「佐々木少佐」による小説指導のエピソードを「昭和十八年」に置くことは、横浜事件をクライマックスとする小説において、単なる誤記ではすまない。この結果、鈴木少佐は横浜事件にも影を落とすことになる。だが、それが歴史的事実でないことを、石川は十分知っていたはずだ。すでに終戦二カ月後、一九四五年一〇月九日付『朝日新聞』の特集記事「『中央公論』『改造』解体の実相」で、検挙された細川嘉六自身がこう述べている。

あの論文〔「世界史の動向と日本」〕を読んだ陸軍報道部長谷萩大佐が赤の宣伝ではないかと言っ

たといふのがきつかけで、情報局の官僚が『改造』を発禁処分にし私を同〔一九四二〕年九月十四日に検挙したのです。

谷萩那華雄大佐（二九期・陸大三九期）の報道部長就任は、鈴木情報官の転出の直前である。もちろん、一九四二年九月当時、満洲国ハイラルにいた鈴木少佐が横浜事件に関われるはずはない。理解に苦しむのは、横浜事件を可能なかぎり史実に沿って書こうとした石川達三が、なぜ発端となる事実を歪曲《わいきょく》したかである。

鈴木少佐が憎まれた理由

石川の記憶の闇に立ち入る前に、かくも明白な嘘に、なぜ誰も反論しなかったかを考えてみたい。それは、なぜ鈴木少佐だけが糾弾されたのかを問うことであり、本書全体を通じて考察するテーマである。そもそも、鈴木庫三とは何者か。

これまで、引用した畑中繁雄、黒田秀俊、美作太郎などは、いずれも横浜事件に連座した自由主義者で、戦後に社会主義に転じている。後で立ち戻る問題だが、陸軍省情報部の同僚たちと戦前からのプロレタリア作家は、鈴木少佐について沈黙を守っている。

例外としては、「一九四三年に鈴木中佐から殴打された」と見え透いた嘘の証言を行った国《こく》分一太郎《ぶんいちたろう》がいる。より正確にいえば、生活綴方《つづりかた》運動により治安維持法で検挙された国分の場合、「抵抗者」を神格化する周囲の圧力によって「記憶の嘘」を語らされたというべきかもしれない。国分も『風にそよぐ葦』で広まったフィクションを事実と信じてしまったわけだが、なぜ国分が嘘をつく必要があったか、その具体的な背景については、第五章でさらに詳しく分析してみたい。

めずらしい証言としては、畑中から「軍部に言論の自由を売り渡したファシスト編集者」と糾弾された人々が戦後に行った座談会がある。この座談会で、当時の編集幹部たちは、畑中・黒田・美作など「反戦平和の戦士」の証言に対して次のように異議申し立てを行っている。

戦争の最中には権力者に平身低頭しておきながら、敗戦になって世情が一変すると、たちまち反転して時代の雰囲気を背光に、容赦なく告発し、断罪した人物にだって、再審を要する事実がありはしないか。（下村：1）

この「ファシスト編集者」座談会の中で鈴木中佐は「それほどの悪党だったかしら」と回顧されている。

下村亮一〔『日本評論』編集長〕 例の鈴木庫三中佐が陸軍では弾圧の首謀者であり、悪役の主役になっていますね。この人の登場は戦争が相当に激しくなってきてからですが、戦後になると攻撃の中心はこの人にしぼられた感がある。この人、それほどの悪党だったかしら。

萱原宏一《かやはらこういち》〔『キング』編集長〕 庫さんが大車輪で斬り捲《まく》ったのは、十五年、十六年で、第一次松村報道部長〔一九三九年一二月〜一九四〇年一二月〕の時が一番烈《はげ》しい。十六年になると馬淵さん、大平〔秀雄〕さんに変わりますね。それから段々おとなしくなった。つまり松村ほど、馬淵、大平は彼を重要視しなかったんですな。庫さんはなんといっても松村の爪牙《そうが》ですよ。
高森栄次〔『少年世界』（博文館）編集長〕　あの人、その後どうしたの。
萱原　ちょっとわからないんです。
松下英麿《ひでまろ》〔『中央公論』編集長〕　あまり単純な皇国史観を振りまわして評判が悪いので、戦争末期に満洲へとばされたということを聞いた。和辻哲郎《わつじてつろう》さんが、この人物をひどく軽蔑《けいべつ》していました。
萱原　松下さん、庫さんは皇国史観じゃないですね、ナチ史観でしょう？　とっくに亡くなっているらしいんですが、戦後一回だけ会った。（略）
萱原　ま、単純で可愛《かわい》いところもあった。一兵卒から上って、士官学校、東大（紀平正美博士の門下）と苦労しているからね。いわゆる下士官根性で小意地の悪いところがあった。しかし、根は悪人じゃないと思うよ。情報局で編集者を集めて、毎月雑誌の批評をするんです。それは全部あの嘱託連中が読んで肝腎《かんじん》の要点を書き出すんだ。それを骨子に鈴木さんがバリバリやるわけです。
下村　それは藤田（実彦）中佐というヒゲの軍人のときからそうでした。だから藤田中佐はなにもわけがわからず、ただ嘱託の書いたものを読むだけですね。（下村：336-338）

萱原発言における事実関係の間違い、たとえば「一兵卒から」は「下士から」、「紀平正美《きひらただよし》博士の門下」は「吉田静致《せいち》博士・吉田熊次《くまじ》博士の門下」など、もある。また、石川達三の「生きてゐる兵隊」担当編集者であり、自らも鈴木情報官解任の密議（第五章参照）に加わった松下が「満洲へとばされたということを聞いた」と語るのは、あまりに白々しい。だが、『風にそよぐ葦』の「佐々木少佐」像とは異なるイメージが垣間見える。鈴木少佐がエリート・コースを歩んだとは言えない苦労人であること、「なにもわけがわからない」前任の藤田中佐（三三期・陸大四二期）と比べて雑誌指導を真面目に「バリバリ」やったこと、などである。しかし、彼ら編集幹部もまた、鈴木少佐の登場を検閲強化の画期とみなしている。

下村　それから今度は陸軍省鈴木中佐〔中佐昇進は一九四一年三月〕の検閲を受けることになって、ガチャッとサーベルが鳴るようになる、というふうな時代になるのですね。
萱原　庫三さんになってからだ、一番きついのは。
下村　そうだそうだ、きついのはね。それまでは内務省なんかは徐々に協力をお願いしたいという態度で何年かきましたね。（下村：311-312）

だとすれば、こうしたシステムの強化は、果たして検閲官個人の問題といえるのかどうか。

昭和出版史における「鈴木時代」

たしかに、一九三八年八月に鈴木少佐が陸軍省新聞班に着任して一九四二年四月に情報官から転出するまでの三年半は「鈴木時代」といえる。だが、日中開戦（一九三七年七月）から日米開戦（一九四一年一二月）までの四年半は本当に「言論の暗黒時代」と呼べるのだろうか。ここで昭和言論史の「通説」をおさらいしておきたい。

終戦後いちはやく執筆された美作太郎「軍国主義とジャーナリズム」(『現代ジャーナリズム論』一九四八年)は、「転落の歴史」を三期に分けて記述している。第一期「満洲事変開始から日華事変勃発まで」、第二期「太平洋戦争勃発まで」、第三期「『真珠湾』から敗戦まで」である。第一期(一九三一〜一九三七)は、日本共産党などの左翼出版物への弾圧期である。やがて一九三三年京大滝川事件、一九三五年美濃部達吉の天皇機関説事件などで自由主義者にも攻撃が及んでいった。第二期(一九三七〜一九四一)は、内閣情報委員会が日中戦争勃発《ぼっぱつ》と同時に内閣情報部として制度化され、「その推進力として軍の現役将校が幅を利かすようになった」時代である。また、一九四〇年五月には新聞雑誌用紙統制委員会が設立され、また同年一二月に内閣情報部は情報局へ拡大改組された。第三期は日米開戦後の言論弾圧期であり、出版社が企業整理され、「従来の自主性や民間性の最後の一片までを剥《は》ぎ取られた純然たる官治統制体」日本出版会が誕生し、一九四二年の横浜事件によってジャーナリズムは息の根を止められた(171)。

この時期区分で、いわゆる「鈴木少佐の時代」は第二期にあたる。つまり、左翼言論の弾圧は第一期の一九三〇年代前半に集中し、「鈴木時代」以前に終わっていた。そして、自由主義言論に止どめを刺した横浜事件は、第三期、すなわち「鈴木時代」以後の出来事である。とすれば、言論弾圧の象徴として「鈴木少佐」を掲げることは、本当に正しいのだろうか。もちろん、「鈴木時代」にも一九三八年マルクス『資本論』など岩波文庫「白帯」(社会科学)の刊行停止、石川達三「生きてゐる兵隊」発禁から、一九四〇年津田左右吉《つだそうきち》『神代史の研究』発禁までの出版弾圧事件を数え上げることはできる。しかし、一方で、この第二期は出版界にとって「出版バブル」と呼べるほどの好景気が生じており、とりわけ「雑誌の黄金時代」であったことを忘れてはならない。この「戦時出版バブル」については、拙著『「キング」の時代——国民大衆雑誌の公共性』(二〇〇二年)で詳述したが、ここで鈴木少佐が担当した雑誌統制について概観しておこう。

それは「受難の時代」だったか?

用紙統制下の雑誌については、終戦間際の薄っぺらな雑誌を想起して、あたかも日中戦争勃発から頁数と発行部数の減少が始まった、と考えられがちである。だが、雑誌流通を独占した四大取次ぎ最大手・東京堂が作成した主要七八誌の総売上部数(送本数から返品数を引いた実売数)統計を見れば、「戦前の雑誌の絶頂期」は日米開戦まで続いたことがわかる(グラフ参照)。まさに「出版バブル」というにふさわしい部数の急増を示している。一九四〇年度は一般市販誌の売上部数は前年比一三・五%という驚異的数字を上げている。この膨れあがった高揚感の中で、出版界は日米戦争の「バブル崩壊」へと突入したのである(佐藤02:83)。つまり、「鈴木時代」は「出版バブル時代」とぴったりと重なるわけであり、鈴木情報官の指導下で雑誌出版社はいずれも我が世の春を謳歌《おうか》していた。雑誌に執筆する作家や文化人にとっても、それは

●主要雑誌年間売上部数の推移
東京堂統計部調査「最近十三年（隔年）雑誌売上部数諸統計」より作成

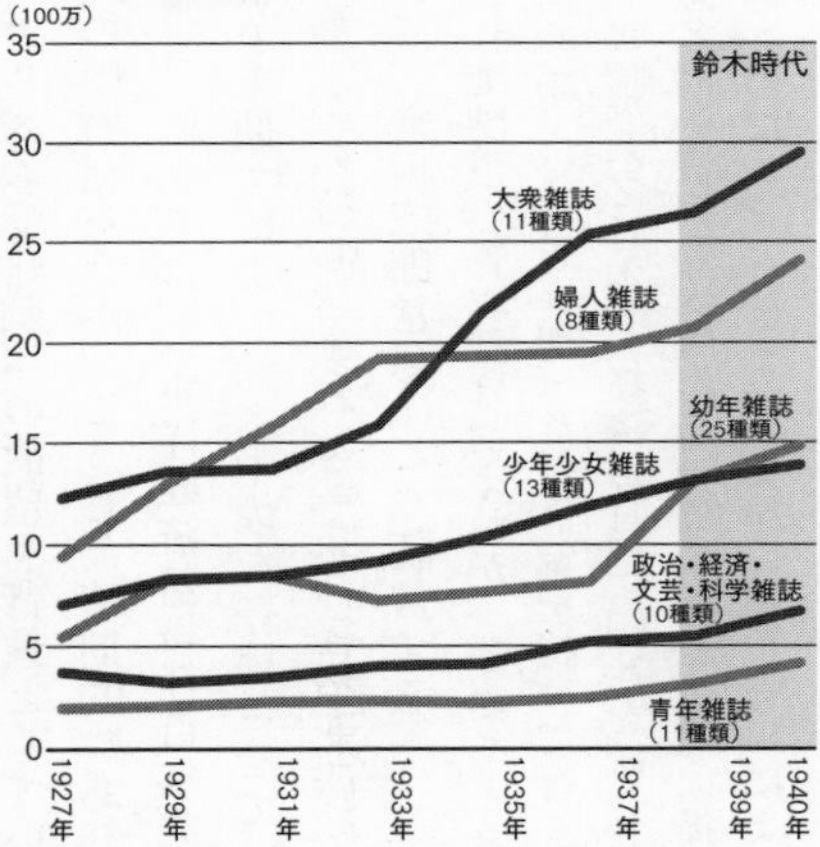

●書店取扱単行本と印刷用紙販売高の推移
東京堂月報部数調査「最近十一ケ年間出版界諸統計」より作成

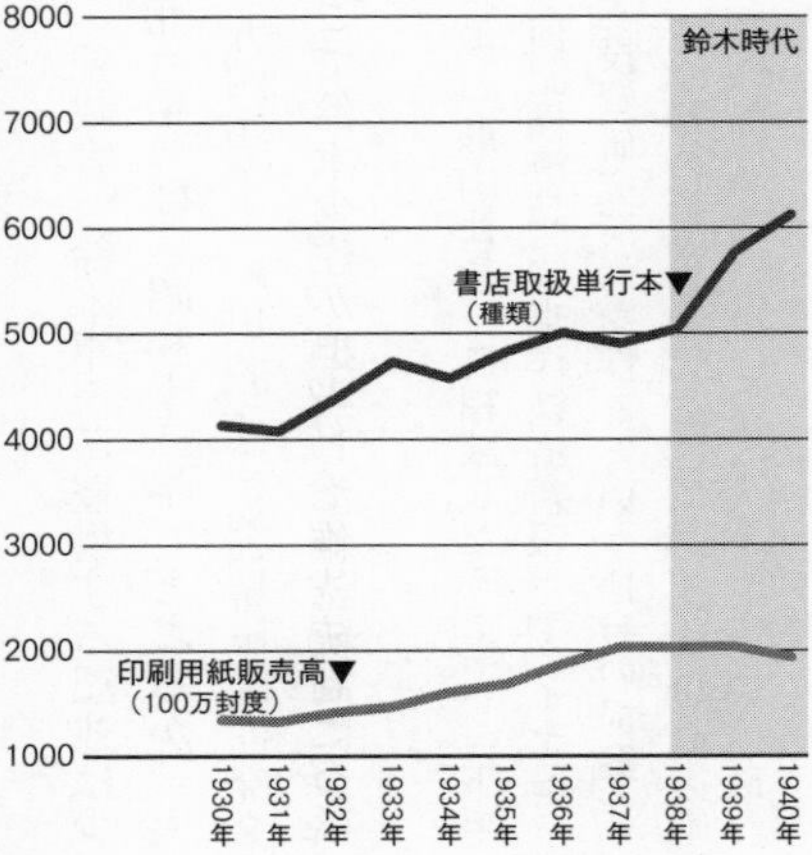

「悪い時代」ではなかった。雑誌ジャーナリズムは、国策に上手く棹《さお》さしていたわけで、そうした状況へのやましさから戦後になって自ら被害者を名乗るために「独裁者」を必要とした、とも考えられる。殉教者の聖痕《スティグマ》をもった「言論の自由」の威光のためには、多数の「ユダ」（密告者・裏切者）よりもまず一人の「ピラト」（イエスを処刑した属州総督）が必要なのである。石川達三が「佐々木＝鈴木少佐」の活動を「昭和十八年」まで引き延ばした理由も、そうした

ジャーナリズム受難劇への欲望を背景としている。
小説の影響だろうか、こうした時期的にありえない「独裁官」鈴木庫三が登場する記述は少なくない。たとえば、『東洋経済新報社百年史』（一九九六年）は「昭和十八年」どころか「太平洋戦争末期」にまで鈴木中佐を登場させている。一九四四年、鮎川義介（満洲重工業開発会社前総裁）から持ち込まれた『東洋経済新報』と『ダイヤモンド』の買収統合案を退けた経緯にふれて、宮川三郎常務はこう証言する。

これで鮎川の買収話は消えたが、そのあと宮川は、石橋（湛山社長）に相談したうえで、「下手にあがくより思い切った合併案を持って行こう」と、前記経済誌（『東洋経済新報』『ダイヤモンド』『実業之日本』『経済毎日』）四社を統合して「日本投資研究所」を作るという捨身の提案を、悪名高い情報局出版担当の鈴木庫三中佐に提出した。さすがの鈴木も「これは君、いいけれどもおゝ事だよ」とひるみ、交渉一切を宮川にまかせた。（465）

もちろん、事実ではない。石川小説の「佐々木少佐」ならともかく、一九四三年九月から輜重兵連隊長として九州にいた鈴木庫三中佐が情報局にいるはずはないのである。

3——「生きてゐる作家」の忘却

「従軍文士に期待」

石川達三にとって「鈴木＝佐々木少佐」問題は、自らの戦争協力問題と深く関わっている。実際、石川が鈴木少佐の名前を知ったのは、『経験的小説論』（一九七〇年）でいう「昭和十八年」ではない。その五年前、「昭和十三年」のはずである。それは石川が「生きてゐる兵隊」事件で「被告」となった年である。一九三七年一二月の南京《ナンキン》攻略戦に中央公論社特派員として従軍した石川は、小説「生きてゐる兵隊」を、『中央公論』一九三八年三月号に掲載した。凄《せい》惨《さん》な戦場の情景をリアルに描いたこの作品は内務省から新聞紙法違反により頒布禁止処分を受けた。一九三八年九月五日、東京区裁判所は石川と編集人・雨宮庸蔵《あめみやようぞう》に禁固四カ月（執行猶予三年）、発行人・牧野武夫に罰金四百円の有罪判決を下している。「虚構の事実を恰《あたか》も事実の如《ごと》くに空想して執筆したのは安寧秩序を紊《みだ》すもの」であるとする検察側の主張に対して、石川は国民に非常時を認識させるための必要性を主張している。その意味で、「生きてゐる兵隊」はおよそ反戦的な意図で書かれた作品ではない。敗戦直後に復刊された序文でも石川はこう繰り返している。

たゞ私としては、あるがまゝの戦争の姿を知らせることによつて、勝利に傲《おご》つた銃後の人々に大きな反省を求めようといふつもりであつたが、このやうな私の意図は葬《ほうむ》られた。(19)

判決から二週間後、石川は「名誉挽回《ばんかい》」を期して再び中央公論社特派員となり武漢《ぶかん》攻略戦に赴いた。その成果が『中央公論』一九三九年一月号に掲載された「武漢作戦」である。前作との違いを石川は附記で次のように書いている。

前回は戦場にある個人を研究しようとして筆禍に問はれた。今回はなるべく個人を避けて全般の動きを見ようとした。（148）

個人を避けて全体を見る。第二審で減刑ないし無罪を勝ち取ろうとした石川にそう決意させた文章が、判決二日前、九月三日付『東京朝日新聞』に掲載されている。鈴木少佐の署名記事「従軍文士に期待」である。漢口《かんこう》攻略作戦の従軍に公選された「ペン部隊」陸軍班・海軍班あわせて二二名は、以下の通りである。

陸軍部隊＝久米正雄、片岡鉄兵、川口松太郎、尾崎士郎、丹羽文雄、浅野晃《あきら》、岸田国士《くにお》、佐藤惣之助、瀧井孝作、中谷孝雄、深田久彌《きゅうや》、富沢有為男《とみさわういお》、林芙美子《ふみこ》、白井喬二《しらいきょうじ》。

海軍部隊＝杉山平助、菊池寛《かん》、佐藤春夫、吉川英治、小島政二郎、北村小松《こまつ》、浜本浩、吉屋《よしや》信子。

この豪華メンバーの選出にたずさわった菊池寛は、『文藝春秋』一九三八年一〇月号コラム「話の屑籠《くずかご》」で次のように書いている。

文芸家協会長たる自分に話があったとき、その人数は四、五人だと思った。激戦の中心たる漢口方面へ行くのだから、希望者が少いのではないかと心配し、自分の懇意の人達を説得して行って貰《もら》うつもりで、頼み易いような人だけに〔内閣〕情報部へ集って貰った。ところが十一、二人集った連中の殆《ほとん》ど凡《すべ》てが行くと云《い》うのである。自分なども、最初は行くつもりではなかったが、情報部の話を聴いている内に、之は何うしても行かねばならぬと思い、従軍を決心したのである。

1938年９月７日、ペン部隊陸軍班送別会の記念写真。
前列左から深田久彌、丹羽文雄、腰掛けている岸田国士、佐藤惣之助、片岡鉄兵、久米正雄、池を越えて川口松太郎、後列右から林芙美子、瀧井孝作（後ろの高い所に佐藤賢了班長）、松村秀逸中佐、白井喬二、尾崎士郎、富沢有為男、浅野晃、一人おいて、鈴木庫三少佐、その後ろに中谷孝雄

（菊池：306）

このとき、陸軍省新聞班で「ペン部隊」を担当したのが鈴木少佐である。

> 正午に従軍文士の送別会があるので之に出席した。『〔東京〕日日新聞』の文芸部長の久米正雄以下二十名ばかり集会したが何れも抱負を以てはり切つて居る。軍部の支援に非常に好意をもつて居る。1938-9.7

この三年前、菊池寛が創設した芥川賞の第一回受賞者である石川達三は、裁判被告として今回の栄誉からは外された。独自に漢口に赴いた石川が鈴木少佐の「従軍文士に期待」を深く心に刻んだことは確実である。それが「生きてゐる兵隊」裁判を念頭に書かれたものであれば、なおさらである。鈴木少佐は、戦場の

「生きてゐる兵隊」が理想的な状況にないことも記事の中ではっきりと言明している。

戦場の天地は美醜交錯する。戦場の将兵は決して神や仏のみの集まりではない。概《おおむ》ね一般国民と同じ比率をもつ人間の集まりである。従つて人に就ても美聞もあれば稀に醜聞もあらう。だから単に抽象的な無限観のみに捉はれ人間性を無視し、神や仏の標準のみを以て将兵を測ることは誤れる一面観である。これと同時に唯《ただ》目前の有限の出来事にのみ眩惑《げんわく》せられ、人生に於ける無限性を無視し、神仏を離れた動物的尺度のみを以て将兵を評することも亦《また》謬《あやま》れる偏見である。宜《よろ》しく有限と無限、動物と神との相即的心情を持し、同情と寛容と冷静とを以て自然と人生の大道を離れずに、其観察を遂ぐることが肝要である。

こうした鈴木少佐の要求に、兵士個人に深い愛情を抱いていた石川が、違和感をもったとは思えない。「今度こそ」と思って読んだはずである。とすれば、その石川の脳裏において輜重兵科の鈴木少佐の名前は、自らの「武漢作戦」と重なったのではあるまいか。しかも、とても偶然とは思えないことがある。石川が軍用船で自動車輜重隊と一緒になったのは偶然だとしても、「個人を避けて全般の動きを見ようとした」この小説で、生き生きと躍動する将兵がみな輜重兵であることもすべて偶然だろうか。第四章「襲はれる兵站《へいたん》線」の三島自動車輜重中隊であり、第一四章「星子《せいし》附近の激戦」の兵站部自動車隊の平野隊長である。もちろん、中公公論社の担当編集者・佐藤観次郎（戦後は社会党代議士）が自動車部隊に主計中尉として従軍していたことも大きかった。有罪判決の約一ヵ月前に石川が佐藤に宛てた手紙が佐藤観次郎『自動車部隊』（一九四〇年）に収録されている。

せいぜい面白い（?）体験を得て話を聞かせて下さい。小生、元々通り元気でゐます。ちつともくよくよしてはゐません。（略）検事局も二度ほど行きましたが、大した処分もなさゝうです。あと一ヶ月もたてば万事結着するかと思つてゐます。松下〔英麿〕君も元気、相かわらず飲んでるやうです。（372）

この手紙の一ヵ月後、陸軍自動車学校教官から陸軍省新聞班に着任したばかりの鈴木輜重兵少佐が『東京朝日新聞』に「従軍文士に期待」を寄稿したのであり、佐藤観次郎『自動車部隊』を鈴木少佐が陸軍省情報部で内閲したことも間違いないのである。

もう一人の「鈴木少佐」?

戦後に「生きてゐる兵隊」の有罪が戦争協力の免罪符、あるいは抵抗の勲章となればなるほど、「武漢作戦」は忘却したい作品となる。というのも、単行本『武漢作戦』（中央公論社・一九四〇年）刊行以後、石川は文芸興亜会の会則編纂委員、日本文学報国会実践部長など戦時下の文壇要職を歴任している。もちろん、その就任を「鈴木少佐」に強要されたわけではない。戦争の勝利を最優先する小説論を石川達三は「実践の場合」（『文藝』一九四三年一二月号）でこう書いている。繰り返すが、このとき鈴木中佐はすでに東京にはいない。

極端に言ふならば私は、小説といふものがすべて国家の宣伝機関となり政府のお先棒をかつぐことになつても構《かま》はないと思ふ。さういふ小説は芸術ではないと言はれるかも知れない。しかし芸術は第二次的問題だ。先づ何を如何に書くかといふ問題であつて、いかに巧みにいかにリアルに書くかといふ事はその次の考慮である。私たちが宣伝小説家になることに悲しみを感ずる必要はないと思ふ。宣伝に徹すればいいのだ。(19)

この発言は、小説中で「佐々木少佐」が語り、戦後の回想で石川が「鈴木少佐」に語らせている内容そのものではないか。石川の記憶の中で「鈴木少佐」は、もう一人の自分なのである。とすれば、わざわざ「陸軍報道部(?)に鈴木某という少佐(?)」という持って回った曖昧な表記を用いた深層心理も理解しやすい。それは自らの過去を忘却したいという願望である。だが、忘れられるはずはない。石川達三と鈴木庫三は日米開戦後のいくつかの雑誌面において「隣人」だった。たとえば、『主婦之友』一九四二年五月号。海軍報道班員として三度目の従軍をした石川達三の「昭南島《しょうなんとう》〔シンガポール〕従軍記」と並んで、情報官・鈴木庫三「大東亜共栄圏建設と人口問題」が掲載されているように。

そうした背景を知れば、『風にそよぐ葦』が軍部や指導者だけを悪玉とする単純な反戦小説などでなく、知識人の弁明小説であることも理解できる。たとえば、石川は日米開戦直前の世論の暴走を次のように描いている。

近衛〔文麿首相〕が人望を失ったのは、開戦の決意をなし得なかったからであった。十月、十一月、国民はすべて開戦論者であった。東亜共栄圏はかくして出来あがるであろう。美しい虹《にじ》だった！　青年たち、少年たち、婦人に至るまで英米を打倒することの美しさにあこがれていた。葦沢、清原の冷静な自由主義者が排斥される理由はそこにあった。事の正邪をわすれ正しい批判を忘れた国民の心の流れが、今では大きな勢いとなって進んでいた。かつて国民を煽動《せんどう》した軍部自身、もはや民心の流れを防ぎ止める力をもたなかった。(129–130)

この叙述こそ、石川の本音である。軍部以上に国民が戦争を望んでいると、この流行作家は世相を読んでいた。当然なことだが、軍部に対すると同様、国民大衆に対する石川の視線は冷たい。

勝った時にはみんなが軍国主義者になってしまう。もしも敗けたらみんな反戦論者になるだろう。それが庶民というものだ。(159)

戦後ほとんどすべての国民は「反戦主義者」となった。それゆえ『風にそよぐ葦』も「反戦小説」として大衆に誤読された。日本共産党機関紙『アカハタ』(一九四九年一一月一七日付)でさえ、この小説を「ファッショへの憤りを駆り立てるのに十分な迫力を持っている」と高く評価していた。もちろん、それは間違いである。実際、『新日本文学』一九五〇年一一月号の巻頭論文「渡邊《わたなべ》慧《さとし》と石川達三」で大西巨人は、ブルジョア自由主義者を英雄視するこの小説は悪質な反共宣伝である、と痛罵《つうば》している。

読者を不知不識《しらずしらず》のうちに共産主義への嫌悪、「共産党と一線を画す」方向に誘おうとする『風にそよぐ葦』は、そのことで人々を内外独占資本のファシズムへの屈伏の道に駆り立てるものでは

ないか。(14)

大西の極左主義は今日では古色蒼然《そうぜん》たるものだとしても、その読みは『アカハタ』より正確である。

だが、『風にそよぐ葦』の映画化・文庫化により、「出版暗黒時代」のイメージはますます大衆的リアリティをもち始めた。そのステレオタイプが映し出すイメージとは、知的ならざる軍人が知的な文化人を侮蔑《ぶべつ》しつつ抑圧する光景である。その結果、それ以後に出版された出版社史や回想録は「佐々木少佐」のステレオタイプに寄りかかって、「鈴木少佐」を思う存分に叩くことができた。そのためには、鈴木少佐が何ものかなど知らない方が好都合だったのである。

石川達三自身は、こうして戦時ジャーナリズムの偽史が出来上がることも敗戦一年後に書いた「文芸復興」(『新潮』一九四六年八月号)ですでに予見していた。

戦争の末期には軍の報道部に入りびたり、帰還兵の作家に書かせては巨利を博し、戦い終ると同時に帰還作家を戦犯扱いにして上田広や火野葦平《ひのあしへい》には寄りつかず、小島政二郎の色情文学や暴露小説のたぐひで再び巨利を覘《うかが》う、さういふ政治家のやうな無節操と無定見とが、出版屋精神である。(石川72:21)

そうした「出版屋精神」が描き出してきたように、はたして実在の鈴木庫三は本当に「知的ならざる軍人」だったのだろうか。鈴木庫三が残した膨大な著作、論文、日記、手稿から浮き上がるのは、それとはまったく異なる姿である。

第一章

立志・苦学・軍隊

少尉任官の記念写真（一九二一年一〇月）
その後も鈴木は、日常生活では眼鏡を使っていた

「ここにくれば、社会的な地位も、貧富も、年齢の差も全く帳消しである。みんなが同じレベルだ」と言う通り、兵隊社会では一切が出直しの上で案外個人の成績がものを言った。これが奇妙な生甲斐《いきがい》を私に持たせたのである。朝日新聞社では、どう藻掻《もが》いても、その差別的な待遇からは脱《ぬ》け切れなかった。歯車のネジという譬《たとえ》はあるが、私の場合はそのネジにすら価《あたい》しなかった。ところが、兵隊生活だと、仕事に精を出したり、勉強したり、又は班長や古い兵隊の機嫌をとったりすることでともかく個人的顕示が可能なのである。つまり、新聞社では絶対に存在は認められないが、ここでは個の働きがはっきりと成績に出るのである。私が兵隊生活に奇妙な新鮮さを覚えたのは、職場には無い「人間存在」を見出したからだった。兵営生活は人間抹殺であり、無の価値化だと言う人が多い。だが、私のような場合、逆に実感としてそう感じたのだ。三ヵ月の期間といい、その後一ヵ月してすぐに召集が来て復員するまでの二年間といい、私は自分がそれほど怠けた兵隊ではなかったと考えている。これはなにも軍人精神に徹していたからではなく、それまでの「社会生活」への反動だったと言える。

松本清張「紙の塵《ちり》――回想的自叙伝」『文藝』一九六四年四月号

1――日清・日露の少年

『我等は日本少年』

鈴木庫三は、一八九四（明治二七）年一月一一日、筑波《つくば》山の北、茨城県真壁《まかべ》郡明野《あけの》町大字鷺《さぎ》島《しま》の農家に生まれた。日清戦争が勃発するのは、その半年後、八月一日である。この年に生まれた著名人として、思想家では福本和夫（共産党理論家）、蓑田胸喜《みのだむねき》（『原理日本』主宰）、小説家では葉山嘉樹《よしき》（プロレタリア作家）、江戸川乱歩（推理作家）、実業家では松下幸之助（松下電器産業創業者）、植村甲午郎《こうごろう》（経団連会長）などがいる。ちなみに昭和期に活躍した陸軍軍人でいえば、この一八九四年、東條英樹は一〇歳、石原莞爾《いしはらかんじ》は五歳、甘粕正彦《あまかすまさひこ》は三歳、武藤章《むとうあきら》は二歳であった。

以下では、鈴木庫三が自らの幼年時代を語った手稿「思出記」（一九一八年執筆）から生い立ちを見てゆくことにしたい。だが、ここではまず最後の公刊本『我等は日本少年』（新潮社・一九四二年）の「はしがき」から始

鈴木庫三・八幡良一『我等は日本少年』（新潮社、1942年）の表紙に描かれた「富士の上の雲」

めたい。共著者の八幡良一《やはたりょういち》は、大衆雑誌『日の出』（新潮社）の記者であり、佐藤義亮《ぎりょう》社長が命名したペンネーム「大平陽介」で少年少女向け読物も数多く執筆していた。戦後も東京作家クラブ常任委員・日本児童文芸家協会評議員などを歴任した。実際に本編を執筆したのは八幡なのだろうが、第一章「皇国の少年」、第二章「神の国日本」、第三章「大東亜戦争と国防国家」のいずれも鈴木の持論が少年向けに展開されている。鈴木の雑誌原稿や講演速記から八幡が再構成した著作と考えるべきだろう。真珠湾攻撃から三週間後、一九四一年一二月三〇日付で鈴木署名の「はしがき」は、こう始まる。

私は日清戦争の時に生まれて、日露戦争の時は小学生でありました。動員令がくだつて、在郷軍人が召集されると、いつも小学生が村の人人と一しよになつて、鎮守の森に集り、心から戦争の勝利と出征軍人の武運長久とを氏神様に祈り、万歳万歳で送りだしました。このことが子供心に深くきざまれてゐるために、今でも日露戦争といふと、日本の大山大将、乃木《のぎ》大将、東郷大将や、ロシヤのクロパトキン大将、アレキシーフ〔アレクセーエフ〕大将、マカロフ中将などを思ひだすよりも、鎮守の森や氏神様がまつさきに心に浮かんでくるのです。

たとえば、現在四四歳〔二〇〇四年旧版当時〕の私が、こう回想するのと同じ感覚だろうか。私は池田勇人《はやと》内閣の国民所得倍増計画発表のときに生まれて、大阪万国博覧会のときは小学生でありました、と。この日米開戦時の文章において鈴木は、二一世紀の私たちが一九七〇年代の高度経済成長にノスタルジーを抱くような感じで、もっぱら少年だった日露戦争当時を回想している。つまり、日米開戦当時、出版界に「君臨した」四七歳の鈴木中佐にとって、日露戦争はわずか三十数年前の出来事であった。彼と同様、日米開戦一〇年前の満洲事変を多くの国民は日露戦争の「戦後処理」と認識していた。それは「十五年戦争」という括《くく》り方では抜け落ちてしまう時間感覚である。日露戦争から満洲事変までは、ちょうど玉音《ぎょくおん》放送から日中国交正常化までと同じ二七年間なのである。

なにしろ小さい日本が大国のロシヤと戦ふのですから、前線の兵隊さんはいふまでもなく、銃後の国民もほんたうに一生けんめいでした。私どもはみな十歳をすぎたばかりの少年でしたが、学校で一生けんめい勉強したばかりでなく、学校から帰ると、馬にたべさす草を刈ることや、山や林にいつて炊事用の薪をとつてくることを受けもちにしてゐました。今のやうに靴をはいて学校にゆくのでなく、雨のふる時ははだし、天気の時は下駄や藁草履《わらぞうり》をはいていつたのです。その藁草履は、自分で夜なべをしてつくりました。近ごろ勤労奉仕などよく行はれますが、児童の行ふ害虫駆除は、日露戦争の時に、私どもが農家の手不足を助けるために始まつたのです。（略）日清戦争前後に生まれた私達と、満洲事変後に生まれた皆さんとは、ちやうど同じやうなたちばにあるのです。

日清戦争の年に生まれ、一〇歳で日露戦争、二〇歳で第一次世界大戦を経験した日本人は、どのような人生観と世界観を抱いていただろうか。近代日本の富国強兵とともに成長した一人のアンビシャスな少年の物語を始めよう。

鈴木庫三が陸軍士官学校に合格するまでは、自筆ノートに綴られた自叙伝「思出記」によって詳細を知ることができる。第一冊目の表紙には「前編第一巻」、第二冊目の表紙には「前編第二巻」とあり、「前編終り」と記載の後に自作の新体詩や俳句がペンで書き残されている（もう一冊、鉛筆での下書きノートがある）。二四歳までを人生の「前編」と考えて書き残した「前半生の決算書」という体裁である。当然、「後編」が予定されていたはずだが、結局書かれることはなかった。

もちろん、青年期に書かれた自伝が私小説的な劇化作用を受ける可能性は否定できない。だが、後述する「鈴木日記」の記述と事実関係を比較検証したかぎり、冒頭に書きつけられた「自序」の記述を疑うべき痕跡は認められなかった。

> 此記《この》ハ大正七年九月二十八日、大阪ニ於テ深夜一人机ニ寄リ、ソゾロニ我ガ生立《おいたち》ト父母ノ恩トニ感ズル処アリ、遂ニ筆ヲ取リ我ガ真実ナル生立ノ状況ヲ記述セルモノナリ。

ただし、下書きを含めた執筆が厳密に一九一八年九月二八日から始まったとは考えにくい。記述内容は三週間後の同年一〇月一八日、士官候補生の配属兵科決定で終わる。同年一二月一日には大阪砲兵工廠《こうしょう》から東京の輜重兵第一大隊付に異動している。当時の日記と対照するかぎり多忙な下士官生活の中で、四〇〇字詰に換算して約二五〇枚の原稿を清書するのに約二カ月はぎりぎりだろう。つまり、九月二八日に清書が始められたとしても、鉛筆書きの草稿はもう少し早くから執筆されていたはずである。

というのも、この一九一八年にかぎり「鈴木日記」は「英文日記」のみである。彼は士官学校受験を決意してからは、英作文力増進のため通常の日記とは別に「英文日記」を自らに課していた。後述するように、高等小学校を卒業後、鈴木少年は家計を支えるべく農作業に専念している。砲兵工科学校に入学する一九歳まで、学校で英語を学んだ形跡はない。理数系には天性の才能を示したが、基礎学習を欠いた英語力が入試で最大のネックとなっていた。一年間欠

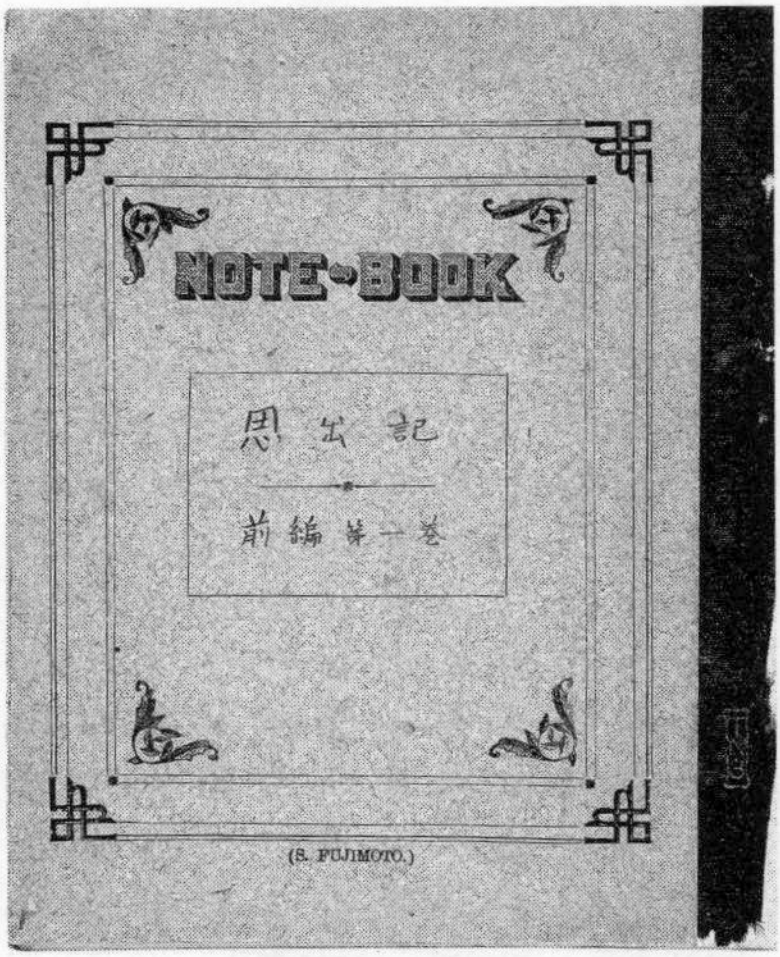

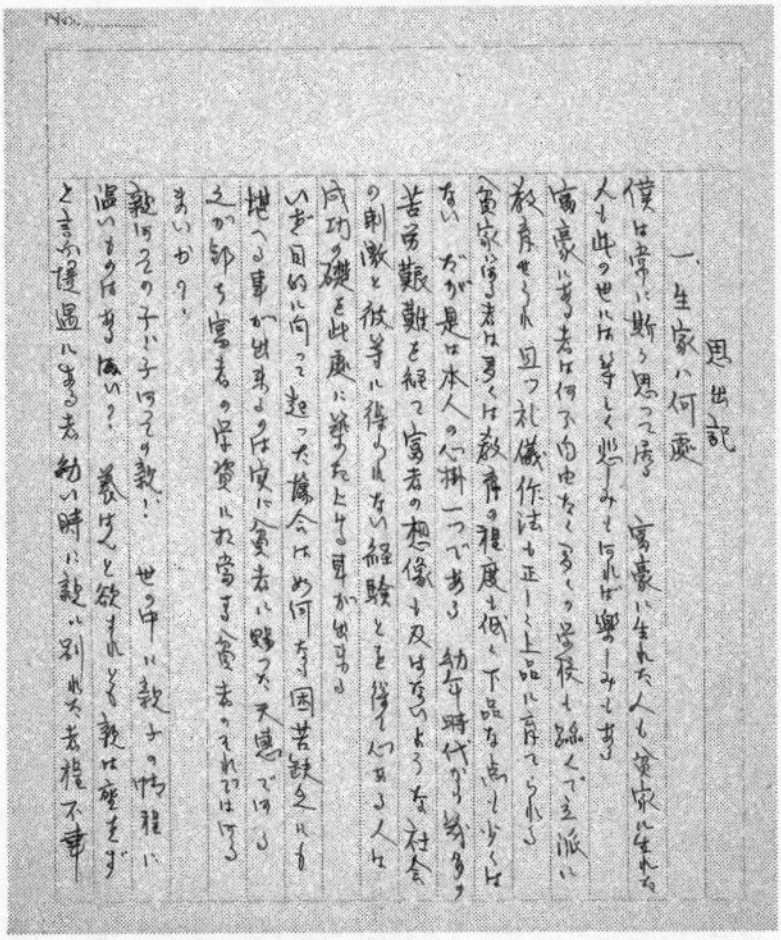

手稿「思出記　前編第一巻」（1918年執筆）の表紙と書き出し部分

かすことなく几帳面《きちょうめん》にぎっしりと綴られた「英文日記」、その強靭《きょうじん》な精神力に、三日坊主の私など正直、それだけで感動を覚える。「英文日記」の継続を支えたのが、この「思出記」草稿ではなかったろうか。勉強目的を、何度も噛《か》み締め再確認した「受験生の告白録」であり、結果的には「合格体験記」となった。「思出記」第一巻と第二巻の各節には、以下の見出しが付されている。

「一、生家ハ何処」、「二、貧困と修学」、「三、小学校卒業後の方針と困難」、「四、陸軍志願」、「五、砲兵工科学校に入校とその後の修学」、「六、陸軍士官候補生受験準備の最初」、「六〔ママ〕、過失と覚醒《かくせい》」(以上、第一巻)。

「七、砲兵工科学校卒業と帰省」、「八、歩の五に着任と騎二四に転任」、「九、帰省とその後の覚醒」、「一〇、発奮の動機」、「一一、最後の奮闘準備」、「一二、陸軍士官候補生に採用せらる」、「一三、定例休暇実施と帰省」、「一四、大阪砲兵工廠に転任」、「一五、兵科決定と決心」(以上、第二巻)。

「立志・苦学・出世」の物語として、大変に興味深い。「思出記」全文をそのまま掲載したいところだが、その紙幅はない。だが、文は人なり、という。ここでは後年の「情報官・鈴木少佐」のパーソナリティを理解する上で不可欠な箇所のみ原文を引用したい(全文は佐藤卓己編著『ある昭和軍人の記録――情報官・鈴木庫三の歩み』として中央公論新社より二〇二四年に翻刻出版された)。

先に、自叙伝が劇化される可能性に触れた。実際、国防国家建設を通じて教育機会の均等化を推進した「教育将校」――教育を専門に研究する将校を以下ではこう呼ぶ――の誕生物語として、「思出記」は出来すぎている。

だが、逆にこうも言える。このような自己教育の物語を紡ぎうる者だけが、「教育将校」となりえたのではなかろうか、と。本文は次のように始まる。

僕は常に斯《こ》う思って居る。富豪に生れた人も貧家に生れた人も、この世には等しく悲しみもあれば楽しみもある。富豪にある者は何不自由なく多くの学校も踏《ふ》んで立派に教育せられ、かつ礼儀作法も正しく上品に育てられる。貧家にある者は多くは教育の程度も低く、下品な点も少くはない。だが、これは本人の心掛け一つである。幼年時代から幾多の苦労艱難《かんなん》を経て富者の想像も及ばないやうな社会の刺激と彼等に得られない経験とを得て心ある人は、成功の礎《いしずえ》をここに築き上げる事が出来る。

いざ目的に向って起《た》った場合は、如何《いか》なる困苦欠乏にも堪《た》へる事が出来るのは、実に貧者に賜《たまわ》った天恵である。これが即《すなわ》ち、富者の学資に相当する貧者のそれではあるまいか？（12）

艱難辛苦、汝《なんじ》を玉《たま》とす。それは近代日本の教育スローガンだった。

出生の秘密？

それにしても、立志伝の主人公の「誕生」はあまりにドラマチックである。

小学校も三年級になったので、漢字も読む事が出来て来た。或る時父の書物箱を捜したら、戸籍謄本が現れた。好奇心を以《もっ》て見たは良いが、突然一驚した。
茨城県真壁郡鳥羽《とば》村大字鷺島《さぎしま》六番屋敷平民農鈴木利三郎六男庫三同県筑波郡田水山《たみやま》村大字田中平民農大里菊平養嗣子に縁組とあった。明治二十八年の事〔で〕あった。ここで初めて平素の疑問が解けた。(20)

鈴木利三郎は多数の雇人を抱えた豪農だったが、六男四女の第七子である庫三は生後間もなく大里菊平の里子とされた。母親の母乳が出なくなったためという。養父母はなかなか子供に恵まれず、庫三少年を大切に育てた。毎年夏には、鷺島の鈴木家に「御客」に行き、実父母を「叔父様」「叔母様」と呼んでいた。一方、養家の経済状態は、庫三が小学校に上がる前あたりから急速に悪化していった。やがて大里家にも妹や弟が生まれたが、養父母は「随分腕白で且つ悪事小僧」の庫三少年に何一つ不自由させることなく大切に育てた。

しかし家は段々貧乏の度を加へた。見知らぬ人が沢山やって来る。皆借金取りであった。或る時などは借金取りが来て、父の不在に母は烈《はげ》しい請求を受けて泣いた。母の泣いたのなんか今までに見た事のない僕は、悲しくなって共に泣いた。斯様《かよう》な残酷な有様を見た僕は、子供ながらも奮発心が起った。「後には彼等以上の人になって、彼等に要求をしてやるぞ」と思った。(16)

庫三少年の悪戯《いたずら》に怒った近所のおばさんが「もらい子」と口走ったりしたこともあり、自分の出自について不審を抱いたことはあったという。だが、養父母の愛情を少年が疑うことはなかった。

明治三十四年の四月に八歳で田水山《たみやま》尋常小学校に入学した。学校では成績良好で、毎年一番か二番であった。欠席は大嫌《だいきらい》。何時《いっ》も少年連中の先導者で、兵隊遊びや喧嘩《けんか》が大好だった。（略）二年生の時は学科では級中の一番だったが、品行が悪いので二番に下げられた。昇級の度毎《ごと》に試験休みがあって、鷺島に送られて行った。その頃、家は益々貧乏になって、父も母も外行きの着物もない有様なので、自ら鷺島には行かなんだ。何時でも途中まで僕を送るのが常であった。(19)

「小作人」の立志

貧しく肩身の狭い養父母、それに対して実家で豊かに暮らす兄弟たち。周囲が「やがて養家を見捨てるだろう」と噂するのを耳にすると、少年の養父母への思いはいっそう強まっていった。そのころ、家にあった総ルビの『太閤記《たいこう》』を、少年は繰り返し愛読した。

「あんなに貧しい家に生れた人でも後には天下を一統したな！」

と僕は読み終って嘆息した。

学校では渡辺崋山《かざん》先生の苦学時代の事を修身で教《おそ》はって居ったが、僕は自分の境遇と比較しながら興味を以て学んだ為か、よく覚えた。(25)

養家はさらに貧しくなり、暴風で吹き倒された家を修理することもできず、崩れた家屋でそのまま三年間生活した。成績はクラスで一番、級長だったが、遠足に出かけるにも着物や小遣いがなく、参加できなかった。貧乏の中で社会に目覚めはじめた小学生が出会った世紀の大事件こそ、日露戦争であった。

この日露役こそ、僕の目的決定には偉大な効果を与へたのである。田水山小学校の卒業も近くなったので、僕も目的決定はいよいよ急になった。毎日将来を考へた。

「農業者になっても、家はこの通り貧しい小作人である。何時立派な地主になれるだらう。何年の後に日本一の農業者であるといふ名誉を得られるであらう？　名誉！　名誉！　豹は死して皮を留《とど》め人は死して名を残すと言ふ事がある。物質は僕には不用だ。幾千代の後までも残るものは名誉である。最も容易に階位を作る〔こと〕が出来、かつ名誉を得らるるのは何職であるか？　潔白な生活、高尚な生活は何か。昔から花は桜木、人は武士とある。ああ、我はこの身を君に捧げるのであるぞ。人の下に立って地主の働《はたらき》をするよりは、君に身を捧げたらどの位幸福であらう。死すべき時に死す。つまらぬ一生を送るよりは、この人生を国家国民の為に寄贈するがよい。世界一の将軍になるのは寧《むし》ろ、田水山一の豪農になるよりは容易である。我《わが》将来は軍人であるぞ。今まで受けた恥辱を濯《そそ》がねばならぬ！」

その決心後は、どんな困《くる》しい事でも、いやと思ふ事はなかった。(30)

小学校の卒業式では総代として答辞を読んだが、養家の力では授業料が必要な高等小学校への通学など不可能だった。しかし、軍人になるにはせめて高等小学校は必要である。少年は卒業証書と首席の賞状をもって、実家を訪ねた。庫三の実兄たちが役人、軍人、医師、教師、薬剤師になっているように、実父は教育熱心だった。だが、貧しい養父母を捨てて実家に戻ることは、少年にはできなかった。養父母の愛情は重すぎたのである。少年が考えた妥協案は、養家の農業を手伝いながら実家から月謝と書籍代の援助を受けて高等小学校に通うことだった。

家にある時は家業の手伝が主であったから、家にあって学科の復習はせなんだが、段々成績も良くなってその後二番の成績になった。

高等小学校卒業までの苦しみは通常ではなかった。今でも思ひ出すと熱い涙が湧き出す。貧乏で着物もない。遠足等の日は必ず欠席した。(33)

実家からもらう月謝さえ、生活費に消えてしまう。教室で先生から納入が遅れた理由を聞かれることが辛かったという。そうした極貧生活の中で、少年は陸軍幼年学校受験の夢を抱いた。たまたま、実家には『東京苦学案内』などの本もあった。友人と一緒に幼年学校の規則書を取り寄せた。

毎日空想を画《えが》きながら規則書を読んで居った。学科中では算術と地理とが大好であった。地図を開くと、何時も空想を画きながら、我が帝国が世界一統する時は僕は総司令官にならねばならぬなどと思って、先生の講義も耳に入らぬ事が度々あった。

四十年の晩秋茨城県下で特別大演習があった。軍人志望の僕に取っては甚《はなは》だ好都合で学校の科程などは捨て置いて、五、六里もある道を夜通しして下館《しもだて》町に行った。(38)

一九〇七年、そこで少年は明治天皇の「畏《かしこ》き天顔を拝する事」になる。明治の御一新もまだ歴史となってはいなかったのである。少年の幼年学校受験への想いはますます燃え上がった。

放課後は家に直帰して農作業に専念する少年は、学級二番の成績で卒業式を迎えようとしていた。

高等小学校卒の陸軍志願

意を決して幼年学校進学の希望を養父に伝えたが、一言のもとにはねつけられた。年齢のわりに体格もよく、一家の農作業を実質的に支えていた少年を手放せば、最低水準の生活さえ不可能となる。事前に実父の許可を得て準備を済ませていたことも、養父を意固地にさせたようである。悪いことに、ちょうど実父が土地や材木の取引に失敗し、里子に出した少年の将来に十分気をくばれない時期に重なった。幼年学校は、戦死者遺児の官費生や半額免除の陸海軍将校の子弟以外は、原則として三年間の学費納金が必要だった。額面では一般中学校よりもかなり大きな出費が必要である。少年は幼年学校受験を「涙の中に葬つた」。

僕はここで大決断を以って難局を処理した。その方針を定めた事は次の様であった。

(一) 今後二十歳まで全力を尽して養親の手伝をする事。而《しか》して二十歳以降、僕が居らなくとも自活し行くには差支《さしつかえ》なき程度に余裕を作る事。

(二) 陸軍下士からは満二十八歳まで士官候補志願が出来るから、二十一歳になったら現役志願し、更に下士志願して、任官後独習修学して、陸士の受験する事。

(三) これから二十歳まで五年の間は養父の為に年月を差し上げ、その代り僕は、五ケ年遅れて生れた者と同じ歩調で進む事。
（四）現役志願までの間、農事の余暇には十分勉学して将来の準備に供する事。（42）

少年は小さな胸に大きな決意を抱え込んだ。それにしても、一四歳の少年がこれほど明確に「五ヵ年計画」で将来を見通せていたかどうか。この文章は士官候補生に採用が決定した後に書かれている。歴史叙述にまま見られる因果関係の合理化が無意識にもこの場合、働いていたであろう。少年は、この年設立された帝国模範中学会の通信会員となり、作業の合間に講義録をひもといた。夜には「獣慾《じゅうよく》方面に活動」する「風紀の悪い」村の青年たちとの付き合いを拒絶して、同じような境遇の友人と講義録の勉強会をしたという。講義録読者の大半は、しばらくすれば挫折《ざせつ》したであったろう。

一方で、少年は地主とねばり強く交渉して小作地を増やし、杉山の開墾を始めた。その作業の合間には、日雇いで土木作業でも運搬でも労働なら何でもやって家計に入れた。しかし、借金は減らない。その年の暮れには、新年の米もない状態だった。少年は勉学を一時中断して、農業に打ち込んだ。自ら金銭出納帳をつけはじめ、家業を取り仕切り、地主の信頼を得て耕地を増やしていった。さらに、翌年は堆肥《たいひ》肥料の研究もして二毛作でも成果を挙げ、村の農業奨励会で賞状を受け「善良模範青年と謳《うた》われた」。医師になった実家の長兄は、師範学校への学資を出そうと申し出た。軍人志望のためと断ったが、それ以上にここで養父母を投げ出すことはできなかった。それでも日が暮れると小学校の校長などを訪ねて、毎夜一〇時まで勉強を続けた。

摩擦係数の高い「革新」の生き方

こうして三年が経つと、養家は村で一番大きい小作人となった。小学校を終えた弟妹も手伝いができるようになったとき、少年は弟を相続人にすべく、鈴木姓に戻る転籍を養父に願い出た。彼を実子以上に可愛がった養親がこれをすんなり承諾したのには、もちろん理由があった。血のつながらぬ兄妹をやがて結婚させようと考えた養父母は、いちど籍を戻しておいた方が都合がよいと判断したのだ。軍学校の受験資格年限は、刻一刻と迫っていた。一九一〇年一月、少年は養親に内密のまま実力試しに師範学校受験に願書を提出した。実家に手伝いに行く名目で出発し、そこで旅費と衣類を借りての隠密受験である。水戸《みと》まではじめての汽車旅行だった。少年は集まった受験生を見て、自分との境遇の違いに戸惑っていた。いや、一六歳になった鈴木庫三を以下では「青年」と呼ぶことにしよう。

翌日の身体検査、体操試験は合格。二日目の算術、国語で二分の一に選抜されたが、これも合格。志願者の一〇分の一まで絞り込んだ四日目最後の口頭試験まで庫三青年は残っていた。

農村の労働者が最後まで残されたのは実に奇怪であった。中学二、三年も修業して受験した者でも、随分はねられて居る。

後日、合格者に数へられなんだが、僕は此の試験で大《おおい》に自信を得た。未だ頭は腐って居らぬ。

少し努力すれば、将来の活動の端緒は開く事が出来るであらうと思った。(52)

労働と勉学に専念する、この付き合いの悪い青年に、村の同年輩の視線は冷たかった。青年は村の「無貞操な若士団」に加入するのを拒んでいたが、村民の義務としてやむなく入団する。すると今度は自ら積極的に新式の自彊《じきょう》青年団へ組織改革を主張し、先輩連の「弊風」を猛然と糾弾した。このときも青年団の近代化を進める国家の要請が、青年に味方した。日露戦争時の銃後奉仕活動で軍部が注目した青年団は、内務省の積極的指導により国家目的に沿った修養と奉仕に活動の比重を移していった。また、鈴木青年が入団した一九一〇年、予後備役兵と町村有志の親睦《しんぼく》組織であった軍人会も帝国在郷軍人会に統合されている。青年の最初の社会活動は、青年団の「革新」であった。一五年後、軍隊教育の改革を願う青年将校として陸軍内部で、そして三〇年後「出版新体制」「教育新体制」を叫ぶ情報官として、同じ「革新」の行動パターンをとることになる。当時の青年団について、青年はこう書いている。

彼等には、学問など言ふ学の字も頭には宿して居らぬ。暇さいあれ《え》ば婦女子を誘惑するとか、さもなくば料理店か遊廓《ゆうかく》にでも行く考の外ない。さうして、死に金を使ふ。金の出処《でどころ》がなくなると、親の米俵でも何でも無断でかつぎ出して、花柳界に捨てる金をこしらへる、実に問題にならぬ奴が多かった。

僕は小野村君と志を同じうして、彼等とは真の交《まじわり》を絶って居った。しかし小野村君も何時の間にか感化されて女に手を出し始めたが、遂ひに僕から探知されて猛烈な忠告を食《くら》った。僕は孤立しても志は屈服しなかった。貞操は神に誓って居ったのである。青年会に行っても真面目な話ばかりして居ったから、堕落な連中にはあまり好かれなんだ。(54)

たしかに「猛烈な忠告」を食わせてくれる友こそ、真の友だろう。頭ではそう理解できるのだが、それは摩擦係数の高い生き方である。鈴木庫三は、そうした摩擦を物ともせず突き進んだ。独立独行の姿勢は、勉学でも貫かれた。

代数も独習で一次方程式まではすらすら解いた。漢文も日本外史を容易に読めるようになった。ただ英語だけは独習では駄目であったから、手を出さなんだ。これが一大欠陥であった。将来英語の研究に苦しめられたのも、ここに原因があったのである。その頃、成功といふ雑誌を読んで見たら、陸軍砲兵工科学校の説明が書いてあった。(54)

最初の合格通知

最初、大志ある青年は砲兵工長より上には昇進できないこの補充学校にそれほど関心をもたなかった。しかし、現役下士が陸軍士官学校に受験合格する可能性は、数学や物理、化学などを学んだ砲兵工長に限られていることを知る。一般下士が兵営内で普通学を準備することは難しいが、砲兵工長なら陸士受験で不可欠な普通学を業務上の理由で修得できたからである。天もこの青年を見捨てなかった。幸いにも明治末年の数年間、村一番の「大小作人」に豊作が続いた。養家の借金も返済の目処《めど》がついたのである。その「五ヵ年計画」も残すところ一年となった。一九一三年二月、青年は砲兵工科学校へ願書を提出した。もちろん養父母にも秘密だったが、日暮と同時に猛然と机に向かう青年の姿に何かを予感していたにはちがいない。

その年、適齢の一年前であったが、僕は不孝にも養親を欺《あざむ》いて今年が徴兵適齢だと告げて居った。実は砲兵工長候補者の身体検査は、その地の徴兵検査と同時に同所で行はれるといふ事を知って居ったから、斯様な策に出たのであった。（略）検査終って養家に帰った。僕は身体検査合格の結果、砲兵工長志願した事を養父母に告げた。これを告げる事は心中　慮《おもんぱか》って居ったが、幸ひ、養父母にも異議はなかった。否、異議はあったに相違なかったが、今まで真面目《まじめ》に家業に従事して居った為、異議唱へ難《がた》くあったであらう。（60, 61）

かくして、陸軍志願は承認された。晴れて受験生となった青年は猛然と田植えを敢行し、弟妹に業務を細かく申し送った。見送る養父母との別れの場面は感動的な叙述だが、ここでは先を急ごう。九月一四日の受験日まで残すところ、五〇日。青年は栃木県佐野町で開院していた実兄のもとで最後の受験勉強を行う。そして、九月一三日朝、受験生を乗せた列車は水戸に到着した。翌日から四日間、歩兵第二連隊の下士集会所で受験が行われた。その合格通知の臨場感、これも当人だけが表現できる文章の一つだろう。

十月も半《なかば》過ぎて、或日茨城新聞に現れたのが砲兵工長候補者の採用者。本年は水戸連隊区も今までに例のない好成績で、四名の採用者を出した。その一番最初に掲載してあった姓名は鈴木庫三であった。新聞を見ただけでは安心が出来ぬ。直《すぐ》に役場に行って官報を借りて見たら九拾五名の採用者中で僕が八番であった。僕は真心から神に謝して今後身を君国に捧げて奉公すべき事を誓言した。

田水山村長の遠藤栄さんは、僕の様な貧家の青年が官報を見に来たなんて不思議に思ったらしく、

村長「何かうまい事があるかい」と尋ねかけた。

僕「一寸《ちょっと》見たい事がありましたから」

と答へて、他は皆沈黙に附して家に帰った。養家でも皆が喜んだ。実父からも合格通知の手紙が来た。その日の喜びは宛《あたか》も夢を見るの感であった。いよいよ陸軍出身の端緒が開かれたかと思ふと、浦島太郎が蓬莱宮《ほうらい》にでも行ったかの様であった。

「嗚呼《ああ》！　天は自ら助くる者を助くと言ふ諺《ことわざ》があるが熱心は恐ろしいもの。受験者中で最も素養の低い農夫が合格するとは何事であらう？　これから後、最後の目的を達するまでには度々試験も受けねばならないが、とにかく全力を尽して勉強すれば必ず神は見捨てないに相違ない！」

と思った。(69–70)

いよいよ東京へ出発するとき、養父母の村では「鈴木君万歳」の声に見送られ、また実家では親族を集めた盛大な祝宴がもたれた。一九一三年一二月一日、鈴木庫三は砲兵工科学校の校門をくぐった。まず身体検査を受け、第二教育班の第一内務班に振り分けられ、「古生徒」の指導で軍服や靴を揃《そろ》えた。翌日、学校長が軍人勅諭を奉読する誓文式があり、内務班生活が始

まる。

2――苦学生の軍隊

砲兵工科学校入学

私のような戦後世代にとって、「内務班」と聞くとナチ強制収容所さながらに陰惨なイメージを脳裏に描いてしまう。そこでの陰湿なイジメは、序章で紹介した石川達三『風にそよぐ葦』にも登場するし、野間宏《のまひろし》『真空地帯』、五味川純平《ごみかわじゅんぺい》『人間の条件』など、内務班生活を告発した戦後小説は無数にある。しかし、内務班の印象は「誰が、どの時期に、どの場所で過ごしたか」で大きく異なっている。

その夜は初めて寝台に毛布を敷いて臥《ふ》することになったが、疲れて居ったから、馴《な》れぬ床でも直に眠れた。霜の朝は明けた。勇ましい喇叭《ラッパ》がなる。何の喇叭か知らないが、朝早くなるから起床喇叭と思った。班長殿が来られて床の上げ方を教へた。廊下に整列して点呼を受けた。

それから毎日、習得する事は何もかも新らしい事ばかりで、練兵は毎日午前も午後もあったが、農業に勉励して身体を鍛錬して置いた僕には、少しも骨の折れる事はなかった。(76)

青年の内務班生活は、順調なすべり出しだったようである。しかし、次節で触れるように、鈴木自身、この五年後に士官候補生として再体験した内務班は、このときとはまるで異なった

1914年、砲兵工科学校の茨城県出身同期生と鈴木庫三銃工長候補者（中央）

悪印象を残している。内務班教育、つまり軍隊生活のイメージに存在する階級バイアスについて、ここで簡単に言及しておきたい。太平洋美術学校卒の紙芝居作家・加太《かた》こうじが、戦後小学校の同窓会で軍歌を歌う旧友の月館《つきだて》定雄について『軍歌と日本人』（一九六五年）でこう書いている。小学校時代、優等で級長だった月館は貧困のため進学できず、下町で家具製造にたずさわっていた。

私は月館を見ていると、戦争にいって——軍隊にとられて——不幸になったという人は、本当は、しあわせな人だったのだと思えてくる。門や塀のある家に住んで、親の金で学校へいけて、女中が送りむかえをしたり、食物や衣服に不自由することがなかったり、人からは常に尊敬の態度で話しかけられていた人だと思う。私たちの仲間が、ときとして、軍隊生活や戦争の時代をなつかしむのは、ひとつには若い頃の美化された思い出にひたるからだが、その根底には、軍隊生活より、もっとひどい浮世の苦労や、人前に出られる服装すらない貧乏や、人間の地位や学歴で価値づけて実力では評価しない周囲があるからだと思う。軍隊にもそれはあるが、生活上の苦労とは結びついていない。私たちの仲間には、軍隊へいって、はじめて、三度の食事の心配と、寝るところの心配をしないですむようになった者がいるのだ。(38)

そう、鈴木庫三が「思出記」に綴った「地方」――軍隊用語で軍隊外の一般社会――も、まさしく「人前に出られる服装すらない貧乏」、「人間の地位や学歴で価値づけて実力では評価しない周囲」であった。銃工科に配属された鈴木工長候補者は、次なる士官学校への入試に向けて決意を新たにしていた。この一九一四年以降、日々の学習状況を記録した日記が現存している。たとえば、「大正三年懐中日記(博文館)」の一月二七日。

自習二時間。物理一時間、単位ニ付テ。午前拾時《じゅう》ヨリ身体検査施行セラレタリ。入校当時身長五・五七尺〔約一六九センチメートル〕、体重一六・八二貫〔約六三キログラム〕、胸囲二・五二〔尺〕、呼吸の差〇・二〇、視力一・〇、入校後体重一六・六貫、今回ハ体重一六・八二貫。午後工場ニテ鍛造作業。余ハ八名ニテ掃除当番ニ当ツタ。空腹デ帰校シタ。夕飯後、毛布検査及軍制学ノ復習。 1914-1.27

一月の総括として次のような決意が示されている。

学校生活ニ馴レテ郷里ヲ望ム念モ信友ノ話ニマギレ、一週間ガ短カクナルト共ニ学勉及内務ガ非常ニ多忙トナツタ。余ハ軍制試験後大ニ奮励シテ勉学セン事ヲ決心シタ。 1914-1.31

二月八日には友人とともに英語学校を探して本郷、神田方面を回っている。二月一五日にはABC学館に入学し、夕方に「一回拾銭ノ日謝」で三〇分の授業を受けている。三月、四月と徐々に起床時間を早め、作業前の自習時間を増やしている。鈴木工長候補者は歯を食いしばり、勉強方法の試行錯誤を繰り返している。この年七月二八日、その後の世界を変えた、つまりは鈴木庫三の運命も大きく変えた第一次世界大戦が勃発している。もちろん、鈴木工長候補者も新聞のニュースに注目していた。

酒保《しゅほ》ニ於テ新聞ヲ見ルニ、目下欧洲各各ニ於ケル風雲マコトニ急ヲ告ニ正《まさ》ニ大乱トナラントス。墺〔オーストリア〕塞〔セルビア〕ノ戦乱ノタメ協力スベキ英独露仏伊等ノ態度ハ、誠ニ注目スベキ所ナリ。1914-8.2

今宵ノ新聞号外ニ依レバ、我国ハ東洋ノ平和維持上止《や》ムヲ得ズ、独逸《ドイツ》帝国ニ対シテ宣戦ノ詔勅《しょうちょく》アリ。1914-8.23

だが、鈴木工長候補者にとっての関心はドイツとの戦争よりも、まず受験であった。茨城県出身者で各種軍学校に合格した人数を日記に書きとめている。

外出ヲ止メ英語ノ勉強シタ。今日ハ空室ニ於テ午后新聞及官報等見ルヲ許サル。官報ニ依リテ見レバ、本県士官候補生ニ採用サレシ者六名、主計候補生五名、海軍兵学校採用試験及第者一名ナリ。1914-8.30

士官候補生採用、すなわち陸士合格の六名も、中学校出身者であっただろう。砲兵工科学校の課程と実習をこなしつつ、陸士の受験勉強を独学することは並大抵のことではない。彼に手をさしのべたのは、数学教員だった梅地慎三《うめじしんぞう》（後に成蹊高校教授）である。毎日曜日の午前中に自宅に招いて個人指導をしてくれた、この梅地先生を鈴木は後々まで恩人として仰ぐことになる。

銃工長の士官学校受験

日曜日午前中は梅地先生に数学、午後は帝大生に漢文の個人教授を受け、英独学館で英語の授業を受けた。日記で勉強していない日を探すことは難しい。

斯様《かよう》な有様であったから、規定の睡眠時間までも削減して勉強に当てた。通常は起床喇叭より二時間乃至《ないし》三時間早起して冷水で顔を洗ひ、廊下の電燈や小使室の燈下で勉強したのであった。(85)

だが、陸士受験にむけた普通学中心の勉強のため、砲兵工科学校の課程成績は下がっていった。

午后大掃除、夕飯後、廾八期生ノ前期試験成績発表サル。余ハ銃工科六番、全校一七番。1914-11.28

学内順位など陸士受験を目指す鈴木工長候補者にとって問題ではなかった。だが、学校行事を軽視したことは、意外な落とし穴となった。日曜日の予防接種をサボって外出先で勉学したため、校長から禁足三日の処罰を受けている。もちろん、卒業成績の銃工科一〇番は決して悪い成績ではない。が、卒業後の赴任先として希望した候補地はすべてはずれた。

僕の赴任地は青森歩兵第五連隊と決定した。都を後に北国の寒い所で勉強に不便を感じなければならぬ所に追ひやられるのも、皆犯した罪の為であるといよいよ奮起した。(89)

かくして、一九一五年一一月一日、鈴木三等銃工長は上野駅を後にする。再び、東京に戻ってこられる月日を数えながら。ちなみに、三等銃工長は砲兵科下士の最下位で、歩兵科の伍長に相当する。正式に陸軍軍人・鈴木庫三が誕生したのである。

「歩五着任と騎二四転任」

途中下車して、故郷に立ち寄ったことはいうまでもない。「思出記」には養父母、実家への愛情あふれる気配りが述べられている。が、ここでは省略する。一一月七日雪降る青森に到着すると、さっそく襟章に「5」の文字をつけた。しかし、歩兵第五連隊への愛着は結局、生まれなかった。この第五連隊の下士居室で彼が目にしたのは、陸士受験の志破れ目標を失った先輩たちの姿であった。そうした先輩五名と下士居室での共同生活は、受験勉強にとっては障碍であった。実際、中学校卒業生自体が少なかった明治期にはまだ残されていた下士から将校へのルートは、大正期に入ると急速に閉ざされていった(広田:99)。勤務内容とは無関係な受験勉強を、余暇時間を犠牲にして行い、中学卒業生と競争することは至難の業といえた。

だが、この努力家はまだ運に見放されてはいなかった。青森到着のわずか一カ月半後、一二月二〇日付で盛岡の騎兵第二四連隊に転任の辞令が届いた。同月二四日には盛岡に向け出発している。盛岡では陸士志願を申請すると、他の志願者とともに住居などで便宜が与えられた。算《かぞ》へて見ると、受験準備する処は僅々《きんきん》九十日ばかりである。一科目毎に時間を割り当てると何程もない。それだのに未だ学んで居らぬ学科も沢山ある。日本地理、世界地理、地文《ちもん》、日本歴史、東洋史、西洋史、やれ国事法だ国語だ、やうやく一眼通す位の処だ。英語もナショナル三では、やっと中学三年位の程度だ。時間が少ないのに学ばねばならぬ科目は列挙するに暇がない。案ずれば案ずる程仕事が多くなって来る。(104)

一九一六年の陸士受験は結局、不合格に終わった。もちろん鈴木三等銃工長だけではなく、同じ道を目指した砲兵工科学校の同期生はまだ誰一人合格していない。業務は弾薬庫の管理だったが、一一月一日に二等銃工長（歩兵科の軍曹に相当）となり、銃工場と兵器庫も任され仕事は多忙を極めた。仕事が終わると、盛岡中学の教師が運営した江南義塾に走った。その高等受験科は、高等諸官立学校の入学志望者が通う夜学部であったが、生徒減少のため閉校となった。その後、英語は陸軍大学校を目指していた第一中隊の井上又一中尉〔陸大三三期〕から週番のときに指導を受けた。当時、鈴木工長が作成した修学予定表が残されている。日曜休日や同僚の帰省中も「実施」の赤文字で埋められている。志を遂げるまで故郷の土を踏まない覚悟が、日記にも繰り返し綴られている。

だが、一九一七年の試験も、英語のために失敗した。この年、砲兵工長から七名が合格しており、同期の林二等工長も含まれていた。陸士入学には二五歳の年齢制限があるため、残された機会は、あと二回である。しかし、三度目の挑戦となる次回を最後と決めて、鈴木二等工長は背水の陣を布いた。再開された江南義塾で英語を集中的に学習する。

受験への「戦争準備」

勤務後、毎日最低五時間の勉強を続ける工長の兵営生活は、まさしく受験への「戦争準備」と化していた。そんなとき、一九一八年二月のある日、はじめて上官から暴行を受けた。新しく機関銃教官になった阿部騎兵中尉が勤務時間外に命令系統を無視して、鈴木工長に空包の供給を命じた。ちょうど浴場に向かっていた二等工長は、規則を盾に謝絶しようとしたが、その言葉も終わらぬうちに阿部中尉のビンタがとんできた。後年、「泣く子も黙る」と恐れられた鈴木庫三だが、その若き日を髣髴《ほうふつ》とさせる文章なので、長くなるがそのまま引用したい。

如何に上官といへ、甚《はなは》だ非常識な奴だと思った僕は、

生「鈴木工長は殴って頼む人には応じません。」

阿部中尉は復《ふたたび》さんざん僕を殴打した。僕の耳は聞えなくなった。いざ反抗と身がまい《え》して、近所にあった三脚架の照準棍《こん》を取り上げて打ち倒してやらうとした時、殴りながら阿部中尉は言った。

阿「剛性《ごうじょう》な奴だ。貴様のやうな奴は士官候補生願を取り止めて終《しま》へ。」

と言った。僕は「士官？　士官候補生！」と気が附いて、反抗の姿勢は涙をのみ歯を噛《か》んで崩し

たのであった。丁度《ちょうど》その時、その場に居った廣田少尉が立ち寄って、

廣「阿部中尉殿！　鈴木工長にも話して聞かせますから止めて下さい。」

と仲裁した。

廣「鈴木工長！　御前も未だ内務書の研究が足らない処から生じた過失だから仕方がない。阿部中尉殿に謝罪して、これから直《ただち》に空包を準備して上げよ。」

まさか上官を悪くする訳には行かぬ。結局は下級者が悪い事になる。残念さと口惜しさに正気を失って居った僕は、自分で悪くないのに謝罪する必要はないと、漸《よう》く黙然として阿部中尉を瞰《のぞ》んで立って居ったが、廣田少尉から「鈴木！　鈴木！」と勧められ、廣田少尉の顔立《かおだて》の下に、阿部中尉の前に謝した。

阿部中尉は、僕を殴打してから直に病気になった。やがて彼は入院したが重病となったのである。原因は、胸部を馬に蹴《け》られて休養中の処、僕を殴る為に、過激な運動を起したのが悪くあったらしい。しかし、僕は彼に同情の心は起らなんだ。

軍籍に身を置いてから殴られたのは、この時が初めてである。その夜、室に帰って見たが、残念さは胸に充ちて居った。頭も顔も腫《は》れ上って居ったのであったが、これが後日、僕の為には立派な玉となって報いられた。即ちこれが為に充分な修養が出来、あの時の無念さが幸福に生れ変ったのである。悪人な阿部中尉は寧《むし》ろ僕には恩人であったかも知らむ。

嗚呼、あの時僕が士官候補願を出して居る事に気が付かなんだら、必らず反抗したに相違なかった。命のあらん限りやったに相違なかった！　兵卒の前で斯様な事をされ、あんな侮辱を受けて、決してそのままになって居らなんだらう！　嗚呼、士官候補生！　汝は今日この身を助けた。

汝は大過失を未然に救ってくれた。汝は我が愛する一つであるぞ。将来成功の基《もとい》を開いてくれるのは汝であるぞ。あの恥辱を濯《そそ》いでくれるのも、汝より外にないぞ！

奮慨も極度に達した。どうしてもこの暴行に対して、復讐戦を起さねばならぬ。しかしそれには立派な方法がある。文明の方法がある。嗚呼、士官候補生！　汝は我が復讐戦の援兵であるぞ。希《ねが》わくは我を助けよ！（略）

阿部中尉は約一ヶ月程衛戍《えいじゅ》病院にあったが、やがて退院した。彼は非法を覚《さと》ったらしく、僕に対しても甚だ気の毒な様子をして居った。試験前になって、今年は合格してくれよなど言って、わざわざ僕の居室まで英語の書物など持って来てくれた。しかし彼《か》れが何程《いくら》御世辞を振りまいても、僕は心服出来なんだ。彼れ等の英語の書物などは借りて見まいと思って居ったから、その書物は全部井上工長に渡して終《しま》った。

非法に対する反抗心は斯《か》くまで甚だしいものかと自分ながら感じた。幸ひに僕が部下を教育する任を得たら、この点に就いて注意せねばならぬと考へた。（125-127）

次章でみるように、任官後の鈴木少尉は自分が指揮する部隊での私的制裁や暴力を極力排除しようと試みた。やがて自らが「軍隊教育学」の専門家となったとき、内務教育をとくに重視した原点はここにある。ちなみに、ここで彼を阿部中尉の横暴から守った廣田豊少尉（二七期）は陸大三五期で恩賜の軍刀組となり、アメリカ駐在武官を経て航空兵に転科している。士官学校時代以後も、その人柄を慕って鈴木は廣田宅を何度か訪問している。終戦時、廣田は第五三航空師団長兼朝鮮軍管区司令部附中将であった。

上官への「復讐戦」ともなった士官学校入試の結果を見ておこう。一昨年、昨年と苦杯をなめた英語で今度は及第点を取った。一九一八年七月二二日、教育総監部より「士官候補生採用者注意事項」の手紙が到着した。成績順に官報告示されたのは、七月二七日である。二二〇名中の一一五位。技術系である鈴木工長の希望兵科は、砲兵―工兵―騎兵の順である。この年、砲兵工長から八名が合格したが、同期からは鈴木工長だけであった。まさしく奮闘努力、刻苦勉励の賜物《たまもの》である。

僕の光栄も、ただ意志を変更しなかったのと、努力とに依って生れたのである。今後は、尚更《なおさら》意志を強固にせねばならぬ。ここで安心してはならぬ。今後は陸軍大学の準備であるぞ。成功の基《もとい》が定まるまでは、神に誓った貞操を守って進まねばならぬと決心した。(139-140)

大阪砲兵工廠転任と輜重兵科決定

こうして、鈴木工長は晴れて故郷に錦《にしき》を飾ることもできた。実家に帰省中の一九一八年八月一六日、「八月七日発令・大阪砲兵工廠附」の辞令が届いた。一二月の陸士入学まで残すところ約三ヵ月、突然の転任に戸惑っている。しかし、八月二五日午前八時盛岡からの下り列車で一路大阪へ向かった。鈴木工長が大阪に旅立った八月二五日は、奇《く》しくも「白虹《はっこう》事件」として言論史上に特筆される「その時」である。

この八月二五日の大阪中之島で、シベリア出兵、米騒動に関連して厳しい言論統制を行っていた寺内正毅内閣を糾弾する「関西新聞社通信社大会」が開催されていた。これを報じた翌二六日付『大阪朝日新聞』夕刊記事中に使われた兵乱を意味する故事成句「白虹日《ひ》を貫けり」をとらえて、当局は新聞紙法の「朝憲紊乱《びんらん》」により同号を発売禁止とし、さらに同紙を発行停止に追い込むべく検事局に告発した。結局、朝日新聞社は社長を村山龍平から上野理一に代え、編集幹部が総退社して政府に恭順の意を示した。さらに、一二月一日の社告では、行き過ぎた言論を全面的に自己批判し「不偏不党」の編集綱領を発表した。これにより、『大阪朝日新聞』は発行停止を免れたが、巨大化したジャーナリズム企業の権力に対する脆弱性を露呈する事件となった。この騒動の中、大阪入りした鈴木銃工長が、言論統制の当局側として朝日新聞社と向き合うのは、まだ二〇年先のことである。もちろん、「思出記」にも米騒動は登場する。

梅田駅に到着したのは〔八月二六日〕午前十時頃であった。煙突の多いのと上層の濁った空気には、見る見るいやになった。煙の都！　東洋のマンチェスター！　とばかり叫んだ。（略）平和な奥洲に住んで居った僕は、この日本一、否、東洋一の生存競争場を悲感した。過般の米騒動の跡は残って居る。物質の事は言ひたくないが、物価も盛岡に比較しては雲泥の差である。而《しか》して一般が薄情極まる事は驚いた。会ふ人も会ふ人も皆薄情な顔をして居る。夫れ故、一ヶ月位は温い盛岡ばかり思って居った。（151, 152）

この大阪到着の二ヵ月後、一〇月一八日に士官候補生の配属部隊、すなわち兵科の決定があった。その驚きと悲しみは、「英文日記」にこう綴られている。

So I was astonished and sorrow when I have heard the news, for my object was not a transport soldier.
（その知らせを聞いたとき私は驚き悲しんだ。輸送兵になることが目標ではなかったのだから。）
「思出記」は、この場面で終わっている。最後の部分を、そのまま引用しておこう。

開いて見ると陸軍省達として、
　陸軍砲兵二等銃工長　鈴木庫三
　士官候補生を命ず　来る十二月一日午前九時
　輜重《しちょう》兵第一大隊に入隊すべし
とあった。見るより僕は、絶望の感がむらむらと起った。玉手箱の蓋《ふた》を開いた浦島の様であった。志望兵科の一つも採用されて居らなんだのを知った時は、宛《あたか》も世界一統の野心家奈翁〔ナポレオン〕一世が流刑に処せられたよりも尚つらい感じがした。

砲工学校は絶望、兵器の研究は断念！　ただ残るのは参謀のみ。人間万事塞翁《さいおう》が馬だ。返って砲工学校あたりうろつくよりも、かつ煙突下の生活を止むなくされるよりも、輜重の方が良いかも知らん。任官後は専心、陸軍大学の受験準備に熱中する事が出来る。砲工学校あたりで頭を使ふよりは、参謀に早くなった方が何程《どれほど》良いか知らぬ。参謀になれば何兵科でも変った事はない。二三日前、上原〔勇作〕参謀総長の巡視があった時に決心した方法を取るには甚だ都合がよいであらう。
「男子と生れて軍国に身捧げたならば、少くも国家の軍略を担ふて起つ人とならねば駄目だ。僕は上原参謀総長以上の参謀になって見たい。世界一の参謀になって見たい。」嗚呼、塞翁が馬、塞翁が馬！　徒《いたずら》に世を嘆《たん》ずる者は愚者に劣る。今後は陸軍大学の受験準備に没頭するがよい。

前編終り　(153-154)

輜重兵科を指定された鈴木青年の「絶望」を、今日の私たちが十分に理解することは難しいだろう。輜重兵、「英文日記」で綴られたとおり輸送兵 transport soldier である。輜重の輜とは衣類を載せる車、重とは荷を載せる車の意で、部隊の移動に際して糧食、被服、武器、弾薬など軍需品の輸送を担う兵科である。当初、輜重兵科将校は憲兵科と同じく他兵科（歩兵・騎兵・砲兵・工兵）からの転科で補充された。だが、日露戦争を控えて一八九九年、士官候補生一一期の三〇名がはじめて輜重兵科で卒業した。いずれも転科を強制されたわけだが、服部英男中将（陸大二三期のち輜重兵監）を筆頭に、四名が少将まで昇進している。日露戦争の軍指導部が、孫子《そんし》の兵法を深く理解していたためだろう。「軍輜重無ければ即ち滅ぶ」。だが皮肉にも、その日露戦争の戦訓から引き出されたのは、攻撃精神への過大評価だった。以後の日本陸軍では、輜重兵科は任務の地味さから軽視され続けた。

さらに、輜重兵の下で運搬作業を行う輜重輸卒《ゆそつ》は、一般兵と異なって進級ができない等の差別待遇に置かれていた。そうした評価は「輜重輸卒が兵隊ならば、チョウチョ、トンボも鳥のうち」という戯《ざ》れ唄《うた》で広く世間に知られていた。とはいえ、機械化された自動車兵や衛生兵といった兵種も輜重兵科であり、その機能が近代戦の勝敗を左右した。輸卒の呼称も一九三一年満洲事変勃発後に輜重特務兵と変えられ、日中戦争勃発後の一九三九年にようやく輜重兵に統合される。昭和陸軍は近代戦に身をさらすなかでしか、輜重の重要性を理解しなかった。いや、それでも理解は足りなかった。相変わらず兵站を軽視した戦術中心の伝統により、アジア・太平洋の戦場で数多くの悲劇が繰り広げられたことは周知のとおりである。

その輜重科からの陸大受験、その困難さに、「思出記」執筆段階の鈴木候補者はまだ気づいていない。それは下士からの陸士受験の比ではなかった。鈴木候補者も、かなり早い段階で陸大進学の現実味がないことに気づいたにちがいない。その可能性を検討する前に、私同様に戦後生まれの読者が大半であろうから、陸軍将校養成システムについて簡単にまとめておきたい。

陸大の壁――将校養成システム

一九一八年一二月一日、晴れて士官候補生となった鈴木庫三は、輜重兵第一大隊で隊付勤務を体験し、その一年後に市谷台《いちがやだい》の陸軍士官学校の門をくぐった。翌一九二〇（大正九）年に陸軍将校養成制度は大改正された。従来の士官学校は士官学校本科となり、中央幼年学校が士官学校予科になった。これにより士官学校予科と本科の間に六カ月の隊付勤務と兵科決定が行われることになった。鈴木はこの改正以前の候補生である。

陸軍士官学校は一八七四（明治七）年の「陸軍士官学校条例」により、翌七五年に設立された。初期のフランス式に代わってプロイセン式の「士官候補生」制度が導入されたのは一八八八八年入学生からであり、一八八九年卒業の第一一期までは「士官生徒」と呼ばれた。士官学校は陸軍幹部養成の根幹であり、その卒業席次は陸軍大学校進学を含めその後のキャリア形成に大きく影響を与えた。一九四五年敗戦までの七〇年間に、士官生徒一一期、士官候補生五八期の計六九期で三万八七四六名の将校を送り出している。

鈴木庫三の第三三期生は、中学校および各兵科各部下士官からなる一般選抜の士官候補生二一一人に、幼年学校卒業生を加えた四三七人であった(1919-12.1)。この士官候補生は通常、隊付教育の間に一等兵から軍曹に昇進して士官学校に入った。

一九二一年七月に卒業した第三三期生は、隊付けされた原隊に戻り、約二カ月間の見習士官を務め、連隊将校団の銓衡《せんこう》会議を経て奏任官である少尉に任官する。ちょうど、この三三期からそれまで五月卒業一二月任官だった見習士官期間が、七月卒業一〇月任官に短縮されている。

任官後、配属された部隊で命課布達式が行われ、正式に帝国陸軍将校団の一員となる。この将校団中の優秀者が、さらに陸軍大学校に進学した。陸軍大学校について、鈴木自身が東京帝国大学派遣学生時代に分担執筆した『入澤《いりさわ》教育辞典』(一九三二年)の項目を引いておこう。

将校をして高等用兵に関する学術を修得し、併せて軍事研究に須要《しゅよう》なる学識を増進せしめ、且《かつ》高等用兵に関する学術の研究を行ふ所。校長は参謀総長に属す。学生を分ちて次の二つとする。

(一)学生、各兵科(憲兵科を除く)中少尉にして二年以上隊務に服し、学識に富み身体強健、勤務精励、志操高尚、将来発達の見込十分にして且選抜試験に合格した者を以て之に充《あ》て、修学期間三箇年。(二) 専攻学生、各兵科(憲兵科を除く)中・少佐にして高等用兵に関する学術の深厚なる研究を行ふに適当なる者を以て之に充て、修学期間は一箇年。

設立の趣旨は参謀将校養成を目的とした高等用兵に関する教育研究機関であったが、成績優秀者が集められたため、その卒業者は昇進・補職上で優遇され、実質的には高級指揮官の選抜コースとなった。学生は三〇歳以下で隊付勤務二年以上、部隊長の推薦を受けた中少尉から試験によって採用した。修業期間は三年であった。参謀は肩に金モールの参謀飾緒《かざりお》をつけ、胸にその形状から天保銭《てんぽうせん》と俗称された陸大卒業徽章《きしょう》をつけた。この「天保銭組」が軍中央の高級ポストを独占し、昭和の戦争を指導することになった。なお、「天保銭」徽章そのものは、二・二六事件後の一九三六年五月一日、軍令陸三号により廃止された。しかし、その後の「鈴木日記」でも陸大卒業者に「天保(銭組)」の呼称が使われている。

天保銭組への猛烈な対抗意識

そもそも輜重兵科から陸大への入学枠は極端に少なかったが、二四歳で士官候補生となった鈴木の場合、「任官二年以上、三〇歳以下」という規定がハードルだった。一九二一年一〇月の任官だから一九二三年一〇月から受験資格があるが、その三ヵ月後には三〇歳になってしまう。現実的に考えて、鈴木少尉に受験機会は存在しなかった。実際、一九二三年一二月入学の陸大三八期に受験できたのは陸士三二期以上であり、この期の合格者は皇族・恒憲王《つねのりおう》のみである。三三期生では二年後、一九二五年の陸大四〇期に首席卒業の田中弥《たなかわたる》ほか六名が合格している。そのとき鈴木輜重兵中尉は三一歳になっていた。年齢制限だけとっても、鈴木少尉の陸大受験は不可能だった。

この現実に、鈴木候補生はいつの時点で気づいたのだろうか。「思出記」の完成後まもなく、すなわち一九一八年一一月から輜重兵第一大隊に入営するまでの一カ月の間に、年齢制限を知った可能性が高い。なぜなら、それ以後、私的な「懐中日記」にも陸大受験の文字はいっさい見当たらない。一九一九年日記の「五月所感」では陸士受験を振り返りながらこう書いている。

真ニ精神一到何事カ成ラザランデ、遂ニ目標ニ到達シタノデアッタガ、現在デモアノ努力ヲ以テシタナラバ、士官候補生トシテモ必ズ上位ニアル事ガ出来ルデアラウ。1919-5.31

「上位」を目指しても「陸大」という新たなる目標は書かれていない。すでに「三月所感」で「〔昨年の自分と比べ〕進取的気象ヲ失ヒタルガ如キ感アリ」と記しているのも、具体的な受験目標の喪失と読むことができる。

もちろん年齢制限は決定的だが、輜重兵科という面からも陸大合格はきわめて難しかったはずである。陸大二二期（一九〇七年入学）に飯田恒次郎大尉（一四期のち中将・自動車学校長）がはじめて入学して以降、陸大三七期（一九二二年入学）までの卒業生総数九六四名中、輜重兵科出身者はわずか一一名（一・一％）にすぎない。歴史に「イフ」はないのだが、たとえ鈴木がもう二、三年早く陸士に入っていたとしよう。入学が可能となる陸大三八期から四二期まで五年間で輜重兵科出身者は六名である。毎年約一名の枠だが、『陸軍士官学校歴史附録・生徒名簿　自明治四十年至昭和五年』（靖国偕行《かいこう》文庫所蔵）によれば、陸士三三期の輜重兵科候補生一九名中鈴木の卒業序列は三位であり、同二位の小山（大塚）嘉兵衛（陸大四五期のち輜重兵学校幹事・大佐）の一人だけが進学している。陸士三三期の陸大進学者六七名のうち少将まで昇進したものは二七名いるが、輜重兵科の将官はいないのである。

士官学校の卒業席次が付いて回る軍官僚制において、鈴木の卒業席次六九位（輜重兵科三位）で、最終ポストが第一四六師団輜重隊長・大佐というのは、一応順当と考えられる。しかも、陸大三八期から四二期の輜重兵科「天保銭組」六名中三名の参謀職務初任ポストは自動車学校付であった。自動車部隊は輜重兵科の花形である。陸大受験はできなかったものの、鈴木が自動車学校練習隊付、同校教官と中央学校のポストを歩んだことは、卒業成績に見合った進路と言える。だが、そうした日の当たる場所に「天保銭組」と机を並べていることが、彼らに対する猛烈な対抗意識を形成した。新たな目標として、鈴木少尉が見出したもの、それが「軍隊教育学」という専門領域であった。「教育将校」鈴木庫三の人格形成に大きな影響を与えた、候補生の隊付生活に話を戻そう。

3——内務班改革への目ざめ

「教育日記」

士官候補生採用から一九一八年一二月一日原隊である輜重兵第一大隊に着任するまでの二カ月あまり、鈴木候補生の足跡をたどる資料は「英文日記」のみである。一一月二一日に大阪砲兵工廠において自動車整備実習を終え、一一月二四日に大阪を出発した。奈良に一泊し、伊勢神宮、熱田《あつた》神宮を回って同月二七日に新宿に到着している。日記には古都の寺院についての記述はないが、当時そこには『思潮』(阿部次郎主幹・岩波書店)を手にした哲学青年たちがいく人かは逍遥《しょうよう》していたはずである。大正教養主義の文化的コスモポリタニズムを象徴する和辻哲郎「古寺巡礼」の連載は同じ年の八月号から始まっていた。鈴木より五歳年長の和辻は、第一高等学校、東京帝大を卒業し、すでに新進気鋭の哲学者として読書界の注目を浴びていた。一見したところ、この軍人と学者に接点はないように思える。しかし、日米開戦の直前、鈴木と和辻は日本出版文化協会の席上で運命的な対決をすることになる。その大激論については、第五章で詳しく論じなければならない。

一九一八年一一月二八日、鈴木候補生は目黒の輜重兵第一大隊で挨拶を済ませ、本郷に恩師、梅地慎三を訪ねている。入営前日の三〇日には、神田で次年度用に『Standard Pocket Diary

1919』（ジャパンタイムス学生号出版所）などを購入している。原隊に配属された士官候補生は、公的な「日誌」が義務づけられていた。その第一頁には、次の「緒言」が付されている。

此ノ日誌ハ、士官候補生トシテ在隊一ヶ年間ノ記録ニシテ、将来自ラ教育ノ任ニ当ル時、己ノ受身ニアリシ時代ノ記録ヲ以テ其ノ参考ニ供セン為記入セヨト、教官松山輜重兵少尉殿ヨリ命ゼラレ、輜重兵第一大隊第一中隊ニ入隊ノ当日ヨリ記入シ始メタルモノナリ。1918-12.1

士官学校入学後も日誌執筆は義務である。夜の自習時間が終わると、中隊生徒全員が姿勢を正して一斉に日誌をつけはじめ、取締生徒がそれを集めて、区隊長あるいは中隊長に提出することになっていた。日誌には、中隊長が与えた研究課題とその答案が書かれることも多い。こうして青年期に日誌執筆の習慣を身につけた職業軍人に、詳細な日記を残したものが多いのは当然である。

この隊付勤務から士官学校、見習士官までの時期について、「鈴木日記」は教官の閲覧に付す半ば公的な「日誌」とプライベートな「懐中日記」の二種類、一九一九年度はさらに「英文日記」の三種類を同時につけている。その際、「公的な」日誌と「私的な」日記の落差を最小化すること、つまり生活を規律化＝軍事化することが目的となっていた。士官学校の生活に慣れると、私的な「日記」の記述は少なくなり、やがて「日誌」に一本化された。また、「教育日誌」と銘打たれた見習士官時代までの「自己教育」目的の日誌は、軍用文に習熟するために濁音抜きのカタカナ表記で書かれている。その点、一九二四年の中尉昇進以後のひらがな表記の日記と叙述スタイルにおいてもかなりの相違がある。しかし、「教育将校」の道を目指した鈴木にとって、その日記は最後まで「教育日記」であったとも言える。まず、輜重兵第一大隊付の内務班生活を日記から見てみよう。

輜重兵第一大隊付

軍隊から見た外界、つまり一般社会を、軍隊用語では「地方」という。また、民間人を指す、「地方人」もよく使われた。入隊初日の日誌には大隊長が新入隊者に与えた訓示とそれについての感想が記されている。鈴木候補生は「地方」からの新入りではなく、砲兵工廠からの「異動」であり、その観察には余裕がある。

地方ニアリテ、文弱ニシテ且ツ軽率ナル社会主義ノ悪風中ニ漂ハサレ〔ン〕トシツ、アリシニアラズヤト考ヘラルル彼等ニ取リテハ、其効果顕著ナルベク、聞クモ痛快ナリキ。1918-12.1

鈴木候補生と並んで訓示を受けた一年志願兵たちは、中等学校以上を卒業した比較的裕福な家庭の出身者であった。というのも、一般兵と異なり除隊時に予備役伍長となる彼らは、食費、被服・装具・弾薬代、兵器修繕費など入隊中の経費いっさいを自弁していた。「教養と財産」のある階級でなければ、手の届かない制度である。こうした露骨な階級的差別待遇であった一年志願兵制度は、一九二七年の兵役法制定で幹部候補生制度に変わる。その志願動機の大半が在隊年限の短縮にある学生からなる一年志願兵を、鈴木候補生が「文弱」とみなしたのは、むしろ自然である。「軽率ナル社会主義ノ悪風中」という表現には、一九一七年ロシア革命後急速に流入した社会主義思想の影響が軍隊に与えた危機感を読み取ることもできる。ただし、鈴木候補生の中で社会主義に対する警戒心と一年志願兵の特権に対する敵意は微妙な矛盾を孕《はら》んでいた。近代国民軍がある意味で社会主義的組織であったためである。鈴木が社会主義にわざわざ「軽率ナル」の形容をつけた理由は、士官候補生に兵卒と同じ下積みを体験させる「軍隊民主主義」から社会主義がそう遠くない思想であったためだろう。こうした軍隊民主主義と社会主義の競合的相補関係については、戦後思想界の巨人・丸山眞男《まさお》も次のように述べている。

僕は日本の場合はむしろ逆に軍隊は社会的な階級差からくる不満を緩和する役割を果したのじゃないかと思います。（略）いわゆる「地方」ではどんなに高い階級にいた者でも、軍隊に入ったら軍隊の階級秩序に従わなければならない、それが日本の軍隊の大きな特徴だ。外国では、将校は貴族だが、日本はそこが違っていて、それが大いなる強みだと〔荒木貞夫『皇国の軍人精神』は〕いっておりました。僕はこれをおもしろく思ったんですが、ここにも日本の軍隊の擬似デモクラティックな要素があると思います。（略）実際、兵隊に入ると、「地方」の社会的地位や家柄なんかは（皇族をのぞいて）ちっとも物をいわず、華族のお坊っちゃんが、土方の上等兵にビンタを喰っている。なにか、そういう擬似デモクラティック的なものが相当社会的な階級差からくる不満の麻酔剤になっていたと思われるのです。（飯塚：128–129）

ここで丸山は重要な指摘をしている。すなわち、軍国主義が社会主義の機能的代替物となる可能性である。ところが、これを読んだ多くの知識人は、「擬似デモクラティック」という丸山の言葉に惑わされたようだ。そもそも、この文脈で「擬似」といわねばならない理由はあるのだろうか。擬似とは、『広辞苑』によれば「本物とよく似ていて区別をつけにくいこと」である。つまり、「本物」を想定させることが、「擬似」を使う理由である。また、丸山は『政治学事典』で「近代軍国主義は大衆国家と民主主義のギャップから生まれた畸形児《きけいじ》にほかならない」（下中：304）という。政治学者がどんな理想型を立ち上げようと自由だが、歴史的には「本物」や「正常」な民主主義など存在したためしはない。奴隷制度と不可分の古代ギリシャのデモクラシーを、擬似民主主義と呼ぶだろうか。「擬似」という言葉は、歴史の前ではまったく非実用的である。

いずれにしろ、ここで問題としたいのは、鈴木候補生の目に軍隊生活が社会的平等との関連でどのように映ったかである。

社会的平等に対する鈴木の過敏さは、特権的な一年志願兵に対する懐疑的な視線と、一般の初年兵や最下層の輸卒に対する暖かい眼差しの両方に現れている。入隊初日、大隊長訓示の後、助教である下士が初年兵に内務班生活の説明を行った。それに対して鈴木候補生は初年兵の立場で、「アマリ急ナル要求ニアラザルヤ」と疑問を呈している。

殊ニ入隊当時ノ初年兵ハ生活状態ノ一変ト、従来地方ニ伝説セラレ居ル軍隊ノ悪説トニ依リテ恐怖心ヲ抱ク事甚シキモノナリ。故ニ之等《これら》入隊兵ヲ軍隊生活ニ導クニハ、成シ得ル限リ緩徐ナル方

法ヲ取リ、漸《ようや》ク軍隊ノ内容ヲ知ルニ及ンデ、速《すみやか》ナル教育ノ進歩ヲ計ルベキナリ。1918-12.1

「従来地方ニ伝説セラレ居ル軍隊ノ悪説」とは、内務班における古参兵の専横や私的制裁、員数合わせなどである。入隊二日目、小山中隊長による精神訓話の最後でもこの悪説が取り上げられた。鈴木は自らの体験を振り返りながら、次のように記している。

就中《なかんずく》、最後ノ一項ニ就キテハ、自ラモ従来経験シタル軍隊生活中ニ、屢々《しばしば》其ノ遺伝的悪風ヲ感ジ、我ガ国陸軍ノ為、延《ひ》イテハ君国ノ為、慷慨《こうがい》シ来リシモノナレバ、中隊長殿ガ厳格ナル言葉ヲ以テ之ヲ戒《いまし》メラレシ時ハ頗《すこぶ》ル満足ナリキ。1918-12.2

内務班生活の屈辱

「遺伝的悪風」については、その後の公的な日誌でも繰り返し批判している。員数合わせとは検閲前に紛失、破損した靴や衣類など官給品を他の中隊から横領する行為である。盗まれた側は必要上また他所から盗み返すか、あるいは兵営外で自弁して調達せねばならなくなる。「懐中日記」によれば、こうした盗品調達を生業にする故買業者も存在したというから、員数合わせはシステム化されていたと言える。鈴木自身、入隊三週間後、営内靴の盗難にあっている。

初年兵入隊シテ、如斯《かくのごとき》悪習ニ会フ程苦シキ事アルマジ。実ニ同情ニ堪ヘザル事ナリ。将来之が矯正ニ関与シ得ルノ日来ラバ、必ズ努力スルノ決心ナリ。而《しか》シテ如斯《かくのごとき》悪習ノ矯正等ハ一度大整理ヲ行ヒ、諸物品ノ員数ヲ完備シタル後、上下幹部協力シテ之ニ当ラバ、甚ダ容易ナル事ナルベ

シ。尤《もっと》モ数名ノ犠牲者ヲ出スハ精神教育上止ムヲ得ザル事ナリ。1918-12.27

初年兵への同情と内務班改革にむけた鈴木候補生の決心は、その後も衰えることはなかった。こうした目配りは、すでに砲兵工科学校以来の内務班経験から生まれたとみることができる。それでも、昨年まで下士として下宿生活をしていた鈴木にとって、一兵卒としての内務班生活はかなり厳しい試練だった。入隊二カ月後、「懐中日記」に書かれた「月末所感」は正直な告白である。厳しい内務班生活のため、慰安欲求が引き下げられ趣味が幼稚化する様子を冷静に自己観察している。

時ニハ堪ヘ難イ恥辱ヲ蒙《こうむ》ル事モアル。以前ノ境遇トハ凡《すべ》テ変ツテ終《しま》ツタ。（略）万事不自由ナ生活トナツタカラ、精神上ノ慰安ヲ求ムルニ、以前トハ趣味モ変リ、子供ニ返ツテ外出等ヲ喜ブ様ニナツタノハ、自分乍《なが》ラモ可笑《おか》シク感ゼラレル。1919-1.31

鈴木候補生は公的日誌、私的日記のいずれにも、助教・助手など下士官や上等兵の怠慢、後備兵の不真面目、古参兵の横暴などを、「新兵」の視線で批判的に記述している。また、中隊長からの課題作文「軍隊内務ノ履行ニ就テ」（1919-2.26）では、平等主義的な内務班改革案を具体的に提案している。衣類の盗難を恐れて安心して入浴できない初年兵のために、中隊ごとに入浴時間をずらすこと、さらに一般兵の後に入浴していた輪卒について、人道上の配慮を上申している。

輪卒、常ニ後団ニ入浴シ居レドモ、階級コソ異ナレ、同ジ兵卒トアレバ、常ニ後団ニノミ入浴セ

シムルハ、人道上宜《よろ》シカラザルベシ。此ノ点ニ就キテハ、特ニ改善ヲ望ム。1919-2.21

また、古参兵が新兵を不当に洗濯等で私役、圧迫する陋習《ろうしゅう》の改善も挙げている。これを許せば、真面目な初年兵もやがて「遺伝的軍隊ノ陋風《ろうふう》」に染まり、悪習は繰り返されることになるというのである。

而《しか》シテ、己ノ新参ニアリシ時代ニ古参者ヨリ受ケタル不正当ニシテ蛮的ナル圧制ヲ、再ビ申送《もうしおくり》的ニ新参者ニ施シ、而《しか》モ之ガ平等ニシテ当然ナルコトト心得《こころえ》居ルモノ少カラズ。1919-2.26

こうした「悪習」が続くかぎり、信頼できる上下関係はできず、報復を恐れて服従するだけで軍紀の低下につながる。また、「職権乱用ノ兵卒取締ニ就テ」と題した文章では、内務班長が助手として選んだ上等兵が一般兵卒に対して傲慢になることが多いため監視が必要と訴えている。下士は兵卒と居室を別にしていたため、実際に内務教育を担うのは上等兵や古参兵である。こうした記述を公的な日誌に綴ることは、教官である中隊長に助手たる古参兵、助教たる下士を告発することに他ならない。当然だが、鈴木候補生は内務班で恨みを買うことになった。私的日記では、鈴木自身も内務班長から虐待を受けたことが記されている。

近頃、候補生ニ対シ、内務班長以下ノ虐待ノ為ニ、勉強モ思ハシク行ハレザルハ甚ダ残念ナリ。1919-2.1

このような現状批判が鈴木候補生に可能であった一因は、その特殊な軍歴にあるだろう。すでに二年前から歩兵科の軍曹に相当する二等銃工長であった鈴木は、三階級引き下げられ一等兵から士官候補生を始めることになった。軍曹の原階級に戻るのは、なお半年後である。規則とはいえ、入隊まで目下であった伍長や上等兵の横暴は目に余ると感じられたはずである。入隊五カ月後の「懐中日記」の「月末所感」。

従来ヨリ陸軍ニ奉職セシ階級ヨリ云フモ、総テ己ヨリ下級ナリシモノニ服従シ、或時ハ侮辱ニ会ヒ、或ル時ハ叱責セラレタルモ、尚《なお》燃ユルガ如キ奮怒《ふんぬ》ヲ抑ヘテ服従シタル修養ハ、将来我一生ニ於テ、我ヲ益スルコト大ナルモノト信ズ。1919-4.30

こうした反骨的姿勢のためか、先輩たる見習士官との摩擦も引き起こしている。

昨夜、又モ某見習士官ヨリ精神上ノ侮辱ヲ受ケタ。（略）階級制度トハ謂ヒ、人ヲヨビツケテ侮辱ノ言ヲ与フルノミナラズ、我教官ノ非難迠《まで》我ニ与フルトハ、アマリニ狂暴ト云ハネバナラヌ。余ハ只教官ニ対シテ申訳スベキ言葉ヲモタヌ。1919-9.10

だが、公的な日誌に以下のような所感を書けば、「見習士官ノ讒言《ざんげん》」がなくても、教官とも摩擦が生じたはずである。たとえば、「上官ハ部下ノ精神上ニ就テ軽々シク断定ヲ下スベカラズ」と題した所感である。中隊の監督者たる教官に向けられた批判とも受け取れる。

中ニハ兵卒ノ言葉使不良ニシテ、少シモ奸言《かんげん》ヲ交ヘザルモノヲシテ、反《かえ》ツテ不真面〔目〕ナルガ如ク判断シ、折角《せっかく》真面目ニ上官ニ心服シ居ルモノヲシテ、自暴自棄ニ至ラシムルモノアリ。又、一例ナレドモ、上官ニ対シ質問シ行ク時等ニアリテモ、其原因理由ヲ深ク認メズシテ、直ニ非理屈ヲ言ヒニ来シトカ、或ハ上官ノ欠点ヲ見テ突込ミ来シトカ言フガ如キアリ。之等ハ何《いず》レモ善良

ナリシ兵卒ヲモ悲感セシメ、遂ニ不良ニ導ク原因トナルヲ以テ注意セザルベカラズ。1919-9.8

教育機能が麻痺した内務班

また、私刑を厳しく批判した「『短気ハ損気ナリ』ノ格言ニ就テ」も同様である。

私刑ヲ受クルトキハ、仮定《たとえ》自《みずから》ニ罪アリトモ反抗心ヲ起スハ人ノ常ナリ。況《いわ》ンヤ罪ナキモノヲ上官ノ探究不充分ニシテ之ヲ譴責《けんせき》シ、兵卒ノ其ノ理由ヲ解シ得ザルニ於テヲヤ。斯《かく》ノ如キ事ノ起ルトキハ、従来上官ノ熱心ニ教育シテ心服ヲ得ルニ至リシモ、一朝ニシテ水泡ト帰スルモノナリ。而シテ其恢復《かいふく》ハ更ニ困難トナルノミナラズ、兵卒ヲシテ或ハ自暴自棄ヲ起サシメ、或ハ兵営生活ヲ厭《いと》ハシメ、遂ニ軍隊教育ノ目的ヲ達シ得ザルノミナラズ、不良兵、不良民ヲ養成スルニ至ル。

1919-10.19

まさしく正論ではある。だが、こうした現体制への批判は教官との衝突となって表面化していた。この一カ月前、遅刻を理由に全員の前で鈴木軍曹は教官に突き飛ばされた。公的日誌では九月二〇日から二三日の記述が脱落している。以下は、私的「懐中日記」の記述である。

自分トシテモ列兵ノ前デ、而モ軍曹ノ階級ニアルモノガ、手ヲカケテ突キ飛バサレテハ、実ニ面目ナイ。今後隊附〔ノ〕間実兵指揮ヲ行フ上ニ多大ノ悪影響ヲ及ボスバカリデナク、将校トナツテカラ迠モ障《さわ》リトナル、実ニ取リ返シノツカヌ事故デアル。サリトテ自分ハ何一ツ精神的ノ行為ヲシタ訳デナイ。問題ニ対スル答案ヲ規定セラレタ時間迠ニ完成スルタメ努力シテ、食事ノ時間

ヲ三十分遅レタノハ立派ナル公務デアル。1919-9.30

信念のためには上官とも妥協しないこの毅然《きぜん》たる姿勢は、情報官時代の「悪名」にもつながっていよう。いずれにせよ、一九一九年一二月一日に市谷台の士官学校に移るまでの一年間、鈴木候補生は輜重兵第一大隊で内務教育の問題性をつぶさに観察した。第一次大戦後の平時においてすでに問題であった内務班の状況は、日中戦争以後の戦時動員で膨張した軍隊では急速に悪化したはずである。内務班長となる下士の質も急速に低下していった。また、軍隊ズレした予備役召集兵も急増した。戦時下で教育機能が麻痺《まひ》した内務班こそ、すでに触れた『風にそよぐ葦』ほかの舞台である。そうした悲劇の舞台となった内務班の問題点を、鈴木候補生は熟知していた。その内務班改革を行う糸口を、軍隊教育学に見出すのは案外に早かった。配属先が、一般兵に比べて速成教育が求められた輜重兵科であったためである。

殊ニ輜重隊ノ如ク、短期ニ教育スベキ輸卒ヲ収容スベキ部隊ニアリテハ、其ノ教育法ノ研究ニ重キヲ置カザルベカラズ。1918-12.5

「教育法の研究」とともに、国家総力戦たる第一次大戦後の教訓として民間教育、すなわち社会教育との連携も視野に入っていた。

要スルニ、国家ノ干城《かんじょう》タル軍人ヲ養成センニハ、在郷軍人ト常備軍隊ノ連絡、地方教育者ト軍事教育者ノ協力、軍隊内務ノ進歩ト下士教育、将校ノ細密ナル研究トノ一致ニ俟《ま》タザルベカラズ。就中《なかんずく》、国民ノ教化ハ武士道ト相俟《あいま》ツテ重大ナル問題ナルベシ。1918-12.31

陸軍大学校への夢に代わる新たな進路が見えはじめていた。鈴木候補生は「教育法の研究」と「国民の教化」のスペシャリストとなる道を、市谷台の士官学校で探りはじめる。

第33期士官候補生第七中隊の記念写真
鈴木輜重兵候補生は3列目右から4人目。2列目中央着席は侯爵山階芳麿と北原一視中隊長（『第三十三期卒業記念』アルバムより）

第二章

「教育将校」の誕生

軍隊教育は戦闘を以て基準とす。故に兵営生活は即ち陣中の生活の縮図なり。従つて其施設は極めて質素にして困苦欠乏の訓練に適す。而して兵営は軍人の学校なり。（略）晩近《ばんきん》新教育論者は学校教育に於て「社会化されたる教育」を高調するも其実質に於て恐らく軍隊教育に優るものなかるべし。何となれば軍隊教育にありては以上の如き社会的組織を有するのみならず、其社会に於て成員たる軍人個々人を訓練すると同時に、社会其者《そのもの》たる一貫の統率系統を有する軍隊をも訓練するものなればなり。以上の如くして軍隊教育は同時に家庭教育・学校教育・社会教育の三者を兼ぬるものにして最も理想に近き教育なり。

鈴木庫三『軍隊教育学概論』目黒書店、一九三六年

1――士官学校の大正デモクラシー

試験の成績がものを言う組織

一九一九年一二月一日、鈴木庫三輜重兵候補生は陸軍士官学校第七中隊第五区隊に入隊した。語科は支那語第二班である。ときの校長、白川義則《しらかわよしのり》中将を鈴木候補生がどのように仰ぎ見たかは、想像に難くない。白川は鈴木と同じく下士から士官学校に進んだ立志伝中の将軍である。愛媛松山の材木商の三男として生まれたが、実家の破産により極貧生活に転落、中学を中退し代用教員となり陸軍教導団を経て、工兵二等軍曹から士官候補生一期、陸大一二期と進んだ。近衛師団参謀、第一師団長などを経て一九二七年から田中義一《ぎいち》内閣の陸軍大臣となり、一九三二年上海《シャンハイ》派遣軍司令官のとき朝鮮独立運動家の爆弾に倒れた。

鈴木の学校生活は一年間苦悩した隊付生活とは見違えるほど、順調なスタートだった。新たな目標が鈴木の前に現れたためであろう。日誌でも受験勉強時代の修養法を再開すると宣言している。

> 特ニ感ズル処アリ、再ビ大正六七年時代ノ修養法ヲ復活シ、今日五日ヨリ修養項目ヲ定メ、修養録ヲ作リ、毎日就寝前ニ其日ノ行ヲ反省、記録セントス。1920-2.5

日誌をチェックした中隊長は「心掛ケ至極同感、実施ヲ望ム」と欄外に朱で書き込んでいる。

私的な「懐中日記」に、この日から開始された「修養録」がつけられている。新たな目標に向けて「忠・礼・武・信・質・孝・克己《こっき》・同情・沈黙」、「決断・勤勉・快活・謙譲・沈着・正義・中和・意志・時間」を○（良好）、△（不良）で毎日評価している。

新たな目標とは、陸軍派遣学生として東京帝大で教育学を学ぶことである。その派遣学生になるためには、まず員外学生制度のある陸軍砲工学校への進学が必要であった。輜重兵少尉が砲工学校を目指した理由は、『入澤教育辞典』（一九三二年）の「陸軍砲工学校」の説明を読めば明らかである。

砲工兵科の少尉を以て学生と為《な》し砲工兵各科の勤務に必要なる学術を教授する所。（略）学生の修学期は概ね一年（普通科）とし、其修学を終つた学生中から各兵科毎に三分の一以内を選抜して更に一年間在学せしめ（高等科）尚須要なる学術を修めしめる。高等科卒業者又は各兵科（憲兵科を除く）尉官中技術将校として適任なる見込ある者を選び員外学生とし、必要なる学科を研究せしめる。その修学期間は高等科卒業者に在ては三年三箇月。歩騎航空輜重兵科尉官にあつては五年三箇月を通常とし、員外学生は砲工学校に於て約三箇月乃至《ないし》二年三箇月修学の後、帝国大学に派遣し、更に必要なる学術を研究せしめるを通常とする。

砲工学校（一九四一年に陸軍科学学校に改組）の員外学生制度が帝大派遣へのルートであると明記されている。一九〇〇年制定の「員外学生規則」は、当初は技術教育を担当する砲工学校卒業生にのみ適用されていた。ちょうど鈴木が市谷台に学んだ一九一九年から砲工兵科以外でも「技術系」将校を希望する者は、選抜試験に合格すれば砲工学校を経て帝国大学へ派遣されるようになった。やがて「技術」の対象は理工系学部から文系学部にも拡大された。帝大では一般学生とともに三年間の修学が認められた。一九二三年には東京帝大文学部教育学講座に上村弘文歩兵大尉（陸士二〇期）、田辺勇騎兵大尉（陸士二三期）が派遣されている。

このルートの存在を知った鈴木は、猛勉強のためか近視になり、入学半年足らずで視力矯正のため眼鏡を購入している。前期試験の成績は輜重兵科の三番である。

体操及外国語ノ成績、特ニ不良ナリト聞ク。前期間ニ於ケル努力ノ尚《なお》足ラザルヲ知ル。中期ニ於テハ、更ニ精神ノ修養ヲナシ、精神ヲ統一シ、努力ヲ増加シ、前期ノ恢復ヲ行ハントス。1920-6.18

皇族は例外だが、陸軍という組織は試験の成績が極端にものを言う「学歴的」な組織であった。陸士—陸大の卒業序列が昇進に一生ついて回った。陸士五二期生（一九三九年卒業）まで卒業序列はすべて官報に告示されており、任官すると序列順に『陸軍将校実役停年名簿』に登録された。陸士の成績はあらゆる条件を同一にした寄宿生活の結果であり、ある意味で最も徹底した機会の平等主義が貫かれていたことになる。もちろん、第三三期卒業生の大半は太平洋戦争期に大隊長や連隊長として実戦指揮をとった佐官クラスである。一方で鈴木庫三（卒業序列六九位）と比肩する、個性ある思想的軍人を数多く輩出している。大本営報道部長・大平秀雄少将（同四一位）、陸軍省調査部長・都甲徠《とごうきたる》少将（同一七四位）などは、鈴木同様、情報戦

1920年春、士官学校の友人宅にて

や思想戦で名を残した。また、後述する一〇月事件や二・二六事件など「昭和維新」運動への関与者も少なくない。同期の首席である田中弥大尉は二・二六事件の取調べ中に自殺している。

もう一つ重要なことは、同期に傑出した文才の持主がいたことである。杉本五郎少佐は、歩兵第一一連隊中隊長として日中戦争で戦死したが、天皇絶対の思想を絶唱した遺著『大義』（平凡社・一九三八年）はベストセラーとなり、青少年に絶大な影響を与えた。一九三九年一月五日の「鈴木日記」には「杉本中佐の脚本の検閲を行った」とある。『大義』の存在は、今日でも城山三郎の小説『大義の末』（新潮文庫）で知られている。もう一人、鈴木が市谷台で出会った可能性がある文人として、詩人三好達治がいる。『捷報《しょうほう》いたる』（一九四二年）ほかの「大東亜戦々詩集」をものした三好は、陸軍中央幼年学校本科から工兵第一九大隊（会寧《かいねい》）での隊付教育を経て士官学校に進んだが、陸士中退後は第三高等学校を経て東京帝大仏文科を卒業している。

第三三期候補生からそうした「思想的」あるいは「文筆的」人物が多く輩出された理由は、第一次大戦後の時代状況から説明できる。彼らの隊付教育は、一九一八年一二月、つまり第一次大戦の休戦から三週間後に始まっている。国際的な平和ムード、軍縮待望論の中で、職業軍人の道を歩みはじめたわけである。職業軍人の卵たちにとって、前途は不安に満ちていた。同年一二月にイギリスのロイド・ジョージ首相が提唱した国際的な徴兵撤廃論は、騒然たる国内議論に発展していた。私的な「懐中日記」で鈴木候補生も徴兵撤廃の新聞論調に激しく反発している。

新聞紙ノ報ズル処ニヨレバ、今回ノ講和会議ニ於テ、我国委員ハ徴兵撤廃問題ニ賛成セリト。国民中ニハ、之ヲ喜ビ軍隊ヲ嘲《あざけ》ルモノアリ、実ニ慷慨《こうがい》ニ不堪《たえぬ》事ナリ。1919-3.13

同じ週の日曜日、鈴木候補生は外出せず三月号の諸雑誌を読み進んだ。内田魯庵《ろあん》「徴兵廃止と屯田兵志願」などを掲載した『太陽』のパリ講和会議特集にも目をとめたはずである。

世界ノ大勢及、之ニ対スル我国人ノ迷ヘル思想界ノ大体ヲ知ル〔ヲ〕得、大ニ決心スルトコロアリタリ。嗚呼、我ガ国ノ洋化五十年、総テノ物ニ於テ欧米ノ我国ヨリ優秀ナリト迷ヒツ、アル我国民ハ、今実ニ国家ノ一大事ヲ惹起《じゃっき》セルナリ。1919-3.16

また公的な日誌でも四月二一日付で、第一師団長講話「国際連盟、徴兵令廃止、精兵主義並之等《これら》ニ対スル吾人《ごじん》ノ覚悟」に言及している。そのころから、総合雑誌で「世界ノ趨勢《すうせい》ヲ研究」しはじめたことがわかる。個別の雑誌名は挙げられていないが、「思想界ノ大体ヲ知ル」ために読んだとすれば、やはり『太陽』や『中央公論』あたりであったろう。『改造』創刊はこの年四月号だが、徴兵廃止関連の論説はない。とくに『中央公論』四月号が軍人にとって衝撃的だったであろう。民本主義の提唱で名高い東京帝大法学部教授・吉野作造は、各国が盟約するならば徴兵制廃止も妥当と主張していた。第一次大戦後と第二次大戦後に共通する戦後平和主義の理想像が描き上げられている。

> 軍備の目的は言ふ迄もなく平和でなければなら〔な〕い。自分達が飯が食へないやうな世の中になるのが自分達の努力の理想境《〔ママ〕》だと考へる位の高い見識を有《も》ち得る〔者〕でなければ真に国家百年の計を断ずるに足らない。（吉野：108）

こうした平和論を鈴木候補生はどのように読んだだろうか。また、同号に掲載された姉崎正《あねさきまさ》治《はる》「武備精神と人生の活動」に何を感じただろうか。東京帝大文学部宗教学講座教授の姉崎は国防の名目で手段を自己目的化させる国家総動員体制を厳しく批判している。たとえば、軍隊生活に特有な規律訓練スタイルを青年団や学校教育などに導入する案に、姉崎は強く反対している。

> 武備精神は人生の一面である。軍事の為に存する人生でない。軍事本位の社会生活、即ち軍国主義でなくば、国家は成り立たないと考へる人は、富強亡国といふ壇上に国家を犠牲として捧げる人である。（姉崎：67）

姉崎論文には「国家総動員」という言葉がはやくも登場している。軍需産業を保護育成する軍需工業動員法が制定され、国家総動員に関する調査統一機関として軍需局が内閣に設置されたのは、第三三期候補生が入営した一九一八年である。陸軍はすでに第一次大戦開戦直後に臨時軍事調査委員を置いて、欧州各国の戦時体制の調査研究を続けていた。一九二〇年、臨時軍事調査委員は永田鉄山《てつざん》少佐を中心に「国家総動員に関する意見」をまとめている。「鈴木日誌」に貼られた士官学校競技会（運動会）プログラムにも、「棒倒」「蟹《かに》競争」「二人三脚」などと並んで「国家総動員」が初登場している。もっとも、翌一九二一年のプログラムでは新競技として「世界大戦」が加わるが、「国家総動員」は消えている。

大正デモクラシーと反軍ムード

この第三三期候補生が少尉任官する一カ月前、一九二一年九月一七日には軍備縮小同志会が尾崎行雄《ゆきお》、吉野作造らによって結成され、軍縮ムードも急速に高まった。翌一九二二年三月二五日には衆議院が陸軍軍備縮小建議案を可決し、同年八月から「山梨軍縮」と呼ばれる軍備整理が開始された。鈴木少尉らは「反軍ムード」の中で将校の生活を始めることになったわけである。広田照幸が統計年鑑から分析しているように、第一次大戦末期から将校生徒志願者が急減し、軍人人気は一九二三年にどん底まで落ち込んだ（広田：61）。

こうした大正デモクラシーの中で、士官学校でも思想問題は急浮上していた。中隊長の精神訓話はもちろん、国史の黒板勝美《くろいたかつみ》（1920-7.9）、社会学の遠藤隆吉《りゅうきち》（1921-7.11）など外部講師の講演でも思想問題が重要なテーマとなった。一九二〇年一一月一五日の中隊長訓話では、「民主主義」と「民本主義」の相違、「社会的デモクラシー＝社会主義」と「文化的デモクラシー＝教育の平等」の定義などが詳細に論じられている。そこで、民主主義や社会主義が単純に否定されているわけではないことにも注目しておきたい。

七、社会主義モ国家的社会主義ハ、有益ニテ無害ナリ。即チ、斯《か》ノ「ビスマルク」ガ富者ヨリ国税ヲ多ク徴集シ、鉄道ノ国有ヲハカリ、煙草ノ専売ヲ行ヒタルガ如キハ其例ナリ。我国ニテモ採用スルトコロナリ。

八、要スルニ「デモクラシー」ハ長所アリ短所アルモ、其ノ採用シ得ザル点ハ、反抗的精神ヲ有シ破壊ヲ伴ヒ、極端ニ至ルヲ以テナリ。之等ノ思想ハ、我国ニ漸次《ぜんじ》侵入シ労働問題等起リ、無智ノモノノ多数ヲタノミテ、階級ヲ羨《うらや》ミ之ヲ打破セントスルガ如キハ、真《まこと》ニ恐ルベキモノナリ。而《しか》シテ我国ニ於ケル之等ノ起動力ハ、外国ノ手ニアルモノノ如シ。労働者ノ一部ハ、之等外人ヨリ資ヲ得テ生活費ノ一部トスルガ如シ。1920-11.15

この鈴木メモでは、「労働問題」の背後にソヴィエトからの資金援助があることを示唆して終わっている。この訓話の約一カ月後に日本社会主義同盟が結成され、約一年半後にはコミンテルン第四回大会で日本支部・日本共産党が承認されている。この時期、日本軍とソヴィエト政権はシベリアで交戦状態にあったことも忘れてはならない。鈴木の士官候補生時代は、シベリア出兵期に重なっている。

一九二〇年一月アメリカ軍の撤兵後も日本軍は単独でシベリアにとどまり、同年三月二日政府は出兵目的をチェコ兵の救出からソヴィエト過激派勢力の朝鮮・満洲進出阻止に変更した。とくに五月二四日に発生した「尼港《にこう》事件」は、日本の世論と鈴木候補生の世界観に大きな影響を与えた。ニコラエフスクでパルチザンが、収容していた日本人居留民一二二人を殺害した事件は、「元寇《げんこう》以来の国辱」として新聞、雑誌で大々的に報じられた。鈴木候補生が「国民教育」の必要性を強く意識するようになった一契機でもある。

我国民中ニモ彼ノ過激思想ニ迷ヒ、君恩、国恩ヲ忘レテ、外国ヲ崇拝シ危険思想ニ投ジ、過激派ノ中ニアリテ彼等ノタメ働ク売国奴アルヲ知ルニ足ル。真ニ憤慨ニ堪ヘザル一大事ナリ。而モ其売国奴タルヤ、相当ノ学歴アルモノノ如シ。斯《かく》ノ如キ非国民ノ我同胞中ヨリ現ルルニ於テハ、将来ニ於ケル吾人ノ国民教育ニ対スル努力ハ、更ニ更ニ倍加セザルベカラズ。殊ニ地方教育者トノ連繋ヲ等閑ニ付スベカラザルヲ知ルナリ。 1920-6.21

夏休みに帰省して母校の小学校で講演をした鈴木候補生は、次のような所感を残している。すでに、「情報官・鈴木少佐」の活動を髣髴とさせる記述である。

国民ノ三大教育者タル軍人、教師、宗教家ノ間ニ密接ナル連繋《れんけい》ノ必要ナルコトヲ感ジタリ。即チ、国民皆兵ヨリ見タル良国民ノ養成ハ、単ニ一部ノ壮丁ノ現役召集中ニ於テ行フ教育ノミニシテ完成ヲ期シ得ベキモノニアラズ。況《いわん》ヤ軍隊教育ヲ受ケザル大部ノモノアリ。且ツ軍隊教育ト雖《いえど》モ其期間至難ナル現況ニ於テヲヤ。 1920-8.6

この総力戦と大衆民主主義の影響下に、鈴木候補生が士官学校で身につけた思想の到達点を断片的な記述から再構成することは容易でない。だが、任官直前、見習士官時代の「教育日誌」末尾に貼り付けられた文書は、一つの方向を示しているだろう。それは「全国の軍人及軍属に檄《げき》して軍人精神の発揚を以て帝国の危機を救ふべきの責任を説く　帝国軍人有志」による檄文である。軽佻《けいちょう》な平和軍縮ムードを批判し、白人覇権の国際的現実を前に帝国軍人が果たす使命を説いている。それが理想と現実の間で揺れる青年将校の目に映った世界像であったと言っても、あながち誤りではない。

軍備縮少〔ママ〕の論、理想に於て何人《なんびと》も異論なし、寧《むし》ろ軍備を絶廃して平和の楽園を現出す。人類最高の至福、蓋《けだ》し之れに過ぐるはなし。更に亦《また》半面の真理としては、人間文化の運動として、平和運動の文明的なる、文明的国家の装飾として、此種の宣伝のなかる可《べか》らざるも道理なり。偽善の声、表裏反覆の声、衆愚の声が、公議輿論としてデモクラチックに歓迎せらるゝ今日、軍国主義と誤解され、官僚と認識せらるゝ日本帝国内に於ける、政治家の民衆運動としては軍備縮少〔ママ〕の叫びも亦、文化的国家の体面として必ずしも反対すべきにあらざる也。去れど、文化に誇りし中欧文明も、欧州大戦の今日より回想すれば、科学の権威を以て、人生の福祉に絶対ならしむる能《あた》はざる而已《のみ》ならず、科学は戦争の惨を助長するに便宜なるものとして、人心の崇高観念に及ぶ能はざるものなる事を証拠立て、戦争を絶滅せしめんとする。大戦後の恐怖は、科学争闘の極致、還《ま》た人類争闘の歴史を繰返すべきを暗示するに似たり。極言すれば、文明も鉄火に亡《ほろ》び、文化も暴行に虐げられ、国際公法も攻城野戦に滅茶々々となるにあらずや。

この檄文ではソヴィエト・ロシアの現実を直視せよと、訴えている。

謂《い》ふ勿《なか》れ、人類の平等と幸福と、开《そ》は理想のバラダイス〔ママ〕に竢《ま》つ可きものにして。我儘《わがまま》の人類、私利の人間、不正の生活、虚偽の民衆を以てして、神と一致する自由、幸福、平等の楽園を覓《もと》むる寧ろ滑稽《こっけい》に属す。見よ、露国の現状は如何《いかん》。民衆は飢餓に叫び、一国挙《あげ》て人生不幸の九《きゅう》〔窮〕地《ち》に呻吟《しんぎん》するにあらずや。レェニンは共産を抛《なげう》て、民主を唱へ、公有を廃して、資本を渇求《かっきゅう》するにあらずや。

ここには、パリ講和会議で日本政府が唱えた人種平等主義から、シベリア経由で流入したユダヤ陰謀論まで当時の思想潮流が錯綜《さくそう》して流れ込んでいる。しかし、「帝国軍人有志」による檄文の真意は、以下の軍閥批判にあったはずである。そして、それを鈴木候補生も共感をもって読んだように思われる。

此秋《このとき》に際して、内、陸軍部内の現状に徴して憂なき能《あた》はず、長閥あり、薩閥《さつばつ》あり、福岡閥と称するものあり、佐賀閥、大分閥、石川閥と任ずるものあり。皆閥の因習に反抗して起れりと云ふ。而して同じく閥なり。団結必らずしも不可なるにあらず、去《さ》れど閥と云ひ、系と云ふ、吾等は其《その》何《いず》れをも好まざる也。徒《いたずら》に閥を作り、党を結びて相軋《きし》るは、両者の争《あらそい》にあらずして実は神聖なる可き陛下に直属する軍人の損害なり、則ち国家不忠の行為なり。

昭和軍閥抗争の前奏ともいうべき文章である。鈴木も士官候補生となって以来、茨城県出身将校からなる「一心会」の会合に出席している。しかし、軍隊教育学の関心に目ざめた鈴木候補生が最初に注目したのは「学校閥」であった。

学校閥を超えて教育学へ

士官学校入学初期の「鈴木日誌」には、幼年学校出身者と中学校出身者の反目がしばしば登場する。両者の融和を説く中隊長訓話も引用されているが、両派の「殴リ合ヒ」まで報告されている。鈴木候補生は別々に入浴する両派の混浴など具体的和解案を提唱している。ストレートで入学した同期生より、五歳年長で両派のいずれにも属さない少数派の鈴木候補生は、この学閥対立には局外者であった。厳密に言えば鈴木候補生も砲兵工科学校出身の同窓会に参加しているが、学閥といえるほどの人数はいない。卒業後、学校長の鈴木孝雄中将から士官学校教育の参考とすべき所見を諮問《しもん》されて、鈴木見習士官は次のように答えている。

> 県人会、兵科会、出身別ニヨル会ヲ廃シ、区隊会、中隊会ヲ奨励シ、以テ県閥、兵科閥、出身閥ノ基ヲ去ルコト。（略）教育学ノ教育ヲ実用的ニセラレタシ。1921-9.17

卒業時すでに「教育学」に一家言をもっていたことがわかる。こうした幼年学校出身者と中学校出身者の反目を含め、陸士の志願者や入学者の社会的出自については教育社会学の研究が進んでいる。一九二〇年代、陸士採用者の実家職業で最も多いのは、約四割を占める「農業」である。大正期から昭和初期にかけて統計上では農業出身者の比率は減少するものの、実際には農村出身の中学生が軍人を目指す傾向は一貫して強まっていた(広田:156-158)。

こうした陸軍における農村カルチャーの強さは、先に引用した檄文中の地域閥でも明白だろう。長閥、薩閥から佐賀閥、石川閥が論ぜられても、東京閥、大阪閥、京都閥のような都会閥は語られることがない。都市圏の中学生が高校—大学への進学を指向し、地方の中学生ほど陸士を多く志願した。そのため、社会全体の学歴エリートの威信体系において、士官学校卒業は傍流的エリートの学歴とみなされるようになった。満洲事変以後に陸士受験の人気が回復するものの、都市部の優秀な中学生は依然として大学進学を第一目標としていた。それゆえ、中学卒業の陸士入学者も、多くが農村的ハビトゥスの保持者だったと推定される。ハビトゥス(社会的に形成された習慣)とは、フランスの社会学者ピエール・ブルデューによれば、出自や教育に規定された実践感覚であり、行為や言説を構造化する心的システムである。この意味で士官学校は、農村的ハビトゥスを再生産する文化装置であった。

それゆえ、幼年学校出身者と中学校出身者の対立も、都会的ハビトゥスを敵視する士官学校の生活において時間の経過とともに緩和された。もちろん、当時の日本社会がそもそも農村的であり、都会的生活は一部の富裕階層の「贅沢《ぜいたく》」と見られていたことは言うまでもない。こうした士官学校文化に鈴木候補生の出自は親和的であり、「文化ギャップ」に悩むことは少なかったはずである。たとえば、士官学校で出された夏季休暇の宿題メモが「鈴木日誌」に残されている。「左記事項ニ対スル答解ヲ附記スベシ」と書かれた七項目である。一般的な思想調査項目に加えて、次のような課題が与えられている。

第四、一般学生ノ気風ニ就キ特ニ感ジタル事項。
第五、在郷軍人会、地方青年団等ニ関シ特ニ見聞セシ事項。
第六、都会ト田舎トニ於テ人情風習等特ニ異ルト認ムル点。 1920-7.16

第四項「一般学生」と第五項「在郷軍人会」「地方青年団」は、第六項「都会ト田舎」を考察する前提となっている。つまり設問自体が、「一般学生＝都会」に対する批判的な考察を要求している。この点で、大都会の反軍的風潮に対して、郷里の青年団活動を高く評価した鈴木候補生の所感は模範答案である。

〔小学校児童のみならず〕相当ノ年齢ニ達シタル全ク面識ナキ青年モ、吾人ニ敬礼スルガ如キハ、到底都会ニ於テ見ラレザルコトナリ。 1920-7.22

冬休みの帰省の際にも、同様な所感が書かれている。

東京等ノ大都会ヨリ見タル農村地方ハ、過激主義等ノ思想問題ハ全クナキモノノ如ク感ゼラル。真ニ質朴ニシテ、真ニ平和ナルハ、田舎ナリ。我帝国ノ良民ヲナスモノノ大部モ亦、農村ニアリ。従テ、良兵ヲ出スモノ、農村ヲ措《お》キテ他ニアルベカラザルナリ。斯《かく》ノ如キ状況ニアルニモ係《かかわ》ラズ、比較的智識階級ニアル大地主等ノ中ニハ、貪慾《どんよく》ニシテ小作人ヲ苦メ、甚《はなはだ》自覚セザルモノアリ。 1920-12.28

士官学校の教育は、都会的ハビトゥスとの対抗の中で、都市文化と資本家への批判を強化していったと思われる。卒業間際の「鈴木日誌」には、ブルジョア批判が色濃く表れている。

現今、我国ノ成金輩ノ往往贅沢ナル別荘ヲ建テ驕奢《きょうしゃ》ヲ極メ、下流社会ノ貧苦ヲ知ラザルガ如キハ、大《おおい》ニ懲戒スル必要アルト認ム。1921-7.21

そうした中で上流社会との「異文化接触」があったとすれば、宮様との交流であろう。「懐中日記」年末補遺には、「皇族ト同中隊ニ入隊スルノ光栄ヲ得ル」と記されているが、山階宮《やましなのみや》芳麿《よしまろ》王の「御話相手」を何度かつとめている。同宮は山階宮菊麿王第二王子だが、一九二二年七月二四日に臣籍に降下し、山階の家名を賜って山階芳麿となる。後に東京帝国大学理学部動物学科選科に入学し、一九三二年には山階家鳥類標本館（現・山階鳥類研究所）を設立した。鳥類研究功労者に与えられる山階芳麿賞に現在でもその名が残っている。そうした学究肌の宮様との接触は、鈴木の帝大派遣志望にいくらか影響を及ぼしたかもしれない。

いずれにせよ、後に鈴木情報官が自由主義知識人と激しく対立した背景に、農村と都会のハビトゥス抗争、「趣味の戦争」（第五章参照）を見ることは間違いではない。また、鈴木より一期下の第三四期以下を対象とした調査だが、陸軍将校より海軍将校の出身階層がやや高く、その父親も専門自由職など都市中産層の比重が高かったことも指摘されている（河野：63）。当然ながら、その対立は高木惣吉「日本陸海軍抗争史」の文脈にも重なる。

輜重少尉の中隊改革

一九二一年七月二七日、梨本宮守正王《なしもとのみやもりまさ》、皇太子（裕仁《ひろひと》）殿下を迎えた陸軍士官学校卒業式が執り行われた。鈴木庫三の実父ほか親族も参列した。士官学校卒業式の前日、区隊長講話には「陸軍大学〔校〕入校志望ノモノハ帰隊後、直ニ準備ニ着手スベシ」とあるが、特にその所感は日記に残されていない。

卒業と同時に見習士官を命じられて輜重兵第一大隊第一中隊に配属された。翌々日から、輸卒教官、中隊兵器担任将校を命ぜられている。見習士官のノートは「教育日誌」と表記され、冒頭に「記事ノ目的」として以下のように書かれている。もはや教官の検閲を意識して書かれたものではないが、士官候補生日誌と形式は変わらない。

> 此日誌ハ、主トシテ教育ニ関スル事項、即チ教育事項ノ計画、研究、教育項目、実施要領、実施ノ結果、所感、将来ニ対スル意見等ヲ録シ、後日教育教案ヲ統《すべ》ル参考トナスモノナリ。1921-9.1

見習士官の二日目、軍隊教育実践の第一歩が始まる。まず直面したのは、「財産と教養」をもった特権的な一年志願兵や予備見習士官たちの教育である。

> 若《も》シ教育者ガ、厳格ニ取リ締リ正当ノ報酬ヲ以テスレバ悪思想ニ走リ、之ヲ緩《ゆるやか》ニスレバ益々怠惰トナル。而モ己《おのれ》ノ責務ヲ自覚セザルコト甚《はなはだ》シ。吾人教育者タルベキモノ、之ヲ如何ニシテ指導スベキヤ、大ニ研究ヲ要スル問題ナリ。1921-7.30

こうした知識人予備軍の指導こそ、後年の鈴木少佐がぶつかった壁でもある。鈴木少尉がさらなる学歴と専門的知識を身につけて、彼らと対峙《たいじ》しようとしたことは確かである。

即チ、教育ノ同情、人格、学識、威厳ノ不足モ亦有力ノ一因ナリ。殊《こと》ニ、現今ノ壮丁ヲ教育スルニハ、同情ト学識ノ多ヲ必要〔ト〕スルコト切ナルヲ感ズ。否《しか》ラザルハ、到底下士以下ノ心服ヲ期スルコトヲ得ザルベシ。於此《ここにおいて》、余ノ平素熱望シ且ツ、其必要ヲ公言シ来レル、学識ノ修養ト社会ノ研究トハ、益々価値アルコトヲ知リ、倍々《ますます》其信念ノ堅実ナラシムルヲ恃《たのむ》ルナリ。1921-8.31

「学識ノ修養ト社会ノ研究」のためには、陸軍大学校より帝国大学の方がふさわしく、また知識人の評価が高かったことも、この教育将校の目指す進路を自己正当化できたはずである。鈴木少尉は、まず員外学生制度のある砲工学校入試にむけて、猛烈な勉強を開始していた。

「大正十一年当用日記（博文館）」の冒頭には、自作の「修学時間配当表」、巻末には時間活用グラフが添付されている。起床（冬六時、夏四時半）から就寝（冬一〇時、夏九時）までの、勤務時間外に五時間の自習時間を何とか確保しようと苦心している。だが、勤務である輪卒教育の手を抜いたわけではない。むしろ、この教育実践にのめり込んでいった。鈴木見習士官は新入隊の輪卒を前に次のように訓辞している。

軍隊ハ国民学校ト思ヘ。兵舎ハ寄宿舎、上等兵ハ上級生、同輩ハ同級、教官、助教ハ先生ト思ヒ其間ニ親ムベシ、兵舎外営庭野外ハ総テ講堂ト思ヘ。1921-9.2

実際、各班単位の輪卒と会食を共にし、兵卒と交流しようと努めている。また少尉任官後の輜重兵第一大隊第三中隊では内務班の私刑を厳禁している。古参兵が輪卒に暴力を振るった際には、直接調査に乗り出し「余ハ輪卒ニ代リ、之等ヲ懲戒シヤリタリ」（1922-1.5）という。一般には内務生活は助手、助教である下士、上等兵に任せ、将校自ら乗り出すことは異例である。当然、将校が兵卒と、まして輪卒と膝をつきあわせて談笑するのも稀有であった。だが、鈴木少尉は酒保で兵たちと浪曲や琵琶《びわ》を楽しむことさえもあったようだ。

浪花節《なにわぶし》、琵琶等ニヨリテ、古今ノ忠節義烈ノ事績ヲ述ブル事ハ、軍隊教育上有利ナリ。余モ、其効果受ケタル一人ナリ。即チ、教育上尚一層慈《いつくしみ》ヲ必要トスルヲ感ジタリ。1922-1.4

さらに、日曜日に輪卒や兵卒の希望者を引率して鎌倉見学をするなど、独自の社会教育を実践している。当然だろうが、鈴木少尉を慕う卒営者も少なくなかったようで、満期卒営の警察官が再び兵舎に少尉を訪ね、社会教育について熱く語り合っている。また、精神教育の代用として、二、三年次兵を引率して大衆演劇を鑑賞している。

浅草七軒町《しちけんちょう》開盛座《かいせいざ》ニ至リ、西伯利亜《シベリア》八十五高地ニ於ケル、関輪卒戦死ノ実演劇ヲ見物シ、精神教育ニ代フ。同劇ハ日本練兵会ノ主催ニシテ、従軍講演士伊東龍城氏ノ作ニアリ。目下腐敗シツヽアル社会教育ノタメ行ハレタルモノニシテ、頗《すこぶ》ル悲劇ニシテ、而モ事実ヲ現セルモノナリ。是レヲ見テ泣カザルハ、日本人ニアラザルモノト言フモ過言ニアラズ。然ルニ、腐敗シタル上流ノ人々、無自覚極《きわま》ル成金達等、見物人更ニナク、単ニ軍人並中流以下ノ人々ノミ、見物セラルルヲ遺憾トス。1922-6.10

「腐敗シタル上流ノ人々」を念頭におきながら、鈴木の眼差しは「中流以下ノ人々」に向けられていた。こうした思考スタイルは、終生変わることがなかったように思われる。翌日、この劇の軍事知識の間違いを指摘する手紙を伊東龍城に送り、正確な舞台衣装のために輜重兵科襟章などを自ら購入して寄贈している。

活動写真も社会教育

社会教育の手段として鈴木少尉は、いち早く活動写真にも注目している。一九二二年三月二三日、柳川春葉《やながわしゅんよう》の継母《ままはは》小説を映画化した《生さぬ仲《な》》を渋谷駅付近で見た感想を日記に書いている。「悪ハ倒レ、善ハ立ツ」の物語が、一九二一年一〇月製作の松竹キネマ（蒲田撮影所・池田義臣監督・伊藤大輔脚本）か、同年一二月製作の日活（向島撮影所・小口忠監督）かは不明だが、教化メディアとして評価している。

近時活動写真ノ流行甚ダシ。是《こ》レモ社会教育ノ一機関タルノ価値ヲ存ス。1922-3.23

こうした革新的な社会教育や内務生活への直接的介入は、先任将校たちからすれば秩序破壊に見えたはずである。親切な先輩からの忠告を耳にして、日記に彼らへの不満をぶつけている。

吾人ガ明確ナル意志ノ下ニ正義ヲ保持シ熱血ヲ注イデ、軍隊教育ノタメニ積極的ニ努力スルニ、一方ニ於テハ事勿《ことなか》レ主義ノタメニ正義ヲ曲ゲ、消極的ニ己ノ頸《くび》ノ用心ニ焦慮スル連中ハ、我ヲ羨《せん》望《ぼう》シ、或ハ若キクセニ「出スギル」トカ「生〔意〕気」ナリトカ云フモノアリ。今夜、中村中尉ノ忠告ニヨリテ之ヲ感ズ。中村中尉ノ親切ニハ深ク感謝スルモ、吾ハ如何ナル障碍アルモ、此ノ

正義ヲ以テ積極的ニ努力スルコトハ、曲ゲラレザルコトナリ。他人ノ悪口等ハ、眼中ニアラザルコトトス。1922-1.3

この「軍隊教育」を「情報宣伝」と置き換えれば、そのまま一八年後の情報官・鈴木少佐の言葉となろう。生真面目すぎる真っ向勝負の生き方は、摩擦や衝突の多いものである。彼が目指す「中隊改造」は、当然ながら中隊長ほか将校団の猛烈な抵抗にあっている。

中隊長ヨリ、イタク侮辱セラル。原因ハ当隊着任以来、演習ニ内務ニ軍隊教育令竝《ならびに》内務書ノ精神ニ基キ、我国ノ時局ニ鑑《かんが》ミ理想的軍隊ノ実現ノタメ、先ヅ中隊改造ヲ行ハントシ、平素ノ一挙一動他人ノ羨望ヲ受ケ、卑劣ナル将校ガ中隊長ニ中傷スルモノアリ。中隊長之ヲ信ジタルヨリ来ル、意思ノ齟齬《そご》ニアルラシ。此ノ件ニ就テハ徐々ニ意見ヲ上申スル計画ナリ。1922-1.28

翌々日、「将校団一部将校ノ腐敗等ニ就テ意見ヲ具申ス」と書いている。その具申は握り潰されたと思われるが、日記には決断実行した満足が滲み出ている。

此ノ一月ヨリ軍隊教育ニ於ケル年来ノ本望タル軍隊改善ノ緒ヲ開キ、又同時ニ之ヲ極限セラレタル意義アル月ナ〔ラ〕ン。軍隊ニ不良老人ノ存在スル限リハ、青年ノ元気ハ阻害セラレザルヲ得ズ。1922-1.31

「軍隊改善」のため「不良老人」の排斥を求める、この青年将校の「軍隊教育」刷新願望は、ある意味で時流に乗っていたと言える。この一九二二年七月四日、加藤友三郎《ともさぶろう》内閣は陸軍の兵員約六万、馬匹《ばひつ》一万三〇〇〇の整理削減案、いわゆる「山梨軍縮」を発表する。これ以後の一、二年間は反軍世論が最も高まり、陸軍全体が改革の必要性を痛感していた時期にあたる。実際、輜重兵第一大隊も軍縮の対象となり、八月一五日鈴木少尉が手塩にかけた第三中隊が解散となった。

長ラク専心教育シタル部下ヲ失ヒ袂別《べいべつ》スルノ感、何ニ例《たと》ヘン。（略）是モ軍縮悲哀ノ一デハアルマイカ。1922-8.15

鈴木は引き続き、輸卒教官として隊務を続けている。だが、戦後不況は輸卒たちの生活をも直撃していた。

夕食後九時迄、輸卒身上調査ヲ行フ。在隊中、家計困難ナルモノ数名アリタリ。1922-9.5

軍隊改革を目指すこの青年将校にとって幸いだったのは、同年九月の定期異動で「不良老人」渡辺中隊長が転出したことである。後任の瀬成田《せなりた》三郎大尉は鈴木少尉の熱意を高く評価し、彼が教育学の研究を行う便宜を図っている。こうして一九二二年一〇月一九日、砲工学校の入学が許可された。

プロレタリア少尉と関東大震災

砲工学校入学とほぼ同時に、鈴木少尉は私生活でも新たな第一歩を踏み出そうとしていた。通学のため下宿した牛込《うしごめ》の松下家で、同家長女きゐ子との縁談を申し込まれたのは同年一一月二六日である。翌日、瀬成田中隊長に相談したところ、即座に賛同された。三日後の日記にこう書き付けている。

一生ノ計画ニ照シ適否ヲ判断ス。其諸事情ヲ綜合シ遂ニ結婚スルノ適当ナル結論ニ達シ、之ヲ断行スルニ決ス。此処ニ人生ノ一大階段ヲ昇リ、其関門ヲ通過セントスル感アリ。1922-11.29

一九二二年の年末、鈴木少尉は婚礼と砲工学校入学の準備で慌ただしく過ごした。明けて一九二三年一月六日、鈴木少尉は砲工学校に普通科聴講生として入校した。結婚式はその翌日、偕行社《かいこうしゃ》（陸軍の将校クラブ）で催された。

結婚後も、鈴木少尉は毎日勉学に明け暮れている。しばらく中断していた英語学習のため、『英文毎日新聞』（一九二二年創刊）を購読している。だが当時、戦後不況の真っ只中であり、日記にも政府の経済失策を難じ、成金を批判した記述が多い。また二月一一日、過激社会運動取締法・労働組合法・小作争議調停法の制定反対、普通選挙即行を要求した上野公園での大衆集会に関する新聞報道などを熟読している様子もうかがえる。鈴木少尉が労働運動や水平社運動に対する評価は、当時の軍人としては進歩的なものであろう。

近頃、新平民ノ水平社連中ガ、盛《さかん》ニ平等運動ヲシテ居ル。吾人トシテハ、彼等ニ同情シテ運動ヲ待ツ迄《まで》モナク平等ニ考ヘテ居ルガ、然シ彼ハ左様ナ運動ヲスル迄モナク、先ヅ自己自身ノ改善ヲ計ラネバナラヌ。1923-3.6

当時、「貧乏少尉、やりくり中尉、やっとこ大尉」という言葉が存在したが、鈴木少尉には労働者階級の自覚があった。「吾人の如きプロレタリヤ」という表現も日記には登場する。たとえば結婚後、勉強用の机と本立てを購入するために買い物に出かけた際の記述である。

何《いず》レモ高価ナモノバカリデ、吾人ノ如キプロレタリヤニハ向カナイ。七十銭デ、十冊バカリ立テラレル本立《ほんたて》ヲ、一個購入シテ帰ッテ来タ。1923-2.24

二週間後に、勉強机も古道具屋でようやく「奮発シテ購入」している。華美虚飾の生活より、「シンプルライフ」を評価する鈴木少尉が、成金趣味、あるいはブルジョア文化に敵意を抱いたとしても不思議はない。

日本ノ美術、文学其他ノ芸術、一《ひとつ》トシテ堕落シナイモノハナイ。1923-6.16

もちろん、鈴木少尉が芸術を解さぬわけではなかった。後述するが、この年の四月から日本大学予科に夜学生として通学を始めた鈴木少尉は、美術や文学の講義にも出席している。また、美術館や劇場にも足を運んでいる。しかし、その目的は自らの情操「教育」のためであり、会食や雑談、つまり社交を目的とする観客、まして、衣装をひけらかす「仮面紳士」が鈴木少尉は許せなかった。帝劇で歌舞伎を見た際の感想にも「ハビトゥスの抗争」を読み取ることができる。

他人ニ迷惑ヲ何トモ思ハヌモノ、利己主義ナ入場ヲ争フ連中、劇ヲ見ルヨリモ物ヲ食ベニ来ルヲ楽トスルモノ、自己ノ衣服ヲ飾ッテ他人ニ見セルヲ唯一ノ楽《たのしみ》トシテ来ル虚栄ノ人々、何レモ軽薄ナ現代ノ特徴ヲ表シテ居ル。其中デ、今日演ゼラレタ劇ノ真価ヲ了解スルモノハ、一％モアルマイ。1923-4.7

また、日曜日に自宅で勉強中の彼の耳に近所の家から享楽的音楽が聞こえてきた。その音楽に、階級間の文化戦争と日米戦争を想っている。

前ノ方ノ家デハ盛ニ蓄音機ノ音ガ聞ユル、後ノ方デハピアノトバイオリンノ合奏ガ聞ユル。斯《か》クシテ個人々々ハ、平和ニ呑気《のんき》ニ送ツテ、成金生活ヲシテ居ル。下ヲ見レバ、プロレタリヤハパヽンモ得ラレナイデ、或ハパンノタメニ社会主義ニ傾キ、或ハ罪人トナツテ居ル。個人主義者ハ幸福ノ一部ヲ、プロレタリヤニ頒《わか》ツダケノ考ガ出ナイデセウカ。日米戦争デモ起ツタラ、少シハ目ガ覚メルダラウ。然《しか》シ、其時ハ既ニ遅シダ。1923-6.17

約二〇年後、日米開戦時の情報官の耳にも、ピアノやバイオリンの音は同じように聞こえただろうか。そして、この「趣味の戦争」の行方はどうなっていただろうか。

この「プロレタリア少尉」にも、軍縮整理の脅威はひしひしと押し寄せていた。一九二三年七月には婚姻の媒酌人を務めた瀬成田中隊長に予備役の内命が下った。鈴木少尉は驚愕《きょうがく》かつ憤慨している。

午前登校、午後物理ノ研究ニ着手シタガ、卑怯ナル游泳法官連《ゆうえい》ノ悪ラツナル行動ガ癪《しゃく》ニサハリ、正直、中隊長ニ対シ惻隠《そくいん》ノ心禁ジ難ク、勉強モ意ノ如ク進捗《しんちょく》シナンダ。1923-7.12

一方に軍縮人事への不満、他方に享楽文化への反撥、そうした心境で一カ月後、九月一日大震災に遭遇した。鈴木少尉にとって、関東大震災はまさしく「天譴《てんけん》」であった。奇《く》しくも、八月三一日の日記にはこうある。関東大震災は、その翌日である。

国民ハ誤レル文化生活ニアコガレテ、人間ノ真剣味ヲ忘レ、堕落スルトコロ其止《そのとどま》ル所ヲ知ラズシテ、人道スタレ正義亡《ほろ》ブ。加藤内閣タオレ、正ニ山本内閣ノ成立ヲ見ントス。如何ナル内閣成立スルモ、国民自ラ覚醒セザレバ、益々我国ヲ滅亡ノ域ニ接近セシムルモノデアル。1923-8.31

関東大震災と甘粕事件

一九二三年九月一日、公式記録では午前一一時五八分、関東地方を大地震が襲った。

午前十一時四十五分、階上ニアッテ語学ノ研究中、急ニ地震起ル。其振動甚シク、家屋正ニ倒レントス。屋外ニ跳ビ出ヅレバ、近隣ノ屋根瓦《やねがわら》飛散スルアリ、悲鳴アリ、一瞬ニシテ、修羅ノ巷《ちまた》ト化ス。振動ニ消長アリ。其間ヲ利用シテ、万一ノ場合ニ備フル諸準備ヲ行フ。1923-9.1

さすがに冷静な軍人らしく、大火災の様子、混乱した情報を詳細に記録している。翌二日の日記には、はやくも社会主義者と朝鮮人などの放火に関する虚報も記録されている。

社会主義者ト不逞《ふてい》鮮人ト相共謀シテ放火スルアリトテ市民愈々《いよいよ》恐怖シ、横浜全滅ニツキ刑務所ノ囚人約一千名ヲ解放セシカバ、之等鮮人囚人ノ殺人略奪強姦ヲ専ニシ東京方面ニ迫ルノ報アリ。1923-9.2

震災日記として貴重な記録だが、ここでは自警団による朝鮮人虐殺および大杉栄《おおすぎさかえ》殺害事件に関する記述にのみ言及しておきたい。鈴木少尉が原隊の輜重兵第一大隊に召集され警備に当たったのは、九月四日からである。朝鮮人暴動の流言に市民が恐慌をきたしていた。日韓併合はまだ一三年前のことである。

猛火ハ漸《ようや》ク止ミシモ社会主義者不逞鮮人ノ暴動ノタメ市民ノ恐怖一方ナラズ。当町内等ニモ放火ノ目的ヲ以テ石油ヲ散布スルアリ。市民昂奮《こうふん》シ鮮人ヲ捕フルアリ、之ヲ殴打スルアリ、之ヲ殺スアリ、全ク戦時気分トナル。十時頃原大隊ノ召集ヲ受ケ武装ヲ整エテ出馬シ正午迄ニ大隊ニ到ル。途中何レモ軍隊ヲ配置セラレアルモ市民ハ皆或ハ狂器〔ママ〕ヲ携ヘ或ハ棒ヲ以テ警戒ス。1923-9.4

こうした群衆行動が拡大した理由を鈴木少尉は、「針小棒大」な流言によるものと冷静に分析している。

午後東京市竝其附近ノ秩序漸ク平穏ニ近《ちかづ》キツ、アルヲ知ル。然シ乍《なが》ら地方民ハ事件ヲ針小棒大ニシテ軍隊ノ駐屯《ちゅうとん》ヲ請願シ、恐怖ヨリ免レントス。1923-9.5

被災地で警備に携わった鈴木少尉の記録には、貧者への同情と富裕階級への警戒心が並存している。震災の混乱が一段落して、鈴木少尉が自宅での学習を再開したのは九月一五日である。その翌日、天譴論をしたためている。

藤原時代、平家ノ時代、徳川元禄ノ時代ノ如ク、男子ガ化粧スルガ如キ華美ニ至ツテハ、既ニ世ハ衰運ヲ意味スルモノデアル。震災前ノ大正ノ誤レル文化モ、全ク之ニ近似セルモノデアツタ。天ハ此ノ誤レル物質文化、軽薄ニナツタ人心ニ一種ノ懲戒ヲ加ヘテ、我国ノ前途ヲ救ツタノデアルカ？　震災後、市内ヲ歩行スル男女トモ、化粧ナドシテ居ルモノハ見ラレナイ。衣服モ至極質素ニ帰ツタ。万事力行、真剣味ヲ感ジテ来タ。文弱ノ徒《やから》ハ今度食ヲ離レ、生存競争ノ敗残者トナ

ルデアラウ。1923-9.16

もちろん、やがて震災復興とともにモガ・モボ、エログロ・ナンセンスの大衆文化が本格的に花開いたわけであり、鈴木少尉の期待は外れたことになる。実際、四カ月後の日記には、新年会で目にした復興景気に賑《にぎ》わう花柳界の「意外ノ繁昌《はんじょう》」が苦々しく書き留められている。

一方、「甘粕事件」の報道経過も詳しく記録されている。九月一六日、憲兵大尉・甘粕正彦は社会主義者・大杉栄らを殺害したが、内縁関係の伊藤野枝《のえ》とともに大杉の甥《おい》で七歳の橘《たちばな》宗一《むね かず》少年が殺されたことに鈴木少尉は深く同情を寄せている。だが、鈴木少尉が何よりも心配したのは、この事件が社会の軍隊イメージ、ひいては軍隊教育に与える悪影響であった。

一大尉ノ行動ヲ以テ、陸軍全体ヲ非難サレテハ困ル。一社会主義者ノ行動ヲ以テ、主義全体ヲ非難シタラ、彼等ハ何ト感ジルダラウ。1923-9.28

甘粕事件公判は年末だが、ちょうど砲工学校普通科の卒業試験と、日本大学予科の学期試験が重なり、鈴木少尉の関心は再び勉強に戻っている。一二月二二日には砲工学校高等科への進学が決定し、同二五日には普通科卒業式に出席している。その二日後、難波大助《なんばだいすけ》による摂政《せっしょう》裕仁狙撃事件、いわゆる虎ノ門事件が起こっている。不祥事の責任をとって山本権兵衛《ごんべえ》内閣は即日総辞職となった。興味深いことは、犯人の難波大助が社会主義者と報じられたため、鈴木少尉はそれまでの甘粕評価を修正している。

然《しか》ル時ハ、甘粕大尉ノ如キハ、反《かえ》ッテ意義アル人間トナルベシ。尚又、我官民ガアマリニ左傾思想ニ対シ寛大過ギタルモ、決シテ否定スベカラザル事実ナリ。国民思想ノ悪化ト言ハズシテ、何ニ起因スベキヤ。1923-12.29

とはいえ、鈴木少尉が社会主義運動に否定的側面ばかりを見ていたわけではない。一九二四年の「年頭所感」では、社会主義運動を腐敗した上流階級に反省を促す「刺激剤」として評価している。

実ニ、輓近《ばんきん》田舎ノ一農村ニ迄、小作問題起リ、或ハ水平運動起リ、労働問題起ルニ徴シテモ、想像ニ難《かた》カラズ。是レ即チ、農村経済生活ノ困難ヨリ来ラズシテ何ゾヤ。又、一面ニ於テハ我国民中、富豪及貴族ハ大多数ハ無智ニシテ、時勢ヲ解セズ自己ノ利益ノ外、何等考ヘズ、或ハ自己ノ安逸〔ノ〕外、国家ノ存亡ヲ考ヘズ、無慈悲ナルモノ多シ。之ニ反シ、下級ノ労働階級、細民《さいみん》ニ於テハ自ラ苦心シテ其運命ヲ開拓スベキヲ知ラズ。徒《いたずら》ニ中流以上ノ生活、地位ヲ嫉視《しっし》シ、社会状態ヲ破壊セントスルモノアリ。（略）是等ノ点ヨリ考フル時ハ、社会主義モ一種ノ刺激剤ニシテ、富豪或ハ無知ナル華族等ニ対シテハ覚醒〔シ〕タルハ疑ハズ。然シ乍《なが》ラ其害ヲ減少シ其益ヲ多カラシムルニハ、一ニ以テ我国民ノ思想消化力ニ俟《ま》ツノミ。1924-1.1

この六日後、枢密院議長清浦奎吾《きようらけいご》子爵の超然内閣が成立した。同月一〇日政友会、憲政会、革新倶楽部《クラブ》は、清浦内閣を非政党の特権階級内閣と批判し、第二次護憲運動が始まる。鈴木少尉も、貴族的な超然内閣には批判的だった。

清浦子ニ大命降下セシモ、決断力ニ乏シク二心アルモノノ如シ。1924-1.3

とくに、清浦内閣の陸軍大臣人事に対しては強く反発している。前任の田中義一大将が横槍《よこやり》を入れ、福田雅太郎大将の内定を潰して宇垣一成《うがきかずしげ》中将が陸軍大臣に就任している。これが昭和軍閥抗争の序曲となるのだが、鈴木も田中義一を厳しく批判している。田中義一は、山県有朋《やまがたありとも》の後継者として長州閥に君臨した政治的軍人である。

田中大将ハ福田大将ヲ止メ、長閥ノ宇垣中将ヲ推薦シタラシク見ユ。然シ田中ガ真ニ国家ヲ思フテ福田大将ヲ止メタルカ、或ハ長閥ノ勢力上ノ問題ヨリ来レルヤ、又福田大将ト田中大将トガ同期生ニシテ何等カ感情上ノ問題アリテ彼トシタルヤ〔ハ〕不明ナルモ、若シ彼レニシテ長閥関係又ハ感情問題ヨリシテ、此ノ如キ行動ニ出ルトセバ、実ニ陸軍ノ将来由々シキ問題ニシテ、彼レノ人格ハ全ク絶無ト言ハザルベカラズ。1924-1.6

「長閥ノ宇垣中将」とあるが、岡山県出身の宇垣一成は長州（山口県）生まれではないものの、当時は長州閥に数えられていた。田中義一は、国内では在郷軍人会や青年団の再編成に力をそそぎ、一九一八年原敬《はらたかし》内閣では陸相としてシベリア出兵を強力に推進した。田中大将は約一三カ月後、一九二五年四月に予備役となり立憲政友会総裁に転じている。その後、一九二七年四月金融恐慌のさなかに政友会内閣を組織するが、満洲某重大事件における張作霖《ちょうさくりん》爆殺犯人の処罰について天皇に食言を叱責され、一九二九年七月総辞職し、同年九月急逝した。「鈴木日記」は田中義一の訃報を次のように記録している。

田中前首相が死亡した。これで陸軍の顔に泥を塗る悪人が一人減つた。1929-9.29

反米感情と文化摩擦

軍縮下の「プロレタリア少尉」が、都会的ハビトゥスに対する反撥を強めていったことはすでに見てきた。当時においても、都市文明のシンボルは摩天楼そびえるアメリカであった。鈴木少尉において成金批判と反米感情が結合した契機は、一九二四年の排日移民法の制定である。日本人に的を絞ったアメリカの新移民法に日本の国民世論は沸騰した。「鈴木日記」でもクーリッジ大統領の法案署名を伝える五月二七日の新聞号外から数日にわたり詳細に論じられている。

先の尼港事件で高まった反ソ感情は、この反米熱の炎上の前に色褪《あ》せてしまった。鈴木少尉は、第一次大戦以後に高まった言論界の米国崇拝熱が一挙に冷めたことを評価している。

軍縮問題起リ、或ハ其宣伝ニノセラレテ軍人忌避者続出シ、惰弱ナ浮華ナ風俗習慣ヲ真似テ全国ヲ挙ゲ正ニ米国ノ惰弱化セントスル勢ヲ示シテ居ツタ。米国ヲ正義人道ノ神ノ如ク信ズル輩《やから》ハ、ヤツト彼国ガ自己ノ利益以外ニハ正義人道ナキ事ヲ覚ツタラシク、是等ノ点カラ考フレバ米国ノ排日問題ハ精神的ニ日本ニ有利デアツタ事ガ明《あきらか》デアル。1924-6.7

ここには、米国の排日政策を日本の国民統合の立場から歓迎する視点さえ見られる。鈴木少尉にとって、アメリカ文明は上流階級堕落のリトマス試験紙であった。同年六月七日夜、大化会・鉄心会の右翼壮士が外国人を招いた帝国ホテルの舞踏会に剣舞で切り込み大混乱させた事件を「痛快事」として記録している。

帝国ホテル始テ以来ノ痛快事、而モホテルデハ今後国民ヲ堕落セシムル淫蕩《いんとう》ナ舞踏ニハ席ヲ貸サザルヲ約シテ解散セシト言フ。1924-6.8

同団体は、映画館にも圧力をかけて一部アメリカ映画の公開中止を実現させた。こうした事件が、一九三〇年代ファシズム期の出来事ではなく、大正デモクラシーの真っ只中で起こっており、多くの新聞ジャーナリズムが反米世論に追従したことはとくに注目しておきたい。「アマリ極端ニナルハ考ヘモノ」とした上で、鈴木少尉はこのアメリカ映画排斥運動について次のように評している。

活動写真〔ハ〕社会教育ノ一機関デアルカラ、欧米ノ人情風俗ノ教育モ必要デアル。然シ近頃ノ写真ハアマリニ欧米カブレ、日本ノ国民道徳ノ粋ヲ破却シテ居ル。美術ニハ壮美ヲ忘レ裸体美等バカリ研究セラレ、活動モ同様、尚武教育ニ関スルモノヤ軍事教育ニ関スルモノ、忠君愛国ニ関スルモノナドハ殆ンド見ラレナイ。人情美ハ確ニ多イ。之ト同時ニ淫蕩ナモノモ多イ。是レダケナラマダ良イ。日本国民ハ経済生活ハ甚ダ困難デ、而モ欧米ノ生活標準ニ対シテズツト低イ。低クテ〔始〕メテ、国家ガ経済的ニ生存シテ行カレルノダ。然ルニ其ノ生活標準ノ高イ所バカリ無智ナモノニ見セルト、少シ金ガ出来ルト身ノ程ヲ考ヘナイデ真似ヲスル。是レハ貧乏人ニ華美ナ生活ヲ教ヘル様ナモノダ。甚ダシイ青年男女ハ決シテ少クナイ。米国カブレシタ女子ハワザ〳〵頭髪ニコテヲ当テテ縮毛ヲツクリ、馬鹿ナ青年ハ美シイ黒髪ヲワザ〳〵過酸化水素ヲカケテ赤毛ニシテ居ル。斯様ナ馬鹿〔ラ〕シイ青年男女ガアル間ハ日本ノ美点、国粋ハ漸々《ぜんぜん》滅亡シ堕落シタ欧米文化ヲ消化セズニ丸飲ミヲヤリ、遂ニ国家ヲ滅ボスニ至ルデアラウ。物質文化デコソ欧米ニ劣レ、精神文化道徳ノ点ニ於テハ日本ハ彼等ニ数等勝《まさ》ツテ居ル。之ヲ知ラヌ国民ガアルカラ困ル。

1924-6.8

昭和ファシズム期に特徴的な言説とされてきた「情報官・鈴木少佐」の主張は、大正デモクラシーの中で既に出来上がっていた。

大衆にとって「民主主義」とは、政治への参加感覚を意味する。「いま自分もこの政治に参加している」、そう感じることこそが、民主主義に他ならない。それは「大政に翼賛している感覚」といっても言い過ぎではない。「市民《ブルジョア》」的な制限選挙体制の中で政治への参加から排除されてきた農民や労働者、すなわち大衆に、「国民」として政治への参加を認めたのが、一九二五年の普通選挙法である。だが、大正デモクラシー体制でなおも政治参加から取り残された大衆が、女性であり二五歳以下の青年であり、何よりも「世論《せいろん》に惑《まど》はず政治に拘《かかわ》らず」（軍人勅諭）とされた軍人であったことにも注目すべきだろう。ファシズム運動の担い手が「愛国婦人会」「少国民」「青年将校」であったとすればなおさらである。ファシズムもまた参加民主主義の一形態であり、大衆の世論形成への参加欲求においてファシズムとデモクラシーに変わるところはないのである。

この意味で、大正と昭和は連続しており、デモクラシーとファシズムの間に断絶などは存在しない。ただ「政治の大衆化」と「大衆の国民化」が進んだだけである。「鈴木日記」の一九二四年「年末所感」は、当時多くの革新的軍人が共有したであろう世界認識が示されている。

人知ハ益々発達シ、人口ハ増加シ、生存競争ハ猛烈トナリ物資ハ欠乏シ、数年前ニ予想シタル人種戦（白色対有色）ノ展開、将《まさ》ニ目前ニ迫ラントス。日本民族ハ有色人種ノ盟主タルベキ地位ニアルモ、他ノ有色人種ノ文化度甚ダ低キ為、今直《ただち》ニ盟主トナルヲ得ズ、即チ万全ヲ期スル為ニハ彼等ノ文化ノ進歩ヲ待タザルベカラズ。1924-12.31

その約一カ月前の一一月二八日、日本に亡命中の孫文《そんぶん》は神戸高等女学校講堂で「大アジア主義」の講演を行い、日本が欧米覇道ではなく東方王道の干城となることを訴えている。また孫文は同年一月の国民党第一回全国代表大会で「連ソ・容共・農工援助」の国共合作に踏み切っていた。それを意識していたとは思えないが、鈴木少尉はあえてソヴィエトの通貨管理体制の日本への導入さえ主張している。

社会主義者モ震災以来、勢衰ヘタリト雖モ、単ニ表面ヲハバカルニ過ギズ。但《ただ》シ、主義者モ社会ノ道具ナリ。何トナレバ、日本現代ノ如ク富豪貴族ノ無知ニシテ社会知ラズノ状態ニ於テハ有力ナル刺激剤ナリ。大倉〔喜八郎《きはちろう》男爵〕ノ八十八《べいじゅ》ノ宴ノ如キ、数百万ノ金ヲ費《ついや》ス。而モ政府ノ勤倹奨励中ニ。又、三井、三菱等ノ成金ハ国内ニ貯金セズシテ、外国ニ貯金ス。（略）大倉ノ百万円ノ限界効用ハ貧人ノ一銭ノ夫《そ》レニ相当スベシ。然レドモ国家ノ財力トシテ限界効用ニハ変リナシ。此ノ点ヨリ見レバ、実ニ不道徳漢デアル。斯ノ如キハ我国ニ於テモ適当ニ露国等ノ制度ヲ消化採用スル事、仏教思想ヲ古来消化シタル如クシテ欲シ。1924-12.31

社会主義者は「社会ノ道具」「刺激剤」として利用できるし、ソヴィエト共産主義もかつて仏教がそうであったように「消化採用」、すなわち日本化できる、というのである。

この「年末所感」の次頁には、「大正十三年度修学時間一覧表」がつけられている。「純然タル学術研究ニ費ヤシタル時間」は二八〇七時間、一日平均七・七時間である。部隊勤務や家庭行事で丸一日つぶれた日も少なくないから、実際には平日一二時間以上、最大で一四時間という猛烈な勉強を行っている。それは、砲工学校の後で日本大学に通ったダブル・スクールのためであった。

勤労学生の日本大学

帝大派遣学生を目指した鈴木少尉は、砲工学校で修得できない人文的教養を求めて任官直後から夜間大学の通学を検討していた。すでに砲兵工校入校以前に、中央大学、日本大学の学則を取り寄せている。

隊務ノ傍ラ通学スルハ不可能ニアラザルモ、時間ノ関係上、不尠《すくなからず》困難ハアル。1922-2.9

当初は中央大学を考えていたようだが、一九二三年四月一二日、日本大学法文学部予科に無事合格した。「入学試験ノ数学ノ成績ハ百点」であったという。入学式は四月一五日である。「軍隊教育ニ必要ナル新学理ノ研究」のため、勤労学生として新たな道を歩きはじめたわけである。

鈴木少尉の日大入学直後、有名な早稲田大学軍事研究団事件が起こっている。一九二三年五月一〇日、陸軍次官、近衛師団長などが参列した早稲田大学軍事研究団の発会式に反対する学生たちが乱入して大混乱が発生した。

陸軍ノ諸官ハ、反対党ノタメ甚ダシク馬鹿ノ、盗賊ノ、軍閥ノ、ト悪罵《あくば》セラレ、指導教授ノ抑制モ聞カナンダ相ダ。反対党ノ中ニハ、若イ教授連モ入ツテ居ルトヤラ。1923-5.10

このように反軍感情と左傾化が一般的だった当時の大学キャンパスにあって、日本大学はやや特殊な大学であった。その前身の日本法律学校は、一八八九年吉田松陰門下の司法大臣山田顕義《あきよし》によって開学された。一八九六年神田三崎町に独立の校舎が出来る以前、皇典講究所（国学院大学の前身）内に存在したように、皇道精神に基づく日本的法体系の研究教育が開学の目的であった。専門学校令のもとで一九〇三年すでに大学部と大学予科を設けていたが、法的地位は専門学校であった。一九二〇年に大学に昇格し、男女共学の高等教育機関として発展を遂げていた。

しかし、「学園展望――日大の巻」（一九二八年四月十五日付『読売新聞』）が言うとおり、当時は「日本大学といへば苦学生に持つて来いの法律の夜学校」であった。実際、学士を目指す幅広い年齢層の勤労学生や女子学生が多数入学していた。『日本大学百年史』によれば、大学に昇格した一九二〇年の予科入学者の平均年齢では、全私大（一九・一歳）に比べて日大（二三・四歳）は四・三歳も高かった（428-429）。二九歳の鈴木少尉は日大、とくに最後まで夜間部中心だった法文学部においては、目立った晩学ではなかったわけである。
砲工学校で昼の講義を終えた鈴木少尉は、五時以降は日大予科の学生となった。やがて倫理教育学科に進み、そこで吉田静致教授と出会うことになる。東京帝国大学文学部倫理学講座教授の吉田も、午後五時以降は日大教授である。日大が夜間部を主とする開講形式を続けた理由の一つは、昼間本務をもつ帝大教授や現役判事・検事を教員として確保するためであった。当然ながら、休講も多い。

講師ノ欠席ガ多イ。此ノ辺ガ民間ノ秩序ト軍隊ノ整然タル夫《そ》レトガ比較ナラヌ点デハアルマイカ。
1923-4.19

だが、そうした日大の特殊性が昼間の砲工学校とのダブル・スクールを可能にしたとも言える。砲工学校と日大の試験期間はほぼ重なっていた。一九二三年末には砲工学校高等科に進学が決定しているので、理工系科目でも優秀な成績を残したことは確実だが、日大予科第一学年の成績も英法科一二〇名中一二番だった。

若《も》シ、一方ノミナラバ或ハ首席ニ達ス所ニアラザリシヤ。1924-3.31

おそらく、その推測は正しかった。講義ばかりでなく、鈴木少尉は、学生大会などにも積極的に参加している。

午後上野精養軒ニ於テ日大学生大会ニ参列シタ。参列ノ目的ハ軍隊教育、社会教育ニ関係アル学生ノ状態ヲ観察スルガ第一ノ着眼デアツタ。1924-6.15

1928年日本大学倫理教育学科卒業写真。前列中央に吉田静致教授、左端に鈴木庫三

『日本大学新聞』には、一九二五年四月二〇日号から七回にわたって仁木二郎《にきじろう》「労学生手記」が連載されている。某官庁に勤める下級官吏の日記という体裁の小説である。日大に通う勤労学生の胸の内がよく描かれている。鈴木中尉もあるいは、この小説を読んだであろうか。第一回は、帰宅を急ぐ「男女の学生」たちとすれ違いながら、勤労学生は自分の姿と比較している。

俺自身の生活はどうだ、朝慌ただしく役所に駆け込み、暗い事務室の汚《にご》つた空気を吸ひながら午後の四時まで、薄鼠《うすねずみ》色の書類を整理しなければならない、四時に隣りの工場から高鳴る汽笛を相図に、通用門を飛出し、夕暮の街路に響く雑音、叫声の集団に混り、公衆食堂のボロ板腰かけに、丼飯《どんぶりめし》を待ち、胃袋のごうごうわめく奴をおさえつけて、学校に駆けつけるのだ。その時刻頃には、彼等は、楽しい晩餐《ばんさん》を終えて、温かな家庭的談笑に耽《ふけ》つて居るか、知識欲を充実させるため静かに落付いた読書でもして居るのであらう。

連載の第二回目は、役所で同じ部署にいる官学出の「金ブチ眼鏡」に対する強烈な対抗意識が描かれる。

○月○○日。「君は夜、何処《どこ》の学校に行つて居ますか？」嫌に皮肉な声音で、法学士のNが、俺に尋ねた。気に入らない金ブチ眼鏡だ。法学士の称号を胸一杯に勲章でも飾つて居る様に考へて居る稚気を、軽侮《けいぶ》する。「僕は、僕はN大学の社会科ですョ――」俺は、さう簡単に答へたら「N大学つて何処に在ります？」つて聞き返した。口を利いて居るのが堪まらなく嫌になつた。俺を侮《あなど》つて居るナーと、血潮が一時に心臓を取り囲んで了《しま》つた。その時、きつと俺の瞳《ひとみ》は固く冷やかに、憎悪に近い激しい反抗の光りを帯びたのであらう。彼は、黙つて眩《まぶ》しさうな顔をした。官立出身が私学を軽侮する。狭量な精神の勢力拡張か、――時間だ。今はその時期でないと思つた。俺は秘かに湿つた火薬を乾燥しやうと努めて居る。

第七回（最終回）、この苦学生は現実の階級社会で、ニヒリズムと必死に戦っている。

「君。そんな夢を見て居るのか」誰かゞ、さう云つて俺の肩をたたいてくれた様に覚えた。が、いゝではないか。俺は、夢でも見たいのだ。夢を、爛熟《らんじゅく》した臭気に満ちた世界を破壊する、黄金色の大爆音は、夢の中に於てのみ悟り得る一つの愉悦ではなからうか。（終）

「労学生」たちの静かに燃え上がる野心は、やがて日常生活の中で冷却されていった。多くの場合、「湿った火薬」は乾燥することなく、「黄金色の大爆音」は「夢の中」の出来事にすぎなかった。

しかし、同じ「労学生」でありながら、そこを最優等で駆け抜けた男がいた。やがて首席卒業の後、助手として倫理教育学研究室に残ることになった苦学生、それが鈴木庫三中尉である。

2——陸軍自動車学校教官と日本大学助手

自動車学校——技術的合理性と日本精神

一九二四年一〇月三〇日付で鈴木少尉は中尉に昇進したが、同年一二月二三日砲工学校を卒業すると同時に、輜重兵第一大隊下士候補者中隊付となった。午前八時に輜重兵第一大隊に出勤して下士候補者教育を行い、午後五時より日大に登校する生活が始まった。

この一九二四年一二月、書店の店頭には大日本雄弁会講談社から創刊された『キング』一九二五年新年号の派手な幟旗《のぼりばた》が立ち並んでいた。この一〇〇万雑誌の成功、さらにラジオ放送開始で知られる一九二五年は、日本における大衆政治の元年である。同年五月に衆議院議員選挙法が改正され、「普通選挙」体制が実現した。だが、この法案では、女性とともに現役軍人の選挙資格は認められなかった。陸軍上層が軍紀維持を理由に軍人への選挙権の付与に反対したことを、鈴木中尉は「実に浅薄な考」と厳しく批判している。なお、この一九二五年から「鈴木日記」の表記もカタカナからひらがなに変わった。

政治を人生又ハ〔ママ〕国民の重大要件とすれば、率先血税を払ふ人に此の特権を与へざるは益々不合理、軍人を番犬化するものなり。皇室の番犬たるは固《もと》より望む所なり、何となれば情的の結合濃密なればなり。然るに悪政治家、悪政党、悪成金、無知貴族の番犬となり、戦争の時にのみおだて上げられ、平素は悪視、食を与へず宿を与へず、而して且つ番犬たり。1925-2.21

この一九二五年は陸軍軍人にとって「宇垣軍縮」の激震として記憶された。一九二二年の「山梨軍縮」より開始された人員整理は、一九二五年五月、高田・豊橋・岡山・久留米《くるめ》の四個師団廃止によって頂点を迎えた。宇垣一成陸相は、第一次大戦で飛躍的進歩を遂げた欧米陸軍に比べて、著しく遅れた近代化＝機械化を推進するため、その経費を捻出《ねんしゅつ》すべく兵員三万四〇〇〇人、馬六〇〇〇頭を削減するリストラを断行した。四個師団長、一六連隊長のポストを失った職業軍人は昇進機会を狭められ、連隊の所在を郷土の誇りとしていた各都市から抗議や陳情が殺到し、反軍世論は一転して同情的になったといわれている。新たな将校ポストとして陸軍現役将校学校配属令が公布され、同年四月から学校教練も開始された。宇垣軍縮に動揺する軍隊内の状況を、「鈴木日記」は次のように伝えている。

世の中は次第にせち辛くなつて来た。換言すれば国民の経済生活が日一日と困難になつて来た。夫れに比例して軍人の物質的待遇は向上されない。従て在職間に退職後の生活安定が確立されない。恩給位では生きて体面を保つて行かれない。此所《ここ》に終身官で一身を国家にささげ一意専心軍務に勉励した人が突然首を切られると一時賜金や恩給を貰つても中々細い烟《けむり》も立てられない。子供の教育も充分に出来ぬ。而も軍隊で研究した事は生産的な経済社会に出ては精神上の要素以外の事は何の用にも立たないのである。即ち此所に一つの経済生活上の問題がある。次に一般社会の教育は日進月歩である。従来は将校は何と云つても知識階級の中に数へられた。然るに現代では中学校卒業は昔の小学卒業である。数年の後には役場の書記から巡査まで法学士で埋る。従て将校が退職して一般社会に出れば最早や階級等は問題でない無知識階級の仲間入りだ。尚軍隊は一般社会と隔離しがちであるから社会の事情に対して将校の知識は甚だ低級である。退職しても六《ろく》な事は出来ないのが一般である。以上の関係から何とかして軍隊に長く就職せんとする。然るに一方、軍備整備は止むを得ず一定の人員を淘汰《とうた》せねばならぬ。此所に矛盾が起る。其所で御互《おたがい》の間に〔○〕を伸し是らの競争が起る。殊に軍隊に就職安定の基礎（士官学校成績、陸軍大学〔校〕其他特殊の技能及び平常の勤務振り成績）の不確実なものは甚だ陋劣なる手段を用ゐて他人を陥《おとしい》れて、我れが長く残らんとする。殊に基礎中一二三項のないものは平常の勤務振《ぶり》及其成績に依つて基礎を作らんとす。之がために甚だしき道徳の堕落が起つて日常の行為の上に現れて来る。而して其不道徳を反省する能力が最早やなくなつて平気で鉄面皮で悪徳を働いて居る。即ち最早や良心が麻ひして居る。其甚だしきものが比較的不安を感じて居る大尉以上に多い。佐官級になると尚更甚だしい。是れでは国軍の将来も不安なものである。1925-5.20

軍人のプロレタリア化、教育水準の全般的向上による退役軍人の威信低下、それを恐れて現役にしがみつく不良将校のモラル低下、その分析はいずれも明晰《めいせき》である。次のように、結ばれている。

明治大帝親《みずか》ら独言し給ふ。〝正直なるものは朕と馬なり〟。客観的に見た輜重兵第一大隊の真相、〝正直なるものは大体に於て輸卒と馬なり、故に公私の処世上細心の警戒を要す〟。1925-5.20

最下位の輸卒はもちろんだが、軍縮の名目で整理される下士たちへの細やかな同情も日記の随所に見られる。もちろん、午後五時に大学生となる鈴木中尉が将校団の中で特殊であり、孤立していたことは間違いない。日記では「狼の将校団」、「ウジわく大隊」が繰り返し批判されている。その反動のように、鈴木中尉は日大での勉学に生きがいを見出していった。同年四月から鈴木中尉は吉田静致教授の原書講読演習に参加している。それ以後、『道徳の原理』（寶文館・一九二四年）をはじめとする吉田倫理学に没入し、日記でも講義内容に関する記述が増えている。

一九二五年五月一七日には日本大学予科修了式があり、鈴木中尉は倫理教育学専攻に進学した。鈴木中尉の希望により東京帝大教育学講座の上村福幸《うえむらよしゆき》講師が日大に出講し、個人指導が行われている。また、哲学史は上智大学初代学長のヘルマン・ホフマン講師に学んでいる。倫理教育学科の学生委員にも選出された鈴木中尉が、水を得た魚のように勉学にのめり込んだ様子は日記からも窺《うかが》える。軍隊内の鬱屈《うっくつ》した空気が続いていれば——もし満洲事変が起こらず、軍拡時代にならなければ——、鈴木庫三が学窓に新たな進路を求めた可能性は低くない。後述するように、倫理教育学研究室助手から師範学校教師へ、あるいは場合によっては母校に残って講師・助教授・教授へと進んだ可能性さえも否定できない。その場合、「情報官・鈴木少佐」ほど歴史に足跡を残したとは思えないとしても。

だが結果的に見れば、翌一九二六年三月の陸軍自動車学校への異動が一つの転機となった。第一次大戦では周辺的な戦闘にのみ関与した日本だが、軍の機械化、科学化、自動化、情報化に向けた専門教育研究機関の必要性は痛感されていた。一九一八年軍用自動車補助法、軍需工業動員法が成立し、一九一九年には各兵科から航空科への転科者を再教育する陸軍航空学校、一九二〇年には高度化された兵器の整備技術者養成に向けて砲兵工科学校を再編した工科学校、一九二五年に戦車隊、飛行機隊、高射砲隊、通信学校と並んで陸軍自動車学校が創設された。つまり、人員整理による志気の低下が宇垣軍縮の暗部とすれば、陸軍自動車学校はその積極面を代表していた。総力戦に対応する移動運搬の高速化＝機械化を目指した自動車学校は、日陰にあった輜重兵科にとって最も日の当たる場所である。

物心一如の自動車神社

日大通学を優先する鈴木中尉は、自動車学校教官への転任話を一度は辞退している。それでも、一九二六年二月には転任が内示された。鈴木中尉は、日記に「栄転」への不信をぶつけている。

他の人には栄転かも知れないが、私には逆転である。自動車学校に行つた為に、今更ら日大の方を止める事は出来ぬ。将来何うしても軍隊に必要重大な事だから。老いぼれ連中は其れが分らないで、便宜を与へるどころか迫害を与へて居る。1926-2.17

結局、三月一二日鈴木中尉は陸軍自動車学校練習隊付兼同校教官に補せられた。翌日、学校長に挨拶に行ったときの不愉快な出来事が日記では異例の四頁にわたって記述されている。学校長は新任の中尉にこう訓示した。「陸軍には学者は不要、学問はしなくても良い、給料を出せば何程でも来る」と。鈴木中尉は真っ向から反論している。

私の今回の転任問題に就ても非常な無理がある。陸軍の将来を思ひ、自己の栄達も何も捨てゝ陸軍大学〔校〕も断念し、最もじみな倫理と教育の研究に志して、而も私費を投じて昼夜兼行で公務と勉強とを続けて居る。而も三年も続けて残す所二ヶ年で先づ一階段となつた所を転任させる。其の転任も希望して居らぬ。二ヶ年程延期してほしいと云ふのを聞かずに無理して取つて、転任したら学問は不要、勉強してはいけないと云ふ。若しも陸軍の将来を考へたならば、学問は不要などと云ふ事は、何うして言はれようか。凡《おそ》らく陛下の御心ではあるまい。委任された統帥権《とうすいけん》を乱用するものである。結局は陸軍の将来を犠牲にして自己目下の利をはかるものとしか思はれぬ。又、砲兵に自動〔車〕学校をとられるから、砲兵と対抗せねばならぬから、学問も捨てゝ働けと。私は砲兵と争ふ為に将校になつたのではない。1926-3.13

ちなみに、自動車学校は一九四一年に機甲整備学校と改称される。自走化、機甲化は砲兵科の近代化においても最重要課題であった。日陰にあった輜重兵科の花形である自動車学校を他兵科に乗っ取られないよう、学校長が訓示したことも相当の理由があったであろう。しかし、てる兵科であった。

学校長の学問不要論に鈴木中尉は良兵良民主義で抵抗した。それは正論であり、宇垣軍縮の目的である近代化にも棹さしていた。前年の現役将校学校配属制度に続いて、この一九二六年には青年訓練所が開設されている。義務教育を終えた青少年を対象とした社会人教育機関であり、ここで軍事教練を受ければ在営期間が一年半に短縮された。いずれも「国防の国民化」を念頭においた政策である。こうした流れの中で、鈴木中尉は「教育将校」として自覚的に技術教育と精神教育の結合を目指していった。

本来、砲兵科が第一志望であった鈴木は、早くから飛行機や自動車に強い関心を示していた。士官学校時代、ドイツから押収した飛行機を所沢に見学に行った際の日記。

独逸、仏蘭西《フランス》等ノ飛行機界ノ情況ニ比スレバ、我国ノ進歩ノ甚ダ幼稚ナルヲ知ル。1921-4.8

関東大震災の四カ月後には、上空の飛行船を眺めながら空襲を想定した都市計画の必要を指摘している。

偉大ナル進歩、今後如何ナル威力ヲ存スベキヤ想像ニ難カラズ。必ズヤ空中軍艦ノ出現アルベキノミ。然ルニ、我国ノ現状一時間ノ速度僅《わずか》ニ一二〇哩《マイル》前後、英米等ノ飛行家一万人以上ニ、我国ニ於テハ数百名ニ過ギズ。帝都ノ復興ト共ニ空中防禦《ぼうぎょ》如何ニス可《べき》ヤ。1924-1.4

こうした技術的思考法を見につけた鈴木中尉であれば、転任に不満はあっても自動車学校の

陸軍自動車学校機関誌『自動車記事』1936年8月号表紙に掲げられた物心一如の象徴である「自動車神社」。この雑誌に鈴木は「技能教育の話」や「日本精神の研究」などを連載した

重要性は誰よりも理解していた。

> 機械化された軍隊と然らざる軍隊と同一条件で戦ふ時は、後者は必ず敗ける。機械化の主要の要素は、自動車である。従つて自動車の発達は軍隊の価値を間接に左右する。吾人は何うしても我国の自動車の発達に努力せねばならぬと結論した。1929-10.8

「鈴木日記」にこう書きつけられた一九二九年、日本の自動車の生産台数は四三七台、アメリカはその一万倍をはるかに超える五三三万七〇八七台であった。鈴木中尉は、輜重手段の主力を牛馬から自動車に改編する軍制改革案を立案し、その説明を陸軍省で行っている。

> 今日から自動車兵を現役として教育するを必要とする根本的理由に就て、小論文を書き始めた。これも陸軍省からの注文である。1929-12.10

逆説的だが、こうした技術主義を貫徹するためにこそ、「必勝の信念」（一九二八年歩兵操典）を掲げた精神主義が必要となった。ちなみに、鈴木が帝大派遣学生を終えて自動車学校に戻ってきた後のことだが、一九三四年五月一日、自動車学校に「自動車神社」（世田谷神社）が建立された。祭神は御三柱（明治天皇・宇迦乃御魂神《うかのみたまのかみ》・同校出身戦病死者および殉職者の英霊）である（大澤：57-58）。陸軍の「物心一如」を象徴する神社と言える。鈴木中尉の場合、技術と精神を総合するものは「教育」であった。この教育将校の目には、戦術演習だけに重点がおかれた陸軍大学校教育の欠点は明らかだった。陸大参謀旅行演習に参加した後の日記には、「戦術の武士」はあるが「道徳の武士」がいないと批判している。

陸軍大学〔校〕の教官連中の人格にも接したが、あまり感心しない。陸軍の権威である大学の教官が、唯々《ただただ》、一戦術武士であつて武士道の武士たるには前途遼遠である。それであるから、学識あるものから陸軍が馬鹿にされる。人道の問題、道徳の問題等に思慮のある人は甚だ少ない様に見える。1926-11.10

参謀旅行演習は、鈴木中尉にとって関西、九州の見聞を広げた以上に、陸軍大学校に対する失望として体験された。

八〇〇頁の卒業論文「人格と道徳生活」

帝大派遣への運動が具体化するのは、参謀旅行の直後である。一九二六年一二月二五日、大正天皇は崩御し、わずか六日ばかりの昭和元年を迎える。その晦日《みそか》、鈴木中尉は意を決して、学校長の天谷知彰《あまやともあき》少将（一一期）宅を訪れ、目下研究中の倫理学、教育学の必要性を訴えた。翌日、天谷校長と交わした誓約を田中清練習隊長（一八期）に報告し、その協力を求めている。

来年三月下旬又は大正〔昭和の誤記〕三年二月下旬まで、自動車学校に奉公し、工術教育の基礎を作るべく、而も工術教育に没頭し、其他の余力を以て倫理教育の研究を行ふことを許された。而して、若し中途にして校長等の転任等あらば、余も倫理教育の研究に便利なる部隊又は官衙《かんが》、学校に転任すべく、隊長が努力することの条件を約束して帰る。1926-12.31

昭和の幕開けと同時に、軍隊教育学のエキスパートの道が鈴木中尉の前に開かれようとしていた。もちろん、片付けるべき課題も多い。鈴木中尉は校長より工術教育の編成改正委員に任命されたが、その改革案は守旧派が多数を占める会議ではなかなか承認されない。一方、大正天皇御大喪における車馬係を命じられた鈴木中尉は、その準備会議のため陸軍省に頻繁に通っている。

省内に於て井出鉄蔵少佐に会ひ、余の研究して居る教育及び倫理の問題に就て少時間話した。少佐も初耳であつた。目下、陸軍部内に於て特殊の研究を行ふもの少く困つて居る折柄《おりから》、研究方面と全く別向の技術学校に服務することの不合理に甚だ同情してくれた。而して本年末までには余が論文を陸軍省に提出することを約し、其論文審査の結果によつては、特に此の方面の研究に任命便宜を与へるべき事を約せられた。1927-2.4

井出鉄蔵輜重兵少佐（二一期・陸大二九期・中将）は、一九三九年自動車学校長から輜重兵監に就任した輜重科のトップ・エリートである。鈴木中尉はその足で吉田静致教授のもとに論文執筆の打ち合わせに赴いている。さらに佐々木英夫教授、上村福幸講師の演習で指導を受けつつつ、卒業論文は書き進められた。もちろん、自動車学校での工術教育会議や調査出張の合間をぬっての執筆である。卒業論文執筆中の七月、実父が亡くなり葬儀のため帰省している。日記から相続問題など諸事多忙であったことがわかるが、教育学研究者の目で貧窮する農村の現状をつぶさに観察している。翌年、共産党が弾圧された「三・一五事件」の一ヵ月後には次のような感想を残している。

人間が将来の希望を絶たるることは、甚だ苦痛だ。明治初年の小作人は自作人にもなれると思って働いた。然るに経済界の急変は、之を許さぬ事になつた。昭和の今日では明治初年からの勤勉なる農夫の経験が、青年壮年の人々に一代何程働いても自作農にはなれない事を教へる。之がため自暴自棄的飲酒家の多くなつた原因ではないか。近頃、一般社会は勿論《もちろん》、官私立の大学専門学校にまで共産党狩りをやつた。毎日新聞に報じて居る。極端なる共産主義も悪いが、極端なる資本主義も悪いではないか。1928-4.24

「極端なる資本主義も悪いではないか」と自問する鈴木中尉は、後に満洲移民を通じた農村改革を提唱するようになる。

一九二七年七月二八日、自動車学校校長の天谷少将が待命となり、新たに唐原与次《とうばるともつぐ》少将（一二期）が着任した。ちょうど三ヵ月後、一〇月二七日鈴木中尉は八〇〇頁の論文「人格と道徳生活」を書き上げた。「鈴木日記」で論文の進行状況が詳しく記録されている。清書が完成した日の記述を引いておこう。

四月筆を執つて以来完成までに約七ヶ月毎夜遅くまで研究を続けて居つたが、約八〇〇頁の論文が出来上つた。未だ研究が充分でない為か清書をして居ると前の方に欠点が見えて来る。夫れ丈《だ》け進歩するのかも知れないが、人格と道徳生活の重大問題を論ずる丈けに決して平易な論文ではなかつた。然し今年の大分の労力を絞った作業の後を顧みると大きな仕事をした様な気持もするが又一面には己れの知識の狭量なるを感ぜざるを得ない。1927-10.27

特別大演習の移動中も哲学書を読み続ける鈴木は将校団内の異端者だった。生真面目すぎる鈴木中尉は将校団内で煙たがられたようである。当時の日記を見ても毎晩勉強ばかりで、およそ遊びというものがない。同一一月二七日、上京した養母を浅草の知人宅まで送り届ける際に、初めて遊郭に足を踏み入れた際、そこでも「意外の教育材料を得た」と書いている。

余は東京に来てから遊郭町に行つて見たのは初回である。然るに意外の教育材料を得た。それは他事でない。陸軍の下士兵卒が遊郭に遊ぶものの多い事には驚いた。昼間遊郭をひやかし廻るものの半数以上は実に陸軍の下士兵卒であつた感である。1927-11.27

この倫理学論文の評価は教育総監部でも割れたようだが、鈴木中尉が東京帝国大学派遣学生となる前提となったことは間違いない。その序文「社会文化及先輩に感謝す」は、次のように書き起こされている。

余は社会文化の恩沢《おんたく》に感謝せざるを得ざる一人なり。何となれば社会文化は吾人の祖先以来無数の生命の努力活動の純粋持続的発展にして、吾人の理想的生命活動は実に此の文化より社会的遺伝を受くることにより、或は此の文化に接してその活動の潜在的特質の啓発開展せらるることに因りて初めて可能なればなり。社会文化なくして何の言語やあらん、又何の個人の文化活動やあらん、唯僅《ただわずか》に一個の動物あるのみなるべし。

言語の土台の上に社会文化があると考える言語論的転回《リングイスティック・ターン》以後の今日から見ると、やや古風な近代哲学観に見える。こうした鈴木中尉の近代主義が、いかにして戦時下の社会システム論に接続するのかは重要な問題だが、ここでは論文内容の考察には立ち入らない。目次や要旨については、山田正行「「絶対矛盾的自己同一」の実践倫理――鈴木庫三「人格と道徳生活」を読む」(『社会教育学研究』第四三号・二〇一八年)を参照されたい。

この「人格と道徳生活」が卒業論文のはずなのだが、『日本大学哲学科70年の歩み』に、第二回卒業生鈴木庫三の名前はあるものの、卒論題目は空欄になっている。一方、初期卒論の梗《こう》概《がい》を集めた『日本大学文学科研究年報』第一輯(一九三五年)には、「人格と道徳生活」の一部を切り出した鈴木庫三「建軍の本義」が収録されている。その梗概は、次の言葉で結ばれている。

結局我が国軍は皇国とその皇道文化との存続発展を保障するために建設せられたるものに外ならず。我が国軍を皇軍と称するは蓋《けだ》し此の建軍の本義に因由するものなることを知るべきのみ。

なお、「皇道」には、次のような定義が註記されている。

皇道は我が国体と日本民族特有の生活とに即して特殊化されたる普遍の道にして、上天皇より下庶民に至るまで之によりて其の全生活を律すべき民族的道徳規範なり。（略）即ち皇道は包容的、同化的、普遍的、人道的にして中外に施して悖《もと》らざる優秀善美の道徳的規範なり。而してそれが実践せらるるに於ては世界全人類に対し給善を実現するや言を俟たず。

軍人渡世の十戒

鈴木中尉は「人格と道徳生活」の結論部分を製本した「建軍の本義」を、まず学校長、中隊長に提出した後、約束どおり陸軍省の井出鉄蔵少佐にも持参した。井出は、鈴木を教育総監部の服部英男輜重兵監（一一期・陸大二三期・中将）や小嶋時久大佐（一五期・陸大二四期・少将）に紹介した。

余が教育や倫理を研究始めてから、今日の様に上官から衷心の賛成を得たことは初めてである。兵監も井出少佐も明年から余を帝大に派遣すべく努力すると約束してくれた。1927-11.7

とくに、輜重兵監部員の小嶋大佐は鈴木中尉を自宅に招いて相談に乗り、彼の帝大派遣を総監部内で強く主張したようである。六年後、一九三三年に自動車学校長となった小嶋少将は、鈴木大尉を再び教官として呼び寄せ、鈴木の著作『軍隊教育学概論』や『日本精神の研究』を自動車学校から出版させている。しかし当時、自動車学校内部では「建軍の本義」は理解されず、実際は教育総監部内でも評価は割れていた。その背後には、兵科間の対立、さらには軍の近代化をめぐる精神主義と技術主義の相克が存在していた。

技術に偏重したる自動車学校の態度が、精神科学の研究に対して冷淡なるは無理解より来るもので、無理からぬ事であらう。（略）論文を充分理解できない人々は、余の論文を評して思想問題を取扱ふものであるから陸軍には無関係だと云ひ、よく理解したる人々は軍隊教育や軍人道徳の根本的基礎を論じたものであると主張して、教育総監部内で議論沸騰したとの噂である。1927-12.11

鈴木中尉が自らの研究を「国家的重大事業」と考えていたことも明白である。政軍関係論では「軍人の専門職化」（ハンティントン）と「軍の政治化」（ファイナー）が同時に進行することが指摘されている（戸部：251）。専門職化＝部分化された仕事の従事者は、労働疎外から逃れるため自分が果たす部分的機能の存在意義を構造全体に投影しがちである。また、軍人独特の使命感は、時の政権や特定階級への奉仕を排して国家全体との一体化を志向する。そのため、専門化した職業軍人は自ら思い描く「国体」と一体化しやすく、自ら国家の救済者を任じて政治に介入しがちである。こうした理論で、マクロに満洲事変から二・二六事件、さらには日米開戦に至る「軍部独裁」を説明することは可能だろう。ミクロに見れば、鈴木庫三という教育将校において「専門化と政治化」が同時進行していたことも指摘できる。

結局、帝大派遣問題は棚上げのまま一九二七年は終わった。一九二八年二月二九日、鈴木中尉は帝大派遣の延期を知らされた。派遣延期の真相は判然としないが、「鈴木日記」には唐原校長の妨害工作という噂が書き付けられている。失意の中で、鈴木中尉は自らの「十戒」を書き残している。無念の思いを噛み締めていたことがよくわかる。
三、長上の不合理なる迫害を忍ぶ人は、自ら他人を合理的に取扱ふべき修養をなし得る人なり。
四、冷静にして他人との争を避け得る人は、真勇の人なり。
五、他人に忠告し長上に意見具申するに際し、其の合理性を批判し実現可能性及効果を予想して後、之をなし得る人は、賢明なる人なり。1928-3.28

その後の日記を読むかぎり、鈴木中尉が戒律三の合理性は守っているとしても、戒律四および五に従って、世渡り上手を心がけたとは思えない。自動車学校の会議でも積極的に改革的な意見を述べて、多数派と衝突を繰り返した。

成るべく会議などには出ない様にする。出ても己れの意見は包んで吐かない。上官もまた斯様《かよう》な将校を善良な将校と考へる。そして陸軍大学〔校〕の試験を受けよとか言つて、三日も四日も遊《あそば》して勉強させる。然るに正当な気色〔旗幟〕鮮明な意見でも吐く将校は、悪い将校になる。大学の試験を受けるにしても、便宜などは与へられない。ましてや戦術以外の教育や倫理などの研究には、容易に便宜は与へられない。教育や倫理の研究が軍隊教育者に必要などと言ふ事が分る上官が何人あるであらうか？ 1928-4.13

自動車学校での無理解をよそに、鈴木中尉は日大での研究を心理学や教授法にまで広げていた。そして、一九二八年五月八日、鈴木中尉は日大文学部を首席で卒業した。
余は意外にも文学部の首席で優等生であつた。銀側時計一個を賞与せられた。平素余は寧《むし》ろ修学上、名を去り実につくの主義をとつて、つとめて軍事教育に関係ある方面に学習の重点を置いたにも係らず、今日の光栄は実に意外であつた。1928-5.6

この卒業式のさなかに、第三次山東出兵問題で自動車学校から非常呼集がかかった。済南《さいなん》で日中両軍が衝突した済南事件は、この三日前に起こっている。中国軍による居留民虐殺事件を新聞は連日書き立て、世論は沸騰した。「鈴木日記」もその興奮を伝えている。大半は新聞記事の要約であるため、ここでは省略するが、興味深いのはその後の鈴木中尉の反応である。その半年後、自動車学校に一〇名の中国人学生が入学してきた。「鈴木日記」は大変正直に心情を告白している。「鈴木日記」の記述が信用できるとすれば、きれい事で済ませがちな自らの心理を包み隠さず記録しているからであろう。

国民感情とは奇怪なもの。支那国民が我日本に対して国際上背徳的の行為をするのが嵩《かさ》んで、吾等は支那学生を見る度に、一種異様な下げすんだ様な排他的の感が起つて来る。愛国的なのか偏狭なのかは分らないけれども、奇怪なものだ。1928-12.1

建前の大アジア主義と排外的国粋感情の間で揺れる自らの心理を、鈴木は「奇怪なもの」と繰り返し表現している。国民感情への関心は、日大で心理学を習った渡辺徹教授の影響もあったろう。渡辺教授の指導により、鈴木中尉はメンタル・テストを使った下士候補者の素質検査を何度も実施している。統計処理などを施したのち、一九二八年七月二一日に執筆をはじめた論文は、「素質検査に関する一研究」と題して『偕行社記事』に投稿された。自動車学校に入学した輜重兵甲種学生に対して、国民智能検査尺度A形式を使った検査も実施している。既に甲種又は乙種の運転手免許状を有する自動車兵のテストをして見ると、反応の鈍いものは必ず注意力に於て優秀、注意力の鈍いものは反応に於て優れて居る。操縦上之によつて各々の短所を補つて居るらしい。1929-1.15

日本大学助手となった陸軍中尉

だが、日大卒業後は工術教育に忙殺され、日大への足も遠ざかっていた。東北地方での特別大演習の慰労休暇日、鈴木中尉は久々に日大研究室を訪れた。そのとき、佐々木英夫教授から助手採用の話が舞い込んできた。

約半歳以上、学窓を顧みる暇もなかつたが、書店など訪れて見ると見なれぬ新しい書物が出て居る。これ丈《だ》け学界を遠《とおざか》りつゝあるのかと思ふと気が気でない。渡辺先生に会つて素質検査の話などをすると、先生から学問を中絶するのは惜しい事だと励まされる。佐々木先生に会ひば〔ママ〕、倫理教育の助手にでも来て研究を継続しては如何《いかが》といはれる。金曜日までに返事することにして帰つた。1928-10.16

三日後の金曜日に再び日大に赴いた鈴木中尉は、渡辺、佐々木両教授と研究継続について相談している。一〇月三一日、日大常務理事の加納金助から助手採用内諾の手紙が届いた。

いよいよ明日から倫理教育研究室に於て、事務を手伝つたり研究したりすることが許された。こ

1930年、日本大学文学部倫理教育学科のスタッフ。前列右より２人目に鈴木庫三助手、その左隣が佐々木英夫教授、さらに左隣が吉田静致教授

れから何年か此の研究室に出入する間に、何とかして軍隊教育学や軍人道徳、統帥、倫理学等をものにしたいものである。1928-10.31

再び、午後五時から助手として、日大に登校する生活が開始された。正式な辞令は一九二八年一二月五日である。さらに新年早々、次年度の帝大派遣も見送りという情報を入手したとき、鈴木中尉はいよいよ軍隊生活へ見切りをつける決心をしている。

軍人であり乍《なが》ら政治的、兵科的な気分の下に人選する陸軍省末輩のする仕事をあてにして居つては、遂に一生を過つ様な事が生れはせぬかと思はれる。茲《ここ》で独立独行的に決心断行せねばならぬ時が来た。1929-1.5

おそらく、教員への転職の可能性を模索していたのであろう。教員免状の登録番号を日記に記載している。

今日、余は文部省から修身及教育に関して師範学校、中学校、高等女学校の教員免許状が下つた。番号　玉第34374号。1929-1.31

『日本大学・倫理教育学会報告』第一号（一九三〇年五月）によれば、鈴木助手は倫理教育学会の設立準備を仕切り、幹事・常務・会計責任者に選出されている。鈴木助手時代の研究室の雰囲気については、一九三〇年に倫理教育学専攻に入学した田中清三が回想を残している。「よい人たちばかりだつた」親密な研究室のスタッフに鈴木庫三助手の名前も挙げられている（山田：218）。では、鈴木中尉の大学観は、どのようなものであったろうか。鈴木助手が着任直後に出席した心理学研究室助手・山崎勇のスイス留学送別会では、軍隊よりも「峻烈な階級制度」を観察している。

一体、軍隊を知らない人々は外面的な階級制度を見て恐れ厭《いと》ふものが多い様だが、軍隊の階級制度は公私の別が明で洗練された階級制度である。余は今夜の送別会に列席して数多《あまた》の教授職員等の間の階級的観念を傍観したが、寧ろ軍隊以外〔上〕に峻烈な階級制度がある様に感ぜられた。1928-12.23

むろん大学研究室の側から眺めれば、将校団の無教養は今まで以上に痛感される。長野県下の演習に向かう列車に同乗した将校たちとの会話でも疎外感を覚えている。

途中二等車の中は今回の演習に参加する将校で満員であつたが、一として語るに足り聞くに足る話はない。現代の高等常識からうといのは、実に現代の将校だ。而も自負心が強いから、その己れを知ることが出来ぬ。余は汽車中、倫理哲学等の雑誌を読み続けた。一二の友人にもすゝめた。中には熱心に読む人もあるが、多くは分らぬから興味が起る筈《はず》はない。1929-1.23

演習移動中の列車でカントの倫理学を思索するインテリ将校は、周囲からも特異の目で見られたはずである。陸軍将校であり大学助手である鈴木庫三は、「両生類」のごとき存在だった。演習終了後も、宴会に赴く将校たちと別れて、自宅に戻り次のような日記を書いている。

陸軍には学校と云ふ学校は非常に多い。而も多くの経費をかけて学生を教育して居るが、その何《いず》れの学校も戦争をする技術のみを教育して居ると云つてもよい。士官学校位が少しく道徳教育でもするらしいが、これは一体何《ど》うしたものか、甚だしい誤りではないか。また、不断の努力研究修養で一生を終らねばならぬ道徳生活に於て、将校はこれで沢山だと思つて居るのであらうか。陸軍も早々眼を醒《さま》さないと自滅に陥る〔の〕ではないか。1929-1.26

その後、「戦争をする技術のみを教育して居る」日本陸軍がたどった運命を知る者にとって、「自滅に陥る」という言葉は重い。帝大派遣を最優先に考えれば、無難に人目につかず日々のノルマだけをこなすことが近道だったはずである。しかし、革新派として鈴木中尉は、旧弊や不正をやり過ごすことができなかった。公務で自動車を傷つけた部下が処罰される一方で、内務班の「員数合わせ」は改められない。多くの将校が目をつむり黙認するなかで、鈴木中尉は断固たる正論を展開した。

自動車の損傷者が厳罰されて、盗人が処罰されない矛盾に対して、何うしても意見具申をしない

訳には行かない。今朝、決心を定めて意見具申したが、果たして採用されたか何《ど》うか。1929-3.4

軍内規律の弛緩《しかん》、将校の堕落について、日記では批判が繰り返されている。融通の利かない馬鹿真面目とみなされていたのかもしれない。また、そうした姿勢は、部下との接し方にも現れた。たとえば、一九二九年秋の特別大演習の最終日の日記である。

水戸に帰つたのは午後七時頃。今夜は軍司令官に召《まね》かれて慰労の宴があるのだが、自動車班の下士以下を使ひ〔っ〕ぱなしで吉田村の宿営地に追ひやることとは、何うしても人情上思ふことは出来ない。余は宴会に出席することを辞して吉田村に到り、宿営の世話をして共に吉田村に宿ったが、心配し乍《なが》ら宴会に出るよりも実に愉快であつた。1929-11.7

兵卒や下士官から慕われた将校であったはずである。平等な軍隊、階級なき皇軍を鈴木中尉は理想としていた。

上長官にもなつて居り乍ら、随分人格劣等な人もある。軍人の道徳的覚醒は寧ろ一般国民にも劣る点が少くない。これは階級的な点にある。食事給養までも階級的であるから、今日の思想に合はない。従つて下級者から不平を起すことになる。1929-11.20

大演習から戻ると鈴木中尉は、満期退校する基幹兵たちに招かれて夕食を共にしている。こうした振る舞いも、学校長の目には他の班や部隊に不満を生むスタンドプレーと映ったにちがいない。

帝大派遣決定す

一九二九年五月三日、鈴木中尉の軍内での境遇を察した日大の渡辺徹教授は鈴木助手に大学院に入ることを勧めた。大学院進学は研究者への転身を意味する。翌日、直属上官である吉田少佐宅を訪れ、「隊長の故を以て、余の大学院入院の件につき一応相談した」。「一応」とあるように、相談以前に大学院に進む決意は固まっていた。鈴木が残した「大学院関係書類」では、大学院入学はこれよりも一ヵ月早い四月となっている。日本大学総長・平沼騏《き》一郎《いちろう》宛の「昭和四年度研究報告」でも「昭和四年四月入学」となっているが、おそらく学期開始に遡《さかのぼ》った日付で事務処理されたためであろう。「昭和六年度倫理教育学研究室同窓会事務報告」によれば、助手の身分は院生になって

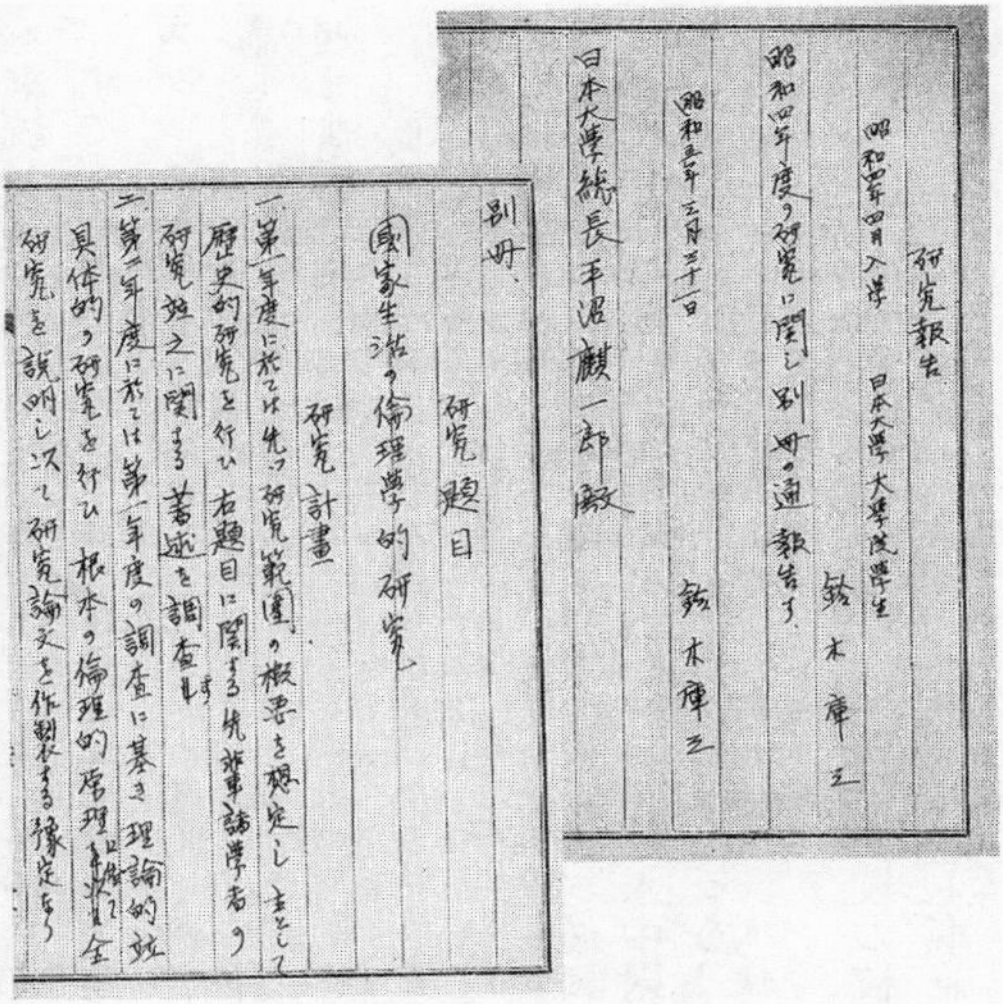

日本大学総長・平沼騏一郎宛「研究報告書」と「別冊　研究題目『国家生活の倫理学的研究』」。陸軍の便箋に書かれている

も継続し、一九三一年一二月一日まで在任している。

すでに述べたように、日大文学部は夜間であり、吉田静致をはじめ東京帝大文学部研究室のスタッフが演習を行っていた。この年も、教育学の上村福幸講師と倫理学の長屋喜一講師が出講していた。鈴木中尉は長屋講師の倫理学演習にはとくに熱を入れており、いつも金曜日は夜遅くまで議論していた。

長屋先生の Kant 研究が特に面白かつた。Kant 主義と Marxism との対照批判は今日の世相上特に興味を持たざるを得ない。1930-10.31

長屋講師との交流は、帝大派遣への欲求をますますかき立てたはずである。もう一つ重要なことは、他の陸軍派遣学生と異なり、鈴木中尉が派遣前から東大教授陣と親密な交流をもっていたことである。つまり、鈴木中尉にとって、東京帝大は単なる「派遣」先ではなかったのである。

一九二九年八月の定期異動で自動車学校の校長は唐原少将から学究肌の飯田恒次郎少将に代わった。鈴木中尉も練習隊付から研究部主事兼教官に転補された。研究部の鈴木主事は、早速、自動車学校の技能教育に関する論文執筆に着手し、二週間後には約一五〇枚の論文を書き上げている。その原稿は、後に鈴木庫三「技能教育の話」として『自動車記事』(一九三〇年八月号~一一月号)に全四回で連載された。さらに、陸軍学校制度改善案について、研究部で検討を開始している。一〇月一四日には大学院論文「国家生活の倫理学的研究」の執筆に着手している。来年度の帝大派遣の可能性に不安を抱きながらも、着々と準備を進めていたことがわかる。

この時期、一九二七年の金融恐慌以来、日本経済は危機的な状況を迎えていた。一九二九年七月に緊縮財政を掲げて登場した浜口雄幸《おさち》民政党内閣は、一〇月一五日、官吏給与一割減俸の声明を発した。もちろん、官吏には軍人も含まれている。鈴木中尉の生活状況を示す記録として、減俸問題への反論を引用しておきたい。

特別に財産のある人は別問題であるが、吾人は極度の緊縮生活をせねば活きて行かれぬ状態である。官吏になつたが為に親を養ふ事も出来ない。理髪すらも任官以来、理髪店でした事がない。冗費などは殆んど一銭もない生活をして居る。小学校の修身では老いたる親を養ふべく教へ、法律上子は親に対し扶養の義務がある。官吏になつて十数年真面目に勤続しても、親を養ふ事が出来ない様な待遇をして居るのは政府の誤りだ。その官吏に更に減俸するとは、更に低純〔マヽ〕な考だ。節約を宣伝する前から常に官吏は節約の模範を国民に垂れて居るのに、無自覚な貴族、富豪や人民は之を範としないではないか。予算編成が出来ないならば国民から税金を取る方法は何程でもある。贅沢品に課税するなり、相続税を高くするなり、正当な調査の下に所得税や地税や家屋税をかけるなり何程でもある。東京市の郊外に一歩踏み出せば高価豊穣な土地が草地となつて遊ばされてあるのが沢山ある。富豪の庭園も一瞥《いちべつ》する必要がある。別荘も調査する必要があるではないか。節約を宣伝し之を強《し》ふるには、先づ社会の如何なる所に、又、如何なる階級に華美豪奢が行はれて居るかを、先づ以て調査せねばならぬではないか。的はづれの所に矢を向けるのは大なる誤りである。1929-10.16

結局、この減俸案は各省庁の猛烈な反対運動によって、一週間後には撤回された。鈴木中尉は、この経済危機を乗り切るためには「減俸よりも先に国民の覚醒が必要、国民の教育が必要だ」と結論づけている。だが、減俸撤回から二日後の、一〇月二四日ニューヨーク株式市場の大暴落から、世界恐慌が脆弱《ぜいじゃく》な日本経済に襲いかかった。政府は、緊縮財政の中でさらなる軍縮案を検討するが、これに対し鈴木中尉は「現役在営年限短縮に対する教育学的批判」という小論文を執筆した。この政府批判論文は、結局はボツになったようである。

　清書して見たが、係官の批評を聞いて見ると論鋒《ろんぽう》があまり鋭利すぎると云ふ話だ。これについて特に青年訓練、学校訓練の方面に就て、訂正する必要が起つてきた。1929-11.4

将校の停年引き下げは、任官が遅れた三五歳の鈴木中尉にとっては切実な問題だった。世界恐慌は、鈴木中尉の人生設計をも脅かそうとしていた。進退窮まった状況のなかで、朗報が届けられた。一九三〇年二月一〇日、小嶋大佐より私信で帝大派遣の内定が知らされたのである。正式命令は三月一一日、三年間の研究生活がここに約束された。さっそく、吉田静致教授宅を訪れ、日大で渡辺教授に心理学関係の受講指導を受けている。

　午前十時に軍務局長から帝大聴講に関する訓令があるので陸軍省に行つた。本年度聴講生四名揃つて訓令を受けたが、その中《うち》余に対するものは、軍隊教育に資する目的を以て、教育学及倫理学を研究すべしとあつた。尚、学生の思想状態等をも研究すべく命ぜられた。1930-3.22

昭和初頭の本郷キャンパスで、鈴木中尉（翌年三月に大尉昇進）は何を学び、何を見たであろうか。

3—東京帝国大学陸軍派遣学生

軍事官僚たちの東大キャンパス

同期派遣の三人は、法学部の四方諒二《しかたりょうじ》憲兵大尉（二九期）、藤村益蔵《ますぞう》歩兵大尉（三〇期・陸大三九期）、経済学部の橋本秀信砲兵大尉（二七期・陸大三六期）である。四方（中支派遣憲兵隊司令官）、藤村（四国軍管区参謀長）は少将、橋本（教導飛行師団長）は中将まで昇進しており、派遣学生が卒業後、陸軍内でエリート・コースを歩んだことは明らかである。鈴木中尉は、陸大出の藤村、橋本よりも、東京外国語学校陸軍派遣学生（ドイツ語科修了）の四方と親しく、入学後も自宅を相互訪問している。

軍事史家・吉田裕は東京帝国大学陸軍派遣学生出身者を、満洲事変期に擡頭《たいとう》する中堅エリート将校層の象徴的存在に他ならないという。つまり、彼らは総力戦準備を基底にした軍部自体の業務の拡大が必然的に生み出した「単なる軍事専門家の枠をこえた行政的能力を有する軍部官僚」である。その代表格は鈴木の帝大卒業時には陸軍省軍事課に勤務していた池田純久《すみひさ》少佐（二八期・陸大三六期）であり、彼らこそ観念論的で政策的に無能な皇道派を中央から一掃し、合法的かつ合理的な国政改革運動を進めた勢力であった（吉田：47）。

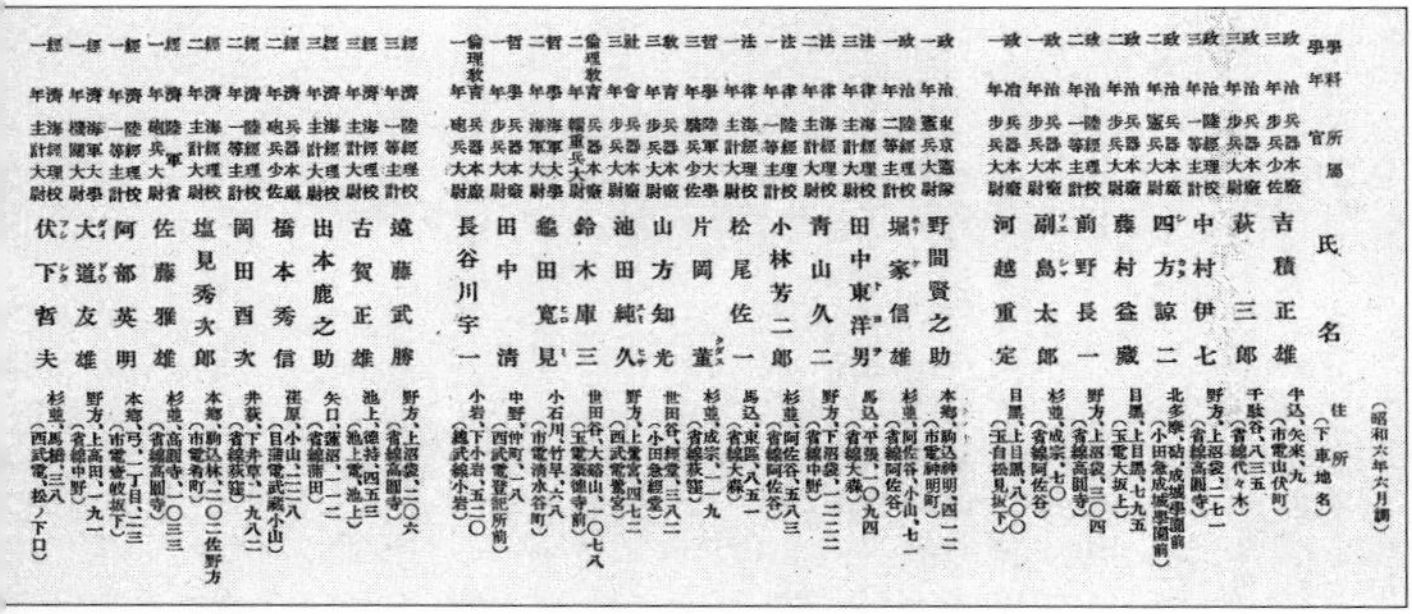

（昭和六年六月調）

學科學年	官所屬	氏名	住所（下車地名）
政治三年	兵器本廠 歩兵少佐	吉積正雄	牛込、矢来、九（市電山伏町）
政治三年	兵器本廠 歩兵大尉	荻三郎	千駄谷、八三五（省線代々木）
政治三年	陸軍經理學校 一等主計	中村伊七	野方、上沼袋、二七一（省線高圓寺）
政治二年	兵器本廠 憲兵大尉	四方諒二	北多摩、砧、成城學園前（小田急成城學園前）
政治二年	兵器本廠 歩兵大尉	藤村益藏	目黒、上目黒、七九五（玉電大坂上）
政治二年	陸軍經理學校 一等主計	前野長一	野方、上沼袋、三〇四（省線高圓寺）
政治一年	兵器本廠 歩兵大尉	副島太郎	杉並、成宗、七〇（省線阿佐谷）
政治一年	兵器本廠 歩兵大尉	河越重定	目黒、上目黒、八〇〇（玉自松見坂下）
政治一年	東京憲兵隊 憲兵大尉	野間賢之助	本郷、駒込神明、四一二（市電神明町）
政治一年	陸軍經理學校 二等主計	堀家信雄	杉並、阿佐谷、小山、七一（省線阿佐谷）
法律三年	海軍經理學校 主計大尉	田中東洋男	馬込、平張、一〇九四（省線大森）
法律二年	海軍經理學校 主計大尉	青山久二	野方、下沼袋、一三三（省線中野）
法律一年	陸軍經理學校 一等主計	小林芳二郎	杉並、阿佐谷、五八三（省線阿佐谷）
法律一年	海軍經理學校 主計大尉	松尾佐一	馬込、東臣、八五一（省線大森）
哲學三年	陸軍大學 騎兵少佐	片岡董《タダス》	杉並、成宗、一一九（省線荻窪）
教育三年	兵器本廠 歩兵大尉	山方知光	世田谷、經堂、三八二（小田急經堂）
社會三年	兵器本廠 歩兵大尉	池田純《スミ》久《ヒサ》	野方、上鷺宮、四七二（西武電鷺宮）
倫理教育二年	兵器本廠 輜重兵大尉	鈴木庫三	世田谷、大谿山、一〇七八（玉電豪徳寺前）
哲學二年	海軍大學 海軍大尉	龜田寛《ヒロ》見《ミ》	小石川、竹早、六八（市電清水谷町）
哲學一年	兵器本廠 歩兵大尉	田中清	中野、仲町、一八（西武電登記所前）
倫理教育一年	兵器本廠 砲兵大尉	長谷川宇一	小岩、下小岩、五二〇（總武線小岩）
經濟三年	陸軍經理學校 一等主計	遠藤武勝	野方、上沼袋、二〇六（省線高圓寺）
經濟三年	海軍經理學校 主計大尉	古賀正雄	池上、徳持、四五三（池上電、池上）
經濟三年	海軍經理學校 主計大尉	出本鹿之助	矢口、蓮沼、一一二（省線蒲田）
經濟二年	兵器本廠 砲兵少佐	橋本秀信	荏原、小山、一二八（目蒲電武藏小山）
經濟二年	陸軍經理學校 一等主計	岡田酉次	井荻、下井草、一九八二（省線荻窪）
經濟二年	海軍經理學校 主計大尉	塩見秀次郎	本郷、駒込林、二〇二佐野方（市電肴町）
經濟一年	陸軍省 砲兵大尉	佐藤雅雄	杉並、高圓寺、一〇三三（省線高圓寺）
經濟一年	陸軍經理學校 一等主計	阿部英明	本郷、弓、一丁目、一三（市電壹岐坂下）
經濟一年	海軍大學 海軍機關大尉	大《ダイ》道《ドウ》友雄	野方、上高田、一一九一（省線中野）
經濟一年	海軍經理學校 主計大尉	伏《フシ》下《シタ》哲夫	杉並、馬橋、三八（西武電、松ノ下口）

「山水会々員昭和六年在学者名簿」（1931年６月調）。冒頭は「政治三年」吉積正雄少佐、「倫理教育二年」鈴木庫三大尉の隣に「社会三年」池田純久大尉

鈴木中尉より一年早く経済学部に派遣されていた池田純久歩兵大尉は、四方憲兵大尉、さらに一年遅れて社会学講座に入る田中清歩兵大尉（二九期・陸大三七期）とともに「鈴木日記」に頻出する鈴木の友人である。次章で触れる鈴木の「桜会」加入でも彼らの存在は無視できない。また、彼らは陸海軍の文系学部派遣学生で「山水会」という研究会を結成し、定期的に会合を開いていた。ちなみに、陸軍が文系学部に派遣した全五七名の兵科内訳は、歩兵三三名、憲兵一三名（すべて法学部）、砲兵六名、騎兵三名、工兵一名、輜重兵一名となる。鈴木中尉は輜重兵科から唯一の派遣学生である。

本書旧版のデータも反映された秦郁彦編『日本陸海軍総合事典〔第二版〕』（二〇〇五年）の「東京帝国大学法経文学部陸軍派遣学生」リストには次の解説がつけられている。

制度的には大正中期から発足し、聴講生の資格で原則として三年間通学した。派遣者は兵科の場合、大尉クラスの将校から選抜され、それぞれ研究題目を与えられた。このリストは、東京大学法学部、経済学部所蔵資料によって作成したが、文学部は資料が発見されないため、編者の調査によった。本制度は、昭和一二年九月支那事変の勃発に伴って縮小され、やがて停止された。（611）

このリストで文学部へ派遣された学生一七名の内訳は、教育学一〇名、倫理学三名、心理学二名、哲学一名、社会学一名である。鈴木庫三を含め教育学科が六割であり、「平時の軍人の主要な任務は教育」であったことがここでも確認できる。ただし、このリストはなお不完全である。というのは、鈴木庫三が保管していた『東京帝国大学文学部教育学談話会々員名簿』（「昭和十七年版」と「昭和十八年版」の二冊）には、海軍派遣学生（肩書きは当時）――一九二二年卒業に広瀬豊（海軍予備役大佐・国民精神文化研究所嘱託）、一九三三年卒業に亀田寛見（土浦海軍航空隊司令部）、一九三五年卒業に中川学（海軍少佐）――をふくむ元派遣学生の現職と住所が掲載されている。この名簿から「事典」リストにない陸軍派遣学生を拾ってみよう。一九二九年卒業に本田弥太郎（参謀本部）、一九三二年卒業に山方知光（在満部隊）、一九三五年卒業に竹林凡夫《つねお》（陸軍大佐）である。他方、「事典」リストで教育学に分類された上村弘文、田辺勇、石本貞直《さだなお》、加藤正次、天谷直次郎、一宮基はこの教育学談話会名簿に存在せず、重複するのは青木美苗、鈴木庫三、鵜飼仁、渋谷照男の四名だけである。また、「事典」リストで所属が倫理学となっている間野俊夫も、名簿では教育学科の一九三七年卒業に掲載されている。

●東京帝大派遣学生・鈴木庫三の一九三〇年／一九三一年時間割

月	教育史（林博太郎）	倫理学（吉田静致）	神道概論（田中義能）	＊教育学演習（伏見猛彌）
	階級研究（松本潤一郎）	教育学演習（阿部重孝）	現代心理学（城戸幡太郎）	＊同右
火	教授法（春山作樹）	哲学概論（伊藤吉之助）	日本倫理学（深作安文）	＊独逸語（三浦権之助）
	ヘレニズム哲学（出隆）	哲学概論（伊藤吉之助）	哲学史（桑木厳翼）	＊同右
水	仏教倫理（宇野哲人）	陶冶方法論（吉田熊次）	独逸倫理学（長屋喜一）	＊倫理学演習（佐々木英夫）
	教育学演習（吉田熊次）	社会政策Ⅰ（河合栄次郎）	英米哲学（大島正徳）	＊同右
木	教育学概論（吉田熊次）	社会学概論（戸田貞三）	倫理学演習（深作安文）	＊倫理学演習（吉田静致）
	各科教授論（吉田熊次）	心理学原論（桑田芳蔵）	美学概論（大西克禮）	＊同右
金	教育学（阿部重孝）	実験心理学（増田惟茂）	社会思想研究（深作安文）	＊倫理学演習（長尾喜一）
	社会意識論（綿貫哲雄）	社会政策Ⅱ（河合栄次郎）	現代哲学の諸問題（伊藤吉之助）	＊同右
土	西洋哲学史（出隆）	史学概論（今井登志喜）		

右／左＝一九三〇年／一九三一年、最下欄（＊）は日本大学大学院の夜間演習
人文学志向の右（一九三〇年）から社会科学志向の左（一九三一年）へ向けた変化が確認できる

おそらく、談話会名簿は派遣時ではなく卒業時の本人意思に基づくものなのだろう。というのも、『山水会々員昭和七年在学者名簿』で鈴木大尉も「倫理教育三年」とあり、倫理学の所属

に分類してもおかしくはない。

実際、鈴木庫三の場合も軍務局長からの訓令には「軍隊教育に資する目的を以て、教育学及倫理学を研究すべし」（一九三〇年三月二二日の日記）とあり、倫理学研究室助手の木村伊勢雄、教育学研究室助手の伏見猛彌《たけや》の二人から履修指導を受けている。やがて鈴木自身が、問題関心を倫理道徳から教育科学に移したことは、一九三〇年と一九三一年の時間割を比較すれば明らかである。むろん重要なのは、講義より演習である。帝大入学の一九三〇年は木曜三限の倫理学演習（深作安文《ふかさくやすぶみ》）だが、翌三一年は月曜二限の教育学演習（阿部重孝）である。さらに鈴木中尉は日本大学文学部倫理教育学研究室の助手として演習に出席し、後述するように同高等師範部の原書講読（倫理学概論）の講師を自ら担当していた。鈴木の勤勉さには圧倒されるが、この過密なスケジュールの中で博士論文「国家生活の倫理学的研究」、さらに『軍隊教育学概論』の原稿を書いたのである。

もちろん、帝大派遣学生は陸軍内の「学歴貴族」だが、その内部で鈴木中尉がエリート意識を抱けたわけでもない。帝大に入って三カ月後、同期生の速い昇進をにらみながら、陸軍人事制度の不満を日記に書き付けている。

> 今日、陸軍大異動が発表された。三三期も一五〇名位〔に〕なつて居る様だ。航空兵が最も早い。輜重兵が最も遅い。僕の前の所で切つて居るのも馬鹿にした話だ。1930-8.2

兵科の問題だけでなく、やはり陸大の壁は厚かった。実際、法学部や経済学部の派遣学生の多くが「天保銭組」であったのに対し、教育学専攻の派遣学生は鈴木を含めすべて「無天組」である。石本貞直歩兵大尉（二二期・第五〇師団長・中将）のみが後に将官となったが、他はすべて大佐で終わっている。「軍事行政」と比べて、「軍事教育」が専門知として高く評価されていたとは言えない。つまり、帝大派遣学生というだけでは、陸軍内の「学歴貴族」になれなかった。日中戦争期以降に実質的に戦争指導を行ったのは、こうした佐官級「学歴貴族」であった。彼らこそ「上からのファシズム」の中心的推進者であった（木坂：14）。

天保銭組の「学歴貴族」ネットワークに組み込まれた「無天」の輜重兵科将校として、鈴木中尉の立場はきわめてマージナルなものであった。後の、情報官・鈴木少佐が「下からのファシズム」へ十分な目配りができた理由は、そうした立ち位置に由来するだろう。

戦後世代の私たちが小説やドラマを通じて思い描く「ファシズムの推進者」イメージは、「攻撃し、支配する軍人」である。だが、派遣学生たちは、そうした通俗的なイメージとはかなり異なる。あえて言えば、彼らは「学習し、計画する軍人」だった。あるいは「知識人と呼ぶべき軍人」である。鈴木の場合も、その激しい知識人批判に惑わされてはならない。知識人批判をする知識人は、いつの時代にもある知識人の一類型である。ここでは、まず鈴木中尉の帝大生活を日記から再現してみたい。

「やりくり中尉」の大学生活

一九三〇年四月五日、四方、藤村、橋本、鈴木の派遣学生は、四名そろって帝大に挨拶に行っている。同七日、鈴木中尉は『輜重兵幹部演習記事』掲載予定の記事を校正して、自動車学校の仕事納めを済ませた。

帝大に行つて学生便覧を貰つた。内容を見ると学びたい科目が沢山ある。時間割は未だ出ないから計画が出来ない。倫理研究室に行つて木村〔伊勢雄〕助手に会つて内容を尋ね、更に教育研究室に行つた。伏見〔猛彌〕先生に会つた。先生からは種々《いろいろ》と研究上の注意を聞いた。1930-4.12

すでに、伏見猛彌講師は日大に出講していたので、旧知の間柄である。四月一三日、日本大学の卒業式に列席した鈴木助手は、佐々木教授から原書講読の授業担当を委嘱された。

野口氏が洋行するについて、高等師範部の語学を倫理概論の原書で講義することを余に嘱して来た。1930-4.13

かくして、鈴木助手は週四時間、母校の教壇に立つことになった。帝大の入学式は三日後である。一九三〇年四月一六日に安田講堂での入学式に出席している。

今日は帝大文学部の入学式である。午前九時に安田講堂に集合して文学部長滝精一《せいいち》博士の修学上の諸注意があつた。吉田〔静致〕先生なども見えた。十時から教育学の研究室で吉田熊次博士の教育学専攻上の諸注意があつた。更に十一時から姉崎〔正治〕博士の図書館利用に対する諸注意があつた。1930-4.16 午後から丸善で書籍を購入して教育総監部を訪れ、更に日大研究室に行つて諸整理をした。

だが、一週間後の四月二二日にロンドン海軍軍縮条約が調印されている。この昭和政治動乱の幕開け期に、鈴木中尉は帝大派遣学生として講義を聴講し、日大助手として教壇に立ち、陸軍将校として執筆する生活を開始した。さっそく、翌日から講義、演習が開始されている。

鈴木中尉が出席した第一学期の時間割を日記から再現した表に示した通り、午前八時から東大で受講できるかぎりの時間に出席し、午後四時からも日大大学院の演習に参加している。こうした講義演習の登録は、高等遊民的な一般帝大文学部生のあり方とはかなり異なっていた。日記からも猛烈な勉強の様子がうかがわれるが、読書時間の多くが演習や講義で利用された洋書テキストに費やされている。専門書、学術雑誌以外を読んだ形跡がないが、そうした余裕はなかったはずである。もちろん、こうした学習スタイルでは、教官の設定した枠を超えるような発想や成果は生まれにくい。目的に対する精力の集中投入という軍事的思考なのであろうが、そこに「知識人」鈴木庫三の限界を指摘することはできる。あるいは、それは研究者としての限界であって、教育者としては優れた資質というべきだろうか。吉田静致と長屋喜一の講義・演習には、東大と日大の両方で出席し、双方を比較している。

演習の状態を見るに、学生も中々骨が折れるらしい。日大とあまり変りはない。1930-4.24

それにしても、「やりくり中尉」の家計は相変わらず苦しかった。後年、鈴木少佐は宮本百合子との座談会で、当時を次のように語っている。

私は帝大に在学中三年間といふものは、お昼はパンと牛乳だけでずつと通したのです。（宮本

40：103）

「左傾学生」と「カフェ文化」の中で

その「やりくり中尉」が体験した東京帝国大学は、「左傾」ブームの真っ最中であった。前年の大ヒット曲「東京行進曲」（一九二九年）が街角に流れていた時代である。早稲田大学教授・西条八十の最初の歌詞では「長い髪してマルクスボーイ、今日も抱える『赤い恋』」で始まっていた。四・一六事件の共産党大検挙の直後だけに、ビクター文芸部長の岡庄吾が「官憲がうるさい」と心配したため、「シネマみましょうか、お茶のみましょか、いっそ、小田急で逃げましょか」に書き換えられた。『赤い恋』（松尾四郎訳、一九二七年）はソヴィエト女流作家アレクサンドラ・コロンタイのベストセラー小説である。一九二九年七月一日、田中義一内閣は最後の置土産として左傾学生の思想対策のため文部省に学生部を設置した。その翌日成立した浜口雄幸内閣も同年九月に教化総動員計画を発表している。

近頃、文部省で教化動員を始めた。吉田〔静致〕博士なども名古屋方面へ講演に頼まれて行くらしい。近頃の様に高位高官の政客が悪事を働いては、教化動員は寧ろ政府夫れ自身のための教化に必要であらう。1929-10.3

鈴木中尉は浜口首相の人柄に好感を抱いていたようだが、私鉄疑獄など民政党内閣の腐敗にはむろん批判的であった。この教化動員には鈴木が演習に参加した東京帝大の倫理学、教育学の教官たちほぼすべてが関わったといってよい。他方、鈴木中尉は帝大生活を始めて約一カ月後、享楽的な学生たちに読み取った「亡国の徴《しるし》」をこう記録している。

あの亡国遊戯の麻雀の流行すること。到る所に麻雀倶楽部、初心者歓迎の観〔看〕板がかゝつて居る。帝大前等では学生が昼休みまで行つて一ぱいだ。（略）倶楽部では若い女を沢山置いて若い男の入場をつりたてる。自分の利益になれば社会も国家も考へない。活動〔写真〕でも芝居でも同様、社会教育などは考へない。利益になればよい。例の『西部戦線異状なし』の小説が日本に訳されると非常な売れ行き。全体としての根本精神をとる様に劇に仕組めばよいものを、悪い所ばかり取つて劇に仕込み堕落した誤れる思想の持主の観衆をつりあげる。斯様な例は数限りもない。これでは亡国の徴があると云ふのも無理がない。議会を開けば政党政派の自利のみ考へて国家の為の政治がないのだから。また到る所で資本家と労働者の争《あらそい》は演ぜられてあるのだから。統帥権問題はもめて非公式に軍事参議官会議が開かれたらしい。政府もあまりに乱暴な事をしたから海軍が怒るのも無理がない。これも政党の自利が裏面に潜んで居ることは明である。実に近頃の世の中程堕落した世はあるまい。1930-5.31

レマルク『西部戦線異状なし』は前年の一九二九年に中央公論社から秦豊吉訳が刊行されベストセラーとなっていた。その演劇を鈴木中尉が観たとすれば、それは高田保脚本の新築地劇団（帝国劇場）ではなく、村山知義脚本の劇団築地小劇場（本郷座）だった可能性が高い。ルイス・マイルストン監督の同名ハリウッド映画が日本で公開されるのは、この記述から五カ月後である。

鈴木中尉が東京帝大に派遣された一九三〇年の『東京帝国大学一覧　昭和五年度』をめぐると、教育学科の入学者（カッコ内は戦後の肩書き）には菅忠道（日本子どもを守る会副会長）、新納嘉夫（愛知教育大学教授・児童教育）、周郷博（お茶の水女子大学教授・幼児教育）、古木弘造（名古屋大学教授・社会教育）、松永健哉（日本教育紙芝居連盟設立者）、江原謙三（文藝春秋編集者）などがいる。菅や松永は在学中からセツルメント（社会事業）の活動家であり、江原は共産青年同盟員となっている。そうした「左傾的」空気の中で鈴木中尉は帝大生活を始めている。むろん、この入学者リストには陸海軍派遣学生は掲載されていない。

他方、陸海軍派遣学生も「卒業者」として扱っている『東京帝国大学文学部教育学談話会々員名簿』で、鈴木庫三と同じ「昭和八年卒業者」リストには右記の他に、松本尚家（のちに東京外国語大学教授・英語教育、以下同じ）、久保貞次郎（跡見学園短期大学学長・美術評論）などの名前が並んでいる。ちなみに、鈴木が教育学科の講義や演習で同席したであろう前後の学年には、戦後教育学をリードした著名人が目白押しである。二年先輩に平塚益徳《ますのり》（九州大学教授・キリスト教教育）、宗像誠也（東京大学教授・教育行政学）がおり、一年先輩に細谷俊夫（東京大学教授・技術教育）や平山日出男（滋賀大学教授・教育行政学）、一年後輩に阿部仁三（東京書籍常務取締役・教科書協会制度専門委員会委員）、二年後輩に宮原誠一（東京大学教授・社会教育）がいた。

鈴木中尉が第一年次に参加した深作安文教授の倫理学演習では、新たな高等学校修身教授要目に関して討議が行われている。

また忠孝などを講義しても学生は居眠をして居るから駄目だと云ふ教授もある相だ。己れの教授法の拙劣冷淡を棚にあげて、かゝる誤まれる思想を抱き、国家を超越した世界主義へと進まんとする斯様な教授が一人でも高等学校に居ると云ふ事は、実に堅実な国民を教育する上になげかはしい事だ。又驚いた事に教授要目は非常に細部に分れて居るにも係らず、国防の真意義などを理解せしむべき項目は一つもない。随分、国防と云ふ項目以下のものが堂々と要目にあげられて居るのに国防の二字はない。先生に尋ねて見たら、国家といふ項目の下で教へると云はれるが、果して高等学校の修身教授が要目にないものをうまく教案に編み込んでよく教へるか何《ど》うか甚だ疑問である。斯くして高等学校は国家を超越したる世界主義、左傾思想の卵の製造所となる。従来学校騒動の起らなかつた高等学校は殆んどないと云つてもよいだらう。1930-6.19

実際、東大の倫理学演習でも「左傾思想の卵」から孵《かえ》ったマルクスボーイを、鈴木中尉は直接観察している。だが、批判の矛先は当の学生よりも、それを生む資本主義体制の矛盾にむけられている。「四・一六共産党弾圧」にふれた日記を引用しておこう。

新聞に報ずる所によると、四・一六事件の合同裁判が大審院にあつたらしい。被告か傍聴人か騒ぎたてて法廷が共産党の宣伝場に化した様だ。神聖な法廷がかくなれるは、何を物語るであらう。形には現れないが思想的には革命が進行して居るのではあるまいか？ 実に困つたものだ。資本家と政治家が眼がさめればよいのに。否寧ろ資本家も政治家も労働者も皆自利にのみ傾いて居る。

共産主義者は空想的な共産社会を夢見て居る。資本主義者は自利を専《もっぱら》にする厖大《ぼうだい》な私有財産を夢見て居る。資本家の魔手は政治にも新聞にも及んで堕落させて居る。陸軍大将が収賄で法廷に引かれる。前文部大臣が収賄で法廷に引かれる。山梨も小橋も顔の皮を何枚張つて居るだらう。国民が皆覚醒して道徳の世界が出現すれば同胞相和して善美の世界が現れることが明瞭なのに何うしてそれが出来ないだらう。1930-10.8

私鉄疑獄での小川平吉前鉄道相、越後鉄道疑獄での小橋一太《こばしいちた》文相、朝鮮疑獄での山梨半造前朝鮮総督と、収賄事件が次々と暴露された。とくに山梨大将はいわゆる「山梨軍縮」の引き金を引いた人物であり、鈴木中尉は厳しく糾弾している。その射程は陸軍大学校卒業のエリート、「天保銭組」の批判にまで及んでいる。

彼は陸軍大学〔校〕の出身、戦術が上手でも人格はゼロだ。之れで戦術専門屋の鼻息も少しは静まるだらう。其の様に仮面をかぶつて戦術と云ふ詭弁だけで戦場に真の人格的統御統帥が出来ると思つたら今後の戦争は敗れて了ふ。陸軍大学〔校〕出身者の特別待遇は止めねばならぬ。止めるのが合理的だ。陸軍部内に不合理な特権階級を作る必要はない。陛下から制定された合理的の階級制度があれば沢山だ。（略）また陸軍大学校の教育内容、方針共に改善せねばならぬ。戦術と云ふ技能に偏重して居るから而も之を以て特権階級など作るから、山梨半造の如き国賊が出来るのだ。1930-11.22

ジャズ文明批判と「銀座浅草方面の社会相」

同じころ、鈴木中尉は本郷キャンパスで行われた新渡戸稲造《にとべいなぞう》や猪俣津南雄《いのまたつなお》の講演会にも足を運んでいる。「単に雄弁に過ぎない」新渡戸よりも「理論の筋は通つてゐる」猪俣の講演に関心を示している。猪俣は、『金融資本論』（一九二五年）などで知られた労農派の論客である。また大学キャンパスを出て、新宿街角に繁栄する「文明」を眺めて、「文化」の衰退を憂慮している。

其の原因は何うしても、教育の堕落欠陥にある様に思はれる。米国式のヂヤヅ式の教育を輸入した。何でもよいものは外国のものと思ふ誤れる感じが、米国流の社会習慣まで輸入した不良少年少女の出来ること、ダンスホールの栄え行くこと、婦女子に日本風の美点が減退した事、実になげかはしい。独乙《ドイツ》の或る哲人は「米国には Civilization〔文明〕はあるが Kultur〔文化〕はない」と云つたが、さすが独乙国人の眼が鋭い。日本人はこれに気付かずして、盛に物質文化を模倣しては堕落へのみ進んで行く。1930-6.4

この半年後、今度は「銀座浅草方面の社会相」を参与観察する目的で、日大の講義修了後、五六人の学生と銀座のゴンドラで会食している。

堕落した銀座の所謂《いわゆる》エロ町に行くと不景気が何所にあるかと云ふ風に、米国のヂヤヅ文化に模して鳴らし立てゝ居る。ジヤヅ〔ママ〕に酔ふ愚民、形のみの紳士がカフエーを埋めて居る。某カフエーの如きは女給だけでも百―二百人も居る。而も何所も満席の姿。一方には失業して食べられぬ同胞があるのに、彼等はかゝる所で金銭を捨てゝ居る。貧民や失業者に見せたら何と感ずるだらう。浅草は客質が異《ちが》ふ。カフエーには所謂紳士ばかりでなく労働者も居る。然し乍ら何《いず》れにしても彼等が無駄使ひする金銭は、何所から得られるかが問題である。而も大多数の国民は、不景気で困つて居るのに。1930-11.29

鈴木中尉はこうした不平等な社会の観察を踏まえて一年後、「現今の社会相を観て」と題した論文（其一）（完）を『偕行社記事』第六八七（一九三一年一二月）・六八八号（一九三二年一月）に発表している。将校団の機関誌ではあるが、鈴木庫三名で公刊された最初の論文である。

だが当時、大学生の最大の悩みは就職難であった。小津安二郎監督《大学は出たけれど》（松竹キネマ・一九二九年）は、東京帝大の学生にとっても切実だった。資格取得に熱中する「打算的」学生に鈴木中尉は厳しい目を向けている。この就職難は、帝大の場合、文学部とくに倫理学専攻の卒業生でも深刻だったようである。

卒業生が各々挨拶したが、卒業の喜びよりも寧ろ悲壮な決心が何《いず》れの顔にも浮んで居た。と云ふのは、一人も満足に就職出来るものはない。卒業後の就職の問題が思はれる様であつた。苦学して卒業した人々もある。然し、かゝる人々はやはり偉いものだ。小学校教員でも何でもやる。鈴木伝三郎氏は茨城県の友部《ともべ》の国民高等学校に就職する相だが、直接鋤鍬《すきくわ》をとつて百姓をして農業生活を体験すると意気込んでゐるのも同感である。1931-2.11

鈴木伝三郎は、その四日後、鈴木中尉の自宅を訪問している。日本国民高等学校とは「満蒙開拓移民」の提唱者・加藤完治が茨城県友部町（のち内原《うちはら》町）に設立した農民学校である。『日本農村教育』（一九三四年）などの著作がある加藤完治は、「満洲開拓の父」と呼ばれた人物である。加藤は一八八四年東京市に生まれ、東京帝大工科大学入学の後、農科大学に転入した。帝国農会、内務省などの勤務を経て農本主義に目ざめ、欧米視察から帰朝の後、一九二六年日本国民高等学校を創立し、筧克彦《かけいかつひこ》の古神道による農本主義思想を実践した。満洲事変勃発後の一九三二年から満蒙開拓の移民事業に力を注ぎ、一九三八年満蒙開拓青少年義勇軍発足とともにその中央訓練所（通称、内原訓練所）所長として、八万人を超える青少年を送り出した。茨城県出身である鈴木中尉は、もちろん加藤の活動をよく知っていた。

〔農村救済の〕根本は教育によつて無自覚なる農民を自覚にまで齎《もたら》すことが第一だ。然らば如何なる価値に自覚せしむべきか。其教育理想は何か。これについて加藤氏の〔提唱〕する友部の国民高等学校が概ねその理想を捕へて居る様だ。この点に興味を感じたので農民教育問題を論題にして、今日は一日鈴木伝三郎君と語りつゞけた。1931-2.15

それから九年後、陸軍省情報部の派遣弁士として鈴木少佐は、加藤完治の内原訓練所を訪れている。

内原訓練所に全国の小学校教員及び視学の代表が七百余名集つて訓練を受けて居る。之に対して講演を依頼されたので出かけて行つた。午後一時過ぎから約四時間の講演をして、時局と教育の問題を解剖したら非常に熱心に聴講した。1940-6.21

同じころ、農村改革の夢を満洲移民に託した鈴木伝三郎は、山西省公署の教育行政顧問を務めていた。もうひとりの「鈴木」の数奇な生涯は、同『延安捕虜日記』（国書刊行会・一九八三年）を読まれたい。

それはともかく、一九三〇年段階で鈴木中尉の農村改革構想が教育費国庫負担による「教育機会の平等化」を柱としていたことに注目したい。政府の農村救済策である七〇〇〇万円融資の新聞記事を読んで次のように書いている。

> 然し小作人は殆んどその利益を受けて居らぬ。地主のみその恩恵に預〔ママ〕かつて居る。かゝるつまらぬ損失をする位なら、義務教育費の国庫負担の方が最も合理的だ。また低利資金を農村に一億五千万も融通してこれも大損らしい。而もその恩恵に預〔ママ〕るものは最下級の小作人ではない。何たる不合理の事だらう。某侯爵は二百万円の住宅を作つて居る相だ。而も軍人だ。軍人に今時こんな馬鹿者があることは国家のため悲《かな》しまざるを得ない。而も華族で皇室の藩屛《はんぺい》だ相だ。思想悪化の種を撒き、食べられぬ同胞を見捨てて己れは豪侈《ごうし》を専《もっぱら》にする。かゝる不忠の臣が皇室の藩屛とは実に日本以外にはあらぬ事だらう。1930-10.7

「某侯爵」の「二百万円の住宅」とは、旧加賀藩前田家第一六代当主の前田利為《としなり》大将（一七期・陸大二三期、ボルネオ守備軍司令官）の駒場本邸（洋館は一九二九年、和館は翌一九三〇年に竣工）のことである。東京帝大本郷校地に隣接する邸宅譲渡の見返りとして、駒場校地の一部を取得して建設された。現在はその敷地内に建てられた日本近代文学館とともに駒場公園内で公開されている。

本郷キャンパス（赤門のある旧前田藩邸）で学ぶ鈴木中尉の脳裡には、教育改革から国家改造への道筋が、ようやく浮かび上がろうとしていた。

陸軍将校の教育学研究

鈴木が帝大で学んだ時期は、竹内洋『教養主義の没落』（二〇〇三年）が指摘しているように、ちょうど人格主義的な大正教養主義から社会科学的な昭和教養主義への移行期にあたる(59)。マルクス主義理論の流行もそうした潮流の一面を示していた。鈴木中尉が帝大に入学した一九三〇年の時間割と、二年目一九三一年の時間割を比較すれば（本書一八〇頁参照）、一目瞭然である。歴史、古典、哲学系の科目から「階級研究」「現代心理学」「社会意識論」「現代哲学」へと選択科目が大きく変化している。とくに、経済学部・河合栄次郎教授の「社会政策」は熱心に出席していた。鈴木大尉（一九三一年三月昇進）が聴講した講義内容は『社会政策原理』（一九三一年・日本評論社）だろう。同書は一九三八年一〇月五日、出版法違反により発禁となっている。ちょうど鈴木少佐が陸軍省新聞班員になった直後だが、自宅書架にあった教科書にどのような感想をもったろうか。残念ながら日記にその記述はない。

それ以上に重要なことは、国家改革に目ざめた鈴木大尉が帝大での関心を吉田静致・長屋喜一の倫理学から吉田熊次・阿部重孝の教育学へ移行させたことである。二年目には倫理学の演習出席は夜間の日大だけになっている。一九三一年一二月、倫理学研究会で教授たちの時局談を聞きながら倫理学に幻滅を感じていた。

之は明治維新後の日本の倫理学者の研究態度の誤りか、然らずんば研究の未熟か。実践に於ては道徳家でなくて、単なる理論家であるのに基因するであらう。元来東洋の倫理学者は学者であると同時に実行家であつた。1931-12.11

これに対して、教育学研究室は明確な実践の現場をもつ関係上、倫理学研究室以上に時局対応が早かったようである。

終日授業があつた。午後三時半から教育〔学〕談話会が開かれて労作教育、及ファシズムと教育と云ふ題目で論議されたが、可成《かなり》面白い議論が出た。1932-2.17

さらに、教育学の中でも抽象的な国民道徳を扱う吉田教育道徳学から具体的な中等教育制度を対象とする阿部教育科学へと鈴木大尉の関心は絞られていった。阿部重孝（一八九〇年生）は、鈴木大尉（一八九四年生）と同世代で、「進歩的な」教育科学運動の旗手であった。第一次大戦中の一九一五年大学院退学後、文部省普通学務局で戦時下欧米で行われた教育改革を研究した。その成果は『時局に関する教育資料』全四〇冊として編纂された。一九一九年助教授として母校に戻り、教育制度と教育行政を講じたが、実証的・数量的な研究方法を導入した「教育科学」を提唱した。『岩波講座　教育科学』全二〇冊（一九三一〜三三年）の編集はその成果である。鈴木中尉の帝大派遣とほぼ同時期、一九三〇年五月に阿部は教育の機会均等を目指して「教育研究会」を結成している。二人は教育改革運動の中で運命的に出会ったというべきだろう。一九三二年一〇月五日、教育学研究室の師範学校見学旅行で鈴木と阿部は、教育改革問題を議論している。

汽車の中は阿部助教授と教育上の問答に熱した為、比較的短く過して、午後二時半には名古屋についた。1932-10.5

阿部は当時、高等小学校を廃止して一二歳まで義務教育を延長し、さらに中学校と実業学校の区別を撤廃する学校系統改革案を構想していた。つまり、中学校前期までの教育を義務化することであり、戦後の六・三・三制学校制度を先取りするものである。もちろん、これは制度的変更以上に、青少年の階級的格差を解消し、人間的平等を実現しようとする意図をもっていた。この理想に鈴木が共鳴したことは当然である。東京に戻ると、鈴木大尉は阿部の意を受けて、陸軍省に赴いた。

帝大に登校す。授業終了後、阿部助教授と青年学校の件について談じた。文部省と陸軍省の意見の一致せざるため、青年学校の出現難に当面して居ることを知つて、何とか打開策がないものかと思ひ、陸軍省の徴募課を訪れた。小川団吉少佐（二九期・陸大三七期・少将）と会つて陸軍省と文部省との主張を聞いて見たが、何とか折合がつき相な気がした。要は健全なる公民に対して何《ど》の程度に国防上の訓練をするかの程度問題にある相だ。国防上の訓練を必要とする事、其事に就ては両者の意見が一致して居るらしい。1932-10.12

教育制度の階級性、不平等性を打破することは、鈴木と阿部の共通の目標であった。阿部は鈴木庫三『軍隊教育学概論』（一九三六年）に、次の序文を寄せている。

鈴木君の東京帝大文学部に於ける三年の生活は、真に真剣な研究生活であった。私は君の研究生活に対して貢献する所があつたとは考へないが、無遠慮に、率直に、君と教育を語合つた多くの愉快な思出をもつてゐる。君が三年の研究生活を終つて原隊に帰られるに際して、君に軍隊教育学の建設をすゝめた者の一人は私であつた。（略）従来の教育学は、その所謂理論的体系が堂々たるにも拘らず、余りに一般的抽象的であつて、実際教育問題の解決といふ見地からみると甚だ物足りないものであつた。従つて一般教育学の理論を、極めて実際的な軍隊教育の各項目に飜訳《ほんやく》することは、決して容易のことではない。而も軍務の余暇にこの難事業をなし遂げたことは、驚嘆に値する事柄であり、学徒としての鈴木君の面目の一端を示すものである。

その後の両者の交流は、第四章で再び論じることにしたい。

第三章

昭和維新の足音

演習中の鈴木大尉（右）
自動車学校練習隊にて（1935年頃）

〔帝大〕派遣将校は各種の思想の荒波に揉《も》まれたのであつたが、既に信念づけられ習慣づけられた軍人精神は微動だにせず、却《かえ》つて思想的に闘へば闘ふ程熱烈なる憂国の至情が湧き出で、如何にして国難を打開し国家の光明ある進路を見出さんかといふ問題に各種の研究が統合された。山水会といふ陸海軍学生合同の研究会が生れたのも此の時であつて、各自が夫々《それぞれ》の専門研究を持ち寄つては国難打開の綜合的研究を行つたのも屢々《しばしば》であつた。他方陸海軍部にあつては政党政治の重圧や国民精神の弛緩《しかん》に悩まされて居たのであるが、時恰《あたか》もロンドン軍縮会議にからむキャッスル事件で青年将校を極度に刺戟《しげき》し、之が契機となつた「さくら」会が生れて来た。此の会も亦《また》、国家の難関を如何にして打開するかの研究が主目的であつたので、自づから山水会との連絡が出来た。勿論民間の先覚者にも憂国の士が現れて来て、思想国難打開のための日本精神研究が起り、又其の実践運動も芽生えて来た。而して此の様な雰囲気の中に擡頭《しこう》して来たのが実に我が国の国防国家建設史の発端ともいふべき昭和維新運動であつた。

鈴木庫三「国防国家と思想」
『吉田博士古稀祝賀記念論文集』寶文館・一九四三年

1——桜会クーデターと青年将校運動

「国家生活の倫理学的研究」

鈴木中尉が派遣一年目の夏休みを利用して大学院論文「国家生活の倫理学的研究」を執筆していたころ、軍内の国家改造運動は急速に動きはじめた。一九三〇年九月、参謀本部ロシア班の橋本欣五郎《きんごろう》中佐（二三期・陸大三二期）が中堅将校を糾合して、昭和維新を目指す「桜会」を結成している。鈴木中尉が桜会の政治運動に没入しなかった理由の一つには、大学院論文の執筆を抱えていたこともあるだろう。

日本大学大学院に提出された「国家生活の倫理学的研究」（一九三一年九月完成）の研究計画が残されている。この四〇〇字詰め原稿用紙で一一〇〇枚に及ぶ大論文は、第二篇「国家の倫理的基礎」、第三篇「国家生活に於ける人格の開展」、第四篇「国民の道徳生活」、第五篇「真の愛国主義」、附録として『皇軍の倫理的研究』（陸軍省「調査彙報《いほう》号外」一九三二年八月）からなり、積みあげれば二〇センチに達する。「第二篇」から始まるのは、鈴木中尉の研究構想では卒業論文「人格と道徳生活」の続篇だったためだろう。結語では吉田倫理学の「特殊即普遍主義」を使って愛国主義を次のように表現している。

之を要するに、人生の意義は特殊即普遍的に人格特有の価値的生活を完《まっと》うすることにあるものに

卒業論文「人格と道徳生活」、大学院論文「国家生活の倫理学的研究」の原稿、および吉田静致教授・深作安文教授の序文原稿

して、か丶る価値的生活は、人格の価値関聯を本質とする全体社会に於て精神的に成長し、之と精神的に同一体的なる人格となり、其多面的なる価値活動を道徳的に一貫し、全生活に於て創造実現する有《あら》ゆる価値は必ず自他公衆共通の善に帰結する如く之を律し、其人格の価値的存続発展に努力することによつて最も理想的に充実せられる。而して、特殊即普遍的なる道徳的国家は、有ゆる形態の社会の中にて最もよく斯の如き要求に合する全体社会にして、そは現代に於て然るのみならず、将来に於ても亦然るべきものたるは国家を構成する人格の特質に照して明である。故に、人間は先づ国家の価値関聯に投じ、各自の人格を開展充実して精神的に国家と同一体的なる人格に成長すると同時に、国民道徳の要求を実践しつ丶国家生活に精進し、自律的に国家に服従し、権利を享有して之を道徳的に活用し、積極的に義務を遂行し、精神的たると肉体的たるとを論ぜず労働能力を発揮して全体としての国家機能を分担し、無為徒食の背徳に堕落することを戒《いまし》めて職業に従事し、社会連帯の精神に覚醒して国家の盛衰を己が双肩に担ひ、不幸なる同胞の人格を救済し、真の愛国主義に立脚する国家生活を通じて世界全人類共同の価値活動に参与し、兵役又は国防の義務に服し、自国の国家国民の道徳的なる価値活動の安全のみな

らず同時に世界全人類のそれをも保障し、人道を擁護して世界に徳を施し、以て個人間・団体間・階級間・其他の間に蟠《わだかま》る悲むべき道徳的故障を一掃し、我と他と国家と三者同一体的なる人格の価値的存続発展を完うすると同時に世界列国全人類の一大洽善《こうぜん》に寄与せねばならない。蓋《けだ》し斯《かく》の如きは特殊即普遍主義の真精神を発揮して人格特有の価値的生活を完うするものにして、結局倫理的なる国家生活を通じて最も理想的に人生の意義を充足する所以《ゆえん》に外ならない。（完）

昭和六年九月六日、於東京府下豪徳寺前（2148-2152）

擱筆の一九三一年九月六日は満州事変勃発の約二週間前である。十分に推敲された文章とは言えないが、鈴木庫三の国家道徳論が集約されている。続く頁に「使用参考書」が列挙されている。洋書一六冊中、ドイツ語はカントの *Kritik der praktischen Vernunft*（『実践理性批判』）、*Grundlegung zur Metaphysik der Sitten*（『人倫の形而上学の基礎づけ』）、ニコライ・ハルトマンの *Ethik*（『倫理学』）の三冊であり、他は英語である。和書三一冊中、恩師の吉田静致は『道徳の原理』ほか四冊、同じく吉田熊次は『教育学概論』ほか三冊と多いが、むしろ目を引くのは美濃部達吉『憲法撮要』であり、河合栄治郎『社会政策原理』である。前者は四年後の一九三五年天皇機関説事件で、後者は七年後の一九三八年に危険思想を含むとして著作として発禁になっている。こうした美濃部、河合の著作を愛読した鈴木庫三が戦後は「出版ファッショ化の張本人」として糾弾されたわけであり、歴史の皮肉を思わずにはいられない。

「鈴木日記」によれば一九三二年九月一七日、満洲国承認の翌々日にこの大学院論文「国家生活の倫理学的研究」の清書も完成している。

兎に角、昭和六年九月六日に原稿を終ってから約一年と一一日かゝって清書を終った。（略）二一五八頁の論文の大事業が一段落した様な気分で夜は何だか興奮が去らない。中々眠につけない。1932-9.17

それから三カ月後、一二月一二日にこの論文は陸軍省軍事課に提出され、調査班の秋山義隆中佐（二四期・陸大三五期・中将）が審査した。翌一九三三年一〇月一九日の日記からは、出版計画も具体化していたことも伺える。

約一ヶ年以上もかゝってやっと論文の審査が終り、藤村〔益蔵〕少佐の骨折で〔荒木貞夫〕陸軍大臣の題字を書いてもらった。『国体の精華』と題した。調査班の満井《みつい》〔佐吉〕中佐が骨折って千倉書房を招いて出版の相談をしてくれた。1933-10.19

「国家生活の倫理学的研究」を『国体の精華』と題するのはやや無理があろう。しかし、上官の輜重兵第一大隊長・井出鉄蔵に提出した一九三三年一〇月二四日付の出版許可願でも、「陸軍大臣ノ題字ヲモ与ヘラレタルモノ」と書かれていた。この原稿には東京帝国大学文学部倫理学講座の吉田、深作両教授直筆の序文を綴じた冊子も添えられている。吉田教授の序文は次のように結ばれている。

私は著者が日本大学の学生たりし時から東京帝国大学文学部に入りて学ばるゝに至るまで著者から先生と呼ばるゝ関係を多年続けて来て居り、親厚なる交際を結んで居る。そして著者は私の持論たる特殊即普遍主義には少からざる共鳴を感ぜられ、本書に於ては此立場が其基礎をなして居るやうに思はれる。されば本書の公けにさるゝに当り私は他人事ならぬ喜悦を切実に感ぜずに居れぬのであつて、茲《ここ》に一言を序《じょ》せざるを得ない次第である。

昭和七年十二月十日　東京帝国大学倫理学研究室にて　吉田静致識

深作教授は「軍人たる素質に、我が帝国最高学府の文事的教育を加へた」鈴木大尉を軍隊の思想教育における「適好の逸材」と評し、こう結んでいる。

彼《か》の労農革命の時、戦線にある帝制露国の将兵をして、全く一国の干城たる資格を失はしめたものは、ボルシェヴィキーのそれ等将兵に吹入れた共産主義であつたといはれる。国家を滅ぼす者は決して外敵のみではない。著者が思想方面の軍事的顧慮に於いて、亦《また》一家の見を有することは、余の信じて疑はざるところである。

東京帝国大学倫理学研究室に於いて　昭和七年冬日　深作安文

しかし結局、この原稿は公刊されなかった。その理由はいくつか考えられる。最大の理由は、吉田静致の帝大退官とともに鈴木が依拠した吉田倫理学の社会的需要がなくなったことだろう。実際、一世を風靡《ふうび》した吉田倫理学の「同円異中心主義」を今日知る者はほとんどいない。一九三四年三月、吉田の後任教授となる和辻哲郎の『人間の学としての倫理学』によって、倫理学界の景色は一変してしまった。そうした状況の中で、「同円異中心主義」に全面的に依拠した大著の出版は、千倉書房ならずとも二の足を踏んだであろう。

●陸軍輜重兵大尉・鈴木庫三講演速記録『日本精神の研究』陸軍自動車学校（1936年9月）における吉田倫理学の「同円異中心主義＝特殊即普遍主義」図式化（33頁）

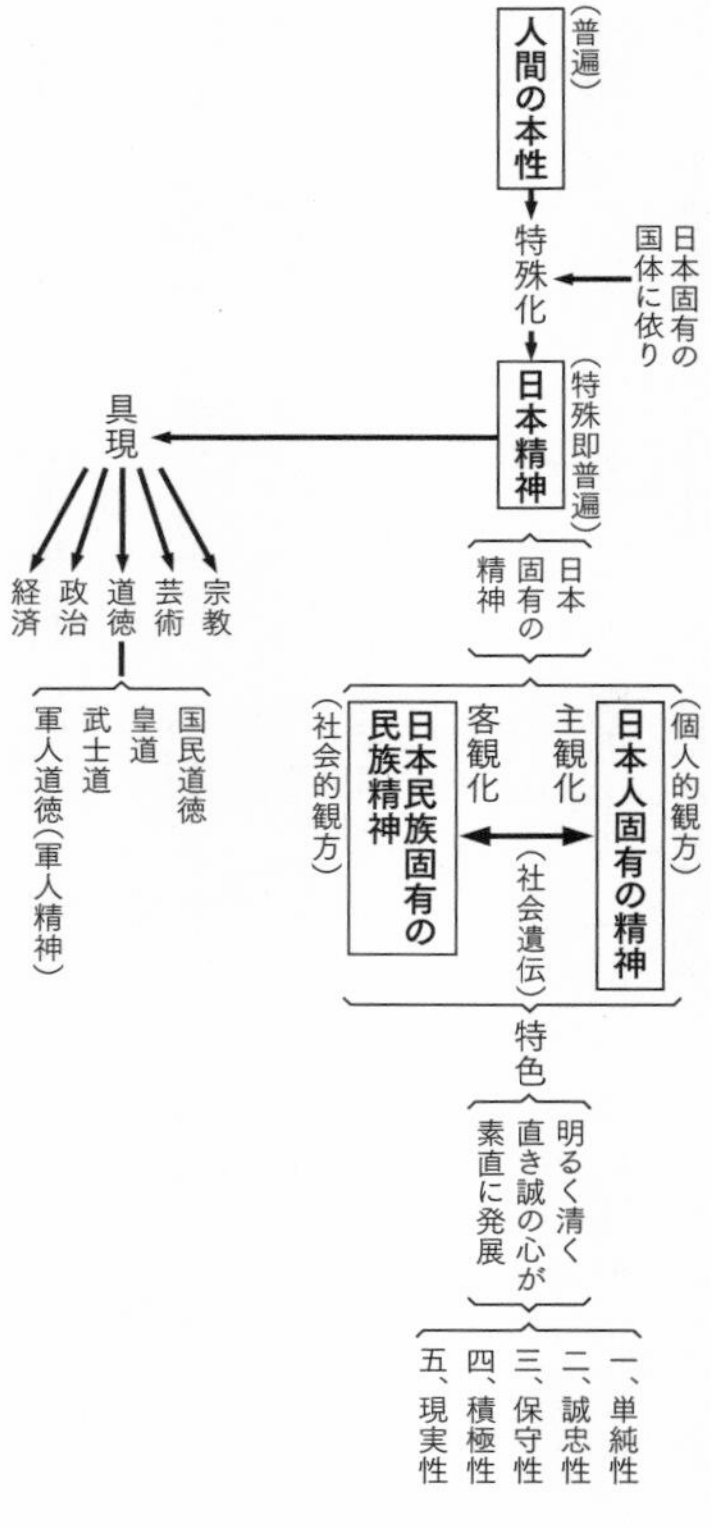

また、すでに述べたように倫理学から教育学へ関心を移していた鈴木大尉も、この倫理学論文の公刊に固執しなかったにちがいない。教育を通じた社会改革という実践的な目標を鈴木大尉は見出したのである。実際に公刊された最初の著作は、帝大派遣の最終年度に着手した『軍隊教育学概論』（目黒書店・一九三六年）である。当然ながら、そこに序を寄せたのは倫理学講座教授の吉田静致・深作安文ではなく、教育学講座教授の吉田熊次・阿部重孝だった。

その意味では、「人格と道徳生活」―「国家生活の倫理学的研究」―『軍隊教育学概論』の原稿は、鈴木の学問的立ち位置（日本大学文学部倫理教育学研究室―東京帝国大学文学部倫理学研究室―同教育学研究室）の移動に対応していた。「非常時日本」で軍隊教育学の専門家として地歩を固めた鈴木大尉にとって、もはや定年前に師範学校教師の道を探る必要もなくなっていた。帝大派遣後も併任していた日本大学の助手も、満洲事変の三ヵ月後、一九三一年一二月一日に辞職している。

だが、ここで注目したい点は、「国家生活の倫理学的研究」の出版計画で登場する荒木大将――満井中佐という「皇道派」人脈である。荒木に取り次いだ藤村少佐は、鈴木大尉と同期の帝大派遣学生だが、千倉書房を紹介した満井佐吉中佐（二六期・陸大三六期）は青年将校運動の指導者と目されていた。一九三三年八月に久留米歩兵第五六連隊大隊長から陸軍省新聞班員となり、陸軍パンフレットの執筆を担当していた。すでに久留米時代の満井は「大日本護国軍」を組織し、三井財閥排撃運動を行っている。翌年八月に陸大教官に転じているが、二・二六事件の前日にも永田軍務局長斬殺事件公判で相沢三郎中佐の特別弁護人として熱弁を振るい、二・二六事件中に維新断行に向けた具体策を具申したため、叛乱者《はんらん》を利す罪で起訴され、一九三七年禁固三年の判決を受けた。

満井中佐の背後には憲兵司令官・秦真次《はたしんじ》中将がいたかも知れない。秦中将（一二期・陸大二一期）は陸軍省新聞班の初代班長で、皇道派領袖《りょうしゅう》の一人とされる。次節で述べる鈴木執筆の陸軍パンフレット『皇軍の倫理的研究』（一九三二年）を読んだ秦中将は、鈴木大尉を夕食に招待している。

午後四時まで『軍隊教育学』の原稿を書いた。五時半に約束通り秦真次中将宅を訪れた。中将も大に喜び晩餐を共にして大に語つた。中将は最早や信仰に入つて居る。理論よりも信仰の人である。然し老将軍に似合はず元気でもあり我国の将来につい〔て〕憂慮もし、改善の成案もある様だ。文武談話会創立の件をはかつたら同意して居られた。長談議をして十一時頃帰宅した。

1932-12.2

「理論よりも信仰の人である」という表現は、ほめ言葉ではない。また実際に鈴木大尉が秦中将を担いで「文武談話会」を組織した形跡もない。

クーデター計画

講義と論文執筆に忙しい帝大派遣学生の周辺にも「昭和維新」運動のきな臭い空気は及んでくる。一九三〇年一一月一四日、東京駅で狙撃された浜口首相は帝大医学部病院に運び込まれた。ロンドン海軍軍縮条約批准への反撥による愛国社員・佐郷屋留雄《さごうやとめお》の犯行だが、号外を手にした鈴木中尉は「反対政党の人か、失業者か左傾思想の人か」と、まず考えたようだ。清廉な浜口首相に大きな期待を寄せていたことがわかる。

日本の財的危機に立つて処理した首相の功績は、国民も認めて惜んで居ることが分る。他人のあらは見えても、今日の堕落した国民を鞭撻《べんたつ》し財界の危機を確信以《もつ》て救ひ得る人はあまりあるまい。此の意味に於て浜口首相の遭難は残念だ。腐敗に腐敗した政治道徳を少しでも挽回した一人だか

ら。国民も神仏に平癒を祈願して居るものもあるらしい。1930-11.15

一九三一年三月一一日、鈴木庫三は大尉に昇進、自動車学校付から兵器本廠付に転じた。その九日後に、いわゆる「三月事件」が計画されていた。同年二月三日、第五九議会は幣原喜重郎首相代理の失言により大混乱に陥った。この機をとらえて宇垣一成陸相首班の内閣樹立を目指したクーデター未遂事件である。建川美次《たてかわよしつぐ》参謀本部第二部長をはじめ二宮治重《にのみやはるしげ》参謀次長、杉山元《はじめ》陸軍次官、小磯国昭《こいそくにあき》軍務局長ら宇垣周辺の陸軍首脳部も「桜会」を積極的に支援した。計画では三月二〇日ごろ、民間右翼の大川周明、社会民衆党の赤松克麿《かつまろ》らが指導して無産団体の群衆に議会を包囲させる。そのとき議会の保護を名目に軍が治安出動する予定だった。実際には宇垣陸相が民政党による総裁擁立に期待して中止を命じたとされている。クーデターは未遂に終わったが、軍部による具体的なクーデター計画の存在が知れると政界に大きな衝撃を与えた。やがて、同年九月一八日の関東軍による満洲事変の勃発へと歴史の歯車は急回転を始める。

鈴木庫三が「我が国の国防国家建設史の発端」と位置付ける「昭和維新運動」は、本章扉の裏に引用した「国防国家と思想」（一九四三年）の回想にあるように、山水会、桜会への鈴木自身の参加によって開始された。同志の多くは後に「統制派」と呼ばれた幕僚将校である。しかし、「天保銭組」を敵視した鈴木大尉の心情は、二・二六事件で決起した「皇道派」青年将校たちにもむしろ近かったはずである。そうであるとすれば、「統制派」「皇道派」という色分けが、鈴木大尉の場合も難しいことがわかる。たしかに、「鈴木日記」には民間右翼との接触や、北一輝《きたいっき》や大川周明の著作を読んだ形跡はまったく存在しない。「二・二六事件裁判記録」における青年将校の証言を分析した須崎愼一は、青年将校運動への民間右翼の思想的影響を過度に強調する俗説を厳しく批判している（須崎：4-7）。「皇道派」も「統制派」も第三者が人脈を中心に分類した名称のため、当事者のほとんどは自らそのレッテルを拒否している。さはさりながら、先行研究に配慮して以下の論述でもこの用語を使うことにする。

いわゆる「皇道派」青年将校と「統制派」幕僚の対立は、幕僚グループ「桜会」が計画し、青年将校に呼びかけた未発のクーデター、三月事件および一〇月事件に端を発している。三月事件はともかく、一〇月事件に鈴木大尉が無関係であったわけではない。一〇月事件は、「桜会」が関東軍を側面支援するため、満洲事変の不拡大をのぞむ第二次若槻《わかつき》礼次郎内閣を倒そうとしたクーデター計画である。一〇月二四日に首相官邸などを襲撃し、荒木貞夫中将を首班とする軍部政権の樹立が計画されていた。一〇月一七日に橋本中佐ほか一二名の将校が憲兵隊に拘束され、未発に終わっている。しかし、二・二六事件で死罪となる村中孝次《こうじ》（三七期）、磯部浅一《あさいち》（三八期）が一九三五年七月一一日に頒布した『粛軍《しゅくぐん》ニ関スル意見書』の附録「〇〇少佐〈所謂十月事件ニ関スル手記〉」にも「鈴木輜重大尉」の名前は登場している。

この『意見書』の目的は、一九三四年士官学校事件で免官となった村中と磯部が、同事件を統制派幕僚が仕組んだ罠《わな》として告発することにあった。附録「〇〇少佐手記」は、統制派幕僚こそがクーデターを計画したことを示す証拠とされた。ちなみに、現存する「桜会人名簿」（一九三一年四月ごろ作成）も同手記に添付されたものだが、そこに鈴木大尉の名前は存在しない。「〇〇少佐」とは、鈴木大尉に一年遅れて東京帝大社会学研究室に派遣された陸軍省調査班の田中清少佐である。その実兄・田中新一中佐（二五期・陸大三五期・中将）は日米開戦時の参謀本部第一部長である。一九三五年当時、田中清少佐は統制派リーダー永田鉄山軍務局長の下で、武藤章中佐（二五期・陸大三二期軍刀組）とともに国策要綱を起草していた。以下、「田中手記」のうち、関連箇所のみ引用しておこう。三月事件の不発による「桜会」分裂を回避するために行われた勉強会の世話役として、鈴木大尉は登場する。

桜会をして正常の発達をなさしむるため、即ち理論建設計画大衆心理の把握等無くして軽挙暴動せしむることを抑制し、桜会を以て自己野望を遂げしむるための具に供することを避けしめ其分離解体を避けしめ以て有事の日桜会本来の企図せる所を遂行する上に欠くる所無からしむる為め、昭和六年六月中旬の例会の席上一の提案を為せり。即ち、「桜会自体の指導精神及行動綱領を樹立するため少くも幹部級は哲学、社会学、倫理学、経済学、政治学等々の中より国家改造の為に必要なる諸条件を理解すべく之が為め先ず可然《しかるべき》学者を招し懇談的に其の目的を達成すべく一面此《か》くすることにより学者其の者の人物識見を看破し適当なる者を以て一つの団体を結成し後日の役に立てしむるを適当とす」との要旨の論是れなり。幸にして吾が提案は幹部の容るゝ所となり直に之を実行することとせり。乃《すなわ》ち吾は之を帝大聴講生として特殊の関係を多くの教授に有つ、鈴木輜重大尉に計り交渉を行はしめ成功せり。此の挙は六月下旬吉田静致教授を先頭として実行せらる。然るに桜会幹部は一般に学者なる者は結論と判断を有せず且つ実行力なしとの理由を以て忽《たちま》ちにして此の挙を廃止し終れり。（今井：656-657）

この文書の信憑性を確認するために、経緯を「鈴木日記」から再現してみよう。三月八日、「山水会」にも「桜会」にも属する四方憲兵大尉の来訪が記されている。だが、この三月段階では、鈴木は大学院論文「国家生活の倫理学的研究」執筆に没頭しており、「桜会」との接触は見られない。日記の「桜会」初出は六月三〇日である。

午後五時から偕行社で桜会が開かれた。僕も同期の田中弥《わたる》大尉から招かれて出席した。何れも現代社会の堕落を憤慨して集つた憂国の士の修養団体ではあるが、少しく感情に走つて冷静を欠いて居る様な空気もないではない。又中には小事に慨して大事に目の届かない人もある様だ。1931-6.30

鈴木を誘った田中弥大尉は当時、参謀本部で橋本欣五郎中佐のロシア班におり、桜会幹事を務めていた。この記述からは、外部から冷静に観察して「桜会」の性格を見極めようとする姿勢が窺える。その上で、青年将校を盛んに料亭に招いて煽動する団体の宴会スタイルに違和感を覚えたようである。鈴木大尉にとっては勉強の方が重要だったのだろう。

今日も河合〔栄治郎〕教授の社会政策のみあつた。午後から用務あつて田中清大尉と同時に陸軍省の調査班を訪れた。五時から日大で勉強した。1931-7.3

もう一人の田中大尉（少佐昇進は翌年）、つまり「手記」筆者である田中清と訪れた会合は、この三日後七月六日の「桜会」の研究会の打ち合わせであったはずである。

午後三時迄自宅で勉強した。午後五時から吉田静致博士を招待して陸軍有志の座談会が偕行社で行はれた。我国の時局を慮《おもんぱか》り何とかして一億の民族が活きて行く活路を見出さんとする有志の集りであつたが、中々立派な方策を見出すことは容易ではない。午後〔〇〕時頃迄念入りに談じて解散した。1931-7.6

鈴木自身も「立派な方策を見出すことは容易ではない」と総括している。鈴木大尉が日を置かずして会合した「二人の田中大尉」は、「桜会」分裂後の反「皇道派」の二潮流を代表している。未遂におわった一〇月事件の後、参謀本部の田中弥は橋本一派の「清軍派《せいぐん》」にとどまり、陸軍省の田中清は永田鉄山の下で「統制派」に数えられた。

観念的な農本主義者への不信

鈴木大尉の周囲には「皇道派」青年将校もいたはずである。鈴木の原隊（輜重兵第一大隊）は、二・二六事件で決起部隊を動かした香田清貞《こうだきよさだ》大尉（三七期・一九〇三年生）や安藤輝三大尉（三八期・一九〇五年生）など歩兵第一連隊、第三連隊と同じ第一師団に属しており、将校団の会合で交わった可能性も否定できない。また、鈴木大尉と同じ三三期には青年将校運動に関わりつつ合法化を模索しながら叛乱幇助《ほうじょ》で起訴された、山口一太郎大尉（歩一第七中隊長）や柴有時《しばありとき》大尉（戸山学校教官）もいた。鈴木大尉と同じく員外学生として東大物理学科に派遣された山口大尉は、二月二六日週番指令に服務していた。蹶《けっ》起部隊の出動を黙認した叛乱幇助の罪で、山口大尉は無期禁固の判決を受けた。さきに触れた「清軍派」の田中弥大尉も事件後の一〇月一八日、取調べ中に自殺を遂げている。

こうした状況下にありながら鈴木大尉が青年将校運動に関与しなかった一因に、陸大進学を阻んだ理由と同じ「年齢の壁」を見るべきだろう。鈴木は同期の山口一太郎より六歳、磯部や安藤より一一歳、他の決起将校たちとは一回り以上も年長である。一九三三年、数え年で四〇歳の誕生日、鈴木大尉は『軍隊教育学概論』の原稿を書きつつ、「四十而不惑《しじゅうにしてまどわず》」というより「四十思案」の中にあった。

> 今日まで常に思案しつゝ人生を送つて来た。此思案がなかつたら、生来不遇な余は恐らく今日あることが出来なかつたであらう。各種の困難と戦つて概《おおむ》ね目的を貫徹して来た。学業も一段階に達して今後特異の方面で陸軍に頭角を現し、国軍の重要なる精神的方面に活動する準備が出来た。然《しか》るに四十才といふ声を聞くと前途に一抹の暗雲がある。即ち停年問題がこれで陸軍大学〔校〕本位、戦術本位の人事行政をして居る現況では今後陸軍〔に〕十年居れるか十五年働けるか分らない。其間に大《おおい》に国軍の為に価値を発揮せねばならぬ。忙《せ》はしい事情に立ち至つたのである。
>
> 1933-1.11

二・二六事件の一九三六年において鈴木大尉は四二歳、すでに「青年」将校ではない。妻と三人の子供との幸せな家庭をもっていた。さらに言えば、鈴木自身が誰よりも農村窮乏の現実を体で知っていたことも大きかった。日記で天候に触れるときは、農村の作付けや収穫への影響をいつも心配していた。観念的な農本主義に与《くみ》するには彼の農業体験が重すぎたともいえよう。一九三四年一〇月、鈴木大尉は伊豆半島での演習の帰途、農村改革を目指す「光の村」道場を訪ねている。「光の村」を菊池寛は『文藝春秋』一九三三年一一月号のコラム「話の屑籠」で次のように紹介していた。

自宅で部下に囲まれる鈴木一家（中央に和服の鈴木大尉）。部下に慕われた隊長であったことがうかがい知れる。1933年1月4日、輜重兵第一大隊下士官候補者隊長当時

> 光の村は、同君〔岡崎俊郎〕の父〔相模鉄道社長・衆議院議員の岡崎久次郎〕が同君の志を賛し、百万円を投じて、貧困者のために建設しようと云う農村で、伊豆伊東の近所にあるそうだ。ブルジョアの息子が、左傾するのは珍しくないが、同君の如くブルジョアの生活を否定して、同胞愛に生きようとしているのは、一つの欣《よろこ》ばしい傾向であると思った。武者小路〔実篤〕氏の「新しい村」などに比べて、土地もよいし財力も豊富だから、きっと成功するのではないかと思う。（菊池：98）

菊池寛が絶賛する「光の村」のロマンチシズムを、鈴木大尉は現実主義的見地から退けてい

る。

精神生活を重点とした農業道場である。日本農民の指導を理想として居るらしいが、目的と実際に於て相符合せざる点が多い様だ。主任者の説明を聞いたが農村経営に関する教育は極めて不十分で経済を無視して居るに近い。従つて一種の修道院の感がある。所謂岡崎式で富裕な生活にあき、之に安定の地を得られざる金持の息子連中の道場で、大衆指導者の養成所でもなければ、大衆向きの道場でもない。更に大地の勝地を訪れたが、此付近には奇人の世捨人、個人主義者の住宅が山奥の諸所にある。1934-10.2

小作人体験をもつ鈴木大尉は、観念的な農本主義者を信用しなかった。そのことも、観念的な青年将校運動から一定の距離を置いた理由だったはずである。「天保銭組」への反撥では青年将校と感性を共有していたとしても、鈴木大尉は合法的な国家革新を教育改革から企画できる専門家としての自覚に目ざめていたのである。

満洲事変勃発

一九三一年七月の万宝山《まんぽうざん》事件、八月の中村震太郎大尉射殺事件の公表以後、日本の新聞世論は満蒙強硬論に覆われた。だが、すでに六月陸軍省と参謀本部は「満蒙問題解決方策の大綱」を決定しており、九月一八日の満洲事変の導火線に火はつけられていた。「鈴木日記」でも六月に入ると中国批判の新聞報道への所感が散見できる。

新聞の報道によると、奉天で支那巡警及市民が日本人の婦女子を蔑辱《ママ》したとの事であるが、治外法権の撤廃を叫ぶ支那人が国際道徳に於て全く低級なのには実にあきれる。1931-6.2

七月二八日にも鈴木大尉は偕行社における「桜会」会合に出席している。その三日後、七月三一日に鈴木大尉は参謀本部に橋本欣五郎中佐を訪ね、内容は不明だが原稿を直接手渡している。同時に新たに原稿を依頼され、さっそく執筆に取りかかっている。八月四日には南次郎陸相が軍司令官・師団長会議で満蒙強硬政策を訓示しているが、それ以後、鈴木大尉と桜会メンバーとの往来も頻繁になっている。

池田純久歩少佐に招かれて訪問した。山方〔知光〕歩大尉との約束で同時に落ち合つた。約五時間に亘《わた》る社会問題、国防問題の研究論争で可成《かなり》疲れた。1931-8.12

さらに八月二九日。満洲事変を三週間後に控え、「桜会」の活動にも変化が生じているようだ。

午後二時から偕行社で桜会が開かれた。桜会の活動方法、修養方法の変更について説明があつたが、余が桜会へ入つてから約三回、此の三回の間に一般の人々の思想が大分変つて来た。変つて来たと云ふよりも日本人の特性を発揮したのだ。熱し易くさめ易い特性を。然し冷静に帰つて甚だ喜ぶべき現象だ。これで落付いた修養が出来、桜会の目的も達成し得るだらう。1931-8.29

「余が桜会へ入つてから約三回」とあるから鈴木が正式なメンバーとなったのは、吉田教授を招いた七月六日の研究会以後ということになる。満洲事変の勃発は、鈴木大尉にとって帝大の後期授業開始と重なっていた。予習と論文執筆に追われているが、陸軍省調査班の田中清大尉から何らかの「暗示」を受けたようだ。

帝大に登校した。今日は桑田〔芳蔵〕教授の心理概論丈《だけ》であつた。帰途田中〔清〕大尉と大に話したが、大なる暗示を得た。社会の堕落は独り一般人民のみならず、軍部の中にも嚙《く》ひ込んで来た。金の為に動くものあるのが残念だ。而も要職に居る人々が。吾人はこれでは上官を信用出来なくなる。彼等の無知を驚かざるを得ない。表面国家を担つて起つ如き憂国の志士を装ふて居り乍《なが》ら、金銭の為に直に溺《おぼ》れるとは実に残念なものだ。1931-9.17

柳条湖《りゅうじょうこ》の満鉄線路爆破は、この翌日である。すでに同年六月末、関東軍幕僚・石原莞爾中佐は北大営《ほくだいえい》付近の柳条湖で九月下旬に行動を起こす軍事計画を立案していた。この企図が政府にもれたため、予定を繰り上げ九月一八日夜の決行となった。関東軍は事件を中国軍の破壊工作と断定し、部隊を緊急出撃させて戦端を開いた。「鈴木日記」の第一報。

今日は自宅で勉強した。午後四時から日大に行つた。新聞に号外に屢々〔ママ〕重大問題を報じて来る。支那官兵が一八日午前十時三十分〔正しくは午後一〇時二〇分ごろ〕奉天北大営の西北に於て、我《わが》南満鉄の鉄橋を破壊したのに端を発して、日支両軍の衝突となつた。目下激戦中であるが、両軍とも応援部隊来着と共に広範囲に戦場が拡大されるらしい。然し我軍の敏捷《びんしょう》なる行動はよく寡を以て大兵にあたり彼等をして或は武装を解除せしめ、或は要点を占領した。午後の号外では我軍は奉天城内をも占領し寛城子《かんじょうし》を占領し、南嶺《なんれい》をも占領したらしい。鳳凰城《ほうおうじょう》、北大営をも占

領した。朝鮮師団に出動を命じたらしい。1931-9.19

国家改造グループと「一〇月事件」

翌日以後の戦況記述も、鈴木大尉と同じ新聞号外を読んだ国民一般の高揚感と大差はない。それでも通常どおり東大と日大の講義に出席し、論文の執筆を続けている。

> 帝大に登校す。第一限の「社会意識の研究」が終ってから偕行社に行つた。実は時局に関して諸問題の研究があつた為、池田、田中、四方等の諸氏と会合して研究を行つたのである。今日は或一部の研究だけで終つた。明日も続行する事になつた。1931-9.25

この「時局に関して諸問題の研究」の具体的議題は不明である。しかし、この研究会については、鈴木大尉に二年遅れて一九三二年帝大派遣学生となった大谷敬二郎憲兵大尉（三一期）が、『軍閥』（一九七一年）で次のように述べている。

> 昭和六、七年頃の派遣学生には池田純久、田中清、四方諒二などがいたが、これらの有志は、時々偕行社に集まって時局問題を討議したり、桜会の国家改造に関連して研究会をもったりしていた。ところで、この田中少佐は三月事件、十月事件に参加を求められたが、ことに、十月事件では橋本中佐らからその謀議の次第を聞いたが、彼らは破壊に急にして、なんの建設案をも用意していないのを知った。そこで、いやしくも軍がけっ起する以上、そこに建設の具体案がなければと、さきの帝大組の池田、四方などと語らって、これまでの研究をもとにして、早急に、国家

改造の具体案作成を急いだ。十月事件は、ことがばれて未遂におわったが、この研究はつづけられ、一つの成案を得た。しかし、何分にも急造案なので、これをもとにして、さらに、永田軍事課長を中心に、さきのメンバーたち〔いわゆる「統制派」〕にまで拡大して研究することになった。このメンバーは研究同志には違いないが、省部の重要ポストにあった人たちで、将来、軍が国家改造に乗り出すときの、一つ一つの拠点として、これらの参加メンバーをえらんだといわれている。(120)

実際、鈴木と大谷がともに名前を挙げた三名の帝大派遣学生は、それぞれの領域で国防国家建設にたずさわることになった。池田純久は永田軍務局長の下で軍事課政策班長となり、やがて企画院調査官など国防国家の行政整備を推進した。田中清は陸軍省調査班から関東軍参謀となり、日中戦争の第一線に立った。四方諒二は関東憲兵司令部員から東京憲兵隊長となり「東條独裁の懐刀《ふところがたな》」として恐れられた。これに、情報局情報官の鈴木庫三が加われば、行政、軍事、治安、情報の国防国家ネットワークが出来上がる。だが、この会合は九月三〇日に突然中止された。

午後からまた偕行社で会議があつた。満蒙問題も大事に至らぬらしいので、研究は今日で中止する事になつた。1931-9.30

時期と文脈から推測すれば、中止の理由は一〇月事件と関連していたはずである。だが、「鈴木日記」にクーデター計画を予感させる記載はない。クーデター決行予定日の翌日は、東

1931年10月25日、東京帝国大学教育学研究室の陸軍工兵学校（松戸）見学記念写真。前列中央に、春山作樹、吉田熊次、林博太郎の３教授、その左右に入澤宗壽、阿部重孝の２助教授。２列目右端に派遣学生鈴木庫三（『阿部重孝著作集』月報７、日本図書センター）

大教育学研究室の遠足に出かけている。吉田熊次教授、阿部重孝助教授をはじめとする一行は、鈴木大尉の案内で松戸の工兵学校で下士候補者中隊の教育を見学した。

おりしも、この時期を境に鈴木大尉の原稿が陸軍関係の雑誌・パンフレットに次々と掲載されるようになった。日記には『三十三期生会誌』や『一心会会報』に掲載した論文について、次のような感想が残されている。

> 欲を云ひば〔ママ〕、もつと早く出して貰ひたかつた。今回の満洲事件なども予見して記事に配して置いたが、事件発生後にあの記事が出たのが惜しかつた。
>
> 1931-10.27

一〇月事件のことは、「鈴木日記」では「ファシスト事件」として一ヵ月後に回想されている。鈴木大尉が、民間右翼や無産政党の利用に批判的だったことがわかる。

午前中、自宅で勉強した。午後一時から偕行社で陸軍から帝大に派遣されて居る学生の談話会があつた。勿論時局に関するものであつた。満蒙問題は勿論、三月事件、八月事件、ファシスト運動等が話に出た。又、社会意識問題も話に出た。種々の情報を綜合すると何んと云つても軍部が真に愛国的だ。而も正直だ。武士道が残つて居る。地方の愛国関係等は金銭の為に幾何《いくばく》でも変化する。今度のファシスト事件も地方の思想関係と連絡したのが失敗の因らしい。成程、ファシスト事件は合法的でなかつた点はまづい。然し其動機は勿論、結果に於て偉大なる貢献を国家になした。腐敗した政治家は緊張〔ママ〕させ、或る点まで政党を超越して国難に処せねばならぬと云ふ自覚を促した点は認めねばならぬ。方法手段こそ異なれ、かゝる種類の愛国運動は今後、筍《たけのこ》の如く現れるだらう。何となれば国民が国家主義に眼覚め、或種の社会思潮が出来て来たからである。

1931-11.20

実際、これ以後、昭和動乱のテロやクーデター事件が雨後の「筍の如く」続出した。一九三二年の血盟団事件、五・一五事件、一九三三年の神兵隊事件、一九三四年の士官学校事件、一九三五年の相沢事件、そして一九三六年の二・二六事件。

一九三一年一二月一一日、若槻内閣は総辞職し、一三日犬養毅《いぬかいつよし》内閣が成立している。「鈴木日記」は「犬養老人」の短命内閣を予想しているが、荒木貞夫中将を陸相に起用したことは「時局柄極めて適切」と評している（1931-12.14）。ここに、一九三四年一月の荒木陸相辞任まで、いわゆる「皇道派」時代が現出する。こうした国家革新の気運のなかで、一〇月事件で重謹慎二〇日の処分を受けた首謀者・橋本欣五郎中佐は、姫路の野砲第一〇連隊付に転出した。

三年後には大佐に昇進するきわめて甘い処分である。一二月二五日、橋本中佐から招待されて偕行社での送別会に赴いた鈴木大尉は、まるで栄転の祝宴のような賑わいを目撃している。だが、橋本大佐は中央に復帰することなく、二・二六事件後の粛軍人事で予備役に編入されている。その後、ファシスト運動を目指して大日本青年党を結成し、大政翼賛会常任総務を経て衆議院議員となった。だが、送別会出席以後の「鈴木日記」に、橋本の名前が再び登場することはなかった。

変貌する世論と帝大キャンパス

満洲事変勃発でまず変わったものは、職業軍人に対する新聞論調の風向きである。軍縮時代から続いた軍縮要求、軍人蔑視は消え、愛国主義の竜巻が日本全土を席巻した。一般庶民の熱狂は慰問品や献金の殺到、あるいは万歳の連呼が止まぬ盛大な出征兵士見送りとして現出した。そうした光景を「実に意外」と、「鈴木日記」は冷静に記述している。その上で、そうした大衆世論の外に立つ資本家や知識人に対して批判が向けられている。

> 実に涙なきを得ない様な愛国の情に満ちた行為が、毎日数へきれぬ程ある。然るにその多くは貧民か工場の女工か小学校、中学校、女学校の生徒か或は中流の国民かであつて、資本家や上流の人々には何等の愛国的恤《じゅっ》兵《ぺい》的行為がないのは実に不可思議だ。そのくせ満蒙問題が解決すると必ずや資本家が魔手を延《のば》すこと西伯利亜《シベリア》事件の樺太《からふと》にせよ、日露戦争後の満洲、沿海州にせよ歴

史の証する如くあり相な事だ。（略）満蒙をせめて戦後資本家が自利の為に悪用しない様にだけして貰ひたい。せめて全日本民族のために意義ある様に、後の活用を誤らぬ様にして貰ひたいものだ。1931-11-21

こうした街頭の熱狂はすぐ帝大キャンパスに伝播《でんぱ》したわけではなかった。一〇月一五日に法学部緑会が主催した横田喜三郎教授の講演「国際化した満洲問題」は、国際協調主義に立った内容であった。それに対して、鈴木大尉は日記で厳しく反問している。モンロー主義を唱えるアメリカがアジアに干渉する道徳的根拠は何か、偽善ではないか、と。また一ヵ月後、一一月二五日経済学部経友会主催の講演会でも学生から戦争反対の声が上がっていた。

三時から第十九番教室で社会民衆党・赤松克麿氏の講演があつた。経友会の主宰である。「社会主義の国民性と国際性」と云ふ題目の下に演説したが、帝大の一部共産主義者が卑怯にも計画的の妨害をした。学生としても一般人としてもあるまじき態度であつた。正々堂々と議論を戦はしたらよさ相なものだが。後の坐談会には出ない。1931-11.25

状況は教育学研究室でも同じであった。阿部重孝助教授の教育学演習後、鈴木大尉は学生と論争を続けている。

午後から一左傾学生と軍教問題や社会問題について討論を試みた。彼等が如何に国際情勢の認しき不足であるか、如何に感情に捉《とら》はれて居るか、資本家や政治家の堕落が、かつて純真であつた青年を如何に偏見に陥らしめたかがよく分る。機会を見て『偕行社記事』にでも出して一般将校

に紹介してやりたいものだ。1931-12.7

だが、それまで聴講に徹していた派遣学生は、教室内でもその雄弁を発揮しはじめたことがわかる。その翌々日、吉田熊次教授の教育学演習で陸軍教育について発表を命じられている。教育学分野の研究会でも積極的に発言するようになっていった。

午後五時半から教育研究で行われる日本雑誌の研究会に出た。新聞を教材とする学習の問題と青年教育の問題とであった。前者については余もかつて研究した事があったので大に意見を吐いた。後者については青年訓練の問題に触れたので茲《ここ》でも余が大に意見を吐いた。1931-12.9

この時期から鈴木が新聞や雑誌を使った教育研究に関心を示していたことは重要である。この日本雑誌研究会にはよく出席しており、後に陸軍省新聞班—情報部で雑誌指導の担当となった際に役立った。鈴木少佐は、他の素人将校たちと異なり、雑誌教育の専門家と自認していた。そうした事情を知らない雑誌編集者の目に傲慢かつ横暴と映ったとしても不思議ではない。

一九三二年一月二八日、戦火は拡大し上海事変が始まった。その二週間後、東大の山上御殿（現・山上会館）で催された倫理研究会で「満蒙問題に就て」と題した一時間余りの講演を行なっている。

幹事から急に満蒙問題に関する話をしてくれと申込んで来た。民族の生活として又教育や倫理の立場から満蒙問題の意義を話した。然し其中でも特に日本民族の物質的生活標準の降下と積極的体育の必要を力説した。1932-2.12

満洲事変から太平洋戦争までを「十五年戦争」と呼ぶ立場がある。たしかに鈴木庫三の場合、その戦争目的には一貫性が認められる。ここでも「日本民族の物質的生活標準の降下」を訴えているが、その後の日中戦争でも対英米戦争でも国民生活の下降的平準化を彼は積極的に主張し続けた。戦争によって豊かになるのではなく、あえて生活水準を切り詰めて国内外の平等を実現し、それによってはじめてアジアの盟主たりうるという「逆転の論理」である。持てるブルジョア資本主義国家、鈴木の表現では「金権国家」の英米に対して、持たざる日本はプロレタリア国家として道義的優位がある。こうした考え方は、この上海事変で喧伝《けんでん》された「爆弾三勇士」にふれた文章でも登場してくる。鈴木中尉はブルジョア的知識人よりも、むしろ「マルキスト」に犠牲的観念があることを、ここではっきりと認めている。

　然るに、我知識階級の個人主義は輓近《ばんきん》驚く程発展して居る。犠牲的観念などは殆んど認められない。犠牲的観念は方向こそ異にすれ、寧《むし》ろ Marxist に多分にある。如何に我学者や資本家や政治家が堕落したかゞ分る。かゝる世の中に知識階級にあらざる兵卒から、かゝる徳が実践せられることは実に彼等への警鐘である。1932-2.24

利己的な個人主義者より犠牲的なマルクス主義者への高い評価は、その後も一貫していた。だが、鈴木大尉の反ブルジョア性を指摘できるからといって、もちろん彼が平和主義者であったわけではない。ただ、鈴木大尉の場合、戦争についてのスタンスは他の中堅幕僚たちと異なっていたかもしれない。なぜなら彼が陸大卒の「戦術」の将校ではなく、「教育」の将校であったからである。短期的な効果を問われるのが「戦術」であるとすれば、「教育」は長期的な成果を重視した。軍隊教育学の専門家である鈴木大尉は、活動の場をあえて非常時の戦場を求める必要はなかった。鈴木大尉の戦場とは、内務班や軍学校の日常であったからである。

2――「皇軍の倫理」と社会改造

『皇軍の倫理的研究』

上海事変の停戦協定が調印された翌々日、鈴木大尉は陸軍省の片岡董《ただす》騎兵少佐（二七期・陸大三七期・中将）から「皇軍の国体論」について執筆をもちかけられた。片岡も「山水会」メンバーで、前年まで東大法学部政治学科に派遣されていた。さらに一週間後の五月一三日には陸軍省軍務局で村上啓作歩兵中佐（二二期・陸大二八期軍刀組）と「皇軍に関する研究」に関して意見交換をしている。犬養毅首相が暗殺された五・一五事件の勃発は、まさに鈴木大尉が自宅で論文「皇軍の真意義」を執筆していた最中であった。事件報道を読みながら、次のように暴挙を批判している。

> 抽象的な動機丈《だ》け善であつても、予想し得べき結果の〔宜《よろ》〕しきを欠く点に於て大罪を犯した。全国民が軍部に信頼を深くして来て居る時、又政党も軍部の正しき態度を恐れて邪悪を慎む様になつて来た時に、単慮〔ママ〕な軍人からかゝる行為があつた事は誠に残念である。勿論二十才台の青年

のみであるから広き見識を以て行動せよと要求するのは無理かも知れぬが、之が教育の任に当つて居る人々があまりに無能なりし点に於て責任は免れない。1932-5.16

しかし、五・一五事件公判では、新聞と世論の大勢が「単慮《〔ママ〕》な」行動の是非よりも「抽象的な動機」への同情論に傾き、助命嘆願が相次いだ。鈴木大尉はそうした心情倫理を排して、責任倫理からこのクーデターを厳しく否定している。さらに批判の矛先は、これに参加した士官学校生たちを禁固四年に追いやった軍隊教育、人事行政の欠陥に向けられていた。

不祥事件善後策に就て骨子を立案した。社会的政治的社会意識的方面、人事行政、検閲、教育等の諸方面に就て其方策を立てた。1932-6.5

五日後、陸軍省軍事課に提出したこの改革案では、陸大優遇の人事政策が痛烈に批判されている。その扱いについては不詳だが、軍事課から依頼された別の原稿が評価されているところを見ると、課内に鈴木大尉の改革案を支持する声もあったはずである。

午後三時半頃学校からの帰途、用務のため軍事課へ立寄つて調査班の坂田中佐及秋山中佐に会つた。皇軍に就て［の］小冊子は全国軍隊学校等に分配するために原稿を書いて貰ひたいといふ事であつたので約束して帰つた。過日陸軍省に出した「皇軍の真意義」といふ小論文から一部をとつて、陸軍大臣の訓示となつて参謀長会議に現れたのであるが光栄の至りである。1932-5.27

陸軍省軍事課調査班長の坂田義朗歩兵中佐（二二期・陸大三一期）に鈴木を引き合わせたのは、同じく帝大派遣学生だった田中清大尉である。鈴木大尉が最初に手がけた陸軍パンフレット『皇軍の倫理的研究』（「調査彙報号外」一九三二年八月）は、こうして執筆が開始された。鈴木は後年、次のように回想している。

皇軍を倫理的に究明するには皇国を倫理的に究明する必要があり、皇国を倫理的に究明するには皇国文化の精粋ともいふべき皇道を究明せねばならなかつた。今になつて考へて見ると実に恥しい論文であつたが、之が小冊子となつて配布された時には相当の反響があつた。（鈴木43：104）

大学院論文「国家生活の倫理学的研究」の一部を利用した内容であり、恩師・吉田静致が唱えた「同円異中心主義」が応用されている。その後「皇道派」という名称が流布する上で、このパンフレットも一役買ったことは間違いない。田中隆吉『日本軍閥暗闘史』によれば、「皇軍」の用語は、前年就任した荒木貞夫陸相が「国軍」に変えて使用して一般化した（57）。鈴木大尉のパンフレットは、この「皇軍」論に理論的な裏付けを与えたという点で重要な意味をもっていた。

かつて出した『皇軍の倫理的研究』が、昨日あたり軍隊内外各所に配布されたらしい。陸軍省の名で出たのであるが、知人達は僕の所へ各方面から手紙が来る。種々な批評がある。中々面白い。

1932-8.26

「農村問題と満蒙問題」

五・一五事件被告への大衆世論の同情が集まった背景には、深刻な農村問題が存在していた。このとき変電所を襲撃したのは、鈴木のふるさと茨城県の愛郷塾塾生たちであった。

吾人は只恐るるのは、此運動が切実な貧困生死に当面し、而も純朴なる農民に波及することだ。此点はよくよく政治家も覚醒して、農村救済の急務を知らねばならぬ。経費等を惜む所でない。〔派〕遣に資本投じ生命財産の保護を完備する為に軍隊を以てし、成る可く多くを満洲に移住せしめ、耕地面積と人口との調和を得て農村を救済することだ。1932-5.16

一九三二年六月二〇日、調査班長の坂田中佐から『農村問題と満蒙問題』の執筆を依頼され、鈴木大尉は農村問題の解決を満洲移民に求める国策案を提出した。この陸軍パンフレット『農村問題と満蒙問題』は、鈴木自らの要約によると次のような内容である。

我が国の農村問題は結局耕地面積と人口との不調和から生れて居る。自作農を創設しても五反百姓では安定しない。何うしても相当の耕地面積をもつ自作農にせねば救はれない。然るところ満洲事変は皇道宣布の戦で、満蒙諸民族を軍閥政治下の塗炭の苦から救ひ、我が国と不可分一体、共存共栄の王道楽土を建設する聖戦である。之がためには大量の日本人が彼の地に骨を埋める覚悟で移住せねばならない。子々孫々まで根付く移民は第一に農民を求めることが必要だ。然るに満洲には開闢《かいびゃく》以来鋤鍬《すきくわ》を入れずに放置されて居る広大な沃野《よくや》がある。之を開拓することは日満両国共存共栄の本である。我が国の農民は約三千万（六百万家族）ある。其の三分の一を満洲に送れ〔ば〕、一家族一千円宛《ずつ》の国庫補助をしても二十億円で足りる。かくすることによつて満洲国も栄え、内地の耕地面積過少の問題も解決する。唯其の開拓民を送る方法は従来の様な自由主義的な進出に委《まか》して置いたのでは成功しない。国内各府県の農村更生計画を立案し、同じ府県の過剰農民を集団して送らねばならぬ。而も之と同時に各府県の地方的文化をそのまゝ移植することが肝要だ。風俗、習慣、お国なまりからお宮もお寺も学校も同時に分駐することが必要だ。（略）之等の日本民族が満蒙諸民族を同化して行くならば、国際聯盟や金権主義諸国が如何に邪魔をしても、実質的には日満一体だ。かくして満洲事変の目的は達成せられると同時に日本の農村更生も出来る。（鈴木43：105-106）

だが、この「一石二鳥」案の「移民一千万人・国庫補助二十億円」という数字に陸軍省は驚き、「誇大妄想狂だといふ悪評さへも起つた」と鈴木は回想している。ちなみに、日本の一九三二年次国家予算（歳出・決算額）は一九億五〇一四万円であり、満洲国の国家予算は一億一三三一万円である。なるほど国庫補助二〇億円は度肝を抜く数字である。そのため、「此の論文は事情があつて陸軍省から小冊子として出版することが出来ず、在郷軍人会から出版されることになつた」。陸軍省で「悪評」だったとしても、この大胆な満洲移民計画が評判になったことは確かである。これを契機として鈴木大尉には各方面から原稿依頼が殺到している。その一つは、吉田熊次教授から求められた『教育思潮研究』への寄稿である。

午後三時半から「満蒙問題と国民教育」について教育雑誌研究会で発表した。吉田先生から『教育思潮研究』へ出すべき原稿を書いてくれとの事であるが、他の研究か或は論文が忙《せ》はしい最中に果たして出来るか何《ど》うか？　1932-6.1

鈴木大尉の論文が『教育思潮研究』に掲載されたのは、二年後、一九三四年五月号である。この二年間は、鈴木よりも吉田にとって大きな変化だったろう。一九三二年八月二三日国民精神文化研究所官制が公布され、文部省も本格的な日本精神研究に乗り出した。同日、吉田熊次教授は兼任研究員となり、帝大退官後の一九三四年九月同研究所研究部長に就任している。鈴木論文「軍隊教育の特色と軍隊教育学の成立」が掲載された『教育思潮研究』第八巻第二輯は、「吉田熊次博士還暦記念号」であり、帝大で吉田の薫陶《くんとう》を受けた大学教授陣が論文を並べている。その末席に鈴木論文は置かれたことになる。鈴木論文と並んだ、鈴木の恩師たちの論文をタイトルのみ挙げておこう。吉田熊次教授「余の六十年」、入澤宗壽《そうじゅ》教授「日本精神への思慕」、阿部重孝助教授「中等教員に関する考察」、上村福幸助教授「クリークの国民的教育論の特質」、伏見猛彌講師「現代独逸に於ける教育目的論の諸相」、海後宗臣《かいごときおみ》助手「〝国教〟思想と国民教育」である。教育学研究室の時局への対応はたしかに素早かった。その前号の巻頭は吉田熊次「教育上に於けるファシズム」であり、次々号の巻頭も同「ナチスの教育理論と教育運動」である。「文学士・鈴木庫三」の軍隊教育学研究は、一躍脚光を浴びようとしていた。

「軍隊」とともに徴兵制が消滅した敗戦以後の日本には、「軍隊教育」は存在しない。当然ながら軍隊教育学という研究ジャンルも歴史研究の対象である。だが、軍隊教育を天皇制支配システムの極致として批判する「進歩的」研究がある一方で、旧軍学校を人間形成システムとして理想化する「懐古的」言説も根強く残っている（たとえば、海軍兵学校を舞台とした豊田穣『江田島教育』一九七三年など）。

一般には日本陸海軍の教育は、フランスやイギリスを模範とした創設期から日清戦争・日露戦争に勝利して自信を深めるとともに合理的精神を失い、非合理な精神主義が主流となっていった、と理解されている。こうした合理性の喪失は藤原彰『軍事史』などの研究書から、司馬遼太郎『坂の上の雲』など歴史小説に至るまで共通した認識である。その意味では、後述するように目的合理性の徹底を主張した鈴木庫三の「軍隊教育学」は、異色の存在と映る。鈴木大尉の軍隊教育学研究に入る前に、それ以前の軍隊教育学研究史を概観しておきたい。

その場合、戦後世代の私たちがまず銘記しなければならないことは、「職業軍人とは教育者である」という基本的な前提である。そもそも軍部という官僚組織において、将校の仕事は戦時平時を問わずデスクワークが中心となる。戦争でも起こらなければ軍人は訓練、検閲、演習、講評といった「教育活動」で生涯を終えることが通常であった。近代の規律＝訓練システムにおいて「軍隊－工場－教室」が同一パラダイム上に存在していたことは、ミシェル・フーコー以後の今日では常識に属する。

教育学的知見を軍隊教育に導入しようとする試みは、すでに日露戦争直後から一部の陸軍将校の間で開始された。『偕行社記事』では歩兵大尉・稲垣七郎が「教育学上教授論ノ一般教式ニ就テ」（第三五〇号・一九〇六年一〇月）を執筆している。しかし、陸軍将校による本格的な教育学研究が開始されたのは第一次大戦以後のことである。

史上初の総力戦におけるロシア帝国とドイツ帝国の瓦解《がかい》は、両者を仮想敵としてきた日本陸軍にも衝撃を与えた。この二大陸軍帝国は、いずれも兵士の叛乱から社会主義革命が勃発し、内部崩壊を遂げていた。社会主義思想が押し寄せる大正デモクラシーの中で、陸軍では思想善導を念頭においた軍隊教育の改善が急がれた。一九二〇年一〇月に軍隊教育令が改正され、翌一九二一年三月には軍隊内務書が改訂された。また、隊形を組んだ歩兵部隊の激突から、長大な前線での小集団の攻撃に変化した第一次大戦では、下士官や兵士の自主的判断、すなわち兵士個人の能力が重視されるようになった。命令による強制ではなく、自発的戦闘参加により個人の能力を全開させることの重要性、それが第一次大戦の教訓であった。この結果、兵卒の自覚・自主性を涵養《かんよう》する新たな軍隊教育が求められた。改正軍隊教育令に曰《いわ》く。

　時勢ノ進運ト社会ノ思潮トニ伴ヒ、兵卒教育ノ為ニハ彼等ノ自覚ヲ喚起スルコト切要ニシテ、自覚ナキ軍隊ハ不正ノ誘惑ニ雷動シテ動《やや》モスレバ崩壊ヲ来ス危険アリ。

また、軍隊内務書の綱領㈢も「自覚ナキ外形ノミノ服従ハ何等ノ価値ナキ」と断じている。ここに、自主性を組織する科学として、教育学や心理学の応用に期待が寄せられた。

一九二〇年には士官学校第三〇期の「本科生徒教育課程」に教育学が導入されている。陸軍教授・大村桂巌の教育学教程を、第三三期の鈴木候補生も学んだはずである。大村の『教育学汎論』（一九二二年）では、兵式体操の社会化、軍隊教育の民衆化を通じて、兵営の「国民大学化」、すなわち教育による社会と軍隊の融合が説かれている。こうした発想は、鈴木が志した軍隊教育学の出発点でもあった。

教育史とメディア史の断絶

それとほぼ同時期、教育学界ではヘルバルト主義など欧米理論の直輸入から脱し、教育勅語を前提とした「社会的国民教育学」を高唱する吉田熊次の活動が本格化する。彼こそ鈴木中尉が学んだ東京帝大教育学講座の初代教授である。吉田熊次は一八九七年東京帝国大学に入学し哲学を専攻した。一九〇一年小学校修身教科書起草委員となり、日露戦争期に独仏に留学した。一九〇七年帰国後、東京帝大文科大学助教授として教育学を担当、一九一六年教育学講座を開設した。文系学部への陸軍派遣学生は一九二三年から制度化されるが（一九三七年九月、日中戦争勃発により縮小され、廃止）、すでに一九二一年四月半田秀治歩兵大尉が吉田研究室の聴講生となっている。さらに吉田は同年六月、陸軍大学校で四回にわたり課外講話を行っている。吉田教育学と陸軍との関係は深かった。文学部派遣の陸軍将校一六名中、教育学専攻の一〇名は、倫理学三名、心理学二名、社会学一名を圧していた。鈴木以前に軍隊教育学の著作を公刊した派遣学生としては、一九二七年度心理学科に派遣された内山雄二郎砲兵大尉（二六期）がいる。内山は一九三〇年一二月に急死するが、『戦場心理学』（一九三〇年）などを発表している。遺著『班長助教・教育指針』（同年）には、指導教官として吉田熊次、大庭桂厳と並び、元教育総監の大庭二郎大将が次のような序文を寄せている。

軍隊教育本来の目的より考察すれば、かくして得たる訓練の成果は永く退営の後に及ぼし之を有事の日に備へざる可からず。又之を将来の国家総動員の見地より論ずる時は之等訓練の成果は唯単に教育を受けたる当人が之を保持すれば足れりとせず、必ず之を郷党に及ぼさゞる可からず。

(3)

国民教育学が「将来の国家総動員の見地」から期待されていたことがわかる。大量の民衆を一定の場所で一定の期間に効率的に教育していく近代公教育の科学的方法は、来るべき総力戦に不可欠なノウハウであった。この内山大尉と交替するように教育学研究室に入ったのが鈴木中尉だった。内山は鈴木を自宅に招き、抱負を親しく語り合っていた。

今日は先輩の内山雄二郎氏の死亡の報に接した。氏は特に軍人として心理学方面の造詣《ぞうけい》の深かった人で、国軍の為惜むべき人である。1930-12.22

彼らに期待された軍隊教育学から国民教育学への発展が、今や鈴木中尉の双肩に託されたのである。この意味で、鈴木庫三は何よりも軍隊教育学史上で注目すべき人物といえよう。

そもそも一般の軍事史研究では、最終的な階級が大佐である輜重科の一将校・鈴木庫三が登場することはまずない。自動車学校、陸軍省情報部、輜重兵連隊と異動した鈴木には、前線での華々しい戦闘歴はもちろんない。もっぱら、メディア史で取り上げられる軍人官僚である。しかし、その名前はメディア史とはまったく異なる文脈で研究書に登場する。

それは教育史、とりわけ軍隊教育史においてである。一見するとメディア史と教育史は、異質な二領域である。実際、メディア史で鈴木の著書『軍隊教育学概論』（一九三六年）に言及した著作は存在しない。それは、「情報宣伝」と「軍隊教育」がまったく切り離されて、論じられてきたためである。

一方、教育史では「軍隊教育学の鈴木大尉」は登場するが、「情報官・鈴木少佐」はほとんど言及されない。山中恒《ひさし》『御民ワレ――ボクラ少国民第二部』（一九七五年）が唯一の例外だろう。だが、「出版経営者たちを恫喝して勇名を馳せた」という先入観から、山中は『軍隊教育学概論』を明らかに誤読している。次の文章は、山中が引用した同書の一節である。この文章を、法規に依らざる教育罰を教育の補助手段と認め、体罰を助長する文章と山中は断じるのである（236）。どうすれば、そのような読み方が可能なのだろうか。鈴木はむしろ私刑を厳しく戒め、罰するよりも誉めることで教育せよと唱えているのである。まったく、逆ではないか。この文章を冷静に読んでいただきたい。

軍隊の統率者乃至教育者の行使し得る法規上の罰は陸軍懲罰令に依りて規定せらる（陸軍懲罰令第一条）。而して法規上の罰は軍紀風紀を維持し、軍隊教育の目的を達成する為に已《や》むを得ざるの手段にして、教育上より観れば訓育の補助手段に過ぎず。法規に依らざる教育罰と雖《いえども》、訓育の補助手段以外に出ることとなし。此点は賞と大に其趣を異にす。（略）即ち其行使は公平厳粛なるべきは勿論なるも、常に受罰者の個性と境遇とを考慮して酌量し、課罰の機会を適切ならしめ、受罰者の自尊心と名誉とを尊重して必ず更生の余地を残し、又同僚等の指弾排斥を戒《いまし》めて本人の自暴自棄に陥るを防ぎ、受罰者をして真に其犯行を悔悟し受罰の当然なることを自覚せしむる如く諄々と訓戒し、教育者は真に已むを得ず課罰せるものなりとの信念を懐《いだ》かしめ、課罰後に於ては特に温情を以て指導するが如きは之なり。（79–81）

まことに先入観とは恐ろしいものである。教育史の専門研究者はもう少し慎重だが、『軍隊教育学概論』に「ファシズム」を嗅《か》ぎ取ろうとする姿勢では同じである。遠藤芳信『近代日本軍隊教育史研究』（一九九四年）は、軍隊教育を概括した代表的な戦前著作として、永田鉄山「陸軍の教育」（『岩波講座　教育科学』第一八輯、一九三三年所収）と鈴木庫三「陸軍教育」（『教育学辞典』第四巻、岩波書店、一九三九年）を比較検討している。この選択は妥当なものだが、東京帝国大学陸軍派遣学生・陸軍自動車学校教官という鈴木の経歴に言及するのみで、その後の陸軍省新聞班員・情報官について、遠藤の浩瀚《こうかん》な著作はいっさい触れていない。「教育史」研究の学問的禁欲として理解できるとしても、その欠落はメディア史との断絶を象徴しているといえよう。

3――軍隊教育学の射程

「陸軍に於ける平時業務の大部分は教育である」

遠藤は、一九三三年の永田論文と一九三九年の鈴木論文の差異を時系列的に理解している。すなわち、実務的に軍隊内務書の法的解釈を行う永田論文と、内務教育を精神教育として重視する鈴木論文の間に「ファシズム化」を読み取るのである。たしかに、一見すると両論文の間には、永田自身が斬殺された相沢事件、二・二六事件、日中戦争の勃発がある。その視点から鈴木の内務教育重視を遠藤は「一九三〇年代後半のファシズム期の軍隊教育に対する軍の位置づけの特徴」と評価している(26)。だが、はたしてこの分析は妥当だろうか。というのも、岩波書店から鈴木論文の依頼があったのは、永田軍務局長が存命中なのである。むしろ、永田の意を受けて鈴木が執筆したと考えるべきかもしれない。

1935-2.2　長らく心にかゝつて居た岩波書店から頼まれた原稿の筆をとり始めた。今は大体案が完つた。

1935-3.1　休暇なので一日を費して岩波の原稿を清書し終つた。これで責任が完うせられた様な感がする。

もちろん、鈴木自身の論点がこの段階で変化したというのであれば、そうした解釈も可能だろう。しかし、同じ鈴木大尉が永田論文以前、すなわち帝大派遣学生時代に『入澤教育辞典』（一九三二年）で執筆した「陸軍教育」においても内務教育の重視は明白である。とすれば、鈴木の内務教育重視を「ファシズム化」と理解することには無理がある。

ここでもメディア史と同様、「鈴木庫三が何者であるか」、すなわち鈴木庫三の生い立ちと学問形成への無理解が盲点となっている。重要なのは、陸士一六期首席卒業、陸大恩賜の軍刀組とトップ・エリートの道を歩んだ永田鉄山少将と、下士から士官候補生になり二度目の内務班生活で辛酸をなめた鈴木庫三大尉、この二人が内務教育に対して抱く距離感の違いである。つまり、鈴木大尉が内務教育を重視した理由は、彼自身が内務班改革にかけた革新の情熱から理解すべきなのである。

それにもかかわらず、ここで指摘したいことは、永田論文と鈴木論文の連続性である。実際、軍隊教育令の編纂者であり、国家総力戦体制のプランナーであった永田鉄山の延長線上に、後に鈴木庫三が唱えた「教育の国防国家」は存在した。ここで総力戦に向けた日本陸軍の課題を鋭く指摘した永田論文を、簡単に要約しておきたい。永田の発した問いに答えることが、鈴木の課題であった。永田論本は有名な次の一文で始まる。

陸軍に於ける平時業務の大部分は教育であると謂《い》つても差支へない。(3)

第一次世界大戦の前線と銃後を臨時軍事調査委員として視察した永田は、驚くべき率直さで日本社会の近代化の遅れを指摘している。とくに重要なことは、近代化した欧米列国において一般社会の規律と軍隊のそれが接近しているという認識である。

此の両者〔学校教育と軍隊教育〕の関聯《かんれん》を最も緊密にし仍《よっ》て以て軍教育の効果《こうか》の十全を律することは、我国に於ては、欧米列強に比しその必要がより大である、何となれば、我が邦《くに》に於ける義務教育年限は欧米のそれに比し概して短く、国語の関係上同一期間に於ける我が教育の効率《こうりつ》は彼のそれに劣るの恐あり、国民の体格亦遺憾ながら我彼に劣り、国民の起居、動作、服装及社会的紀律等彼は我に比し著しく軍隊のそれに近似して居り、一言にして之を蔽《おお》へば、我が陸軍の受領する壮丁なり生徒なりは、欧米のそれに比し、軍教育の見地よりする素質が低くあり勝ちであるからである。(6)

永田が総力戦体制を「社会全般の軍隊化」と把握していたことがわかる。また、「実利的動機」を欠く軍隊教育で兵員の自発性を引き出すことの困難さも、永田は十分理解していた。そうした「自発性の動員」という視点から、永田は学校教練を「其頗《すこぶ》る不経済且非効果的」と懐疑的に評価している。意外といえば意外である。一般の教育史は、軍隊と教育の接点として、陸軍現役将校学校配属令にはじまる学校教練を「教育の軍国主義化」の象徴として論じてきたはずである。むしろ、永田の革新的視点から見て学校と軍隊の接点となるのは、新兵器の出現や社会の複雑化に対応すべく、将校を帝大などに聴講生として派遣する「陸軍員外学生制度」であった。この制度が生み出した軍隊教育スペシャリストが鈴木庫三なのである。永田が「従来陸軍の教育を科学的に研究したものは殆んどないと謂つてもよい」と書いた翌一九三四年、鈴木大尉が『教育思潮研究』に「軍隊教育の特色と軍隊教育学の成立」を発表したことは単なる偶然とは思えない。

陸軍「国民教育」と海軍「エリート教育」

鈴木論文掲載の『教育思潮研究』第八巻第二輯には、海軍帝大派遣学生だった広瀬豊「松蔭先生の教育振り」も収められている。広瀬海軍大佐は吉田松陰の研究家として知られ、多数の著書を残している。『岩波講座　教育科学』で永田鉄山「陸軍の教育」と対をなす論文は広瀬豊「海軍の教育」であり、『教育学辞典』で鈴木少佐「陸軍教育」と並ぶ論文が広瀬大佐「海軍教育」である。広瀬論文の連続性が、永田の軍隊教育改革論の後継者としての鈴木の立ち位置を裏書きしている。

鈴木大尉と広瀬大佐がはじめて出会ったのは、東京帝大入学式の一週間後、一九三〇年四月二三日である。午後六時半から本郷キャンパス山上御殿にて新入生歓迎を兼ねた教育学談話会が開催された。ここで広瀬豊は「海軍の教育について」と題して講演をしている。

一般には歩兵による白兵戦を行う陸軍は精神主義であり、艦隊による機動戦を行う海軍は技術教育を主体とした合理主義だといわれている。私自身も広瀬論文を読むまで、漠然とそう考えていた。しかし、鈴木論文と比較しつつ広瀬論文を読むと、むしろ逆の印象を覚えざるをえない。

〔海軍教育の方法も〕日露戦争迄は多くイギリス模倣の域を脱し得なかつたが、同戦争後は全く一変して純日本主義勃興し、大正三、四年以来の世界大戦以後は三度躍進して範を世界に垂れ、今や世界の三大海軍の一となるに至つた。(192)

ここでいう「純日本主義」教育の主眼を広瀬は次のように述べている。

最後の勝利は結局軍人道徳(魂)の優劣に帰著するのである。技術能力も勿論大切であるが、道徳ありての技術であつて、道徳堅固ならぬ技能は無用有害である。近来は兵器の進歩著るしく、動《やや》もすれば近時の戦争は「器械の戦争」とか、或は「科学戦」とか云ひ、恰《あたか》も古来からの兵術の原則は転倒せりなどと言ふ者もあるが、之を世界大戦に徴するも、開戦当初に於ける兵器の優劣の差は、間もなく均等となるものであつて、最後の勝利は矢張り道徳心にあること、決して疑ふべき余地はない。(192)

艦艇には軍縮条約の制限はあっても訓練は無制限ということだろうか。この論文と並ぶ鈴木の「陸軍教育」論文には軍人勅諭と軍人精神が掲げられているが、こうした技術軽視の言説は存在しない。

もう一つ、広瀬の海軍教育と鈴木の陸軍教育において大きな差異となるのは、その「方法」である。軍隊教育を鈴木は「精神教育、内務教育、学科教育、術科教育」に四区分しているが、広瀬は「基礎教育、綜合教育、競技」に三区分している。広瀬によれば、基礎教育は個人教育(精神教育・技能教育・体育)であり、綜合教育は個人を「一団として教育する」部署教練・戦闘作業である。とくに陸軍教育の内務教育に比して、特徴的なのは三番目の「競技」である。

人の競争心を刺戟して教育の効果を高めんとする手段であるから、凡《すべ》ての戦闘技術は此の方法を用ひて差支ない。(193)

つまり、志願兵制を基礎とする海軍の能力主義的《メリトクラティック》な組織原理では「競争」が全面的に肯定されていた。団結力の弱さが組織崩壊につながる地上戦闘よりも、逃げ場のない軍艦内では戦闘中の軍紀維持は比較的容易である。そのため、連帯よりも競争によって個人的専門技能を高める教育が行われた。自由主義的知識人が陸軍より海軍に好感をもつ理由は、こうした個人主義、あるいは能力主義にあった。

一方、専門志向の志願兵にくらべ、自覚と意欲に劣る大量の徴募兵を扱う陸軍教育では、「家族的平等主義」が採用された。鈴木は内務教育について次のように書いている。

内務教育は陣中の生活並に家庭の生活に近似した軍隊内務の実生活に於て、特に実践的に軍人精神を鍛錬し、軍紀を涵養し、其の品性化を計り、鞏固《きょうこ》なる団結を完成し、陣中の生活に必要なる知識技能を演練すると共に身体を養護鍛錬し、美的情操の陶冶《とうや》をも行ふものである。其の方法は一般教育の寄宿学校の訓練及び家庭教育の躾《しつけ》等から想像することも出来るが、特に軍隊独自の境涯に於ける徹底的実践陶冶である。(鈴木39a：2358)

一言で言えば、同じ釜の飯を食べ苦楽を共にして連帯感を育成すること、これが「内務」の目的である。当然ながら、「家庭の生活」への近似を理想とする内務生活に「競争」原理を全面的に導入することは困難である。社会学的な用語を使えば、陸軍は属性原理にもとづくゲマインシャフト（共同社会）であり、海軍は業績原理にもとづくゲゼルシャフト（利益社会）といえる。陸軍の軍隊教育令が「良兵良民主義」を掲げて国民教育と自己同一視できたのはこのためである。「国民教育」を追究した吉田熊次などの教育学者が海軍より陸軍にシンパシーを抱いた理由もここにある。

ついでに言えば、陸軍的組織モデルを否定した戦後社会、とくに「競争」の激しいビジネス社会で海軍教育が高く評価されたのは当然である。一方で皮肉なことだが、「競争」を否定した脱偏差値の学校教育のため、今日の公立学校で極端な「員数主義」や陰湿な「イジメ」といった内務班的現象が発生していることも想起すべきだろう。

それはともかく、鈴木大尉が内務教育を強調した理由が、そうした内務班の弊害を是正したいという強い信念にあったことは、前章までの記述から読者には明らかだろう。内務班の暗部に目を閉ざすエリートだけが、内務教育を軽視することができたのである。

「国内思想戦」の萌芽

こうした内務改革を目指して、鈴木大尉は満洲事変以後、軍隊教育学研究を本格化させた。一九三二年二月二八日、輜重兵会で「軍隊教育研究会」設立に向けて同志と打ち合わせを行った。卒業を一年後に控えて帝大の教育学談話会のような研究会を軍内に移植しようする鈴木大尉のこの試みは、失敗に終わっている。将校団内で純粋な教育研究に関心を示す者は少なかった。

余は自利的游泳術《ゆうえい》を主目的とする会合は、断然拒絶した。従つて余の理想とした研究を主とする教育〔学〕談話会は、現在の大尉以上、殊に佐官級を相手にしては成立し得ないことが今夜の会合で明白になつた。1932-10.20

帝大派遣の最終年度は、講義や演習への出席は少なく、自宅で論文執筆に集中している。一九三二年一〇月一一日、『軍隊教育学概論』の執筆に着手するが、序文を書いた段階で「従来の軍隊教育学とよほど趣を異にするものが出来る様だ」と自信のほどを示している。将校団内での教育活動を断念した鈴木大尉は、新たに『倫理新聞』による社会教育の実践を長屋喜一講師と計画している。その協力要請のため陸軍省調査班も訪れている。

陸軍省を訪れて調査班の秋山〔義隆〕中佐に会つて、倫理学者達の企図して居る『倫理新聞』による倫理運動の話をして陸軍省の後援を求めた。秋山中佐から「思想戦の研究」といふ印刷物を貰つて読んで意見を述べることを頼まれた。田中清少佐が書いたものらしい。1932-11.5

鈴木大尉が「垢《あか》ぬけした研究」と評したパンフレットは、一九三四年二月一一日に陸軍省軍事調査部『思想戦』として公刊されている。

然し後日、田中少佐と大に意見を戦はして見る必要がある。此種の思想戦を将来戦に於て予想すればする程、国民の倫理運動策といふ事が必要になる。1932-11.6

重要なことは、田中少佐が考えた「対外的な思想戦」に対して、すでにこの時期から鈴木大尉はそれを「国民の倫理運動策」と不可分なものと考えていたことである。情報官・鈴木少佐の代名詞たる「国内思想戦」の発想は、ここに萌芽していた。卒業を控えて、一九三二年末、鈴木大尉は帝大時代を次のように総括している。

顧みれば今年は特別に忙《せ》はしい年であつた。帝大の三年目、十月までには二千五百頁《〔ママ〕》からの論文「国家生活の倫理学的研究」を完成して、其後直に「軍隊教育学」の〔検討〕にかへり原稿も半ば出来た。其間、満洲、上海事変のため陸軍省の仕事で三つ四つの小論文を書いた。然し此小論文は時局の関係上、或は重要な働きをしたかもしれぬ。（略）社会生活は益々拡大して輜重兵より各兵科に、軍隊より一般社会特に教員竝《ならびに》学者関係に新なる交際が増加した。（略）三月までには「軍隊教育学」も完成するであろう。又同時に帝大も終つて何処かへ転任するだろう。それから初めて過去十ケ年も学んだ倫理学や教育学が実際に活用されることになるだろう。1932-12.31

だが、鈴木大尉の進路は、この展望のようにスムーズには進まなかった。一九三三年三月九日に派遣学生の同期四人は参謀本部で会合し、鈴木大尉は隊付勤務となる情報を入手している。三月二〇日官報で、四方大尉がハルビン伝家甸《フージャデン》憲兵分隊長、藤村大尉が陸軍省人事局恩賞課、橋本少佐が参謀本部作戦課兵站班、鈴木大尉が輜重兵第一大隊下士官候補者隊付と発表された。三月二五日には、上野精養軒で陸軍省主催の帝大教授謝恩会が山岡重厚軍務局長の司会により行われている。

鈴木大尉は隊長から「特に研究を主として行ふべき事」と命じられたが、三月二四日の勤務から、さっそく内務教育の改革に着手している。当然ながら、これまでの大学生活と異なって研究は進まない。

隊附を始めてから下らない雑務に忙殺せられる。僅《わず》か二週間でも一ヶ月以上にもなる様な気がする。 1933-4.2

その四日後、四月六日から下士官候補者に「精神訓話」を開始している。全二一回行われた精神訓話の後半一一回分は謄写印刷の要旨が残っている。「国家生活の倫理学的研究」を大衆向けに噛み砕いた内容であるが、ここではその内容に立ち入らない。

同年八月二日の異動で、鈴木大尉は下士官候補者隊長に補せられた。自ら隊長となったため、本格的な内務班改革に乗り出した。最初は、私的制裁禁止の徹底である。

田村軍曹の私的制裁事件の横井上等兵が退院して来たので、隊長の懲罰権により懲罰処分をした。新任早々懲罰を行ふは面白からざる事であるが、着任以前に決定して居た事でもある。 1933-8.5

次いで、官物私物を盗む「員数合わせ」を厳禁した。しかし、鈴木大尉の権限の及ぶ範囲は自分の下士官候補者隊だけである。

他中隊が来て盗んで行くのだけは防ぐに困る。下士官候補者隊だけは絶対にない様に力《つと》めて居るが。大隊長への意見具申が、隊附佐官の所で遮断せらるるのではなないかと思はれる。 1934-2.5

改訂された軍隊内務書は一九三四年一二月から実施されるが、それを鈴木大尉は「机上の作文」として厳しく批判している。

今度の内務書も官衙の御役人が机上に作つた感がある。またその内容が時代思潮の影響を受けて少からずフアツシヨ化した感がある。隊附の困苦の経験に乏しい所謂「天保組」の作だが、果して軍隊教育の成果を挙げ得るものであるか何うか、中隊長の如きは身体が二つあつても真面目に働くには足らない。況んや第二の国民たる自己の子弟の教育などは思もよらぬ事だ。中隊長は所謂、週番中隊長、内務中隊長で演習中隊長たり得ないであらう。此辺は歩兵隊基準の内務書の感あつて特科兵には頗《すこぶ》る無理がある。1934-10.8

鈴木大尉は内務書の「フアッショ化」を認めているが、それを必ずしも肯定していないことに注目しておきたい。こうして、鈴木大尉が内務班改革の実践に苦心している間にも、陸軍中枢では大きな変化が起こっていた。一九三三年末、荒木陸相が予算案で海軍に譲歩したことを一因として陸軍部内の荒木への信望は衰えた。一九三四年一月に荒木陸相が辞職すると、林銑《せん》十郎《じゅうろう》陸相の下で、国家改造を陸軍の政策課題に掲げる永田鉄山が軍務局長に就任した。以後、荒木に近い要職者は相次いで左遷され、「皇道派」時代は終焉《しゅうえん》した。永田軍務局長の下で政策班長になったのは、「山水会」で鈴木大尉と交流のあった池田純久である。池田が『軍事行政』（一九三四年）を出版したのは、鈴木が『軍隊教育学概論』を発表する前年である。

「目的」「計画」「合理」の追求

一九三四年一二月一〇日、鈴木大尉は陸軍自動車学校練習隊付、兼同校教官、兼同校研究部員へ異動となる。自動車学校長・小嶋時久少将、練習隊長・北薗豊蔵中佐（二三期・少将）とも、いずれも帝大派遣の協力者であり、ここで鈴木大尉はようやく主著をまとめ上げることができた。だが、鈴木大尉の内務教育改革に不満を抱く守旧派の勢力は依然として強力だった。

帝大卒業後の余を生意気なりと主張するとの事。国軍の為に教育を論じて論に破れると卑怯なるかな生意気なりと称するのみならず、事実国軍の為になることを実施せんとするものを階級地位上の権力を悪用して其理想実現を妨げる。何たる罪悪だろう。これが輜重兵の天保の或るものの行為だ。実に浅ましい事ではないか。輜重兵部の余の受持の時間を極端に削除して余の手腕を振ふ余地、否国家国軍の為に教育進歩の唯一の道を遮断するとは実に国賊的行為ではないか。

1934-12.29

『軍隊教育学概論』は、こうした気分のなかで書かれた著作である。だから、鈴木の内務教育重視を「ファシズム期の軍隊教育に対する軍の位置づけの特徴」（遠藤）とみなすことには相当の無理がある。むしろ、軍隊教育の現状批判の著作といえるだろう。孤立を恐れぬ決意は、一九三四年「年末所感」で次のように表明されている。

余は最早《もは》や位階勲等より解脱した気分がある。階級が低くて現役を退かされてもよい。必ず正道を踏んで屈せぬつもりだ。正道を踏んで陸軍に容れられざれば、必ずしも陸軍に止《とどま》らない。広く

国家社会に働く。而して尚容れられざれば、書を以て文を以て後世に残し、之が容れらるるの日を待つのみ。1934-12.31

こうした意固地な態度が、幸いにも鈴木大尉を軍閥抗争から遠ざけていたのだろうか。いずれにせよ、一九三八年八月まで、鈴木大尉は通算五年間を自動車学校教官として過ごしたことになる。自動車学校での教育と研究の成果として、『軍隊教育学概論』『日本精神の研究』以外に、『自動車記事』(陸軍自動車学校)に連載した多くの論文がある。その内容は、『軍隊教育学概論』冒頭の一文に集約されているといっても過言ではない。

教育とは一定の目的に基き計画的・持続的に教育者と被教育者との間に行はるる作用なり。故に教育を行はんには先づ合理妥当なる目的を把握し、常にその目的を意識し、計画的に作用を起し、教育に関する一切を目的に拠りて律せざるべからず。蓋《けだ》し其の目的にして合理妥当ならざる時は教育は正道を脱して邪道に堕ち、常に其目的を意識し計画的に目的に拠りて作用の一切を律せざる時は空費徒労多くして教育の大なる成果を収め得ざればなり。(1)

この短い文章には「目的」が六回、「計画的」が三回、「合理」が二回も使われている。この「目的合理主義の計画」は、文部省の革新官僚・宮島清が『教育』(岩波書店)一九三四年一月号に寄せた「教育制度改革の根本方針」と通底している。

明治教育の伝統に立つ我国の教育は、資本主義的自由主義的生産をこととし、無計画に安価なる卒業生を濫造し、社会的に諸種の混乱を惹起すると共に、教育それ自身も亦行き詰つてしまつた。

之を是正するには計画的に教育を立直ほして、合理的に社会機能の組成を謀るより外に道がないと信ずる。（略）教育は飽く迄計画的でなければならぬ。それは社会の機能全般に関するだけに、広汎なる綜合的計画を必要とする。斯の如きは教育参謀本部とでも云ふべき機関に依つて万違《よろずい》算《さん》なく行はるゝことの必要を痛感するものである。（111-112）

鈴木大尉が、阿部重孝教授を媒介にすれば結びつく宮島論文を読んだ可能性は高い。この教育将校は、一九三八年八月、陸軍省新聞班員となり、国民教育の大きな舞台に颯爽《さっそう》と登場する。それまでの間には、一九三五年の永田鉄山斬殺事件、一九三六年の二・二六事件、一九三七年の日中戦争勃発という重大事件が連続した。本書旧版では未発見だった一九三五年から一九三七年までの「鈴木日記」から、この軍閥抗争期の活動を概観しておこう。

4——二・二六事件をめぐる対応

「悪名」の由来

この時期、鈴木大尉は自らを「教育者」と考え、教育実践に生き甲斐を見出していた。教育資料蒐集《しゅうしゅう》のため輜重兵第四大隊（大阪）、同第一六大隊（京都）に出張中も、下士官として勤務している教え子たちが鈴木の宿舎に連日つめかけている。

教へ子が訪れて来て十二時頃まで話した。教育の効果は教へた人と教へられた人とが一番よく知つて居る。軍隊では此方面を力説するが、花々しく見られるのは戦術のみだ。教育者は寧ろ縁下の力もちで結局犠牲に終る。誰れも己惚れがあつて他人の教育した顕著な効果など認めてくれる人がない。然し乍ら、あの苦心あの努力の唯一無上の慰めは、実に精神教育が徹底し、真面目に延びて行く教へ子に会つた時の胸中だ。1935-6.5

このように「戦術」ではなく「教育」から思考する教育将校は、やがて軍隊教育を超える「広義教育」を志向し、それは二・二六事件以後に広田弘毅《こうき》内閣が掲げた「広義国防」のスローガンと一体化して、鈴木庫三の主著『教育の国防国家』（一九四〇年）に結実する。だが、機会均等を実現する国防国家の教育改革という構想は、かなり早くから存在していた。

私立学校のよくないのは営利的な経営を行ふからだ。営利を去つて真に教育のためにつくす様な学校があれば、公立以上になる。世の中の不幸な人を救ふ為には何うしても斯様な学校がなくてはならぬ。志あつても経済之に伴はず斯様な学校を創立することが出来ないのもまた残念だ。然し何時かさうした機会が来るかも知れぬ。一生を捧げて教育につくしたいものだ。1937-3.28

後の情報官・鈴木少佐の「悪名」は、ある意味、この強烈な教育の平等志向に由来している。自由気ままな文筆家にとって、「戦術」ではなく「教育」から思考する検閲者ほど厄介な存在はないからである。鈴木以外の戦術将校は、有閑階級の作家、編集者にとってむしろ与しやすい相手だったであろう。平身低頭して酒席を共にしていれば、やり過ごすこともできたからである。しかし、出版事業を国民教育、すなわち「大衆の国民化」の教育手段と考えた鈴木少佐は、言論統制を明確な教育「目的」をもった「計画的」システムと考えていた。指導要領のある教育界と状況対応的な言論界は、その計画性において最大の相違があった。のちに鈴木情報官が雑誌出版社に加えた弾圧とされる、「毎月十日までに編集企画を提出せよ」という命令も、授業計画を立てる教育者であれば、当然の発想である。それは今日、大学教員が次年度のシラバス（講義案）を年度末に提出させられているようなものであり、「教案なくして教育の効果は期待できない」という正論に教育者が反論するのはむずかしい。しかし、アクチュアルな事象への臨機応変な対応が求められるジャーナリズムの世界で、それは受け入れがたい硬直した態度とみなされる。

相沢中佐事件から二・二六事件へ

教育研究の一方で、鈴木大尉は帝大派遣時代には、政治改革を志向する「桜会」の活動に参加していた。しかし、その後の「鈴木日記」に青年将校運動に関する記述は見出せない。教育将校として陸軍内に地歩を固めたと自負するところもあったのだろう。

一九三五年七月一六日、「皇道派」の真崎甚三郎《じんざぶろう》教育総監が罷免《ひめん》され、後任に渡辺錠太郎大将が就任する。真崎罷免の三日後、鈴木大尉は教育総監部に呼ばれている。

教育総監部管轄の学校で将校に教育法を教へることになつた。その方針、要目、細目の会議である。斯様な事を教へることになつたのは陸軍の一大進歩であるが、会議に臨んで見ると未だまだ理想より遥に遠い。第一教官共者に腹案がない。教ふべき識能を持たない様に見受けられた。之がため随分非常識な議論が出て遂に午後四時までかゝって了った。1935-7.19

教育総監部から精神主義の皇道派が取り除かれたことで、鈴木大尉は陸軍内で「教育科学」を提唱する機会を得たことになる。それは「陸軍の一大進歩」として歓迎すべきことだったはずだ。しかし、その翌月、八月一二日に陸軍省軍務局長室で「教育科学」に理解のあった永田鉄山少将が皇道派の相沢三郎中佐に斬殺された。その日、自動車学校では新校長着任の閲兵式が行われて、鈴木大尉は午後に剣術の夏稽古を終えて帰宅していた。翌一三日の日記に「不祥事件」として記録されている。

昨日、陸軍省で永田軍務局長が某中佐の為に斬殺された。軍の統制強化、国軍粛正を高調する折柄、不祥事件である。然し、事件は決して単純の事件ではあるまい。1935-8.13

この「不祥事件」に際して陸軍自動車学校で行われた粛軍の校長訓示も、日記類とともに保存されている。表紙込み一二頁の謄写版刷文書だが、「六、軍人ノ政治干与《かんよ》ニ就テ」では次のごとく記されている。

将校トシテ政治ニ関心ヲ持チ、之ヲ研究スルコトハ、勿論差支ナキノミナラズ今日ノ世相ニ於テハ啻《ただ》ニ必要ナルコトナルモ、研究ノ範囲ヲ越エザルヲ要ス。

二・二六事件はその約半年後に勃発する。その前月、一九三六年一月六日、鈴木大尉は甲種学生の部隊教練として、代々木練兵場で歩兵第一連隊の部隊を借りて歩兵の自動車搭載訓練を行っている。その中には翌月に蹶起部隊に加わった兵士も混じっていたはずだ。鈴木大尉の原隊である輜重兵第一大隊も同じ第一師団に属しており、事件はごく身近で起こっていた。

鈴木大尉は二・二六事件の一週間前、二月一八日より自動車学校甲種学生第二次部隊の教練のため千葉県北部で演習を行っていた。演習を終えて世田谷にある学校に戻ったのは、二月二四日午前一一時。翌二五日は慰労休暇で自宅にいた。そして運命の二月二六日の日記全文である。

> 非常呼集の伝令が来たので休日にも係らず急ぎ出勤す。帝都に某重大事件突発、歩一、歩三、近歩某隊、野重八〔七の誤記〕砲隊等の将兵を主体とする軍隊が憂国の至情より蹶起し、教育総監渡辺大将、岡田首相、斎藤内府、高橋蔵相、鈴木侍従長等を襲撃し、之等に重傷又は死に至らしめ陸軍省、参謀本部、警視庁等を占拠中なるものの如く、朝日新聞社も襲撃されたとの説。
>
> 練習隊は出動を命ぜられることを予想し、先づ東京警備規定に基く警備部隊を編成す。昼頃学校より教育総監部及警備司令部に派遣したる連絡将校帰来し、事件の全貌を知る。学校職員以下詰切《つめきり》、夜一二時には丸山警備部隊出動す。此間昨日作業せる将校教育刷新案を会議にかけて訂正し之を完成す。夜は練習隊に宿泊す。1936-2.26

日本全土を震撼させた事件の真っ最中でも、そのすぐ近くでも軍官僚システムは「日常」の営みを続けていた。鈴木大尉はクーデターの最中に「昨日作業せる将校教育刷新案を会議にかけて訂正し之を完成す」と書いている。歴史の大きな歯車が回っている間にも、人は日常性にこだわり続けるものだ。事件二日目。

戒厳令を下命せらる。練習隊は戒厳司令官の直轄となる。帝都の警備並治安は確保された。陸軍は近衛、第一、一四師団〔宇都宮〕の一部、第二師団〔仙台〕の一部を以て、海軍は東京湾及大阪湾に艦隊を集中して夫々警備に当ることになつた。内閣は辞表を提出す。陸軍省、参謀本部は占拠されて、また業務を開始し得ず。軍人会館、偕行社等を使用して其地に開設。

情報を綜合し、蹶起の趣意書によれば、元老、重臣、財閥、政党、軍閥等結託して国家の正常なる発展を阻害し、人民を塗炭の苦に陥れつゝあるを以て之等の逆賊を除き、大君の稜威《みいつ》を発揮するといふことである。而して今や満洲派遣の内命を受け、内外多事の折柄、此儘放任して赴任するに忍びず、後顧の慮を断つて行かんと言ふのである。

彼等の純情は尤もなるも、之を行ふ方法手段に至りては、研究の余地少なからぬ様感ぜらる。国家を思ひ其欠陥を改善するは国民各自の義務、但其義務を遂行するには合理的なる方法手段がある。非常手段は最終である。然し斯の如き非常手段を取るに至らしめたる社会、当局者は大に猛省を要する。今夜も詰切り。1936.2.27

「彼等の純情」という表現もあるが、「合理的なる方法手段がある」はずと蹶起側を批判する一方、そうした彼らの暴発を招いた「社会、当局者」にも猛省を求めている。鈴木大尉のアンビヴァレントな心境の表現と言える。第三日目。

蹶起部隊の鎮定には血を見ざることを理想とし、原所属隊長其他の重臣をして極力説得に努めたるも彼等は之に応ぜず。残されたるものは奉勅命令のみ。然し其奉勅命令も直に実行する様子がないので、已む〔を〕得ず兵力によりて鎮定せねばならぬことになつた。学校は全員出動を予想して之が編成準備を行ふ。午後八時三十分練習隊全員の出動命令下る。午後九時出動す。余は中村部隊本部附となり、両国駅に先行して歩兵学校部隊の兵力輸送の協定に当る。戒厳司令部の連絡者に会ひ、蹶起部隊、即ち反徒の状況を具《つぶさ》に知る。一〇時前、中村部隊は両国駅に到着す。

1936-2.28

昭和天皇が自ら指示した奉勅命令により、蹶起部隊は「反徒」へと変わった。こうして二月二九日、クーデターは終焉を迎える。

午前零時三十分、歩兵学校部隊は両国に着く。二回に亘つて第一師団司令部に之を輸送し靖国神社に至つて待命す。戒厳司令部に連絡に行つて見ると眼の廻る様な忙はしさである。九段附近も防備も厳で至る所、道路を阻絶《そぜつ》して配兵してある。午前五時から更に新宿駅に到着したる第一四師団部隊の兵力輸送を二回に亘つて実施す。自動車部隊にも鉄帽を支給せられて武装厳《いかめ》しい。前線は午前九時から攻撃前進を起す。第二師団部隊の輸送の為、上野駅に行つて見ると、予定を変更して渋谷に下車するとの事。空しく靖国神社社前に帰つて待命す。此頃から学校長以下、全員出動す。一部の自動車部隊は第一線に至つて帰順兵の輸送に当る。攻撃前進を起すや反軍は続々帰順して、午後二時半頃迄には全く鎮定す。午後四時半、帰還命令下る。自校出動部隊は全部学校に帰還す。人車の損傷なし。祝盃を挙げて祝ふ。午後七時帰宅す。家族のものも大分心配して居たが、今日帰宅したので一同安心す。1936-2.29

警備部隊を輸送する自動車部隊を指揮した鈴木大尉は、「反軍は続々帰順」するのを見届けて「祝盃を挙げて祝ふ」と書いている。その限りでは青年将校たちの叛乱に同情は示していない。この時期、鈴木大尉は『軍隊教育学概論』出版に向けた準備に追われていた。その謄写版刷（本文カナ表記・正誤表付）が陸軍自動車学校から刊行されたのは、相沢中佐事件の四ヵ月後、一九三五年一二月である。この初の単著が目黒書店から出たのは、二・二六事件の粛軍人事が終わった一九三六年一二月である。

「陸軍講道学校設立」の上申案

鈴木大尉は二・二六事件の詳報編纂委員に任命されたが、その余波は長く残った。約二ヵ月後の四月二四日、用務のため士官学校時の校長・鈴木孝雄大将（後備役）の自宅を訪問している。鈴木大将は、二・二六事件で重傷を負った鈴木貫太郎侍従長の実弟である。

家人が軍服姿の私を見て驚いたらしく、二・二六事件の印象新しい間に将軍の宅を軍服を着て訪れることは考へものだと思つた。帰途、深作〔安文〕博士を訪れ用務を済《すま》した。1936-4.24

やがて靖国神社宮司、大日本青少年団長となる鈴木大将と東京帝大で倫理学の指導を受けた深作名誉教授を訪ねた用向きは、「二・二六事件の善後策について陸軍省当局に意見上申」(1936-5.7)の相談であった。具体的には「陸軍講道学校」の設立である。

午前中、陸軍講道学校設立の趣旨を研究した。実は陸軍に斯様な学校、道徳、教育、思想等を講じ、兼て思想戦を研究する学校が必要なのである。今迄の教育はあまりに知識技能偏重で最も重点である精神教育の施設がなかつたのである。今回の二・二六事件の機会に之が設立を陸軍当局に意見具申を試みたのである。1936-5.11

すでに見たように、鈴木大尉の「道徳、教育、思想」の研究は、にわか仕込みのものではない。帝大派遣学生時代の一九三二年、鈴木は大学院論文「国家生活の倫理学的研究」を提出し、陸軍省パンフレット『皇軍の倫理的研究』も執筆していた。ただし、この「陸軍講道学校」の上申案は、「精神教育の施設」としてよりも、「思想戦を研究する学校」として注目すべきだろう。相沢中佐事件の直後から、陸軍自動車学校で「国内思想問題」の講話を開始している。

国体明徴問題及天皇機関説問題で近頃の言論思想界は持ちきつて居る。対外的には伊エ開戦問題〔イタリアによるエチオピア侵略戦争〕で再度、欧州大戦を思はしむるものがある。国際聯盟で大問題である。国外問題は別として国内思想問題に対し少くも軍部、特に自〔動車学〕校内だけでも正しい識見を与へたいものと思つて国体問題の講話原稿を昨日から著し始めて今日出来上つた。連続考へたので頭痛がする。1935-9.25

もちろん、後に「国内思想戦」と唱える情報官・鈴木庫三において、思想戦が意味するのは国際的な文化外交よりも「国内思想問題」である。

昼には国体明徴問題で将校団講話を行つた。近頃美濃部博士の天皇機関説問題で世の中が中々八《や》かましい。軍部でも其取消しを要求して大騒ぎをして居るが、然し之を論破すべき筋道の通つた明論が出ないのは誠に残念である。1935-10.3

当時、在郷軍人会をはじめ軍部は天皇機関説排撃の旗幟を鮮明にしていたが、鈴木の目には天皇機関説を「論破すべき筋道の通つた明論」は見当たらなかったようだ。そうした状況を克服するために、知識人と互角に議論できる将校を養成する「陸軍講道学校」の創立を鈴木大尉は提案した。だが、大学の教壇に立ち論文を執筆する鈴木自身が陸軍将校団の異端者であったように、戦術本位の陸大出身者たちが「学者のような軍人」の育成を求める提案を受け入れるはずはなかった。三年後、日中戦争下の「鈴木日記」には無念の思いが綴られている。

あの時分に此の学校〔陸軍講道学校〕が出来、相当数の卒業生が出て居つたら、今度の事変で何《ど》れ丈け国家のためになつたことやら、今更一部の独善主義者に妨げられたのが残念である。

1938-12.12

やがて陸軍省情報部員や情報局情報官として鈴木庫三は多数の知識人を相手に孤軍奮闘を続けることになった。歴史に「イフ」はないのだが、もし鈴木少佐と同じく知識人と互角に議論でき、文才に長じた将校が数十人単位で存在していたなら、おそらく「鈴木少佐」の悪名は存在しなかったかもしれない。しかし、昭和陸軍にもう一人「学者のような軍人」として異彩を放った将星が存在していた。『世界最終戦論』ほか数多くの著作を残し、予備役後は立命館大学国防学研究所長となった「満洲事変の立役者」石原莞爾中将である。

鈴木大尉は盧溝橋事件の九日前、一九三七年六月二八日、参謀本部戦争指導課から呼び出しを受けて「思想戦の意見」を開陳している。戦争指導課は二・二六事件後の一九三六年六月、参謀本部作戦課長・石原莞爾大佐の起案により、参謀本部第一部（作戦担当）で戦争指導・国防国策を担当する部門として新設された。石原自らがそのまま戦争指導課長に横滑りし、国家総動員体制の確立を目指していた。一九三七年三月少将に昇進した石原が参謀本部第一部長に就任すると、戦争指導課長には河辺虎四郎大佐、作戦課長には武藤章大佐が着任していた。

> 午前十時から陸軍省及参謀本部方面に用事があつて出かけた。実は参謀本部の第一課〔部〕で会食をして広義国防、特に思想戦の意見を述べて貰ひたいと頼まれたので出かけたのである。昼食時から約二時間に亘つて座談をした。上級部員は相当の識見を有《も》つて居る様だが、下級部員は可《か》成《なり》思想の幼稚なものがある。而も自分は有能なるもの、一番偉いものと自任して独善に陥《おちい》つて居る傾向があつた。其態度言動から見て、一番困るのは狭量で自分が知らないことは価値がない様に思つて居ることだ。それから自分以外のものは誰れでも自利的動機から仕事をして居る、自分一人が真に国家の為に働いて居るといふ様な偏狭さが窺はれる。1937-6.28

やはり作戦担当の「天保銭組」への鈴木大尉の眼差しは厳しい。石原莞爾第一部長の名前はここでは登場しないが、この五日後、石原の側近・伊東六十次郎《むそじろう》が鈴木を訪れている。

> 参謀本部の河辺〔虎四郎〕大佐の紹介で満洲国協和会の伊東六十次郎君が訪れて来た。同君は昭

和四年の東大文学部出身者で思想戦の研究者である。現に満洲国協和会にあつて日満人の思想指導に奮闘されて居る。元気あり意志鞏固な青年である。1937-7.4

伊東六十次郎（戦後は亜細亜大学教授）は、石原莞爾から手稿を託された「満洲組」ブレーンである（伊東78：7-8）。東京帝国大学文学部西洋史学科卒業と同時に満洲教育専門学校教授に赴任し、奉天特務機関長・秦真次少将（初代陸軍省新聞班長）の依頼で思想戦の研究に着手していた。石原莞爾との出会いをその著『満洲問題の歴史』下巻（一九八三年）で次のように回想している。

> 旅順の関東軍司令部から板垣大佐や石原中佐が奉天特務機関に来た際にお目にかかり、（略）石原さんの官舎に泊まるようになり、それからのちは終生、石原さんと行動を共にすることになりました。（842）

満洲事変当時、伊東は自治指導部自治訓練所員として大同学院の設立にあたり、大同学院教授を経て満洲国協和会の思想教育部門を指導した。後に石原莞爾の東亜連盟同志会創設に参画し、中央参与委員として東亜思想戦研究所を主宰している。石原は伊東との議論を通して有名な「世界最終戦論」が体系化された経緯を『戦争史大観』（一九四一年）でこう述べている。

> 〔満洲〕事変前から〔「太平洋決戦」を〕唱道されていた伊東六十次郎君の歴史観と一致する点があって、特に人々の興味をひき爾来、満洲建国、東亜連盟運動の世界観に若干の影響を与えつつ十年の歳月を経て、遂に今日の東亜連盟協会の宣言にまで進んで来たのである。（石原：135）

「鈴木日記」に伊東は一九三七年から三八年にかけて三回登場するが、思想戦の方策に関して参謀本部の石原と鈴木との連絡役を務めていたようだ。ちなみに「鈴木日記」で石原莞爾との直接面談が記録されているのは、一九四〇年三月上旬に時局講演をした京都出張の記述だけである。三月八日午前中、鈴木少佐は石原中将が師団長を務める第一六師団司令部をたずねており、「石原師団長に挨拶をした」(1940-3.8)と書き残している。

伊東が最初に来宅した三日後、七月七日に盧溝橋事件が発生するわけだが、鈴木大尉は同七日午後から四泊五日の予定で教育資料蒐集のため関西に出発している。「盧溝橋事件」が日記に登場するのは、東京に戻った七月一一日である。

帰つて見ると北支、日支両軍の衝突で重大事件が起つて居る。(略)ラヂオは絶えず事件関係のニウスを報じて居る。今回の事件を北支事件として戦時的取扱をなす勅令が出た。いよいよ重大事件となるらしいが、日本は何時も事件不拡大、和平解決の用意があるから、一に支那側の認識と反省と其出様にある。1937-7.11

新聞とラジオの報道から得た情報以上の内容は記されていない。満洲事変以後が「十五年戦争期」と呼ばれるように中国大陸での小衝突は絶えなかった。鈴木大尉も最初は特に重大ニュースとは認識していなかったようだ。翌一二日に自動車学校に出勤して、鈴木大尉はようやく緊迫した空気に接している。さらに七月一六日から東京整備委員として兵器本廠で民間自動車の徴用と整備に忙殺されている。だがその最中、過労から鈴木大尉は体調を崩し入院している。

少佐進級の第一報は、八月二日に看護婦長から告げられ、担当医師もお祝いに来たが、四三歳の鈴木少佐が病床で綴った日記に喜びの色はない。

然し余の心中は喜を色にする程嬉しくもない。何うせ陸大本位、戦術本位の人事だもの。帝大系の而も文科系のものは国軍に重要な使命を有し乍ら未だ之を活躍させる程、国軍は啓蒙されて居らない。従つて大した抜擢《ばってき》もないことは開いて見なくても明白だ。唯々、栄進栄達、位階勲等を超越して君の為、国の為に誠心奉公すればよいのだ。軍部で我等を充分に活用してくれないならばそれでもよい。予備になつてから広く国家国民を相手に王事に勤労すればよいではないか。然し、今は非常時、一にも二にも目前の利、直接国防に有形的に役立つもののみが認められる。無、、、形の国防力、国民精神、思想戦といふ様な方面が認められるのは前途遼遠だ。一般は唯好潮に依つて時代の波に乗り漂ふのみ、百年の大計から指導する方面は極めて不十分だ。不明なる哉。1937-8.2

だが、「無形の国防力、国民精神、思想戦といふ様な方面」に鈴木少佐が進出する運命の時は、刻一刻と近づいていた。翌九月から石原莞爾少将は関東軍参謀副長に異動して大陸にいた。

北支に陸軍省新聞班の出張所が出来た。之が要員として余の転任を申し込んで来たらしいが、〔陸軍自動車〕学校の実状上已む得る其筋から断つた様だが、実に残念なことをした。1937-11.2

この約二週間後、一九三七年一一月一三日の夜、石原側近の伊東六十次郎が再び鈴木宅を「思想戦のことで参謀本部の意向を体して訪れた」（1937-11.13）。翌月の一二月一三日に日本軍は南京を占領し、日中戦争は中国全土を戦場とする長期戦の様相を呈していた。年の明けた一九三八年一月三日に伊東が再び鈴木宅を訪問する。そこには陸軍省新聞班への道を暗示するような記述がある。

思想戦に関する参謀本部の建白書の写《うつし》が来た。伊東六十次郎が意見を求めに来たのだ。国家の重要事、一読したが尚、研究修正すべき所もある様だ。1938-1.3

伊東と鈴木少佐が討議した内容は、伊東六十次郎『東亜聯盟結成論』(一九三八年)に結実したはずである。その第二編「東亜宣化(思想戦)の原則的研究」の「日本陸軍の思想戦に対する根本原則」には、かつて鈴木大尉が上申した「陸軍講道学校設立案」が反映されている。

かやうな東亜思想戦に対する理解を深める為に教育機関を設置し、陸軍各学校の教科目中にも思想戦の一科目を挿入すること等が必要である(略)日本陸軍は参謀本部内に東亜思想戦の監理及指導を担当する一部課を設置し、更に戦時大本営の設置に際しては一層強化された思想戦部を特設する必要があると考へるのである。(65)

石原少将が関東軍参謀副長に転出した参謀本部では、河辺大佐が「石原構想をうけて、信念的に着手した仕事」(河辺:155)を固守しようとしたが、鈴木少佐が構想した、思想戦のための教育機関は設置されていない。しかし、やがて陸軍は「思想戦スペシャリスト」鈴木少佐を内閣情報部を拡大強化した情報局の情報官として送り込むことになる。だとすれば、鈴木庫三を歴史の表舞台に押し出した勢力に、石原莞爾を中心とする「満洲組」がいたことは間違いない。

いずれにせよ、一九三八年八月一三日、鈴木少佐は陸軍省新聞班へ転属する。永田鉄山が推進した国家総動員体制、あるいは石原莞爾が構想した東亜思想戦を陸軍が主導するためには、学界、教育界に幅広いネットワークをもつ鈴木庫三は不可欠な存在であった。この教育将校が国内思想戦をいかに戦ったか、その先に彼が目指した「教育の国防国家」とは何だったか、その詳細を見ていこう。

第四章

「情報部員」の思想戦記

異色の陸軍パンフレット『国家総力戦の戦士に告ぐ』（一九三九年六月）「ハンマー」、「鍬」、「稲穂」がプロレタリア絵画風に描かれている。鈴木はフィヒテの『ドイツ国民に告ぐ』を意識していた

最後に是非一つ皆様方に申上げて置きたいことは「言論の国防国家体制といふものは絶対に一時的にあらず」斯ういふことです。何となれば先程申上げましたやうに進化した思想戦の言論国防であるからであります。その思想戦は武力戦が行はれて居る時には勿論武力戦と共に行はれて居りますけれども、武力戦の行はれて居らん時でも常に行はれて居ります。而も武力戦に負けなくても、この思想戦に負けるといふと実は国は危いのでございます。さういふ関係にありますので、この言論の国防体制といふものは、支那事変が終つた後に於ても変らないものであります。〔略〕皆様方の持つて居ります所の読者網といふものは、書物や雑誌を商売として眺めた場合にはその商品の配給網であり、消費網であるのでありますけれども、これを思想国防の立場に立つて眺めて見ますと、実は皆様方の配給網であると同時に、国家の教育網であります。国家の思想宣伝の網であります〔拍手〕。皆様方は所謂民営の機関でございますけれども実はさういふ皆様方の持つ思想国防の機能を考へますと、国家機関であり、民〔間〕人であつて、同時に国家の官吏でございます。

鈴木庫三講演「日本出版文化の新体制」『日本教育』一九四一年七月号
（一九四一年五月二四日、日本出版文化協会会員懇談会講演速記）

1――ペンをもった教育将校

自動車学校から新聞班へ

一九三八年一月一六日、近衛文麿首相は「爾後《じご》国民政府を対手《あいて》とせず」、いわゆる第一次近衛声明を発表し、日中戦争は泥沼化していった。だが、鈴木少佐は戦時下の自動車学校で連日、幹部候補生教育という日常に追われていた。相変わらず「財産と教養」のある予備役見習士官への視線は厳しい。一方で、たたき上げの下士官によせる信頼は厚い。

有力な下士官は将校なみに役立つ。自己の〔陸軍〕大学受験勉強ばかりして業務に熱のない将校に勝つて居る。1938-2.7

もちろん、「天保銭組」への反撥も相変わらずである。部隊長会議で学校幹事から「理不尽な叱責」を受け、夕食後に学校長に直訴している。

修養のない天保はかくて暴君振りを発揮して不忠を致すのかな。副官も下士官候補者隊長もあはれなものだ。変態的な頭で統御の道も知らぬものを、何とか閥でどしどし抜擢進級させて国家の為にならぬことをするのは実に困つたものだ。1938-3.1

その鬱屈した思いを、多くの人間は酒席で解消するのだが、鈴木少佐は自宅の庭での農作業に汗を流している。

鍬を振つて畑を耕して居ると心境極めて爽快、不平も不満もなくなる。馬鈴薯《ばれいしょ》、春菜、時無《ときなし》大根など播種《はしゅ》した。1938-3.20

日中戦争が長期持久戦化し、学校からも将校や下士官が前線に引き抜かれていく様子が日記には克明に描かれている。八月九日には鈴木少佐も校長から「近く出動するかも知れぬといふ内命」を受けた。偕行社で軍装を新調し、拳銃の試射を行っている。戦死の場合に備えて遺言状を用意した翌日、八月一三日に運命の転任の内示があった。前線部隊ではなく陸軍省新聞班への異動である。

軍務局の新聞班に勤務することになつて居るといふので、同班の岩崎〔春茂（三三期・陸大四一期）〕少佐を訪れたところ、今日の日付で命課通報が出て居る。被補技術本部、被仰付軍務局兼《けん》勤《きん》、仰付大本営報道部勤務とある。当分、陸軍省内に勤務することに決つた。昨日、親類の人々が集つて餞別《せんべつ》まで送られたが、全く予想外のことが出来た。不取敢《とりあえず》、新聞班関係の挨拶をし、班長に申告して明日から出勤することにした。1938-8.15

班長の佐藤賢了《けんりょう》大佐（二九期・陸大三七期・中将）は、「だまれ事件」で一躍有名になっていた。この半年前の三月三日、佐藤は軍務課内政班長として衆議院の国家総動員法案委員会で法案を説明していた。その際、宮脇長吉議員に対し「だまれ」と一喝し、議場を紛糾させた。軍人の議会軽視の象徴的事件とされた。鈴木少佐にとって新聞班への異動は青天の霹靂《へきれき》だったはずだが、着任二日目からさっそく仕事に着手している。

朝から百種類に近い新聞、雑誌、ニュースの閲読に終つた。班員の岩崎〔春茂〕少佐、上田〔良作〕、出淵〔勲〕大尉、松岡〔孝児〕少尉が今度の武漢戦線に出動して、報道の指導を行ふことになつたので、夕刻から新宿の百慢で送別会があつた。1938-8.17

その翌日の日記からも、新しい仕事への戸惑いはまったく感じられない。

総動員による統制経済に国民が不安を抱いて居るので実相を宣伝するためにパンフレットを出すことになつたので、戦備課で作つた案を点検して講話資料として出版することにした。また『帝国及列強の陸軍』といふ年報を来議会までに提出せねばならぬので、その準備を始めた。岩波から『教育〔学〕辞典』のことでやつて来る。読物は多い。久しく教練に没頭した自分は仕事の変化が急なので昼間睡気《ねむけ》を感ずる。1938-8.18

鈴木少佐の机上に置かれた「陸軍パンフレット」と「教育学辞典原稿」。「陸軍」と「教育」は、鈴木庫三という一人の新聞班員を媒介として一つになろうとしていた。

情報部と陸軍パンフレット

鈴木少佐が陸軍省新聞班に着任して一カ月後の一九三八年九月二七日、新聞班は情報部に昇格した。「昭和十四年三月十日調　大本営陸軍部将校、各部将校、高等文官職員表」では、鈴木少佐は大本営報道部の「部附」となっており、当初は陸軍省情報部と大本営報道部付を兼ねていた。だが、「昭和十四年十二月七日調　同職員表」から鈴木少佐の名前は消えている。一九三九年末には、大本営報道部付の併任をとかれて、情報部で雑誌指導に専念することになった。

新聞班もまた総力戦の産物である。第一次大戦後の一九一九年陸軍大臣官房に置かれた情報係（秦真次中佐）を中心に、一九二〇年に新聞班が組織された。官制外の職制である。一九二九年より大臣官房を離れて軍事調査委員会、一九三三年より軍事調査部に移った。満洲事変以後その機能は強化され、班長にも本間雅晴《まさはる》大佐（後のフィリピン派遣軍司令官）、鈴木貞一中佐（後の企画院総裁）など逸材が抜擢された。さらに二・二六事件後の粛軍と機構改革で新聞班の存在は急浮上し、陸軍大臣の政治幕僚部たる軍務局の重要ポストとみなされた。日中戦争下で情報宣伝を強化する必要から「情報部」に昇格した後、一九四〇年一二月の情報局設置にともない、陸軍省情報部は「報道部」に改組された。

つまり、新聞班に入った鈴木少佐は、一九三八年八月から一九四二年三月までの決定的な三年半を陸軍の新聞班員・情報部員・報道部員として過ごした。その間、佐藤賢了大佐（二九期・陸大三七期）にはじまり、清水盛明大佐（二九期・陸大三七期）、松村秀逸大佐（三二期・陸大四〇期）、馬淵逸雄大佐（三〇期・陸大四一期）、大平秀雄大佐（三三期・陸大四三期）、谷萩那華雄大佐（二九期・陸大三九期）と計六人の「天保銭組」の下で働いたことになる。異動の激しい部内で、情報＝教育の専門家がいかに重宝されたかが推測できる。

この新聞班の存在を世に知らしめたのは、一九三四年一〇月一日陸軍省新聞班名で発表されたパンフレット『国防の本義と其強化の提唱』である。「たたかひは創造の父、文化の母である」と始まる「国防国策強化」の提唱は、「軍部のニューディール」（三島淳）と呼ばれて一大センセーションを巻き起こした。「山水会」以来、鈴木大尉と親交のあった軍事課政策班長・池田純久少佐が原案を作成し、新聞班の清水盛明少佐が手を入れたとされている。折からの東北冷害による農村窮乏を、軍事費増大ではなく経済機構の欠陥と指摘し、統制経済の必要性を説く内容である。このパンフレットに対して、「皇道派」の教育総監・真崎甚三郎大将は同年一〇月三日の日記に、「国家社会主義思想ニテ政革ガ企図セラレアルヤ驚クベク」と書き付けている（304）。「統制派」幕僚の国家総力戦体制マニフェストである。

新聞班長時代（一九三三年八月～三四年三月）の「鈴木貞一日記」を分析した佐々木隆は、新聞班の仕事を大きく二つに分類している。一つは陸軍省記者クラブである「辛酉《しんゆう》倶楽部」に記者を集めて行う公式、非公式な会見・懇談、二つは非公式な会食や往来訪など新聞記者との私的な接触・交際である。とくに、後者の「飲み食い」には陸軍省機密費が使われており、日常的な情報交換のやり取りを通じて「情報幕僚としての親軍記者」が育成された。だが、その上

陸軍新聞班『国防の本義と其強化の提唱』。陸軍パンフレットの名を高らしめた

で佐々木はより重要な但し書きを加えている。そうした陸軍側の意図にもかかわらず、「親軍的記事」のすべてが強制ないし誘導によるでもなく、もともと「親軍的な記者」が数多く存在していた、と(343)。たしかに、戦後の私たちは「権力を監視するジャーナリズム」という規範的先入観をもって新聞記者を見ることが多い。そうした「偏見」は、新聞班―情報部の機能と効力を誤認させることになる。同じことは、鈴木少佐が担当した雑誌編集者についても言えるだろう。たとえば、『改造』編集部にいた水島治男は、鈴木少佐が着任した一九三八年当時を次のように回想している。

それ〔新聞班から情報部への格上げ〕以来、硬派、総合雑誌の四社(中公・改造・文春・日評)と軍報道部との関係は、毎月定例会議を持つことになってきた。それは気味がわるいとか性にあわないというようなものではなかった。報道部配属の軍人の一人一人は話のわかる連中で、お話をきいていると、どうしても暗々裡に牽制《けんせい》され、飼いならされて行くことになる。(水島:109)

横浜事件で被告となる水島をして「報道部配属の軍人の一人一人は話のわかる連中」であったと言わしめている。鈴木少佐のようなスペシャリストは例外的で、多くは参謀や師団長に転出する高級幕僚であったから、具体的な記述に口を挟むことは少なかった。そうした中で鈴木少佐の存在は突出していた。着任一週間後には、パンフレット執筆のみでなく講演も行っている。九月一日、東京会館で都《みやこ》新聞社主催の座談会、同二日には序章で引用した署名記事「漢口従軍を前にして　従軍文士に期待」の原稿依頼を朝日新聞社から受けている。

今度、菊池寛以下多数の文士群が従軍して文筆報国をすることになつたので、之に対する期待の辞を書いてくれといふのだ。午後〇時から内閣情報部で各省の事務官が集つて会議があった。陸軍省からは自分が出席した。来る十〔十一〕月十日、精神作興詔書《さっこう》御下賜記念日を期して国民精神作興週間を設け精神運動をする相談だ。1938-9.2

連日、会議の打ち合わせ、原稿執筆、座談会出席、講演会など多忙なスケジュールが記録されている。九月中に書き上げたパンフレット『支那事変の真意義』は、翌一九三九年四月、陸軍省の名前で発行された。その要旨は「聖戦の真意義」として『偕行社特報』（一九三八年一〇月号）に発表されている。

日本は今次事変に於て何等帝国主義的侵略を企図するものではない。日本は実に支那に対し衷心理解ある提携者であり、救済者である。日満支三国の提携に依つて共存共栄と自力更生と文化の再興とを希望するものであり、東洋平和、延《ひ》いては世界の真の平和の確保と理想東亜の建設とを目的とする以外何等他意なきものである。（鈴木38b：36）

雑誌指導

パンフレットや署名原稿だけではなく、佐藤賢了新聞班長や板垣征四郎陸軍大臣の代筆も多い。

各方面の雑誌から班長名義の執筆を迫られて、「支那事変の将来と国民の覚悟」といふ原稿を書

き始めた。来訪の客が多く面会に忙殺される。1938-9.14

米国や中国などの外国新聞に対する大臣談話の起案や、外国訪問団の接待も任されていた。九月一五日には日独防共親善のため来日中のヒトラー・ユーゲント一行を新聞班代表として陸軍第一衛戍《えいじゅ》病院に招待し、茶話会を主催している。以上が着任一ヵ月の主な出来事だが、まさしく八面六臂《ろっぴ》の大活躍というべきだろう。仕事に忙殺されながらも、過熱する軍需景気が生む社会的不平等については敏感に反応している。

事変に伴ふ軍需動員、輸出入統制等によつて殷賑《いんしん》産業と不賑産業との懸隔が益々甚だしくなつて産業方面に種々《いろいろ》な不愉快な問題が起つて来る。これが対策に就て今日、本省第一会議室で懇談会があつた。内閣情報部、内務省、厚生省方面の意見もあり、憲兵の表裏両方面の報告もあつて陸軍関係工場、民間工場、監督指導者の報告と対比研究したが、結局国民負担の公正といふこと、、国家総動員法の全面的発動の必要といふ所に結論が到達した。会議中、新聞に発表するので多忙を極めた。1938-9.26

「国民負担の公正」こそ、鈴木少佐がその後も一貫して繰り返した主張である。この翌日、九月二七日情報部への改組にともない任務分担が明確化された。鈴木少佐の主務は雑誌指導である。いずれにせよ、鈴木少佐の活躍は他省庁の情報宣伝関係者の目にも際立って見えたはずである。まだ新聞班着任三ヵ月後の一九三八年一一月九日、企画院書記官・奥村喜和男から会談を申し込まれている。その前日の閣議で池田成彬《しげあき》蔵相兼商工相が国家総動員法第一一条（資金

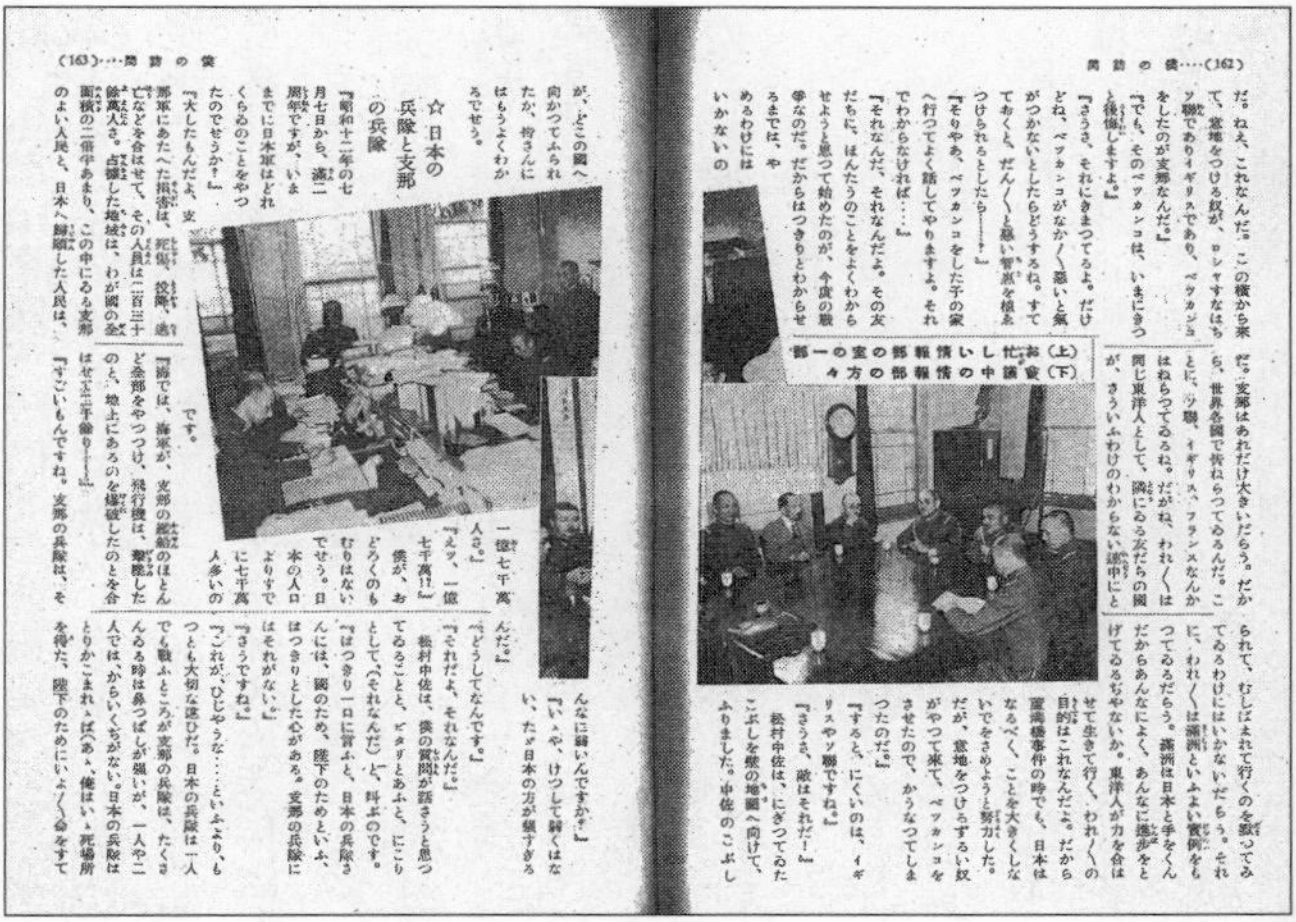
（162）……僕の訪問

だ。ねえ、これなんだ。この横から来て、意地をつける奴が、ロシヤすなはちソ聯でありイギリスであり、ベツカンコをしたのが支那なんだ。』

『でも、そのベツカンコは、いまにきつと後悔しますよ。』

『さうさ、それにきまつてるよ。だけどね、ベツカンコがなか／＼悪いと気がつかないとしたらどうするね。すてておくと、だん／＼と悪い智慧を植ゑつけられるとしたら……？』

『そりやあ、ベツカンコをした子の家へ行つてよく話してやりますよ。それでわからなければ……』

『それなんだ、それなんだよ。その友だちに、ほんたうのことをよくわからせようと思つて始めたのが、今度の戦争なのだ。だからはつきりとわからせるまでは、やめるわけにはいかないのだ。支那はあれだけ大きいだらう。だから、世界各國で狙らつてゐるんだ。ことに、ソ聯、イギリス、フランスなんかはねらつてゐるね。だがね、われ／＼は同じ東洋人として、隣にゐる友だちの國が、さういふわけのわからない連中にとられて、むしばまれて行くのを黙つてみてゐるわけにはいかないだらう。それに、われ／＼は満洲といふよい實例をもつてゐるだらう。満洲は日本と手をくんだからあんなによく、あんなに進歩をとげてゐるぢやないか。東洋人が力を合はせて生きて行く、われ／＼の目的はこれなんだよ。だから盧溝橋事件の時でも、日本はなるべく、ことを大きくしないでをさめようと努力した。だが、意地をつけるずるい奴がやつて来て、ベツカンコをさせたので、かうなつてしまつたのだ。』

『すると、にくいのは、イギリスやソ聯ですね。』

『さうさ、敵はそれだ！』

松村中佐は、にぎつてゐたこぶしを壁の地圖へ向けて、ふりました。中佐のこぶし

（上）お忙しい情報部の室の一部
（下）會議中の情報部の方々

（163）……僕の訪問

が、どこの國へ向かつてふられたか、皆さんにはもうよくわかるでせう。

☆日本の兵隊と支那の兵隊

『昭和十二年の七月七日から、満二周年ですが、いままでに日本軍はどれくらゐのことをやつたのでせうか！』

『大したもんだよ、支那軍にあたへた損害は、死傷、投降、逃亡などを合はせて、その人員は二百三十餘萬人さ。占據した地域は、わが國の全面積の二倍半あまり、この中にゐる支那のよい人民と、日本へ歸順した人民は、一億七千萬人さ。』

『えッ、一億七千萬!!』

僕が、おどろくのもむりはないでせう。日本の人口よりすでに七千萬人多いのです。

『海では、海軍が、支那の艦船のほとんど全部をやつつけ、飛行機は、撃墜したのと、地上にあるのを爆破したのとを合はせて三千餘り……』

『すごいもんですね。支那の兵隊は、そんなに弱いんですか？』

『いゝや、けつして弱くはない、たゞ日本の方が強すぎるんだ。』

『どうしてなんです。』

『それだよ、それなんだ。』

松村中佐は、僕の質問が話さうと思つてゐることと、ピタリとあふと、にこりとして、『それなんだ』と、叫ぶのです。

『はつきり一口に言ふと、日本の兵隊さんには、國のため、陛下のためといふ、はつきりとした心がある。支那の兵隊にはそれがない。』

『さうですね。』

『これが、ひじやうな……といふより、もつとも大切な違ひだ。日本の兵隊は一人でも戦ふところが支那の兵隊は、たくさんゐる時は鼻つぱしが強いが、一人や二人では、からいくぢがない。日本の兵隊はとりかこまれゝば（あゝ、僕はいゝ死場所を得た、陛下のためにいよ／＼命をすて

1939年、清水盛明部長時代の陸軍省情報部、執務室（左）、会議室（右）。執務室中央に松村秀逸中佐、会議室左から３人目に鈴木庫三少佐。「『少女倶楽部とはたのもしいね、僕も話さうかね。』鈴木少佐も、にこにことして立つて来られました。」サトウ・ハチロー「陸軍省情報部を訪ねて」『少女倶楽部』1939年８月号より

統制・配当制限）の発動に異を唱えて政府内の対立が表面化していた。

今日も面会人と原稿ぜめ。夕刻から文理科大学の教授会に行つて時局講演を行ふ。終つてから麴町《こうじまち》茶寮に於て企画院の奥村氏、総動員聯盟の野田沢《のだざわ》〔軍治《ぐんじ》〕氏、調査部の久保〔宗治〕中佐と会見。

1938-11-11

奥村喜和男は情報宣伝部門をリードした代表的革新官僚である。東京帝大法学部卒業後、逓信省に入り放送行政を担当し、同盟通信社や満洲電信電話会社の設立に参画した。一九三五年内閣調査局調査官となり電力国家管理を推進し、三七年企画院調査官として戦時統制を立案した。

四一年には東條英機内閣の情報局次長となり、情報官・鈴木中佐の上司となった。野田沢軍治は日本銀行文書局から総動員連盟に出向しており、『現代財政論』(一九四二年)の著書もある金融スペシャリストである。陸軍省調査部の久保宗治中佐(三一期・陸大四〇期)は鈴木少佐の次期帝大派遣学生で、法学部政治学科に学んでいる。この会合の目的は書かれていない。だが、その一週間後に大蔵省、商工省との政治的妥協が成立し、一二月一三日に国家総動員法第一一条の発動が決定されている。その三日後、一二月一六日夜、鈴木少佐は野田沢に呼び出され総動員本部の多田勲生《ただいさお》調査課長と会談している。国家総動員法発動をめぐり企画院、大蔵省、陸軍省の調整が話し合われたと考えるべきであろう。

この一九三八年、日本陸軍にとって最大の出来事は一〇月二七日の武漢三鎮占領である。その二日前。

原稿に忙はし。皇軍の一部武漢突入の報、伝はり、報道のため夜の十時頃まで詰切る。朝日新聞に依頼された「武漢攻略後の国民の覚悟に就て」といふ論説を書いた。武漢突入の報で新聞記者は宛《あたか》も狂気の如くなつて居る。1938-10.25

原稿に追われる鈴木少佐の目に、新聞記者たちは「狂気の如く」映っていた。武漢陥落の翌日、一〇月二八日も陸軍省記者倶楽部の宴会を早々に抜けて、鈴木少佐は日本大学の講演会に赴いている。

吉本興業から国防文芸連盟まで

その翌日、鈴木少佐は講演会のため関西に出張している。この出張で吉本興業の漫才作家・秋田実《みのる》と親交を結んでいる。吉本興業はこの年に朝日新聞社と提携して「わらわし隊」を組織し、前線への慰問活動を始めていた。

午後五時着、二十七日会の笹本寅君が同行して斡旋《あっせん》してくれた。吉本漫才の大衆文芸団に思想戦に協力するための講演であるが、秋田実君が熱心に協力してくれることになつた。都家《みやこや》文雄の漫才には感心した。大阪の外事部の岩本少佐も訪れて来てくれた。花月劇場で大衆文芸家一同に対し午後十一時から午前一時迄講演、夜は新大阪ホテルに戻る。1938-10.29

ここに登場する笹本寅《とら》と秋田実は、鈴木少佐が好意を寄せた文化人の典型である。すなわち、左翼運動を経験した大衆作家たちである。笹本は『時事新報』記者時代にプロレタリア文学運動に参加していたが、時代小説に転じ『会津《あいづ》士魂《さむらいだましい》』により一九四一年第一回野間文芸奨励賞を受賞している。「二十七日会」は、一九三八年六月、竹田敏彦の提唱により、白井喬二、海音寺潮五郎ら約二〇名の大衆文学作家が結成した時局懇談会であり、戦後も東京作家クラブとして存続した。新聞班着任後、鈴木少佐はその会合に何度か顔を出している。

秋田実もいわゆる「転向左翼」の一人である。一九三一年に東京帝大文学部支那哲学科中退の秋田は、派遣学生の鈴木と文学部構内ですれ違った可能性は高い。在学中、ナップ（全日本無産者芸術連盟）機関誌『戦旗』の編集に従事していたが、中退後の一九三四年に吉本興業文芸部に入った。「ぼやき漫才の元祖」都家文雄やエンタツ、アチャコほかのために数多くの漫才台本を執筆し、吉本興業の発展に大きく貢献した。鈴木少佐にとって秋田や吉本芸人たちとの交流は強烈な印象を与えたようである。この日の感動とその後の秋田実の活躍を、鈴木少佐は二年半後、『日の出』一九四一年三月号の「国防国家と職域奉公問答会」で鑓田《やりた》研一ほかと懐かしそうに語り合っている。鑓田はアナーキズム運動から出発し、当時は『満洲建国記』（新潮社）を執筆中の農民作家である。

特に私ども映画と大衆演劇については事変はじまつて以来目をつけてをつた。そこで事変当初、漫才の本場である大阪の吉本興行〔ママ〕に行きまして、その晩の興行の終つた十一時から、漫才師を三百人集めて、午前二時まで講演したことがある。（略）大阪のあの時局漫才といふやつは、笑はせながら何とか時局認識を与へようといふところがある。（略）あれは秋田実などが一生けんめい力を入れてやつ〔た〕為めですが、東京の漫才はどうしたら笑はせるかだけの苦心です。(93)

大阪で秋田実と語り合った次の日、京都で映画人に思想戦を訴えている。もちろん、映画人にも「転向左翼」は多い。

午前中、中部防衛司令部の外事部を訪問して情報の蒐集。午後二時京都着。映画作家約百数十名に対し、映画思想戦と時局の講演。大なる反響を起して、遂に第二次の座談、第三次の座談会に及んだ。遂に午前二時に近い。1938-10.30

帰京後、鈴木少佐は佐藤情報部長に「映画思想戦案」を提出している。映画人からも素早い

陸軍省情報部による PCL＝東宝サウンドスタジオ見学記念写真。女優左から千早雪子、松岡綾子、江波和子、山根寿子、堤真佐子、入江たか子、京町ふみ代、音羽久米子、梅園龍子、江島瑠美。山根と堤の間に鈴木少佐

反応があった。二週間後の一一月一三日、「国策映画の件に就て京都の渾大坊《こんだいぼう》氏と麴町宝亭に於て会食」とある。渾大坊五郎はアヘン戦争を反英戦争として描いた大映・中華電影公司合作映画《狼火は上海に揚る・春江遺恨》(一九四四年)の製作者であり、戦後は「鞍馬天狗シリーズ」を大ヒットさせた名プロデューサーである。映画製作の学習のため、鈴木少佐はトーキー撮影の現場にも足を運んでいる。

> 午後三時からP・C・Lの撮影所を見学することになつて、情報部総出の見学だ。近頃の技術は撮影、映写共に進歩したものだ。トーキーの原理を学んだ。1939-1.24

一九三一年設立されたPCL(Photo Chemical Laboratory:写真化学研究所)は、

日本のトーキー映画産業をリードしたスタジオである。一九三七年、PCL、JOスタジオ、東宝映画配給が合併して東宝映画株式会社となり、PCL撮影所は東宝の東京撮影所となった。鈴木少佐の見学時にクランクインしていた作品は、四月二一日に封切られた《忠臣蔵　前編・後編》（演出：滝沢英輔・山本嘉次郎、助演出：黒澤明）である。その出演女優たちとの記念写真が残されている。

鈴木少佐は満洲移民の宣伝に有効と考えた小説の映画化まで積極的に斡旋していた。『キング』一九四〇年三月号掲載の「文壇噂ばなし」はこう述べている。

陸軍〔省〕情報部の鈴木少佐が『冨士』新年号から連載の「拓士《たくし》の妻」を読んで「これこそ全国民に読ませたい小説だ」と思つた。といふのは、題材が開拓者の苦心を扱つてゐるといふばかりでなく涙の出る程感激ぶかく、しかも、国策的な目的小説として充分に成功してゐるからである。そこで熱心な鈴木少佐は、直ちに作者の竹田敏彦氏に会つて語り合つてみると、作者も、最初からその意味で、熱血を注いで書いてゐることが分つたので「これは小説だけでなく映画にして全国民に見て貰ひたい」といふこと迄、話が進み遂に拓務省、満拓等の後援の下に、撮影の交渉がすゝめられてゐるといふ。（312）

竹田も鈴木と個人的に親交のあった作家である。竹田は鈴木より三歳年長だが、香川県丸亀中学時代、生家の没落で苦学し、早稲田大学を中退後、『大阪毎日新聞』記者、新国劇文芸部長などを経て大衆作家となった。社会的弱者や貧窮者への同情に満ちた作品を得意としていた。

この記事の四ヵ月前、竹田は鈴木を訪問している。

午後五時から更に芝なきはやに於て竹田敏彦氏と会し、軍需工場従業員をモデルとする国策小説の創作に就て相談をした。1939-11.20

こうした大衆作家や映画人に対して、鈴木少佐は積極的に企画の提案を行っている。関西出張から戻った直後、笹本寅と『文学建設』を創刊した海音寺潮五郎が、陸軍省に鈴木少佐を訪ねている。

海音寺君が訪れて来て居る。「版籍奉還」といふ小説を書いて貰ふことにした。1938-11.4

翌一九三九年は「版籍奉還七十周年」にあたる。海音寺の作品年譜に「版籍奉還」を見つけることはできなかった。海音寺は一九四一年一一月に陸軍報道班員となり、南方作戦劈頭《へきとう》のマレー半島上陸に参加している。

「笑の王国」公演の監督指導

当時、陸軍報道班員として最も名声の高かった火野葦平が「麦と兵隊」を『改造』(一九三八年八月号)に発表したのは、鈴木の新聞班着任とほぼ同時である。戦場の兵隊描写の迫真性が評判となり、続いて発表された「土と兵隊」(『文藝春秋』同年一一月号)も大ヒットし、すぐ戯曲化された。劇団「笑の王国」二月第一公演の舞台を監督指導したのも鈴木少佐である。

午後、突然、柴野〔為亥知《ためいち》〕中佐に頼まれて浅草の松竹劇場に軍事劇の舞台稽古を監督に行った。

「笑の王国」公演『土と兵隊』の舞台稽古を指導する鈴木少佐（後ろ向き無帽軍装）。左は森八郎（玉井伍長役）、背広は演出家・山田寿夫、その左は関時男（甲斐上等兵役）。「笑の王国」は古川ロッパらが浅草常盤座で旗揚げした劇団

実に子供の兵隊ごつこの様な幼稚なもので、火野葦平が原作した『土と兵隊』を上演しようといふのだが、軍紀風紀等の点、其他軍事知識を欠如して居る点などで多分に修正を加へてやつた。遂に午後十時に及んで一通りの指導を終つたが、積極的に劇を通じて軍事思想を普及して貰ふよりも、寧ろ消極的に害悪を防止するのが先決問題の様に感ぜられた。此の様なインチキ芝居をやつても一ヶ月に十七万人もの入場者があるといふのだから見逃して置く訳には行かぬ。此の様に考へると何うしても国策劇場が必要になつて来る。民間会社に委《まか》して置くと金もうけ本位になつて社会に及ぼす害毒を考へてくれない。1939-1.31

鈴木少佐は、一九三九年一一月一四日、改造社主催の「火野葦平氏戦争文学出版記念会」（芝・三緑亭）にも招待されている。出征中に小説「糞尿譚《ふんにょうたん》」（一九三七年）で第六回芥川賞を受賞した火野葦平こと玉井勝則伍長を、報道班員に採用し徐州作戦を描かせたのは中支那派遣軍報道部長の馬淵逸雄中佐である。中国戦線における宣伝活動を描いた『報道戦線』（一九四

一年）で有名な馬淵大佐は、一九四〇年一二月に陸軍省報道部長兼大本営陸軍報道部長に就任している。鈴木少佐は火野作品についても早くから馬淵大佐と語り合っていたはずである。

午後七時から蚕糸会館に於て演劇界の人々に対して講演を行ふ。思想戦と演劇に就て、独逸等に較べて、我が国の演劇界の成つて居らぬ点を力説したので、一同顔色を変へて傾聴した。八時から中支の馬淵大佐、北支の斎藤〔二郎（三四期・陸大四六期）〕少佐に対する歓迎会。1940-6.27

すでに一九三九年九月、中支派遣軍、北支派遣軍など在支全陸軍部隊を総括するためにできた支那派遣軍（総軍）総司令部の報道部長も馬淵大佐が兼任していた。

総軍司令部の参謀長から火野葦平級の文士派遣を要望して来た。何しろ急を要するので〔ママ〕動員の様だ。平素の軍に協力して居る雑誌社三社に呼びかけて、選定することにした。何れにしても現地軍が報道に玄人になつた証拠だ。これでなくては自由主義の言論界には通用しない。又個人主義、自由主義の読者は喰ひつかない。1940-6.6

その二日後には、派遣文士が決定している。鈴木少佐が協力的とみなした「雑誌社三社」とは、講談社、文藝春秋、主婦之友社の三社である。

中支方面への文士の派遣が決つた。講談社からは木村毅、竹田敏彦、文藝春秋からは大佛《おさらぎ》次郎と火野葦平、主婦の友〔ママ〕からは棟田博の計五氏、今日はその手続きで恰《あたか》も動員令が下つた様なさわぎだ。夕方までにやつと見透しがついて、来《きた》る十二、十三日の飛行機で出発させることにした。興亜院の渡航許可証は明日下りることになつた。1940-6.8

少年文学作家画家協会と児童図書推薦委員会

馬淵報道部長（一九四〇年一二月〜四一年一〇月）の業績の一つは、「文化奉公会」を結成して従軍文化人の組織化を行ったこととされる（西岡：264-265）。だが、文化人の組織化はすでに馬淵部長の着任以前に鈴木少佐が準備していた。鈴木少佐は作家と個人的に交際しつつ、大衆作家との懇談会を繰り返し、いくつかの組織を発足させた。まず、手始めは「少年文学作家画家協会」である。

午後六時から部長と共に少年画家作家〔ママ〕協会の発会式に出席した。かつて座談会に時局講演をして愛国団体の結成を激励して置いたのであるが、今日其会が生れたのである。会員は百名に近く、加藤〔武雄〕氏が会長、池田〔宣政《のぶまさ》〕氏が幹事長といふ顔振れだが、熱し易く冷め易い文芸人のことだから長続きする様に励まして置いた。1939-4.20

会長は少女小説『君よ知るや南の国』（大日本雄弁会講談社・一九三五年）などで知られた加藤武雄である。小学校卒業後、苦学して准訓導となり、農民文学から少女小説に転じて成功した。幹事長の池田宣政は、当時も立身出世のバイブルであった『偉人野口英世』（大日本雄弁会講談社・一九三四年）の著者である。むしろ「南《みなみ》洋一郎」のペンネームで書いた『少女倶楽部』の連載小説『日東の冒険王』（大日本雄弁会講談社・一九三七年）や『潜水艦銀龍号——冒険少年小説』（東京日日新聞社・一九三九年）で少年少女に絶大な人気を博した冒険作家としての名前が有名だろう。池田も丁稚《でっち》奉公で苦労したのち、夜学の英語学校に通って青山師範学校に合格した立志伝の持主である。一歳年長の池田に、鈴木少佐が親しみを抱いたことは間違いない。こうした大衆読物だけでなく、鈴木少佐は「児童文化賞」制定にも関わっていった。

午後五時から日本文化協会主催で児童読物改善懇談会が開かれた。文部省からも内務省からも出席して居たが、平凡な話が多いので、余は特に国策に協力の件に就て強く力説して見たら、一同の共鳴を得て痛快、技術的問題よりも寧ろ此の根本精神が肝要だ。1939-6.8

この懇談会では小川未明、北原白秋、村岡花子など作家や児童心理学者の城戸幡太郎《きどまんたろう》、波多野完治《はたのかんじ》が同席している。当時、文部省の児童図書推薦委員会委員だった心理学者・波多野完治は、座談会「一心理学者のあゆみ　30年代から戦時下時代」（一九九〇年）で、生活綴方教育の指導者・滑川道夫《なめかわみちお》と鈴木少佐の出版統制について語り合っている。そこでは鈴木少佐が児童図書推薦委員会の人事に介入したことを厳しく批判している。同委員会には波多野のほか、百田宗治、石川謙、倉橋惣三、坪井忠二、中野好夫、野上弥生子などが加わっていた。

滑川　私は、昭和十三年に文部省の調査員になりますが、二年目の終わりから三年目のはじめにかけて精研（国民精神文化研究所）一派の指導攻勢がはじまるわけです。文部省のなかの教学局の人たちが委員に乗り込んでくる。社会教育局の委員を交替させる。出版界を統制した軍部の鈴木庫三という中佐だったか少佐だったかが表面に出てきて、統制人事をやるようになる。出版統制、出版指導は意のままという状況になっていきました。敗戦までこの暴風がつづくわけです。

（略）

波多野　鈴木庫三という人は軍部から派遣されて、東大へ教育学を勉強しに来てた人ですね。その人たちと伏見〔猛弥・国民精神文化研究所員〕一派が東大時代に仲良くなって、言論を一時独占したといってもいいでしょうね。こいつとこいつは辞めさせるという仕事は、やりだしてから何年もかかっているんです。こいつとこいつは辞めさせるということは計画としてはあったんでしょうけれど、実際に辞めさせるまでには何年もかかっている。

戦後の回想なので情報局や国民精神文化研究所に批判的だが、国防国家で教育機会の均等を目指した鈴木少佐と、戦時下の文化統制によって児童文化の改善を試みた波多野たちが当時から対立していたわけではない。実際、波多野は右に引用した座談会で、文化統制は資本主義的矛盾を解決するために必要だと当時確信していた、と率直に認めている。

波多野　しかし文化統制をやっていなかったら、日本の現在のリベラリズムによる繁栄はなかったともいえる。あれをやったから、今の資本主義はこの程度でとまっているんでね。もし統制がなければ、悪いマンガなど、児童に悪影響を及ぼす、もっとひどい文化がたくさん出てきていたと思います。一般の人は気がついていたんだろうけれど、手の出しようがなかったわけでしょ。そういう意味で一度統制をやったことはよかったんだと考えています。

戦時下の出版統制によって戦後の児童書出版は良くなった、と波多野は総括している。こうした評価が正しいかどうかは、ここでは問わない。しかし、そうであれば、鈴木少佐の役割は戦後文化への良い影響からも再検討される必要があるだろう。

とはいえ、児童図書推薦委員会の有識者たちとは異なり、鈴木少佐が都市中産階級的な『赤い鳥』系の童話より、講談社系の少年少女読物に好感をもっていたことは間違いない。サトウ・ハチロー「陸軍省情報部を訪ねて」(『少女倶楽部』一九三九年八月号)や木村毅「事変四周年記念日を迎へて——鈴木陸軍中佐にお話をきく(上)(下)」(『少年倶楽部』一九四一年七・八月号)など、講談社系雑誌の取材には積極的に応えている。

午後六時から麴町茶寮に於て文芸作家を招待し、国策へ協力の懇談会を催す。木村毅、川口松太郎、海音寺潮五郎以下十数名の文士が集つた。池田宣政氏の如きは熱心に国民の歴史教育を説いて居た。1939-11.28

この年、池田が『講談倶楽部』新年号付録に発表した「婦人従軍歌」は、同名で日活により映画化されている。さらに翌一九四〇年七月には笹本、海音寺、池田など「二十七日会」メンバーを中心に「国防文芸連盟」〔ママ〕が発足している。

午後二時半から国防文藝協会の発会式に臨む。レインボーグリルで施行された。内閣情報部、精動本部、陸海軍からの代表者が出る。実は余が大衆作家に向つて行つた時局講演が動機となつて此の協会が生れたので、余の祝辞を特に期待して居た。笹本寅君、竹田敏彦君などは本会誕生の先達者である。1940-7.10

国防文芸連盟には、他に木村毅、戸川貞雄、木々高太郎《きぎたかたろう》、海野十三《うんのじゅうざ》、角田《つのだ》喜久雄、大下宇《う》

陀児《だる》、浜本浩、藤枝丈夫など八〇名の大衆作家が参加していた。『読売新聞』一九四〇年九月一四日付夕刊の「新体制への文化団体（2）」は、こう述べている。

本連盟といひ〝経文《けいぶん》〟といひ、又は美術人の新団体、そのいづれもが揆《き》を一《いつ》にして陸軍〔省〕情報部の鈴木少佐に『国防国家論』を注入されて奮ひ立つてゐるやうにも見られるのである。

「経文」とは、佐藤春夫や倉田百三が世話人となった経国文芸会の略称で、一九四〇年一月三〇日に鈴木少佐の時局講演会と座談会を主催している。そもそも「鈴木少佐が注入した国防国家論」とは、いかなるものだったのであろうか。「国防国家」はこの時代を象徴する言葉なのだが、一般の歴史書で「鈴木少佐の国防国家論」を見たことがない。しかし、当時の新聞雑誌をめくれば、「国防国家」論を大衆化した最大のイデオローグが鈴木少佐であったことがわかる。

国策紙芝居の支援者

本書旧版の刊行後、戦時下に国策紙芝居の指導者として活躍する松永健哉に関して、紙芝居史研究家・鈴木常勝氏から「一九三八年八月の鈴木日記に、松永と会った昭和五年度・東大文学部入学者の集いの記述はあるか」との照会があった。

鈴木中尉と東京帝大同期入学の松永健哉は一九〇七年朝鮮水原に生まれ、在学中の一九三一年に新興教育研究所書記局員として治安維持法で検挙されている。転向後、小学校教員を経て、一九三八年国策紙芝居を推進する「日本教育紙芝居協会」（理事長・大島正徳《まさのり》）を組織して理事に就任した。戦時中は陸軍南支報道班員、戦後は教育科学研究所部長、名古屋保健衛生大学教授などを歴任している。加太こうじは『紙芝居昭和史』（一九七一年）で松永の教育紙芝居について街頭の大衆文化を国家の権力装置に取り込む企てとして酷評している。

〔日本教育紙芝居協会は〕街頭で飴菓子を売って見せる紙芝居を低俗と非難しつづけながら国策宣伝の紙芝居を作って印刷し、教育紙芝居と称して各種の団体や官庁に売りこんだ。私たち街頭紙芝居のうちの批判的な者は、あれは軍国主義教育の一端をになうものだから教育紙芝居と名乗るのはおこがましい。真の教育はわれわれの作る子どもがよろこぶ紙芝居の側にある。あれは国策宣伝の印刷紙芝居だと評した。（144）

ここで国策プロパガンディストと批判された松永は、自伝小説『五分の魂の行方』（一九八八年）の第四章「岐路」で、浦新吉（松永）が陸軍報道部員になった経緯を次のように説明している。一九三八年八月の本郷キャンパスの山上御殿で開催された「昭和五年度・東大文学部入学者の集い」に出席し、陸軍報道部のS中佐（鈴木庫三）の時局講話の後に、自作の教育紙芝居『人生案内』を飛び入りで演じたという。

実演半ばで新吉は、これは作品の選択を誤ったかな、と思った。最前列の斜め横で観覧しているS中佐が、ひどく真剣な面持ちでメモを取るなどしているのに気がついたからである。ところがフィナーレの幕が下りる段になると、中佐の拍手が一段と力強いのを見て、新吉はちぐはぐな気がしたが、中佐の真意を知って、思わず固唾《かたず》をのんだ。会が散ずると中佐は新吉を別室の小部屋へ誘い、陸軍報道部員として従軍する気持の有無を新吉に問い、手短かにその条件も示した。新吉は二日後に報道部に伺って回答することを約し、待たせておいた菅原を、池上線沿いの自宅へ同道した。（略）

S中佐が新吉に提示した条件は、任務と経済面の二点に要約できた。任務は軍属の報道部員として現地住民の宣撫《せんぶ》に当ること、経済面の支給基準は月俸百五十円であった。目的地が大陸のどの方面かについては、何も打ち明けなかったが、なるだけ早く確答を得たいとのことであった。（161-162）

父親が陸軍軍人で消息通の菅原忠一（菅忠道）は、「S中佐の要請に応ずることに僕は賛成だよ。本俸が百五十円というのは、直接家族渡しの分で、その六割が、戦時手当として現地で支給されるはずだよ。もちろん支度金も出るしね。将校商売、下士道楽、兵隊だけが命がけ、という文句そっくり」（163）とあけすけに語っている。その翌日、松永は菅とともに岩波書店『教育』編集部に留岡清男を訪ねている。留岡はいきなり声を立てて笑い、「浦（松永）君にも運が回って来たらしいですね」と従軍を勧めた。

行った方がいいっていうことですよ。生活綴方なんかをいじくってるよりは、ずっといい勉強が出来ますよ。第一、いったい戦争は勝ってんのか負けてんのか、本当のところを見てきて下さいよ。そうだなあ、今から行ったら少なくも二年半ぐらいは帰国せん方がいいですよ。（164）

「主事　松永健哉氏従軍」が『教育紙芝居』第一巻第二号（一九三八年一〇月号）の巻頭で次のように告知されている。

今般主事松永健哉氏に対し陸軍省新聞班より、現地報道部員として活動せられたき旨の懇望あり、本協会としても紙芝居の大陸進出の立場より、大いに意義あることを認め、幹事会に於て同氏を特派するを決定し、愈々近日出発することになつた。（略）松永氏より続々として快ニュースが来るであらう。（1）

こうして「戦地から雑誌『教育』その他へ書き送ったレポート類を一本にまとめたもの」が松永健哉『南支戦線教育従軍記』（昭和書房・一九四〇年）である。「何と幸せな物書きだったことか」（165）と松永は自伝小説でも実感を漏らしている。

明らかな嘘

とはいえ、この小説の記述も正確ではない。鈴木庫三が中佐になるのは一九四一年三月だから松永と会った当時は少佐だし、「心理学科に在学」という鈴木少佐の紹介も間違っている。また、この同窓会が催されたのは一九三八年八月ではなく九月である。「鈴木日記」の九月一七日に、山上御殿で催された「東京帝国大学教育学談話会」への出席が記録されている。

帝大教育学談話会に久し振りに出席する約束がしてあつたので、夕刻から出かけて之に出席した。支那の排日教科書の改訂に行つて居た藤本〔藤治郎〕先輩の講話があつた。尚飯田〔晁三〕先輩

が青島医学監に任命されて出発するので其送別会も兼ねて行つた。1938-9.17

この送別会の後、鈴木少佐は午後一一時一五分上野駅発の夜行列車に飛び乗り、講演のため山形市に向かっている。鈴木少佐が陸軍の広報活動に東京帝大教育学研究室の同窓生ネットワークを利用しようと考えたことは間違いない。この談話会で会った藤本藤治郎は二学年先輩であり、戦時中は長崎県視学官など勤めて『国民学校初一の錬成精説』（東洋図書・一九四一年）などを執筆している。戦後は北海道軍政部教育顧問から日本大学教授に就任したが、一九五〇年に娘の藤本佐文が「オー、ミステイク事件」で逮捕された。藤本は娘のアプレゲール犯罪の責任を取って日本大学教授を辞職している。もう一人の先輩、飯田晁三は、戦時中に北京師範大学教授、戦後は東京都立大学教授をつとめた教育学者である。

たしかに松永健哉もこの場にいたようだ。その一週間後、九月二五日の「鈴木日記」にその名前が登場している。

先般〔南支派遣〕軍報道部に三名ばかり属官〔判任官の文官〕を世話してやつたので、其送別会があつた。帝大方面から世話した松永〔健哉〕、石谷〔信保〕の両氏を送つた。1938-9.25

松永と併記されている石谷信保は一九二六年の卒業生であり、「理想の教師」（『岩波講座　教育科学』第一一冊・一九三二年）などの著作があった。一九三九年五月に南支派遣軍報道部が広東で創刊した投稿雑誌『兵隊』（編集長・火野葦平）には、石谷信保の「中庸と食物」（創刊号）、「南支の栞（六）英国と香港、広東」（第六号）、松永健哉の「皇軍と兵隊・広東語」（第二号）

が掲載されている。戦後、石谷は西南女学院短期大学教授となり、「女子大学の再認識――「女子大無用論」に反駁して」（『短期大学教育』一九五九年九月号）などを執筆している。鈴木少佐がいう「三名ばかり属官」の残り一人は、松永の「口ぞえ」によって南支派遣軍報道部に従軍した国分一太郎である（鈴木常勝：22-23）。その国分は「一九四三年に鈴木中佐から殴打された」と明らかな嘘を語っているわけだが、ねじ曲げられた記憶の分析は次章で行う。

松永たちが陸軍報道部員として広州湾上陸作戦に出立するのは、一九三八年九月二八日である。松永によれば、占領地の広東で使う紙芝居作品など具体的な内容の選定についても鈴木少佐と相談していた。

「ベンガルの槍騎兵」の方は、S中佐の勧めで選んだのであった。S中佐が現地人の宣撫に紙芝居の利用を思いついたのは、賢明だったといわねばならない。宣撫の第一歩は占領地域の住民を、わが家に戻らせ、また安心して戸外に誘い出すことだったからである。（松永：166）

松永は一九四〇年一月末に帰国するが、鈴木少佐は松永の国策紙芝居運動を支援し続けた。同年二月一六日に松永が主催する紙芝居研究会に出席している。

疲れを休めて昼頃出勤した。不在中の業務を整理し、午後五時半から学士会館に行つて松永健哉君主催の座談会に出席す。会員は主として小学校教員であつた。案外話がはづんで午後十一時に及ぶ。1940-2.16

松永の報告内容は「帰還の挨拶」と題して『教育紙芝居』第三巻第三号（一九四〇年三月号）に掲載されている。松永は銃後社会と教育界への不満を次のように語っている。

徒《いたず》らに神がかりな、空疎な教育運動や教育思想があるかと思へば、又一方には、全体主義とか訓練とかといふものを目の仇にしたやうな、蒼白い批判主義とか、科学主義とかいふものを、只《ただ》おしやべりしてゐるだけの運動がある〔。〕そしてこの一見対立したやうに見える二つの流れも、結局は抽象的な主観的な原理から出発してゐるといふことに於ては、何等の変りもないのである。（略）七十年間の日本の教育は、この事変によつて総《あら》ゆる面から総ゆる効果が試みられつゝある。そして、そこでは皇軍の精鋭無比な長所と同時に、国民教育の夢想だもしなかつた様々な弱点が、又曝露されつゝあるのである。私が何より驚いたことは、国民教育の総ゆる関係者が、かうした事実に対して余りにも無関心だといふことである。僅か小《ちつ》ぽけな学級を実験に供して実験学級と称し、その経験さへも教育学や教育方法の上に貴重なものとして生かさうとするではないか。さうしたならば、これ程の大がゝりな、これ程の犠牲をはらつての、歴史的、国家総力的な試みをどうして国民教育の将来に生かさうとしないのであらうか、私には不思議に堪えないのである。(3)

これを頷きながら聞いている鈴木少佐の姿が目に浮かぶようだ。「神がかりな、空疎な教育運動や教育思想」にしろ、「蒼白い批判主義とか、科学主義」にしろ、教育をめぐり「おしゃべりしてゐるだけの運動」を鈴木も松永同様に嫌悪していた。

そのことは、文部省の推奨する「日本主義教育」への厳しい批判からも確認できる。一九三六年一一月四日から文部省会議室で開催された日本諸学振興委員会第一回教育学会に鈴木大尉は陸軍省から派遣された一人として出席している。文部大臣挨拶に続く講演の内容を「鈴木日記」は冷静に分析している。

　講演内容に就ては明かに二大思潮の対立が認められた。理性主義と感性主義、普遍主義と特殊主義、理知主義と宗教主義、合理主義と独断主義とが之である。感性主義、特殊主義、独断主義、宗教主義の立場をとる人々は如何にも偏狭である様に思はれた。教育論的には学と術との対立が的《まと》であつた。而して大学教育を受けた人々は学的立場に長所を現し、師範教育を受けた人々は術的立場に長所を現して居た。会は熱心に続けられて午前九時から午後五時半に及び、中で昼休一時間あつたのみ。六時帰宅。1936-11.4

翌日も鈴木大尉はその教育学会に参加しているが、軍隊教育者として「甚《はなは》だ寒心に堪へぬもの」と感想を書き残している。

　全体として偏狭な思想が勝つて居る様に思はれたが、吾々軍隊教育者として国民教育に連続して日本精神の教育を行ひ、思想戦に備ふべき人にとつては対外思想攻撃の武器たるべき日本精神を思ふ時、甚だ寒心に堪へぬものがあつた。1936-11.5

三日目、鈴木大尉はそこで展開される非合理な精神主義に辟易している。相変らず偏狭にして極端な講演をきかされた。堂々たる博士や国民指導の地位にある人々が極め

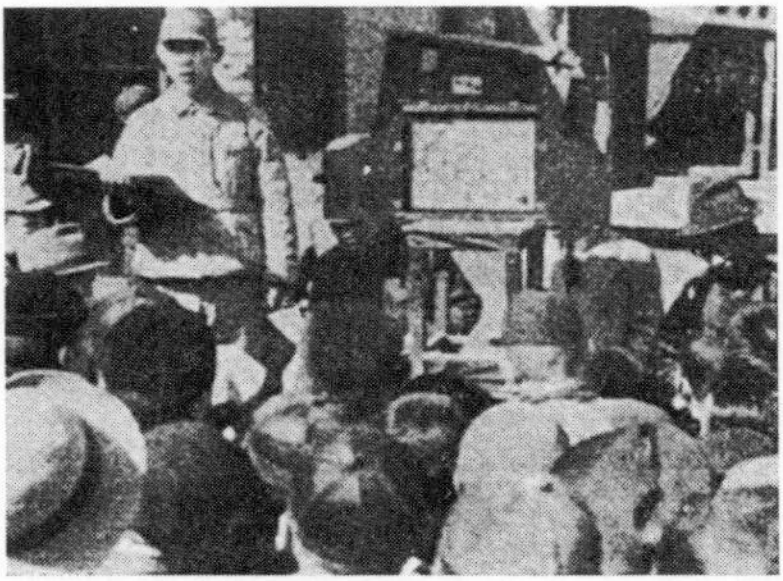

張家口で紙芝居の宣撫講習をする松永健哉・日本教育紙芝居協会理事（『教育紙芝居』第3巻第5号・1940年5月号）

て偏狭な熱狂的な主観的独断論を振りかざして大衆教育者に呼びかけて居るが実に危険千万だ。その影響する所は恐しいものがある。自分達は忠義のつもりでやつて居るかも知れないが、大なる不忠となるかも知れない。要するに文部省は陸軍よりも一歩遅れて居る様だ。二・二六事件前の思想よりも更に後れて居る様だ。本日で研究会は終る。文部省方面の空気を知つて軍隊教育上参考となる点が多かつた。1936-11.6

文部省側の「偏狭にして極端な講演」とは文部省督学官・近藤寿治「日本精神と教育」や国民精神文化研究所員・小野正康「日本学より見たる現代の日本教育」であり、鈴木大尉はこれに反論し、「間に合せの日本主義を音もなく圧倒してしまつた」という（駒込：330）。

同じ部会では、東京帝大の恩師・阿部重孝が「教育制度上より見たる宗教と教育」を発表し、阿部の下で共に学んだ宗像誠也が「職業と教育との相互規定関係」を報告している。教育格差の是正を目指した阿部教授の中等教育拡張論に強く共鳴する鈴木大尉は、教育科学運動への陸軍からの支援協力を約束していた。

その延長上に松永健哉の実践的な教育紙芝居運動への支援もあった。松永が大陸から帰国する直前、一九四〇年一月一七日の「鈴木日記」には満洲拓殖公社企画委員会幹事・喜多一雄《いっお》に「紙芝居による思想指導問題」を提案したことが記されている。鈴木少佐が松永の教育実践を高く評価していた以上、教育科学運動のリーダーである留岡清男が松永に対して「君に運がついているんですよ」と述べたのも当然である。

帰国を待ち構えていたかのように、二つの「運のよい話」が持ち込まれていたからである。一つはS中佐からのもので、内蒙古政府のため張家口《ちょうかこう》へ紙芝居の講習に出張してくれというものだった。もう一つは、ある出版社からの教育紙芝居に関する単行本執筆の依頼であった。（松永：168）

鈴木少佐のいう「紙芝居による思想指導」には、この「張家口へ紙芝居の講習に出張してくれというもの」が含まれていたのだろう。だとすれば、出版社からの執筆依頼もそうした鈴木少佐の意をくんだ編集者によるものだったと考えるべきだろう。

2——国家総力戦論から国防国家論へ

「十万部の程度に止めて置く」

一九三九年の後半から、鈴木少佐は猛烈な勢いで執筆し、さまざまな場所で多様な人々を相手に連日講演や座談を行っている。日曜出勤も常態化している。それにしても情報部「資料班」鈴木少佐の活躍は目立ちすぎた。当然ながら、上司の嫉《そね》みも買ったようである。一九三八年一二月一〇日情報部長が佐藤賢了大佐から清水盛明大佐に代わり、その歓送迎会が翌日に催された。

腕を振ひば〔ママ〕そねみが来る。これが人間の世界だ。正直に非常時局に応ずる如く積極的に服務すれば、働く能力のない人々から、而も能力もないくせに閥関係から天保なるが故に高い地位にある人々から強い嫉妬心が湧く。人間の世界は困つたものだ。数年前、思想戦の要求を予想して、二・二六事件直後、陸軍講道学校創立の提案をしたことがあつたが、やはり天保の反対に会つて其のまゝになつた。1938-12.12

鈴木少佐は二・二六事件直後、陸軍自動車学校教官時代に「陸軍講道学校創立の提案」をしていた。その含意は、消極的で情報統制的な「新聞班―情報部」より、もっと積極的に思想戦を行う情報発信的な「陸軍講道学校」を中心とする組織改革である。「統制 control」より「伝達 communication」、つまり検閲より宣伝を重視する教育学スペシャリストの積極性は、ゼネラリストたる幕僚たちには僭越《せんえつ》と感じられたはずである。二週間後の日記にも、鈴木少佐はこう書きつけている。

部内の空気、思つたより清潔でもない。感情もあり、自利もある。1938-12.23

だが、戦時体制下の当時にあって、能弁にして筆が立ち、軍に批判的な知識人とも互角に渡り合える鈴木少佐は、情報部になくてはならぬ存在になっていた。

現に請負ふて居る講演や座談会を通しての宣伝は、何れも政治、経済、思想に関係したものであるから、他の普通の軍人には代理が出来ないのだから困る。又国防国家論も軍事、政治、経済、教育、思想、宗教其他一切の方面から綜合して考察せねばならぬのだから普通の文官にも出来ないので困る。1940-12.18

鈴木少佐は、陸大出の支配する情報部では孤独な戦いを闘っていたともいえる。情報部での職務分担が雑誌指導となった後も、鈴木少佐は陸軍パンフレット執筆に携《たずさ》わっている。

先般自分が起案した『〔支那〕事変下に再び陸軍記念日を迎へて』といふ小冊子は約二十万部を出版して全国から満洲支那にまで配布された。1939-3.10

講演中の鈴木庫三。思わず引き込まれるほどの熱弁だったという

その二日後には、同じく情報部パンフレット『輝く帰還兵のために』の執筆を開始し、月末までには同『支那事変の真意義』も書き上げている。その翌週には、「『国防の本義と思想国防』と題する小冊子を作るつもりで計画を進めた」（1939-4.6）という。だが、四月一五日に校正した『支那事変の真意義』に対しては、部内から「筆者の

計画と異る意見、精神の相反する意見等」が寄せられている。問題となったのは、たとえば次のような箇所ではなかったろうか。

今次の事変は他国の侵略戦争にありがちな領土や賠償金を本来の目的とする戦とは全然異る特質をもつものである。(26)

手を加えて印刷に回したのは、四月二〇日である。「十万部の程度に止めて置くことにした」(1939-4.20)という。

国民大衆パンフレット『国家総力戦の戦士に告ぐ』

だが、この教育将校の仕事として後世に残るパンフレットは、その次に着手した「支那事変二周年記念パンフレット」、すなわち一九三九年六月発行の『国家総力戦の戦士に告ぐ』(奥付では七月一日発行。本章扉参照)である。そのタイトルは、言うまでもなくナポレオン占領下のプロイセンで教育改革を訴えた哲学者フィヒテの『ドイツ国民に告ぐ』(一八〇八年)に由来する。

此の超非常時に当つて、我が光輝ある皇国には曽《かつ》て独逸に現れたる如きフィヒテは居らないのか。居つても眠つて居るのか。覚めて居ても実行の決断力と勇気はないのか。(鈴木40d:22)

この言葉は、自らに対する叱咤《しった》激励でもあったはずである。このパンフレットを契機に、鈴木少佐は大衆雑誌への寄稿を量産するようになる。

大衆向きに口語体で書き始めた。事変の意義と国家総力戦を力説しようとすると相当の頁数になる。1939-4.23

この段階では鈴木少佐も「国家総力戦」を使っており、まだ「国防国家」の言葉は見当たらない。

時局柄、紙の節約の為め一番悪いざら紙を使つては居るが大衆向に出来た。余の如き一小人の執筆が五十万も百万も印刷配布されて全国民に読まれるとなると真に責任が重い。1939-6.10

「大衆向《むき》」と自ら評しているが、総ルビを付した文章といい、極彩色の表紙といい、この冊子は従来の陸軍パンフレットの常識を覆していた。一〇日後、すでに増刷が決まっている。

遂に十五万部増刷して計六十五万部となつたが、更に読売新聞では百二十万部を複製して読者に配布するし、内閣印刷局では複製して数万部を売り出した。而して雑誌や新聞に於て読者に応ずる様に平易化して掲載するもの数百万に及び、結局一千万パンフレットとなり日本始つて以来の大出版となつたが、夫れに伴つて執筆者の自分の責任は重い。1939-6.20

表紙には、ハンマーをもつ労働者、鍬を振るう農村青年とともに、稲穂を担うモンペ姿の女性が描かれている。周知のように「ハンマー」と「鍬」と「稲穂」は、共産主義運動で愛用されてきたシンボルである。その後、鈴木中佐が公刊した『国防国家と青年の進路』（大日本雄弁会講談社・一九四一年）、『家庭国防国家問答』（主婦之友社・一九四一年）の表紙と並べてみると「プロレタリア絵画」の影響はいっそう明らかだろう。

『国家総力戦の戦士に告ぐ』は、第一章「支那事変の真意義」、第二章「支那事変の将来」、第三章「総力戦態勢の強化」から構成され、それまで鈴木が起案したパンフレットを集大成した感がある。とくに、「思想戦力の強化」「武力戦力の強化」「経済戦力の強化」「国民精神総動員の強化」を中心とする第三章では、異なる読者層ごとに箇条書きで訴えている。たとえば、「思想戦力の強化」では、メディア関係者、官吏、教育者、学者・評論家、青壮年男女、在郷軍人に続いて、次のような記述がある。私が入手したパンフレットの旧所有者は女性だったと思われ、十二番目に赤鉛筆で大きな丸印が付けられている（以下の強調は原文）。

十一、社会の上流に在るもの、富裕にして恵まれたる者、或は事変の為に多大の利益をあげてゐる企業家及び其の従業員の如きは特に自粛自戒に努むると共に、他の羨望と之に基く憎悪感を惹

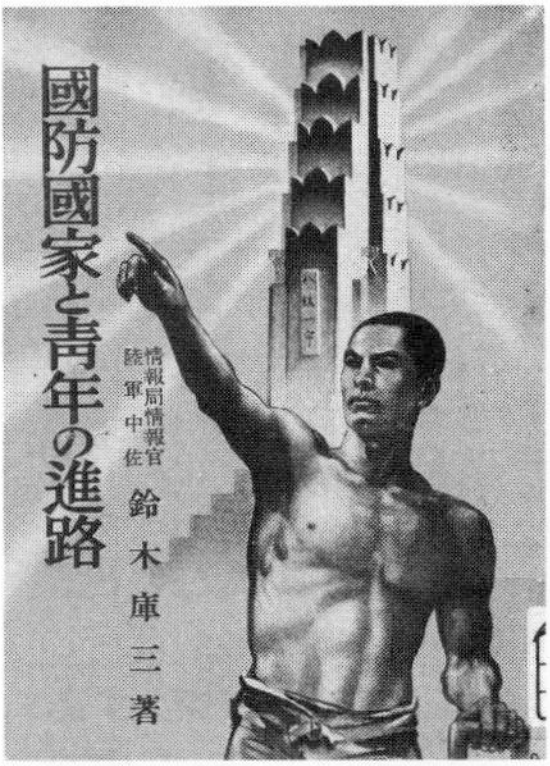

鈴木庫三『国防国家と青年の進路』（大日本雄弁会講談社、1941年）と同『家庭国防国家問答』（主婦之友社、1941年）。いずれも「社会主義リアリズム絵画」を思わせる

き起さぬ様寧ろ進んで事変の大なる負担を引受け、率先して実践運動に邁進すること。
十二、女性の実践運動は家庭教育に重要なる意義をもつばかりでなく、一般に男性をして自づから之に倣はしむるに至るものであるから、女性は特に此の点に注意し時局認識に基く此の種の運動に邁進すること。
十三、青少年男女、学生、生徒、児童等の純真なる実践運動は、強く前線将士を感奮興起せしめ、且つ壮年、老年層を感動せしめて思想戦力の強化に偉大なる力を及ぼすと共に、事変の将来を担う後継者自身の修養として重大なる意義をもつものであるから、此種の運動を勉《つと》めて強化拡大すること。
十四、国民負担の公正を期して国内調整を行ひ、経済組織、社会組織等の弱点を芟除《せんじょ》して対手国《あいてこく》の思想攻撃の乗じ得る様な隙を与へないこと。（鈴木39c：97-98）

内に向かっては「国民負担の公正」を要求したばかりか、外について明確な「帝国主義＝資本主義」批判を唱えている。そうした鈴木少佐の主張に、周囲が対応に戸惑った様子が日記からも窺える。

このパンフレットの刊行直後、一九三九年六月二九日から鈴木少佐は「天津《てんしん》租界工作に関する報道宣伝業務を援助すべしといふ訓令」を受けて大陸視察を行っている。その記録は「北支・蒙疆・満洲旅行日記」（1939-6.29～7.28）として残されている。

鈴木庫三の最初の海外体験である。当初は六月三〇日に羽田から飛行機で直行する予定だったが、天候悪化のため船便にて下関から長慶丸で安東に渡った。七月二日午前〇時三〇分発の安東発奉天行き急行「のぞみ」で移動している。同日、午前七時に奉天に着き、市内を案内された印象を当日の日記に箇条書きにしている。

1、日本人が威張過ぎる。これは新東亜建設の見地から大乗的に矯正せねばならぬ。

2、日本人の生活標準と満鮮人のそれとが調和もせず、差が大き過ぎる。政治的、経済的方法を併用して、之を調和させることが肝要だ。

3、満人中に多少日本人に対する反感、就中《なかんずく》下層階級の反感と思はれるものがある。

4、支那事変の真意義を余程認識して居るといふが農村で文字の読めるものは一〇〇人に一人、乃至七〇人に一人といふ貧弱さ。都会では商業を営むものと知識階級が読めるといふ程度だ相だ。これでは思想工作に特別の工夫を要する。

5、教育の普及、日本文化の移植徹底が必要である。

6、満洲民族も相当の文化をもつて居た事は清朝の墓地北陵〔太宗を葬る昭陵〕に現れ、博物館に現れて居る。熱河《ねっか》の喇嘛《ラマ》寺にあつたと称する絵画、彫刻、等は実に素晴しいものである。之等の文化の長所も大いに保存すべきであるが、精神文化に於ては何《ど》うしても日本文化を生命として東亜の文化を建設せねばならぬ。

7、其他雑感　交通機関に人力車《クーリー》が一番多い。非常にあ〔つ〕いのに満人が汗を流して曳く。宛も苦力の様な状態に如何にも気の毒に感じた。満人は女が働かない。又、有産階級は世間を憚《はばか》らず贅沢を極めて居るが下層階級は気にしない。
交通機関に馬車もあるが、自動車は比較的少ない。将来発達の余地が充分にある。

満洲国に移つて居る日本婦人が極めて豪しやな服装をして居るが、これは東亜建設の将来から戒めねばならぬ。日満支の提携は成し得る限り衣食住の様式礼法から接近すること、而も日満支人の区分がつかなくなることが大切だ。1939-7.2

わずか半日の市内見学の印象記というより、多分に文化政策的なメモである。それでも鈴木少佐が思想戦を通じた国防国家建設で何を実現しようとしていたかがよく示されている。約一カ月滞在中、各地で宣撫班や報道機関の活動などを視察するだけでなく、自らも天津や北京の国防婦人会で講演を行っている。そこでも「日満支の文化の融合、生活水準並びに様式の調和」を訴えて好評だった、と記録している（1939-7.11）。司令部から講演依頼に来た李中佐（朝鮮半島出身）とも同様な内容を語り合っている。鈴木庫三にとって、思想戦も文化外交も「教育」の下位概念に過ぎなかったことがよくわかる。

尚、李中佐は北京、天津附近に移住して居る半島人の質が悪い、支那人にも劣ると言はれて困ると述べて居たが、それは今迄二十五年もかゝつて居りながら左様な状態にあつたのは日本の教育者や宗教家の努力が足らなかつたのだ。之れからは学校に入れて、どんどん教育し、今の子供が二十才、三十才になる頃には決して劣らぬ様になると述べたら安心して行つた。1939-7.11

野依秀市主宰『実業之世界』の「東亜再建座談会」

鈴木少佐はこの大陸視察から戻って約一〇日後、一九三九年八月七日、赤坂のあかねで開催

「東亜再建座談会」（1939年８月７日、赤坂のあかね）向かい側右から譚覚真、鈴木庫三、吉田政治、野依秀市、堀切善兵衛、円内は誌上参加の永井柳太郎。『実業之世界』1939年10月臨時大増刊号より

された「東亜再建座談会」に出席している。

午後七時から実業之世界社で新東亜建設問題の座談会を開いた。堀切善兵衛氏、伊藤〔政之助〕中将、神田正雄氏、松本忠雄氏、其他数氏に中華民国弁事署の譚《たん》〔覚真《かくしん》〕氏等集つて大座談会であつたが、何らも建設の根本理念に於て将来の個人主義、自由主義、資本主義的理念を脱却出来ず、将来の国策をして英国の植民地経営の失敗の経験の跡を迹《たど》る様な傾向にあるので、余は断然、八紘一宇の家族主義に基く理念を以て之に即応する一切の処置を講じて行くべきことを論じたところが、一同あつけにとられて、しどろもどろになつて了つた。1939-8.7

堀切善兵衛は政友会中島派の衆議院議員で、この翌年には国民精神総動員連盟理事長に就任する。前外務政務次官の松本も元朝日新聞編集局長の神田も、元衆議院議員である。伊藤中将とは当時『日本及日本人』などで盛んに東亜建設を論じていた予備役少将である。「しどろもどろになつて了つた」座談会は、『実業之世界』本誌には収載されていない。本書旧版においては、座談会記事が『実業之世界』で確認できないため、「しどろもどろになって了った」内容では記事にできず掲載が見送られたのだろう、と文献探索をあきらめた。しかし、この座談会記事は『実業之世界』一九三九年一〇月臨時大増刊号『興亜産業経済大観』で発見できた（佐藤2021：329-331）。この一二〇〇頁に達する超弩級の特別号は図書館で「書籍」扱いだったのである。この座談会記事で鈴木少佐の発言量は圧倒的である。鈴木は戦時統制経済によって国内消費を抑え、逆に朝鮮半島、中国大陸の生活水準を内地並みに引き上げることを要求している。

昔は石炭を掘るのに日本人がやって居つたのです。道路の建設も日本人がやつて居つた。ところが今日体力気力と困苦欠乏の訓練に弛緩した日本人は、半島人を使はなくちや出来ないぢやないか、結局英米のやり方を踏んで来てゐる。だから私は支那の苦力といふものは解消しなければならないと思ふ。苦力に働かして日本人が資本主義的に経営して行くといふのは根本的な誤りです。どうしても共に働かねばならぬ、そして同化政策をとらなければならない。

実業之世界社社長の野依秀市《のよりひでいち》だけは「私は鈴木少佐の説に全然《まったく》同感です」と応じているが、他の出席者は困惑していたに違いない。堀切善兵衛は途中で退席している。鈴木少佐は東亜協同体ではなくあえて「アジア村」を実現するため、「アジア村」と呼び、「日満支新生活運動」を提唱している。「アジア村」を実現するため、日本人がまず我慢すべきなのだ、と。そこには戦時共産主義的な思想が色濃く顕《あらわ》れている。

日本人は生活費が高い、満洲人、支那人は非常に低い、この儘《ま》まで行つては到底手を握ることが出来ない。この高い生活標準を無暗に上げたならば英米の轍《てつ》を踏んで、支那人から搾取するやうなことになつて了ふ。（略）〔その生活標準を引き上げてやれば〕やがて技術に於ても其の他の文化に於ても、五十年以内で満人、支那人は日本人に追ひつきます。

しかし現実には、この戦争で鈴木少佐が唱えた「アジア村」は実現せず、日本は「英国の植民地経営」を上回る怨嗟を中国人から買ってしまった。ちなみに、この座談会の編集校正を担当したのは、実業之世界社に当時身を寄せていた社会主義者・荒畑寒村である（『実業之世界』一九五四年一一月号）。

この「東亜再建座談会」に同席した、汪兆銘《おうちょうめい》の腹心である譚覚真と鈴木少佐は「大東亜共栄圏と青年学徒の使命を語る座談会」（『新若人』一九四〇年一一月号）でも親しく対談している。

譚　先程の鈴木少佐のお話で、軍事的にも、文化的にも、政治的にも、経済的にも、凡《あら》ゆる方面に於て共存共栄でなければならぬと仰言《おっしゃ》いましたが、事実然《しか》りであると思ひます。（略）中国にとつて、日本の政治体制が革新されるといふ事は、望む事でもあり同時に、中国が大東亜共栄圏の圏内に立つ事が出来れば、之に越した事はないと思ひます。

鈴木　八紘一宇《はっこういちう》の精神といふのは、此の大東亜共栄圏の国々の民族に皆所を得させる、安定を与へる事である。言葉を換へて言ふと、日本人の物質的な生活水準を上げない様にして、満人なり中国人のレベルをそこ迄持つて来なければならぬ。（略）今日の日本人は、さういふ単なる経済的の資源であるとか、或ひは英米にとつて替つて、日本が搾取的な地位に立つて、イギリスの植民地見たいな真似をやらうといふけちな考へは全然ないのですからね。さういふ点をあんた方の雑誌を通じてどん〳〵中国のインテリなり青年に伝へて貰ひ度いと思ふのですね。（30-31）

もちろん、「八紘一宇の精神」が現実には「イギリスの植民地見たいな真似」を超えられなかったであろうことは、その後の歴史が証明している。にもかかわらず、豊かな生活のみを求める有権者の大衆的欲望に忠実な代議士たちと異なり、鈴木少佐が目指した「生活水準を上げない」平準化の理想を、ひとまずはここに書き留めておきたい。

「国家総力戦」から「国防国家」へ

鈴木少佐の「国家総力戦」論は情報部の内部でも摩擦を起こしながらも、「国防国家」論へと発展していった。「国防国家」を鈴木少佐はどのように定義していたであろうか。一九四〇年九月七日午後七時四〇分、鈴木少佐が全国民向けに日本放送協会のラジオで放送した「国防国家の話」ではこう述べている。

それ〔国防国家〕は物と心、即ち有形無形一切の力を打って一丸とした真の挙国一致体制であります。少しく専門的に申しますと、政治も外交も、経済も産業も、教育も思想も、所謂広義国防の一切の要素を挙げて、国防の目的に合する様に、一つの意志で一貫した全体組織をつくり、之を統制的に運営する国家体制であります。（鈴木40e：6）

ここから連想されるのは、政治学者・丸山眞男の「軍国主義」定義である。

軍国主義とは一国または一社会において戦争および戦争準備のための配慮と制度が半恒久的に最高の地位をしめ、政治、経済、教育、文化など国民生活の他の全領域を軍事的価値に従属させるような思想ないし行動様式を意味する。したがってたんに強大な軍部の存在とか対外政策の好戦性とかいうだけでは軍国主義を成立させる充分な条件にはならない。(下中:303)

くわえて「軍人教育が教育一般の理念になる(文弱!の排撃)」と書く丸山の軍国主義が、鈴木のいう国防国家の行動様式であることは明らかであろう。もちろん、「鈴木少佐の国防国家論」が重要なのは、その先駆性ではない。「国防国策強化」を訴えた一九三四年の『国防の本義と其強化の提唱』、一九三六年広田弘毅内閣の「広義国防」を経て、一九三九年には神田孝一『東亞「国防国家」建設論』などすでに類書も刊行されていた。鈴木庫三署名で「国防国家」論文が量産されるのは、一九四〇年七月以後である。それまでの鈴木論文には「聖戦」「総力戦」という言葉は見えるが、「国防国家」という言葉は見当たらない。鈴木自身の回想では、一九三八年末に佐藤賢了部長が情報部内会報で「結局国防国家体制といふ所まで国力を強化せねば事変処理は出来まい」と述べたのが嚆矢《こうし》という。しかし、その次の清水部長時代はまだ「国家総力戦体制の強化」が目標とされ、一九三九年一二月の松村部長着任とともに啓蒙宣伝の重点を「国防国家」におくことが決定された(鈴木43:110)。

私は命を受けて其の宣伝小冊子の起案にかゝつた。そして十五年一月早々約一週間ばかりで「国防国家建設の提唱」といふ論文が出来上つた。直ちに省内各方面の意見をとつて第七十五議会中に之を公にする予定であつたが、此の論文の発表は都合により取り止めとなつた。けれども講演や其の他の方法では盛んに国防国家建設の宣伝は行はれた。（鈴木43：111）

この記述の正しさは、日記からも確認できる。だが、鈴木の「国防国家」論文は、一九四〇年六月のドイツ軍パリ入城、同七月の第二次近衛内閣成立の後まで発表することが許されなかった。奇妙なことに、この点では鈴木少佐に論文の起案を命じた松村情報部長の回想と食い違っている。松村は何らかの理由で、鈴木少佐の活動への言及を避けようとしている。一九四〇年六月六日政友会総裁・久原《くはら》房之助《ふさのすけ》が米内《よない》光政《みつまさ》首相に高度国防国家体制の確立を促した「爆弾進言」により、「もう『国防国家の提唱』などというものを、軍が出す必要はなくなった」というのである（松村：189）。つまり、その後の国防国家論文は「陸軍」ではなく鈴木「個人」が勝手にやったことだ、と言わんばかりの記述である。同じことは、この当時陸軍省軍事課高級課員であった西浦進中佐（三四期・陸大四二期首席）の場合にも言える。最初に鈴木少佐が発表した「国防国家」論文、「時艱《じかん》の突破と国防国家の建設」（『偕行社特報』一九四〇年七月号）の内閲刷は、防衛研究所図書館に所蔵されている。それに付された史料経歴票（一九六三年一〇月一四日付）には西浦進・防衛研修所戦史室長の署名入りで「軍以外の研究論文として注目すべき」と記されている。

いずれにせよ、まさに久原発言の直後から、鈴木少佐の「国防国家」論が量産されたことは誰も否定できない。それ以後、「国防国家」を冠した鈴木論文は連載を含めて、のべ五〇本以上に達する。『思想研究』『社会教育』など専門誌、『文藝春秋』『日本評論』など総合誌、『婦女界』『キング』など大衆雑誌まで、幅広く「国防国家建設」を訴え続けたことがわかる。これ以外に、陸軍省情報部の名で『週報』(内閣情報部)に書いた「国防国家建設の必要」(第二〇一号、一九四〇年八月二一日)、「国家の体力向上　これが国防国家」(「臨時号・新体制早わかり」、同二〇八号、一九四〇年一〇月七日)など、鈴木起案の情報部記事や部長、大臣の論文代筆が大量にあることも日記から明らかである。結局、情報部―報道部在籍中に鈴木庫三名で発表された約一五〇本(単純に計算して毎週一本)の論文中、その三分の一に「国防国家」のタイトルが付いている。この場合、量は質に転化した、と言ってよい。この膨大な言説が、北海道から九州まで駆け回った講演旅行の肉声とともに、「国防国家」を人口に膾炙《かいしゃ》する流行語としたのである。「国防国家の大衆化」こそ、この教育将校の功績であった。

教育国家建設の提唱

鈴木少佐の国防国家論は、狭義な軍事や外交を超えて、人口問題、家庭教育、思想問題、出版流通に及んでいる。そうした広がりは、鈴木少佐が日大・帝大時代に培った軍部外の交際と対応している。つまり、東大文学部の倫理学教室、教育学教室を中心とした大学人ネットワークが、その中核にあった。女学校・師範学校から東京帝大・京都帝大に至るまで毎週のように学校での講演会を行っている。多くの私学にも講演に行っているが、そのなかでも慶應義塾大学はやはり自由主義のスクール・カラーが好きになれなかったようである。

非常に熱心に長時間静聴したが、全般的の気分は未だ従来の慶應らしい個人主義的な気分がある様に思はれた。学校は至極よい環境の中にあるが、あの福沢諭吉以来の個人主義、自由主義を改めねば、やはり尾崎行雄や犬養毅の様な卒業生がまだ出るかも知れない。1938-11.2

その二カ月後、女高師同窓会・桜蔭会で「時局と教育」を講演した際、国民精神文化研究所研究部長となった吉田熊次東大名誉教授と再会している。

講演が終つてから吉田先生と久し振りで話した。先生も大分年老いた。相変らず御元気であるが風邪気味であつた。教へ子の講演を聴いて先生は非常に喜んで居られ、大に賞められた。文部省の全国講演の講師に来て貰ひたいと言つて居られたが、教へ子が可愛いためによく見えるでせうと辞譲返事を述べて置いた。1939-1.21

しかし、吉田からの文部省講演会の講師依頼は断り切れなかったようで、一九三九年一一月二八日東大安田講堂で催された全国中等学校長会議で時局講演を行っている。こうした講演会での主題も、やがて国防国家建設における「教育国家」の実現となっていった。

教育を無視しては国防国家は建設もされなければ強化もされないのであります。故に国防国家の建設は同時に教育国家の建設、即ち教育の国防国家建設でなければなりませぬ。（鈴木40a：1-2）

この「教育国家」の具体的イメージを、鈴木少佐は次のように述べている。

国防国家の教育組織が本当に充実して来たならばどういふ風になるかと申しますと、本当に立派な個性を持つて居る人は、その個性を遺憾なく国家の為に発揮出来るやうな立派な教育を官費で受けられるやうになるのであります。従来はどんなに頭の良い子供でも、家に財産がなければ、大学にまで行くことが出来ないやうな不自由な世の中であつたのでありますが、今度はさういふ立派な個性を持つ子供達が自由に国家の力で教育を受けて、その個性を発揮することが出来るやうになるのであります。（略）これと同時に個性に応ずるやうに教育の程度と種類とが合理的に決定されなければなりませぬ。（鈴木40a：36–37）

つまり、国防国家は教育によって真の自由と平等を実現するのである。しかも、そこで被教育者の進路は「個性」に応じて「合理的」に決定される。能力主義《メリトクラシー》の真の実現を彼は訴えたのだといえよう。第一章で見た鈴木の生い立ちを考えれば、当然の改革要求と言えるだろう。当時の中等学校制度が階級を文化的に再生産するシステムであることを鈴木少佐は十分認識していた。現役将校が日本の階級制度を告発することが憚られたためであろうか、以下はヒトラー政権以前のドイツ教育体制についての言及である。言うまでもなく、これは日本の教育体制の映し鏡である。

程度の高い学校に進んで行くといふ事は、只《ただ》其の学生の家の財産に掛つてゐて、金持の家の子のみが上級学校に進む事が出来たのです。単に小学校だけしか行く事の出来ない人と上の学校に行く事の出来る人々とは、さういふ訳で階級的な相違に依つて分けられてゐました。（鈴木40a：78）

「鈴木日記」では、もっとはっきりと階級的な教育体制が批判されている。たとえば、娘の中等学校受験に際しての感想である。

合格者は何れも家庭教師を雇つたか、家庭で父母兄弟が閑暇《かんか》あつて指導したものばかりだ。（略）結局、公民から税金をとつて建て、置く公立中等学校は何れも有閑階級の子弟や金持の子弟に独占されることになつて、貧乏人には何等の恩恵にもならぬことになる。1938-3.11

戦前においても建前では能力さえあれば誰でも公立中等学校に合格できた。しかし、現実に合格するのは学習環境を整えた高所得層の子弟のみである。財産の迂回贈与としての学歴は、今日にも続く問題でもある。

この問題を鈴木少佐は国防国家の建設において解決しようと試みた。つまり、教育機会の実質的均等化を、総力戦に不可欠な国民全般の知的能力水準の向上要求を背景に主張したのである。この目標において、鈴木少佐は阿部重孝など「教育科学」改革グループと連動していた。実際、その改革は半ば成功したといえるだろう。一九三九年青年学校の義務化により、男子青年層の約八割を占める勤労青年が初等教育修了後さらに七年間の教育を受けることになった。教育社会学者・大内裕和は、軍部と結びついて中央集権的に教育の平等を促進するという阿部の方策は、分権的なアメリカの教育制度を上回る教育権利の平等化を目指していたと指摘している（大内：231-232）。だが、中等学校改革を目指した恩師より、中等学校廃止を目指した鈴木プランの方がはるかに革新的であった。教育改革を論じるために鈴木少佐は日中戦争下の東京帝大教育学研究室にも足を運んでいる。

雑誌の指導で忙《せ》はし。午後六時から帝大の教育学談話会に講演に行つた。研究室も本建築になり、中の勝手も変つた。然しあまり教育学科は振はない様だ。積極的に国策に合ふ教育の研究が不十分だ。意気消沈して居る様な空気がある。元の母校でもあるので学界の為、国家の為に遠慮なしに欠点を指摘した。些《いささ》か暴言の感があつたが、其処は覚悟の上で激励した。1939-1.25

このとき鈴木少佐は阿部教授が癌に倒れたことを知り、何度か見舞いに訪れている。病床の阿部は鈴木と何を語り合ったのであろうか。

阿部重孝先生が遂に逝去せられた。新東亜建設に即応する教育改善、就中《なかんずく》学制、学科課程の改善になくてはならぬ人を喪《うしな》つたのは国家の為にも惜しい。午後一時から青山斎場で告別式があつたので之に参列した。1939-6.7

教育界の革新を目指して

『軍隊教育学概論』に序文を寄せた阿部重孝が、もし生きて『教育の国防国家』を手にしたら、どのような序文を書いたか興味深い。だが、そこに序文を寄せたのは吉田熊次名誉教授である。鈴木が倫理学から教育科学へ進んだのとは逆に、吉田熊次は日本精神の倫理学に回帰、あるいは退歩していた。吉田の『教育的皇道倫理学』（一九四四年）の内容は、鈴木大尉が日大大学院で執筆した「国家生活の倫理学的研究」や『皇軍の倫理的研究』によく似ている。もちろん、吉田が研究部長を務める国民精神文化研究所には、鈴木が東大と日大で指導を受けた伏見猛彌も在籍していた。

夕刻から宝亭で教育改善の懇談等を行ふ。伏見、志田〔延義〕等の諸氏が国民精神文化研究所から出席し、精神総動員中央聯盟から多田〔勲生〕氏が出席した。精神文化研究所の方の意見は、少しく神がかりの飛躍が感ぜられた。　1939-4.6

精神文化研究所の意見を「神がかり」と評するように、鈴木少佐は教育改革をあくまで合理的に考えようとしていた。教育改革論では東大倫理学講座講師から文部省教学局教学官に移った長屋喜一とも議論を重ねていた。教学局で行われた局長会議にも鈴木少佐は招かれている。

文部省から頼まれた原稿が締切に近づいて来たので、何うしても書かねばならぬことになつた。国防国家の見地に基いて教育国家の建設を提唱することにしたが、相当大きな衝撃を教育界に与へることになるだらう。　1940-5.28

「国防国家の建設は即ち教育の国防国家建設である」『東京朝日新聞』1940年12月13日第１面掲載広告

この鈴木論文「教育国家建設の提唱」は、教学局発行の部内秘資料『思申し込みが殺到している。本格的に「教育国家」研究を目指す大学も現れた。

想研究』第一〇輯に掲載された。たしかに、「大きな衝撃」を与えたようで、講演や懇談会の

午後六時から学士会館に於て、広島文理大の教育国家建設研究室設立問題に関する懇談会、伏見〔猛彌〕、阿部〔仁三〕、高田〔三郎〕、平塚〔益徳〕等の諸氏出席。1940-6.13

伏見、阿部、平塚は鈴木少佐と同じく東京帝大教育学研究室の同窓である。国民精神文化研究所で伏見と平塚は、海後宗臣や渡邊誠とともに『日本教育史』（目黒書店、一九三八年）を執筆していた。広島文理科大学からはアリストテレス『ニコマコス倫理学』の翻訳などで知られる高田三郎助教授が出席しているが、この「教育国家建設研究室」構想の主導者は国民精神文化研究所から一九四〇年広島高等師範学校教授に転出した平塚益徳であった。広島文理科大学は一九二九年広島高等師範学校に併設され、多くの教官は相互兼任であった。後発の官立大学として勢力拡大を狙う広島文理科大学では、時局に対する取り組みにとくに熱が入っていた。一九三七年一一月「日本国体論講座」が新設され、翌年から全学生に必修化されていた。さらに一九三九年一二月には東洋史学研究室に大陸研究室が附設され、「将来、大陸教育研究所といったものに発展させる構想であった」（広島大学：166）。こうした拡大路線の延長上に、鈴木少佐が構想に加わった「教育国家建設研究室」もあったようだ。今日も「日本比較教育学会平塚賞」にその名が残る平塚益徳は、たしかに教育国家建設に積極的な発言を行っていた。

今や我が国は古今未曽有の大試練の只中に置かれてゐるが、国民は一億一心、この試練を乗り越

え輝かしき大理想実現の日を一日も早く招来しなければならない。このためには凡ゆる面に於いて徹底的な革新が断行されるべく、教育も亦この例外でないが、我々が特に銘記すべきことは今回の教育改革は単なる教育組織の上での改造、改革に止《とど》まるものではなくして実に教育精神の一大刷新であり、教育勅語の御精神に帰一し奉ることを根本前提とする教学の刷新たることである。（平塚：51）

この研究室構想は一九四四年に平塚が九州帝国大学へ転任することで立ち消えとなった。鈴木と平塚が再会するのは一二年後のことだが、それについては終章で触れることにしよう。

教育国家の鈴木プラン

鈴木プランの核心は、八年制で計画された国民学校（初等科六年＋高等科二年）をさらに一〇年制にまで延長して、実質的に中等学校レベルの教育を義務化することにあった。つまり中等学校までも国民学校に吸収合併する計画である。従来の尋常小学校（六年制）と中等学校（五年制）を一〇年制国民学校に統合するため、中等学校教科中の「装飾的科目」、とくに外国語科目の圧縮を主張している。受験のため「中学時代のエネルギーの二分の一は外国語に費やして居るのに」、多くの者が満足に会話も読書もできない状況、それは昔も今も変わらない。

一人の外交官を作る為に九十九人の者を犠牲にするやうな教育はどうしても止めなければなりませぬ。さりとて外国語が不必要だといふのではありませせぬ。（鈴木40a：113）

むしろ、国防国家で外国語はますます必要だが、それは英語だけでなく、第一に中国語、次にマレー語、ベトナム語、フランス語、タイ語、インド語、オランダ語など大東亜共栄圏の国々の使用言語が重要だ、と鈴木少佐は主張している。そのため、一般国民は外国語の初歩のみ短時間だけ学べばよい。別に必要とする希望者は外国語専門学校で徹底的に勉強すること、さらに一般国民が母国語で最先端の知識が得られるように国立翻訳所を設置すること、などを提案している。鈴木が外国語を「実用」道具とのみ考えて、「教養」目的とみなしていなかったことがよくわかる。その射程は、おそらく中等学校のみならず高等学校の「教養主義」にまで伸びていたはずである。この一〇年制国民学校を卒業した男子はすべて直ちに軍隊に入るので、従来の徴兵制も必要なくなる。学校と軍隊が一体化すれば、選抜システムも変化する。身上調書（内申書）の徹底活用による受験や就活の解消まで主張している。以下、鈴木の原文を引用しよう。

軍隊も亦《また》軍事的国民教育である。心身不健康にして軍隊教育を受け得ない者には、其の機関国防国家的見地に基づき能力に応ずる義務的勤労訓練を施す。二年乃至《ないし》三年の軍隊教育の後に専門学校や大学へ連絡する。陸海軍人を志すものは国民学校から直ちに陸海軍の学校に連絡せしめる。専門教育や大学教育を必要とせざるものは、軍隊教育終了後、直ちに実地の職業を通じ且つ他の社会教育機関を通じて陶冶される。此種の機関は現在の青年学校等を職場に即し各種の職業教育に適する如く再編成する。又青少年団、壮年団、各種婦人会等は夫れ自体が教育機関となる。而して国民学校に於て調製したる身上調書（人物の価値表）は之を軍隊に連絡し、軍隊に於て調製したる身上調書は専門学校、大学へ連絡し、軍隊乃至最終学校に於ける身上調書は就職に連絡する制度を確立する。然るときは従来の如く国家の要求と相調和せざる個人主義的立身出世主義の教育は立ちどころに改善せられ、頭ばかりで体力も精神力も実行力もなき国民養成の弊は容易に除去せられる。女子教育に就ても概ね男子教育に準ずるべきことは謂ふまでもない。（鈴木40d：19）

さらに、鈴木プランは、教育の機会均等のため教育費の全額国庫負担を要求している。この論文ではその具体的な方法を提示していないが、『教育の国防国家』では、「私立学校の国立化」が打ち出された。

これは今日の私立の学校の組織を国家に於て一定の代償を払って買収すればよいのであります。随《したが》ってそれらの私立に教鞭を執って居った教職員は勿論国家の官吏となるのであります。（鈴木40a：72–73）

国防国家すなわち教育国家である鈴木プランでは、軍事予算と教育予算の違いはない。私立学校の買収は、どちらの予算でも可能となる。いずれにせよ、経済格差を超えて教育への門戸を開く「教育＝国防」国家の構想において、「学校」を拠点とする教育科学運動と「軍隊」を拠点とする鈴木少佐の国民皆教育構想が対立していたわけではない。東京帝大の教育学研究室で鈴木の二年先輩にあたる法政大学教授・宗像誠也は、「研究の機到る――徴兵年齢と軍隊教育」と題した『教育の国防国家』書評を一九四一年二月二日付『朝日新聞』に寄せている。宗像は「今軍の内部から放胆な提案に接した機会を空しくせず、ぜひとも軍政、文政両方面から本腰をいれた共同研究が開始されることの必要」を訴えている。宗像はこの延長上に広義国防にならって「広義教育」を唱えることになる。戦後は東京大学教育学部教授として日教組ブレーンとなり、教育民主化運動をリードする「進歩的教育学者」宗像だが、そうした主張は鈴木少佐が唱えた「広義国防」と表裏一体だった。宗像は『東京朝日新聞』一九四二年八月四日に寄せた「教育国家体制への道（一）」でも鈴木と同じく、「ともすれば営利企業の色彩を呈する私立学校の如きが、原則として整理さるべきは当然である」とし、次のように主張する。

教育の問題は学校教育のみではない。国民の錬成の上に占める学校の任務は、基本的であるとしても部分的であり、国民の量質の飛躍的増強といふ歴史の要請に応へるためには、国防、産業その他国家の諸機能を担ふ当体自身が、国民錬成の重要部分を担当せねばならぬ。

こうした宗像の教育国家論の意義を教育史家・福嶋寛之は次のようにまとめている。

軍・産・学の一体化は、教育の実際化・社会化であり、他方、教育の機能が他部門にも拡張していくことでもある。つまり、動員の強化によって事実として進行した国防・産業・教育の接近という事態こそ、〈教育と政治〉とを結合させる好機とみなされたわけである。（福嶋：663）

そのため、宗像が執筆した「出版文化機構の基本問題」（『教育』一九四三年九月号）も、当然ながら鈴木庫三の名前で出ていても違和感のない内容となる。

こうした個人主義を排した全体主義（社会主義をふくむ）の教育システムがうまく機能しないであろうことは、二〇世紀に行われた社会主義各国の実験とその失敗を目の当《ま》たりにした私たちには自明である。また、イヴァン・イリイチ『脱学校の社会』（*Deschooling society*, 1971）のポストモダン的な学校化批判を知っている現代人には、この鈴木プランは近代の制度的思考の極致と映るであろう。しかしその上で、この改革案が国防国家の挫折とともに消えた、と本当に言えるだろうか。内申書重視、資格社会化、奉仕活動の義務化といった二一世紀の日本で構想、模索されている新たな学校化システムを逆照しているのではあるまいか。

いずれによせ、鈴木少佐は「机上の空論」に満足する理論家ではなかった。自分の手で中等学校生徒に狙いを定めた「革新的綜合雑誌」を創刊したのである。

3——陸軍省情報部の革新派

『新若人』創刊と岸信介商工次官

欧文社（一九四二年「旺文社」と改称）の赤尾好夫社長と鈴木少佐の交流は、『受験旬報』（一九四一年『螢雪時代』と改題）への原稿依頼からはじまった。鈴木論文「支那事変の原因は何か」連載（一九三九年）の冒頭には、「本稿はまた口試並に国史の準備に寄与するところ少くないと信じる」と注記されている。

鈴木少佐に最も信頼された出版人である赤尾好夫は、一九三一年東京外国語学校イタリア語科を卒業し、中学生を対象とする通信添削会社「欧文社」を創業した。翌一九三二年に『受験旬報』を創刊したが、原仙作《せんさく》『英文標準問題精講』、さらに自らが編集した『英語基本単語集』（通称「赤尾の豆単」）のヒットにより、一九三八年七月から本格的な出版活動を始めた。つまり、出版人としての赤尾好夫は、新聞班・鈴木少佐とほぼ同時にスタートしたことになる。この新興出版社が、敗戦直後には講談社や主婦之友社と並んで「七大戦犯出版社」に数えあげられた理由は、もちろん鈴木少佐との深いつながりにある。次節で述べるように、日本出版文化協会設立委員会などで赤尾は鈴木少佐のブレーンとして活躍する。「全日本学徒革新的綜合雑誌」と銘打たれた『新若人』一九四〇年九月号創刊は、二人三脚の成果といえる。当時、用紙統制により既存誌の整理統合が進むなか、新雑誌創刊は極度に抑制されていた。欧文社の総合雑誌進出は「政府の出版政策の積極面を示すもの」として、業界の注目を集めていた。

創刊までの経緯を日記から再構成してみよう。事の発端は、仮印刷のままお蔵入りしたパンフレット『国防国家建設の提唱』である。この日、一九四〇年二月二日は衆議院で民政党代議士・斎藤隆夫の「反軍演説」があったが、鈴木少佐の悩みは用紙問題である。

商工省が、陸軍のパンフレットに至るまで紙の配給を拒んで来たのには驚いた。思想戦の弾薬たる紙を非国策的な営利的な方面に配給して、国家の思想戦出版物に配給しないといふ矛盾を言ふに至つては、最早や言語道断である。斯の如き有様では経済統制も何事も出来ず、聖戦の強力な

る推進は望めない。1940-2.2

その四日後、鈴木少佐は赤尾好夫から新雑誌の企画を持ちこまれた。

欧文社が中等学校生徒の思想指導の雑誌を創刊するといふので、江田〔静蔵〕君と赤尾〔好夫〕君と三人で会合して其の下相談を遂げた。適当な雑誌がないので是非出版させたいのであるが紙不足が第一の難関である。1940.2.6

欧文社の新雑誌刊行計画のメンバー。鈴木少佐（中央）、赤尾好夫社長（右）。後列左端が池田左次馬編集局長

江田静蔵は、ともに銃工長から陸士受験して以来の鈴木の無二の親友である。技術審査部を経て陸軍を退役した江田は、雑誌『アマチュア・カメラ』を主宰し、当時は写真出版の玄陽社を経営していた。鈴木少佐に出版業界の知識を授けたのは江田である。鈴木少佐は用紙問題で商工省ルートに突破口を探るが、この雑誌の創刊をまず文部省当局に働きかけた。

午後六時から赤坂幸楽で欧文社の中等学校生徒指導雑誌創刊の打合せを行ふ。文部省側からは教学局の藤本〔万治〕指導部長、志水〔義章・普及〕課長がやつて来た。方針には同意して決つたも

の丶今後は紙の問題だ。これを得らるれば立派な国策的雑誌となつて生ひ立つことが出来よう。1940-2.9

ここで、「昭和の怪物」岸信介《のぶすけ》商工次官が登場する。岸は東京帝大法学部を卒業後、農商務省に入り、臨時産業合理局などをへて、一九三六年満洲国実業部（一九三七年産業部に改組）次長となり満洲産業開発五カ年計画を推進した革新官僚のリーダーである。在満時代、東條英機、星野直樹、松岡洋右《ようすけ》、鮎川義介《よしすけ》とともに満洲国の実力者「二キ三スケ」に数えられたが、一九三九年帰国して商工次官に就任した。岸次官の下、商工省は製紙原料統制を目的として一九四〇年二月一二日「日本機械製紙工業組合連合会」を設立させていた。

梅地〔慎三〕先生の紹介で安倍〔源基〕警視総監と岸〔信介〕商工次官、小野島〔右左雄〕督学官と五人で築地の藍水に会合した。話は事変処理、非常時打開の革新を中心として進められた。真面目に国家の前途を思ふときに何人《なんぴと》の結論も帰一する。唯、専門の立場から具体問題に就て多少の差があるのみ、大同小異である。会談は午後十時半に及んだが梅地先生も非常に喜んで帰られた。1940-2.19

岸次官と鈴木少佐を引き合わせた梅地慎三は岸の親戚関係にあり、鈴木と江田の陸士受験を指導した恩師である。三カ月後、新聞雑誌用紙統制委員会幹事となった鈴木少佐が辣腕《らつわん》をふるった背後には、用紙配給を監督する岸商工次官とのつながりが存在したわけである。岸・鈴木会談から二日後、用紙問題は解決している。

欧文社の赤尾氏にすゝめて、中等学校生徒の思想指導雑誌の刊行を計画させて居たが、何とかまとまり相だ。其の具体案に就て協議をすゝめた。1940-2.21

この段階で、企画の主導権が鈴木少佐にあったことは明白である。早くも、六月には創刊披露宴を行っている。陸軍省情報部が全面的にバックアップした綜合雑誌として『新若人』は創刊された。

午後六時から上野精養軒で雑誌『〔新〕若人』の創刊披露会、情報部職員はこれを祝するために臨んだ。文部省側からも数名見えた。長屋〔喜一〕先生とは久し振りに会ふ。各中等高等学校の執筆者も多かつた。1940-6.5

ヒトラー・ユーゲント座談会

『新若人』に対する鈴木少佐の熱の入れ方は尋常ではない。創刊九月号の畑俊六前陸相（七月に辞任）、松村秀逸情報部長の祝辞原稿もすべて独りで代筆している。『新若人』創刊号以来、鈴木少佐自身の論文も数多く掲載されている。それ以上に重要なことは毎号の目玉企画である座談会を赤尾好夫と二人で仕切っていることだろう。創刊号から一九四一年一二月まで鈴木が実質的に司会した座談会は以下のとおりである。いずれも鈴木少佐の企画とみて間違いない。

「シュルツェ氏を中心に独逸の教育、学生、青年を語る座談会」一九四〇年九月号、「学徒の動向を語る」同一〇月号、「大東亜共栄圏と青年学徒の使命を語る座談会」同一一月号、「学生

全日本学徒革新的綜合雑誌『新若人』創刊第２号（1940年10月号）の表紙

の新体制を語る座談会」同一二月号、「日独伊学生座談会（独伊の学生生活を訊く）」一九四一年一月号、「日満支学生座談会（東亜諸民族の提携を語る）」同二月号、「転換期に於ける学徒の使命並に役割（座談会）」同三月号、「少壮評論家座談会　日本革新の方向と学徒の動向」同四月号、「新帰朝ジャーナリスト座談会　戦時下欧州の青年学徒を語る」同五月号、「少壮実社会人座談会」同六月号、「新しき文化と教養について　座談会」同七月号、「学徒青年と娯楽の問題　座談会」同九月号、「世界はどう動くか　座談会」同一二月号。鈴木少佐が欠席したのは、僅かに「学生義勇軍座談会」（一九四一年八月号）、「新体制下のスポーツを語る座談会」（同一〇月号）、「興亜学生勤労報国隊座談会」（同一一月号）のみである。創刊号のヒトラー・ユーゲントの座談会から鈴木少佐の独壇場だが、その様子は日記でもうかがえる。

> 午後六時から帝国ホテルで独逸のヒットラーユーゲントの指導者シユルッエ氏を中心に雑誌『新若人』の座談会を行ふ。文部省から長屋〔喜一〕先生が来た。ヒットラーは学校教育に見限りをつけて、ユーゲントの教育とアルバイトディンスト〔労働奉仕〕の教育とに期待した。今日の如き世界一の国防国家を建設する前に先づ教育国家を建設したところに偉大さがある。我が国では

新しき文化と教養について
座談会

出席者（イロハ順）
小説家・評論家　中河與一
文部省図書監修官　前田隆一
国民精神文化研究所員　伏見猛彌
思想評論家　寺田彌吉
教育評論家　阿部仁三
文化評論家　木村毅
情報局情報官　鈴木庫三
欧文社々長　赤尾好夫
欧文社編輯局長（司会者）　池田佐次馬

（五月三十日・於赤坂幸楽）

池田「今晩は御多忙のところをお出で下さいまして有難うございます。申すまでもなく我が国は、現在対外的にも対内的にも重大な転換期に直面して居ります。この難局を打破して国家が偉大な飛躍をなすには、どうしても青年学徒の力に俟たなければならないと思ひます。随つて、今ほど国家が能力のある青年を求めてゐる時はないのでありまして、「新若人」も及ばずながら、この国家目的に向かつて、国家意識に燃え、而も常識と徳性を具へた実行力のある青年学徒を養成するために努力してゐる次第でございます。

そこで今晩は「新しい文化と教養について」といふ題でお話願ひたいと思ひます。国防国家体制の確立に必須の新しい文化とはどんなものでなければならないか、又新しい教養とはどんなものか、それと教育との関係はどうかといふやうなことについてお話願ひたいと思ひます。そして同時に、伝統の問題なんかにも触れて頂きまして、現代の日本の文化の各面に亘つて具体的に御検討願ふ傍ら青年学徒の心構へについてもお話願ひ度いと思ひます。では最初に、伏見先生にお願ひします。」

新しい教養の方向

伏見「別に何も考へて来なかつたのですけれども、まあ私は教育の方をやつて居りますので、さういつた所から少し考へて見ませう。

教育の今迄の歴史を見ますと国防国家と申しますか、一つの国家が大きな活動をする様な時期に於ける青年の教養といふものの性格は非常に明瞭だと思ふのですね。例へば、近世では英国が典型的な国防国家の教育形態を既に二百年以前に於て実つて居りますが、その二百年以前に於てはつきり執つた国防国家的教育に於て、英国の所謂紳士の教養といふものがどういふ形であつたかといふ事を――之は非常に近い世

「新しき文化と教養について　座談会」『新若人』1941年７月号。鈴木ブレーン集団というべきメンバー。右から赤尾好夫、阿部仁三、伏見猛彌、前田隆一、鈴木庫三（中央正面）、中河与一、木村毅、寺田彌吉、池田左次馬

そのまゝ模倣することは勿論いけないにしても参考となるところは少くない。

1940-6.20

この「ヒトラー・ユーゲント座談会」は、欧州の電撃戦とともに鈴木少佐に大きな影響を与えた。それは、ちょうど構想を練っていた新著『教育の国防国家』の構成に反映している。同書は「教育国家建設の提唱」論文よりもかなり具体的になっているが、それはヒトラー・ユーゲントが理想型として脳裏にあったためであろう。

午前九時頃出勤して、直ちに目黒書店に行つた。今日は一日で約二百頁ばかりの論文をまとめねばならぬ。到底原稿を書いて居られぬので、口達速記の方法でこれを完成することにした。午前十時から始つて午後十時に終つたが、其の食事の

ため休み時間約二時間、正味十時間の講演をした為、終つて頭がふらふらする程疲れたが、大任を果して肩の重みが下つた様な気がする。帰宅して床に就いたが興奮してよく眠れない。1940-10.20

この『教育の国防国家』は一九四〇年一二月一四日、初刷一万部が書店に並んだ。鈴木情報官は同日午前一〇時半から文部省第三会議室で「『臣民の道』国民道徳解説書編纂ニ関スル懇談会」に出席していた。そこで、「日本の世界観・道徳観」である新秩序の原理を「従来の生物進化論的弱肉強食の道徳観」に対して闡明《せんめい》することを要求している（久保：403）。鈴木の持論「国防国家体制の確立」の一節を含む『臣民の道』は、のべ九五万部が印刷された。この教学局パンフレットの原案を作成したのは、鈴木少佐が『新若人』創刊への協力を要請した教学局普及課長・志水義章である。国立教育研究所図書館所蔵「志水義暲文庫」資料を分析した貝塚茂樹によれば、鈴木少佐は「高度国防国家体制」という用語のうち、「高度」という言葉は、軍備形態と誤解されるおそれがあるので使用すべきではないと主張している（貝塚：93）。当日の「鈴木日記」を引いておこう。

午前十時半から文部省の教学局で会議、『臣民の道』といふ社会教育の読本を出すことになつたので各省の意見を調整する会であつた。午後一時から新聞雑誌用紙統制の幹事会が開かれ、出版文化協会にまで及んだので遂に夜までかかつた。ところが風邪のこぢれか、疲労か、腹痛がして苦しい。けれども遂に最後まで押し通した。目黒書房で出版させた『教育の国防国家』といふ本

がやっと今日市場に現れた。1940-12.14

たしかに、一般国民向けの『臣民の道』よりも教育界に与えた衝撃の度合いでは、『教育の国防国家』の方が大きかったはずである。『教育思潮研究』第一五巻第一輯（一九四一年七月発行）で、吉田熊次の継嗣で日本大学講師の吉田昇（戦後はお茶の水女子大学教授）が詳しく内容を紹介し「根本的革新の計画」と評している。鈴木少佐は国防国家の理想型を古代ギリシャに求めているが、こうした発想は古代教育史に詳しい吉田昇との対話から生まれたものだろう。一方で、吉田昇の論文「スパルタ教育と国防国家体制」（一九四一年）は、鈴木少佐の主張を全面的に引き受けている。

今や我が国は高度国防国家の実現を目指して新体制の確立に発足しつゝある。教育も亦是に即応して新体制をとらなくてはならない。（略）教育が教養としてのみ考へられてゐた時代にあつてはその形態は左程《さほど》重要なことではない。然し、教育が国家の要求を担ふ場合にあつては、どうしても一元的な強力な教育の形態が創り出されなくてはならない。(62)

だが、一九四一年五月一七日付『教育週報』の匿名書評の方が、その動揺を隠しきれていないだけ正直な感想だろうか。

適切に言へば、著者は現今の学校教育の大部を軍隊教育に於て行はうといふのである。この議論を詮《せん》じつめて行けば、一切の学校教育を排して軍隊教育に委任せよ、但し幼少児の教育と専門学校程度の教育は、いろいろな点で軍隊では不便であるから学校教育に預けて置く、普通教育のみは軍隊がこれを代つて行はう、といふ結論に導入し得る論理になつて居る。著者は教育制度方面には責任がないのであるから、その案は余りに大胆率直ではないかとの心配も湧いて来る。

戦後の研究者は「情報官」の言論統制を批判しても、「教育将校」の国防国家論に言及することがなかった。だが、教育改革を「国防国家」に接続した時点で、鈴木少佐の戦場が「国内思想戦」となることは宿命づけられていた。鈴木少佐が「国内思想戦」を唱えはじめる時期は、「国防国家」の使用開始と見事に重なっている。

早稲田大学講師となる

鈴木少佐の国内思想戦は、雑誌や講演のみではなかった。一九三一年一二月に日本大学助手を辞任して以来、鈴木少佐は大学の教壇から離れていた。しかし、一九三九年前期には早稲田大学の教壇に復帰している。

午後七時から早稲田大学大陸講座で国防に関する講義を行ふ。1939-5.4

ここでは「大陸講座」と書かれているが、正式名称は前年四月に開設された「特設東亜専攻科」である。「満支各地に進出せんとする者の為に必要なる実際的教育を施す」目的で、大学および専門学校の学生および卒業生（定員一五〇名）が対象であった。また同専攻科には満洲、蒙古、中国の留学生も数多く出席しており、彼らは一九三八年一一月三〇日、東亜青年会を組織している。授業は一週平均一四時間で、八カ月で修了した。鈴木少佐が担当した「国防」のほかに支那語、東亜事情、風俗習慣、宗教、経済などが講義された（定金：245）。日記では、毎週木曜日午後七時からの講義に向けて熱心に準備をしていることがわかる。夜学での講義に、自らの日大通学の経験を思い出していたのだろうか。

午後七時から早稲田大学の東亜研究科に於て思想戦の講義を行ふ。帰途、『生長の家』の編輯の人々（学生として講義を聴ひ《ママ》て居たもの）に無理に申し込まれて約一時間の懇談を行ふ。1939-5.25

早稲田大学への出講は、鈴木少佐の大陸視察旅行により中断されている。この特設東亜専攻科は、翌一九四〇年度は聴講生募集を停止するので、二年間のみ存在したことになる。だが、「鈴木日記」によると、特設ではない正規の「東亜科」を設置する計画もあったようである。

午後五時から麴町茶寮に於て早稲田の高井教授と会談、早稲田大学内に充実したる東亜科を創設する問題に就て所見を述べた。熱烈な会談であった。1939-8.9

高井教授とは、国際私法講座の高井忠夫教授であろう。高井は一九四一年に設立された早稲田大学東亜法制研究所で資料部長を務めている。この会談時、同年早稲田大学で結成された「興亜青年勤労報国隊」は、夏季休暇を活用して北支、満蒙で勤労奉仕を行っていた。なお、正規の「東亜科」はできなかったが、一九四〇年「早稲田大学興亜経済研究所」、一九四一年「早稲田大学東亜法制研究所」が設立されている。だが、こうした組織的発展を詳細に記録している『早稲田大学百年史』（一九八七年）に、「鈴木庫三」が登場するのは一箇所だけである。

第一三章「非常時下の科外講義と校外教育」の講演一覧に、真珠湾攻撃から二週間後の一九四一年一二月二三日に行われた鈴木中佐「英米粉砕戦と学生の覚悟」が記録されているのみである。こうした講演だけなら早稲田大学に限らず、数多くの大学や専門学校の時局講演会、国防研究会で行っていた。

陸軍中野学校「新聞学」教官

早稲田での講義の翌年、一九四〇年には鈴木少佐は陸軍中野学校教官を兼任している。講義は火曜日午前中の「新聞学」である。

1940-4.2

午前七時に迎を受けて中野の〇〇〔ママ〕学校に講義に行く。「新聞学」といふ題であるが、思想戦と言論指導に就て講義を進めることにした。午後から雑誌の指導だ。六時から東京会館で戦時経済展覧会の懇談会があつた。東京商工会議所主催、三越で展示する。期日は五月下旬の予定である。

「〇〇学校」と表記されているように、軍事諜報《ちょうほう》に関する専門知識を教えるこのスパイ学校は存在そのものが秘匿されていた。一九三八年陸軍省に後方勤務要員養成所として開設され、一九四〇年に陸軍中野学校となった。当初は兵器行政本部の所管で、一九四一年以後は参謀本部の所管となった。学生は、陸士卒業の大尉・中尉、予備士官学校出身者、下士官候補生を中心としていた。

桜花は真盛りだ。今日は中野分室の講義だ。学生も講義が面白くなつたらしく真面目に聴講する。帰省後、雑誌の指導に忙はし。午後六時から赤尾〔好夫〕氏と会談、中学生の思想指導雑誌『〔新〕若人』の内容に就て懇談す。1940-4.9

早朝に出かけて中野分室に行つて講義を行ふ。今日で「新聞学」と題する思想戦の講義を終る。午後から役所に行く。相変らず面会人が多くて原稿は書けない。1940-4.23

この講義は、非常勤講師としての一カ月間の短期間科目だったようである。

鈴木少佐の講義題目「新聞学」が、国体学や思想学と同じ一般教養基礎学に分類されたのか、諜報勤務、宣伝勤務などの専門学科に含まれたのか、日記では不明である。「新聞学」とはドイツのZeitungswissenschaftの訳語で、第一次大戦後のドイツで急速に発展したメディアと世論を対象とする政策科学である。ヒトラーが政権を握るとドイツではジャーナリストは登録制となり、記者資格取得のためには大学で「新聞学」の受講が義務付けられた。こうして、ドイツの主要な大学には新聞学科が設置され、国策科学としてゲッベルスの宣伝省から潤沢な研究資金が投入された。この「新聞学」は、日中戦争勃発後の一九三七年九月二五日に内閣情報委員会から拡大改組された内閣情報部でさかんに翻訳研究された。また、内閣情報部は従来の言論統制を超えた積極的な「啓発宣伝」に向けて、思想戦講習会を組織した。一九三八年から一九四〇年まで毎年二月、首相官邸に高等文官と中佐級将校など「情報宣伝に関する指導者」約一〇〇名を集めて開催されている（佐藤94：320）。この講習会でも利用された『情報宣伝研究資料』全一五輯のうち、その大半はドイツ新聞学の成果を翻訳したものである。とくに、ベルリン大学教授エミール・ドヴィファット『新聞学』(一九三八年)や、ライプチヒ大学教授ハンス・ミュンスター『新聞と政策』(一九四〇年)はナチ新聞学の教科書であり、内閣情報部参与となった小野秀雄・東京大学新聞研究室主任(戦後は日本新聞学会初代会長)が翻訳を請け負っている。この第三回思想戦講習会に鈴木少佐は主催者側として参加している。

午後六時から偕行社に於て各師団、外地軍から上京して居た思想戦講習会の専習員を招待することになつたので之に出席した。1940-2.22

松村秀逸陸軍省情報部長もここで「武力戦に伴う思想戦」を講義している。それは資料班・鈴木少佐の起案した原稿だろう。このとき、内閣情報部長・横溝光暉《よこみぞみつてる》「思想戦概論」、人口問題研究所研究官・小山栄三「思想戦と宣伝」、情報部参与・古野伊之助「思想戦と新聞通信」、情報部参与・菊池寛「思想戦と文芸」などが講演されている。ドイツ新聞学の専門家である小山は東大文学部新聞研究室助手から、やがて情報局参与となり、戦後はGHQの要請で国立世論調査所所長に就任している。古野は当時、「国策通信社」同盟通信社社長であり、戦後は共同通信社社長である。文藝春秋社長の菊池は、やがて大政翼賛会中央協力会議員などを歴任する。

いずれにせよ、中野学校で鈴木少佐が行った「新聞学」講義には思想戦講習会の内容が盛り込まれていたはずである。

「まず国内問題を解決せよ」

「国内思想戦」の唱道者として名高い鈴木少佐だが、対外思想戦にも少なくとも二度だけは直接関与している。一九三九年の天津工作と一九四〇年の南京・上海調査である。まず、その天津出張に触れた一九三九年大晦日の「年末所感」を引用しておこう。陸軍内で自分の能力がはじめて正当に評価されたという喜びが文面にあふれている。「縁の下の力持ちをやれば満足なのだ」と日記には控えめに書いているが、周囲はその異常なエネルギーの炸裂《さくれつ》に圧倒されていたにちがいない。

かつて大学に於て学んだものが今になつてどんどん活用されるのは愉快だ。今が一番独自の能力を発揮して御国に御奉公し、大君のために働くべき時だ。一昨年七月〔正しくは、昨年八月〕から情報部〔新聞班〕に転じてから一年半になる。部長の任務割も適材適所主義で私には適する。最も能力を発揮出来る様な仕事を割り当てゝくれるから面白く仕事が出来る。本年一年間に文部省、拓務省、内閣情報部、大蔵省方面の講習会や講演会で働いた仕事だけでも莫大の分量だ。雑誌の原稿も随分書いた。パンフレットは殆んど一年分私一人で書いた。学生や知識階級に対する講演は殆んど重要なものを受持つた。又雑誌を、編輯者を、文士を指導して国策に協力せしめたことも大きい。此の方面から国内思想戦の無形な力を注いだのは、誰も知るまいが自分一人知つて黙して居ればよい。要するに縁の下の力持ちをやれば満足なのだ。
尚、今年六月下旬からは天津問題に対する応援のために北支に出かけ蒙疆《もうきょう》にも渡り、更に満洲国の成長しつゝある状態を視察し極めて得る所が多かつた。此の視察を終つてからは大陸国策に一大信念を得て講演に、雑誌に独自の説をなすに至つた。1939-12.31

天津租界工作の宣伝業務援助のため、鈴木少佐は一九三九年六月二九日から七月二八日まで約一ヵ月間出張している。当時の天津特務機関長は柴山兼四郎《かねしろう》少将（二四期・陸大三四期）である。柴山も茨城県出身の輜重兵科であり、桜会でも鈴木は同席していた。柴山は天津工作の後、漢口特務機関長を経て、輜重兵学校長、輜重兵監、第二六師団長、南京政府最高顧問となり、東條内閣退陣後の一九四四年八月陸軍次官に就任している。

二度目の大陸出張は、『昭和十六年・康徳八年手帳』（日本手帳株式会社）に簡単なメモが残されている。康徳は満洲国の元号であり、出張中に利用したノートだろう。この時は軍服ではなく、背広にネクタイで出発したと長女は証言している。少なくとも三月一三日から一八日までは南京、二一日からは上海を中心に新聞出版の状況を調査している。当時中国で発行されていた新聞の発行部数や政治傾向がメモされており、思想戦のための新聞工作資料を収集していたことがわかる。四月一一日付で転向者の動向に関する内務省での各省会議メモが残されているので、四月上旬までに帰国したと思われる。この大陸出張時の見聞を『国防国家と青年の進路』（一九四一年）では、次のように紹介している。

鈴木は、中国人の商業道徳や礼儀作法が日本人よりも優れていることを指摘し、日本人に東亜の盟主たる品位を求めている。また蒙疆方面の鉱山を視察した際には、日本人労働者が満洲人に威張り散らす様子を戒めている。

満支人には殴り合ひの喧嘩は極めて稀である。それにも拘らず、日本人工員は平気で殴るから逃げるのは当然である。古来日本では職人は短気である。江戸ッ子は手が速いなどといふことを下らぬ誇りとしてゐた。これは子供らしいことで非常な間違ひであるから、是非共改めねばならない。況《ま》してや満支人の指導に於いては一層然《しか》りである。(鈴木41a：136)

さらに、戦時下の中国人の愛国心について、次のように書いている。この書き様も戦後世代の私にはかなり意外であった。

今次事変に於いて支那の青年男女に現れた愛国心にも素晴しいものがある。仮令《たとえ》、抗日蔣政権の指導した誤つた愛国心にせよ、国を愛する熱意は大したものだ。日本人も忠君愛国だけではなく、他の一般の教養に於ても常に満支人に勝るやうに努力せねばならない。(同：134)

この大陸視察も、鈴木に国内思想戦を決意させた理由の一つに違いない。一九三九年「年末所感」と翌一九四〇年元旦の日記に、「国内思想戦」という言葉が初めて登場している。

支那事変もいよ〳〵事変処理が重点となつた。然し之には段階がある。東亜の新秩序建設の目的を達成するには数十年の仕事、而も前途に大難関を予想す。之を突破するの要は特に国内思想戦に勝を制し、日本に日満支を通ずる広義国防強化を可能ならしめる改新あるのみ。1940-1.1

ちなみに、「対内思想戦」という言葉は、前年の元旦にも使われている。

もつともつと所謂、インテリ層の個人主義、自由主義の思想を打破して、全体主義、国家主義、家族主義を徹底することが必要だ。今年の対内思想戦は此方面に指向されねばならぬ。尚、財閥や企業家、資本家の個人主義、利己主義を戒めて国家主義に導かねばならぬ。1939-1.1

鈴木少佐の「思想戦」が最も体系的に展開されているのは、一九四〇年三月四日、斯文会《しぶん》と東京日日新聞社の共催で本郷湯島聖堂に三〇〇〇人の聴衆を集めて行われた「興亜理念大講演会」の講演速記である。前年一年間に約二〇〇回の講演を鈴木少佐はこなしているが、それが自信あふれる熱弁であったことはその速記「先づ国内問題を解決せよ」からもうかがえる。宇田尚編『思想建設――興亜の理念』(一九四〇年)に徳富蘇峰、荒木貞夫、井上哲次郎、長谷川如是閑《にょぜかん》、諸橋轍次《もろはしてつじ》など錚々《そうそう》たる論客の文章とともに収録されている。

現状維持派との思想的内戦

鈴木少佐は思想戦の相手を、抗日支那軍、一般支那国民、ソ連邦、欧米諸国、国内現状維持勢力の五つに分類している。交戦中の中国に対する思想工作の必要性はいうまでもない。だが、ソ連邦と欧米諸国に対する思想戦は、結局、国内思想戦に収斂《しゅうれん》することになる。すなわち、共産主義を恐れる必要があるとすれば、それは国内に資本主義の経済的不平等、戦争負担の不公正が存在するためである。国内革新を断行して「幸福な国民生活の実物教訓を以て」共産主義に接すれば、対ソ思想戦はおのずから攻勢に転じることができると主張している。

さらに興味深いのは、英米「現状維持諸国」に対する思想戦の考え方である。国際的通信網でニュースを支配し、キリスト教会からハリウッド映画まで駆使できる英米に対する思想戦は、「あまり有利ではない」といさぎよく認めている。それゆえ、当面は防御的にならざるをえず、まず「対内的な方面を重視せねばならない」。つまり、アングロ・サクソンと直接思想戦を交えても勝算はないので、その影響を受けた国内の自由主義者と戦うことが優先されねばならない、という。それ自体は、極めて合理的な思考である。また、国内の自由主義勢力が唱える日中戦争の早期講和論を鈴木は次のように分析している。

戦争が長く続けば、必然的に改新が断行せられ、現状に於ける自己の有利な地位に修正が加へられたり、圧迫が加へられたりする危険がある。此のやうに考へて来るから、支那事変所期の目的を中道にして思ひ止まり、早く事変を打切るやうに政治、経済、外交等を指導することになる。

（鈴木40c：177）

鈴木少佐はこうした現状維持勢力を、金儲けのことしか考えていない資本主義者であり、真の平和主義者ではない、ときびしく断罪する。

速やかに支那事変を打切り、第二次欧洲動乱に乗じて経済的に漁夫の利を占めようとする。けれども、金儲けをしたら何うなるか。楽天的、現実的な性格をもつ日本民族は、必ず物質的な生活水準を向上して贅沢になり、其の反面、体力、気力を失ひ、質実剛健の気風を消磨するに相違ない。而も一度向上した生活水準を低下するのは至難であるから、爾後之を維持するためには、何うしても更に更に金儲けの道を拓かねばならぬ。（略）それには満人や支那人が利口になるといけないから愚民政策をとらねばならぬ。然しながら、愚民政策をとつても、利口になることを防ぐことは出来ぬ。従つて、次には武力で理不尽なる圧迫を加へねばならぬ。かくして、我が肇《ちょう》国《こく》の大精神に基づく家族主義的新東亜建設は邪道に導かれ、英国流の殖民地経営の轍を踏むことになる。(同：180f)

つまり、自由主義路線は必然的に金融帝国主義に行き着くことになる。それを防ぐために、鈴木少佐は次のように提案する。

それは日満支諸民族の生活水準の均衡を計ることである。之がため、日本人は自粛自戒して物質的生活水準の向上を制圧し、満支人に対しては之を向上して、日本人並に追及させるやうな政治、経済の政策をとることが必要である。(同：183)

結局、日本人の生活水準を計画的に抑制し、日満支ブロックの平等化を実現することが、中国民衆に対する最も有効な思想戦なのである、と。「成長の限界」が明らかになった現代から見ると至極妥当な立論と思える。まだ戦後の高度経済成長を知らない日本で、こうした下降的平準化論が国防国家建設と同時に唱えられていたことに、消費社会の中で育った私は新鮮な驚きを覚えた。

内外一般に日満支ブロック内の商工業は国策会社として、又個人的にも国策に基づいて経営されねばならぬ。(略)此の富を資本主義的に私することは絶対に許してはならぬ。此の富は新東亜の建設資金として、将又《はたまた》東亜諸民族解放資金として、公明正大に使用さるべきものである。

（同：184）

国体と共産主義の両立論

以上が、鈴木少佐が繰り返し演説した「興亜の理念」の内容である。その現実性について、ここで検討するつもりはない。だが、これほど「近衛上奏文」の軍部赤色革命論を具現した軍人の思想もめずらしい。敗戦半年前、一九四五年二月二四日に昭和天皇に提出した上奏文で、近衛文麿は「軍部内一味の革新運動」への警戒を訴えている。

職業軍人の大部分は、中〔流〕以下の家庭出身者にして、その多くは、共産的主張を受け入れ易き境遇にあり。已《すで》に、彼等は、軍隊教育に於て、国体観念丈けは、徹底的に叩き込まれ居るを以て、共産分子は、国体と共産主義の両立論を以て、彼等を引きずらんとしつゝあるものに御座候。

抑々《そもそも》満洲事変、支那事変を起し、之を拡大して遂に大東亜戦争にまで導き来れるは、是等軍部一味の意識的計画なりしこと、今や、明瞭なりと存候。満洲事変当時、彼等が、事変の目的は、国内革新にありと公言せるは、有名なる事実に御座候。支那事変当時も「事変は永引くがよろし、事変解決せば国内革新は出来なくなる」と、公言せしは、此の一味の中心人物に御座候。是等軍部内一味の者の革新の狙ひは、必ずしも共産革命に非ずとするも、これを取巻く一部官僚、及び民間有志（之を右翼と云ふも可、左翼と云ふも可なり、所謂右翼は国体の衣を着けたる共産主義なり）は、意識的に、共産革命に迄、引きずらんとする意図を包蔵し居り、無知単純なる軍人、之に躍らされたりと観て、大過なしと存候。（大谷：3）

自己弁明のための誇大表現に満ちた文章だが、近衛がそう考えた理由はよくわかる。もちろん、「新体制運動」の旗手と信じた近衛が、実は「現状維持勢力」だったというのは鈴木少佐にとっても皮肉な話である。右翼が唱えた「新体制は赤だといふデマ」を鈴木少佐は繰り返し否定していた。たとえば、元アナーキストの鑓田研一たちとの問答会「国防国家と職域奉公問答会」(『日の出』一九四一年三月号)では次のように述べている。

過去に於て赤であつた人も真に転向してゐるなら勿論入つて来る、それをつかまへて新体制は赤だといふやうなデマを飛ばすやつがあつたら、それは容赦なく引つ括つてやつゝけようと思つてゐる。(96–97)

いずれにせよ、鈴木少佐の立場が「国体と共産主義の両立論」であったとみても、あながち間違いではない。

また三国同盟推進派だった鈴木少佐は、これに反対する「重臣や財閥」を個人主義、自由主義として日記で批判している。独ソ不可侵条約の第一報が陸軍省に届けられた日の日記では、ドイツの電撃外交に理解を示そうと努めているが、やはり不快感は押さえきれない。しかし、後に松岡洋右外相が模索した日ソ独伊の四国軍事同盟を鈴木少佐も構想していた。自由主義、個人主義を主要敵とすれば、共産主義は同盟者たる資格が十分にある。もちろん、こうした内容は日記だけの独白にとどまるわけなのだが。

要するに日「ソ」独伊の四国が結ぶことが一番賢明であり、四国共、英米仏と相容れない関係にあり、世界維新を企図して居るのだからこれが当然であるが、中々此の案には行くまい。それは日本の個人主義、自由主義、資本主義の人々、及之《およびこれ》に動かされて居る人々が、ソ聯と結ぶことを恐れるからだ。彼等が真の皇道精神につき名実共に皇室中心の一大家族を建設する如く、社会改革を行ふ考ならば、日本には赤は喰ひ込めない。少くとも今日では日本は国体精神に目ざめ、且つ赤の思想も十分研究しつくされて其の人間性に合はぬ所を知つて居るからだ。只、個人主義や自由主義では此の政策は出来ぬ。1939-8.25

鈴木少佐が座談会以外で代議士と接触した記録はないが、「貧乏政党」には好意を抱いており、一九三九年八月二〇日午後五時から社会大衆党本部の夏季教育講習会で講演している。『社会大衆党活動報告書 昭和十四年度』によると、河野密（戦後は日本社会党国会対策委員長）の「戦時推進政策」、亀井貫一郎の「独逸世界観と経済」に続く鈴木少佐の演題は「新国防論」である(89)。

一般に代議士などゝいふものは不真面目なものだが、今日の大衆党の代議士連が真面目なのには驚いた。歳費の一部を各自が支出して本部を設け、研究会を設けて置くといふが、大体貧乏政党は真面目だ。1939-8.20

他方、鈴木少佐が嫌悪したのが、財閥と癒着した伝統的右翼であった。米内光政内閣成立から一カ月後、右翼機関誌『大日』（大日社）に対して鈴木少佐は弾圧を加えている。

近頃の雑誌の反陸軍的言論は遽《にわか》に頭をもちあげて来た。今日発見したものの中で最も極端なのは大日社発行の『大日』二月号、時局解説であつた。匿名で、陸軍を足利尊氏にたとへ、海軍を楠《なん》公《こう》にたとへて居る大侮辱事件が現れたので、防衛課や憲兵に連絡して処分することにしたが、大日社は恐らく、現状維持勢力から金銭を贈ら〔れ〕て居るらしい。1940-2.10

大日社は杉浦重剛を師と仰ぐ政教社グループが、頭山満《とうやまみつる》を「社師」に担いで、一九三〇年に設立した右翼団体である。世話人は末永節《みさお》、宅野田夫《たくのでんぷ》で、一九三六年に創刊された機関誌『大日』は皇道主義的興亜論を唱えて終戦まで発行されている。

次章では、いよいよ「鈴木少佐の言論弾圧」と呼ばれる諸事例を検討するわけだが、あらかじめ言っておけば、鈴木少佐の国内思想戦における主要敵はすでに見たとおり、「現状維持勢力」、利己的な自由主義者、エリート主義の「海軍びいき」知識人である。すでに「左翼雑誌」は鈴木少佐登場以前に弾圧済みだったとはいえ、鈴木少佐が「プロレタリアート」や「共産主義者」を敵視する文言は日記では一件も確認できない。

ブラックリスト『㊙評論家一覧』

情報局には執筆者を制限するための論壇・文壇のブラックリストが存在した、と言われてきた。たとえば、論壇のブラックリストについては、本書冒頭でも一九四一年二月に情報局第二部（報道）第二課（雑誌）との懇談で中央公論社に内示されたという一部を引用した。文壇のブラックリストについて、情報局第五部（文化）第三課の嘱託だった平野謙が言及している。

当時、一文学者が三段にわけた全文学者のブラック・リストを軍報道部かに提出したというデマがとび、中島健蔵がカン然と『ホワイト・リスト論』なる名説をはいたのもあざやかに記憶している。（平野56：296）

その中島健蔵は『昭和時代』（一九五七年）で「ブラックリスト」の見出しで、このリストの詳細を論じている。

ある文学者が、文士のブラック・リストを情報局へ提出したというのである。その本物を、こっそり情報局の机の引き出しから盗みだして写した人間がいる。これがその写しだと、ザラ紙の原稿紙に走り書きした名簿を出して見せた。およそ執筆者として知られている人間の名が、ほとんど全部書きつらねてあって、その上に白丸と、半黒丸と、黒丸とがつけてある。思わず自分の名をさがす。あった。半黒である。それを提出したという人間の名もあるが、それは白丸だ。その人間は、雑誌の編集長などにあてて、他人の「時局認識」についての中傷を手紙で書き送るという人物であった。（147）

「半黒」の中島は、友人の丹羽文雄が「黒」と確認したため、情報局の会合で軍人に何が問題なのかを尋ねた、という。

その軍人にむかって、丹羽の何という作品を読んだのか、と聞くと、「あんなけがらわしいものは一つも読んでおらん」という。「では、丹羽に会ったのか」と聞くと、「けがらわしい、会えるか」という。おさえにおさえていたが、たまりかねた。顔から血が引いて、口のはたが引きつっ

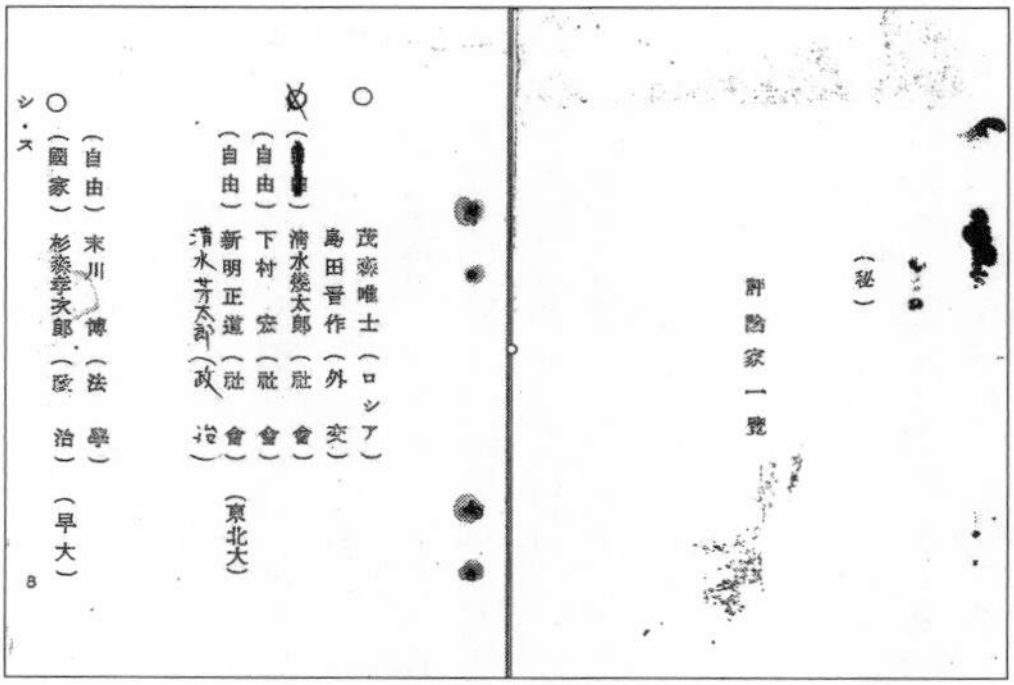
(秘)
評論家一覧

○
茂森唯士(ロシア)
島田晋作(外交)
([redacted])清水幾太郎(社會)
(自由)下村 宏(社會)
(自由)新明正道(社會)(東北大)
清水芳太郎(政治)
(自由)末川 博(法學)
○(國家)杉森孝次郎(政治)(早大)
シ・ス
8

『(秘)評論家一覧』表紙(右)、鈴木少佐の書き込みがある頁(左)

て来るのが自分にもわかった。「読みもしないし会いもしないで、いかんというのは乱暴だろう」と、やっとことばが口から出た。軍人は、攻撃を受けて、意外そうにこちらの顔をのぞきこみながら、口先では、「ほう、おもしろいことをいうのォ」とぬかした。思い出しても胸が悪くなる。悪口をいった奴がいるのだ。その軍人に吹きこんだ奴がいるのだ。だれだかわからない。丹羽一人が被害者ではあるまい。

編集者の中に、「一体だれに書かしたら悪いのか、われわれには見当がつかないから、ブラックリストを渡してくれないか」と申し出た奴がいる。さすがに、これは断られた。(147–148)

ブラックリストも密告や投書に基づいて作成されたことがわかる、興味深いエピソードである。鈴木少佐が担当した論壇のブラックリストを私も探し求めたが、見つけることはできなかった。本書旧版の刊行後に、鈴木家の遺品に紛れていた『(秘)評論家一覧』が発見された。「半黒」中島健蔵の記載がないので、中島の見たリストではないのだろう。

そこには二八二名の評論家が五〇音順に並べられ、専門分野と所属先が書かれている。たとえば、軍事評論家・武藤貞一は（大朝）と書かれているので、武藤が『大阪朝日新聞』論説委員から『報知新聞』主筆に移る一九三九年以前にリストが作成された可能性が高い。だとすれば、情報局ではなく陸軍省情報部か内閣情報部の作成と推定できる。また一九四〇年に死亡した人物、たとえば上田貞次郎（五月八日没）や市川源三（三月二五日没）が鉛筆の打ち消し線で消去されているので、一九四〇年一二月の情報局への改組以後も鈴木少佐が使っていた可能性は高い。

「自由主義的にして且つ左翼的傾向あるもの」（左、自）は秋澤修二以下一二名、「国家社会主義的傾向あるもの」（国社）一名（赤松克麿）、「国家主義的傾向あるもの」（国家）は鹿子木員信以下二七名、「嘗《かつ》て左翼にして転向を表明せるもの」（旧左）は浅野晃以下一五名、「自由の尊重を主張するもの」（自由）は芦田均以下六八名、「キリスト旧教を示す」（旧教）一名（大澤章）の六つと、そのほかに「中国滞在のものを示す」（在支）一名（杉村廣蔵）をふくめて特記なし一五八名に分類されている。さらに「傾向よろしき者及び利用し得る者」六九名に〇印、「〇印に次ぐ、やゝ傾向よろしき者」七名に◑印で評価が加えられている。×印はないので、禁止のブラックリストというよりも、推奨のホワイトリスト（中島健蔵）の仕様になっている。

たとえば、『日本の歴史25　太平洋戦争』に挙げられた自由主義者は、このリスト表記では次のようになっているが、印はついていない。

（自由）馬場恒吾（政治）、（自由）清沢洌（政治）、（自由）横田喜三郎（法学）（東大）、（自由）田中耕太郎（法学）（東大）

矢内原忠雄の名前は見当たらないため、中央公論社に示されたものとは別のリストなのだろう。また、「○（自由）清水幾太郎（社会）」のように、印刷の（自由）が鉛筆で消されて○が加えられ、さらに○の上に×が付けられた評価の変動も読み取れる。たとえば、「（自由）鈴木文史朗（政治）（東朝）」の場合、（自由）は手書きで追加されている。「◑（自由）尾崎秀実（支那）（満鉄）」の◑も手書きである。

むろん、○付きは国家主義者に多いが、意外な人物にも○は付けられている。たとえば、敗戦後に日本出版協会内に設置された出版界粛清委員会で委員となる辰野《たつの》隆《ゆたか》（仏文学）（東大）、一九四七年に社会党首班の連立内閣で首相となる（自由）片山哲（法律）、一九四八年に文化勲章を受章する長谷川如是閑（評論）などは、「傾向よろしき者及び利用し得る者」と評価されている。

むろん、こうしたリストはその運用よりも、その存在が噂されるだけで十分に言論統制として効果的である。次章では、こうした戦時下で言論統制がどのように機能したか、鈴木庫三を軸に再検証してみたい。

第五章

「紙の戦争」と「趣味の戦争」

宮本百合子たちと座談中の鈴木少佐
左端は深尾須磨子、右端は金子しげり、背中は『婦人朝日』編集部の桜木俊晃

第三十三問　絵画、彫刻、音楽等についてはどうなるか

答　従来のやうに立身出世主義や金儲け主義が先に立つて、国家のために筆を執り、国家のために鑿《のみ》を揮《ふる》ひ、国家のために絃《げん》を弾ずるといふやうな思想が後になると、結局金持や画商や有閑階級の奴隷になり下がつてしまひます。さうして本当に汗水を流して国家のために働いてゐる農山漁村や、その他経済力の貧弱な地方の人々には、立派な絵を観せることもできず、立派な彫刻を観せることもできず、立派な音楽を聴かせることもできないやうな情けない姿になります。いふまでもなく、絵画や彫刻や音楽によつて表現される思想感情等は、国民の思想陶冶に極めて重要なものであります。しかるに「支那の夜」といふやうな亡国的な哀調が盛に世の中に弘まり、忠君愛国の思想を振ひ起さすやうな音楽が思ふやうに発達できないのも、或は亡国的、絶望的な、暗いフランスの植民地のやうな絵画、彫刻が発達して、国家目的に合し、しかも芸術の真価を発揮するやうな正しい絵画、彫刻が発達できないのも、実は国防国家体制になつてをらないからであります。

鈴木庫三『家庭国防国家問答』主婦之友社、一九四一年

1──情報官・鈴木庫三の誕生

文官たる将校

いわゆる鈴木少佐の「悪名」は、情報局情報官としての事跡によっている。「情報官」という官職は一九三七年「内閣情報部官制」（勅令第五九号）以来だが、鈴木「情報官」は一九四〇年一二月六日内閣情報部を改組した情報局で誕生した。もちろん、陸軍省情報部長は内閣情報部委員を兼任していたため、その下僚たる鈴木少佐も新聞班着任後、すでに何度か触れたように内閣情報部との往来があった。日記で確認できる具体的な接触は、一九三九年八月八日である。

午前中、内閣情報部に於て「新東亜建設の根本問題」と題して講演を行った。大部分の人々は共鳴してくれたが、之を政府の根本方針として実現して貰ひたいものである。1939-8.8

その一カ月後、九月一三日から一六日まで内閣情報部主催の時局問題研究会に陸軍省派遣の講師として富山・石川・福井に赴いている。また、翌一〇月には、大阪毎日新聞社、東京日日新聞社と戦争文化研究所が共催の「世界総力戦展覧会」（於・日本橋白木屋）を視察している。

観覧後の感想を強て言ひば〔ママ〕、其の構成が大地に確実に足を踏みしめて居る理想の表現でない様に感ぜられた。文化のみならず、政治、経済、軍事、外交の綜合的認識をもたぬ為に犯した欠点で

ある。1939-10.31

鈴木少佐は、内閣情報部よりもっと綜合的な「宣伝省」を求めていたことがわかる。

パンフレット配布網に就て在郷軍〔人〕会や内務省方面と連絡した。これ程の大事業を遂行し、東亜の新秩序を建設する大事業の思想戦を行ふのに、政府の統一した宣伝網もなく、而も宣伝省を持たずにやつて居るのだから骨が折れる。この辺は日本が思想戦の経験に乏しく組織をもたぬなやみだ。1939-5.12

こうした明確な目的意識をもって、鈴木「情報官」は新たに拡大改組された情報局に登場した。情報局は内閣情報部の機能を強化すべく、陸軍省、海軍省、外務省、内務省、逓信省などの担当部局の事務を統合して組織された。庶務と連絡事務を行う総裁官房のほか、第一部（企画・情報・調査）、第二部（新聞通信・雑誌出版物・放送等報道ニ関スル事項）、第三部（対外報道、宣伝及ビ文化工作ニ関スル事項）、第四部（検閲及ビ編輯ニ関スル事項）、第五部（対内文化、宣伝ニ関スル事項）の合計五部一七課からなり、要員は五五〇名を擁した。

情報局官制が発令され、之に伴つて総裁以下の職員が発令された。陸軍省情報部から旧部長松村〔秀逸〕大佐、藤田〔実彦〕少佐、余の外に竹田〔光次〕、西原〔龍夫〕少佐、外に秋山〔邦雄〕、富永〔亀太郎〕少佐が兼勤、第二部長の吉積〔正雄〕少将を加へて計八名が行く。愈々《いよいよ》文官になる。省内の申告や挨拶が終り、輜重兵監部に挨拶をして、午後三時半から情報局で官記伝達式が行はれる。高等官五等に叙すとあるが、文官で而も現役将校といふ変態的な官吏だ。1940-12.6

他の「出向」情報官と異なり、鈴木情報官は、「文官で而も現役将校」という「変態的な」ポストに自分の「本籍」を定めた。第二部第二課専任情報官・鈴木少佐の所管事項は「雑誌其ノ他ノ出版物ノ指導」である。狭義の用紙統制は同課の田代金宣《かねのぶ》の所管である。田代情報官は鈴木より五歳年下で、中央大学卒業後、都新聞社政治部長を経て、一九三九年六月より内閣情報部情報官となった。陸軍、海軍、内閣情報部に各一名の情報官ポストが割り当てられた情報局第二部第二課で、田代は用紙統制の専門家として実務を取り仕切った。情報局総裁から課長まで一年以内で交替したなかで、鈴木と田代はスペシャリストとして大きな発言力をもった。

しかも、鈴木は「文官で而も現役将校」だった。

石川達三小説の「佐々木少佐」イメージが成立する前の、つまり戦後的バイアスのない同時代の「鈴木庫三」評については、『読売新聞』論説委員の伊佐秀雄が「思想戦を導く人々」（一九四二年）で次のように書いている。

情報局における鈴木庫三の仕事振りは水際立つてゐる。彼は官職からいへば一情報官に過ぎないし官位はつい最近陸軍中佐になつたばかりだが、情報局関係のあらゆる会合に顔を出し、何人に対しても人見知りをせず、滔々として持論の国防国家論を説き、テキパキと仕事を処理し、伴食大臣など足許にも及ばぬ働きをしてゐる。

国防国家建設の目標に即応する出版文化新体制をめざす日本出版文化協会をデッチ上げたのは主として彼の努力によるものであり、雑誌の編輯者から成る日本編輯者会をリードして今日の雑誌を変貌せしめつゝあるのも彼の仕事である。情報局で彼ほど仕事をしてゐるものはないといつてよからう。

鈴木が情報関係の仕事を委されたのは多年陸軍報道班にあつて経験を積んで来た玄人だからでもあるが、彼が軍人でありながら東大文学部に学び、戦略戦術以外の学問も一応やつて来てゐるからであり、彼の自信たつぷりな仕事振りもそんなところから来てゐるやうだ。（90-91）

この「一情報官に過ぎない」中佐の「自信たつぷりな仕事振り」が、ジャーナリズム史に残る悪名を生むことになる。

地方講演活動の実態

情報局情報官として、また「国防国家論」と「思想戦」のスペシャリストとして、鈴木少佐は全国各地を講演して回っている。こうした活動は各地方紙（次頁の図は『京都日日新聞』）を丹念に調べていけば、一九四一年・四二年の「鈴木日記」がなくても確定することができる。そう気づかせてくれたのは、『新潟日報』からの取材依頼である。私のコメントは二〇一四年八月七日付「鈴木庫三――《教育将校》の夢と挫折」として掲載された。この記事は新潟新聞社取締役の坂口献吉（新潟日報社二代目社長、小説家・坂口安吾の兄）の日記「洗心録」を手がかりとする調査報道「地方紙と戦争　外伝――坂口献吉交友抄」の第一四回にあたる。

日米開戦の一〇ヵ月前、一九四一年二月三日に情報局と新潟県が共催した臨時時局問題研究会における鈴木の講演内容が「洗心録」に記録されている。翌日付『新潟新聞』夕刊によれば、「国際情勢と国内情勢を地方の指導者階級に知悉《ちしつ》せしめる」目的で、鈴木少佐のほか佐藤酵三情報官、唐木和也海軍少佐が派遣され、土居章平知事や地元の大政翼賛会幹部ら一五〇名が列席している。坂口献吉も「指導者階級」の一員として会議に参加していた。二月三日の「坂口日記」には、鈴木少佐が演説した「国防国家論」は箇条書きで記録されている。まず、日華事変が日露戦争とは位相の異なる総力戦だとした上で、坂口は鈴木講演を次のように要約している（森沢：135–136）。

第九千六百九十四号　（三）

新〝科學戰〟を解剖
壇上に熱涙を絞る鈴木少佐
軍機械化講演會盛況
本社共催

鈴木少佐

機械化兵器協会講演会で新「科学戦」を唱える鈴木少佐（『京都日日新聞』1939年11月17日）

一　日露戦争当時ノ日本ノ実力デ日露戦争ヲ背負フタ時ト今日ノ国力デ今日ノ事変ヲ背負フ重サハ今日ノ方ガ重イノデアル。コノ半年カ一年ハ日本ノ将来ノ運動ヲ決スル重大時局デアル。

二　軍国主義国防時代ハ既ニ過ギタリ。日本ノ軍備ハ既ニ完備セリ。戦ヒハ武力カラ総力戦ニ移行セリ。

三　世界ノ大変革ハ、今ヤ地震ノ最大振幅ニ達シタ。今年ガソノ頂上ナリ。
四　高度国防国家ノ要素ハ軍備、政情、外交、経済、産業、金融、教育、言論機関、宗教、芸術ニ至ルマデ各般ニ亘リ、アラユル分野ヲ国家目的ヲ以テ統一シ一元化シ国家的ニコレヲ組織シ統制シ運営シナケレバナラヌ。
五　コレ平時ト戦時ニ区別スルコトハ出来ナイ。革新前ノ状態ニ再ビ帰リ来ヌノデアル。老人程思想ノ病ガ深ク、モー壱度事変前ノ状態ガ戻テ来ルト考ヘテ居ルガ、絶対ニ戻ラヌ。否《いな》戻ツテハナラナイノデアル。国防国家ハ平戦両時共通両全ノ態勢デアル。人モ物モデアル。
六　教育――スパルタ教育マデハ行カヌニシテモ、ソレニ近イモノニナルダロー。
七　支那事変始ツテ生活ハ苦シクナツタト云フ、ソーデハナイ。

これに続く文章から「坂口日記」が平仮名表記に変わる理由はよくわからない。右記の要約は配布資料を写したものだったのかもしれない。いずれにせよ、鈴木少佐の主張が坂口献吉の思いと重なったことを示している。

事変当初、英米は日本は二年しかもてぬと評し、世界は一般にそう信じてゐたやうである。日本がもし昔通りの自由主義経済であったら確かに二年位で崩壊したかも知れぬ。曲がりなりにも漸次国防国家態勢が出来たればこそ今日まで恃〔ママ〕へてゐるのである。

新潟県は新潟市、長岡市、高田市に民政党系と政友会系の有力紙が並存しており、情報局が推進する「一県一紙」の新聞統合がもっとも停滞した県の一つであった。現在の『新潟日報』

への統合が完成するのは、この講演からさらに一年半以上ものち一九四二年一一月一日である。午前中に行われた鈴木講演の後には、午後一時から二時間、非公開の懇談会が行われている。言論機関を含む「アラユル分野ヲ国家目的ヲ以テ統一シ一元化」するという鈴木発言に、地方紙経営者たちはどう反応したのだろうか。日中戦争勃発時に一二〇〇紙以上あった日刊紙は、最終的に五五紙に統合された。この新聞統合が戦時期の「言論弾圧」としてあまり批判的に語られなかった理由ははっきりしている。経営の不安定な零細新聞の統合によって、戦後の安定した「一県一紙」体制がもたらされたからである。この戦時統合の恩恵を受けたのは、何より新聞社だったのである。

当然ながら、「鈴木少佐」の悪名として戦時新聞統合が語られることはない。さすがに情報局第二部第二課（雑誌担当）の鈴木情報官に第一課（新聞担当）の責任まで押し付けることはむずかしい。ただし、鈴木情報官は新聞雑誌用紙統制委員会幹事でもあった。さらに言えば、『中央公論』や『文藝春秋』など時局を扱う総合雑誌が、出版法ではなく新聞紙法で取り締まられていた戦前の法体系を考えると新聞紙と雑誌を切り分けて論じることはむずかしい。新聞社と同じことは、雑誌出版社の統廃合についても言える。それゆえ、以下では「書籍」・「雑誌」・「新聞」という媒体ごとの分析ではなく、「紙」と「趣味」の二つの側面から鈴木情報官の活動を検討したい。

中央公論社史における鈴木少佐の不在

文化統制における鈴木少佐の「悪名」を考える場合、少なくとも二つの側面がある。一つは、出版業にとって生命線である用紙をめぐる実質的な利害の衝突（講談社問題と朝日新聞社問題）。もう一つは、あるべき生活態度をめぐる価値観、つまりハビトゥスをめぐる対立（岩波書店問題と実業之日本社問題）。序章で取上げた「中央公論社問題」は、もちろん後者の性格が強い事例である。

奇妙なことだが、中央公論社の社史『中央公論社七十年史』（一九五五年）にも『中央公論社の八十年』（一九六五年）にも、「鈴木少佐」は登場しない。登場する軍人は清水盛明、松村秀逸、馬淵逸雄の三部長である。『八十年』を執筆した杉森久英が「軍部のいやがらせ」の具体例として取り上げたのは、一九三九年五月一七日に行われた陸軍報道部との懇談会である。そこで清水大佐に自らの編集方針を弁明した嶋中雄作社長を怒鳴りつけたのは、鈴木少佐ではなく松村中佐とされている。

松村中佐はいきなり声を大にして、

「君たちは、なにかといえば俺たちの立場をファッショ、ファッショというが……」

と叫んだ。これをきっかけに、一座の空気は険悪となり、収拾がつかない羽目におちいろうとしたが、たまたま相当酩酊《めいてい》した女中が襖《ふすま》をあけてまぎれこむと、陽気にふざけはじめたので、緊張した空気はやわらげられ、その場は事なくてすんだ。（286–287）

三浦朱門『「中央公論」一〇〇年を読む』（一九八六年）でも、松村中佐のこの事例だけが取り上げられている（211–212）。だが、その場に鈴木少佐がいなかったわけではない。当日の「鈴木日記」は次のように記している。

事変二周年祈念パンフレットの意見が集つて来たので、自宅でその修正を行ふ。夕方までに大体一通り終つた。午後六時から赤坂幸楽に於て中央公論社との懇談会を開き国策に対する協力の方法を打ち合はせた。1939–5.17

鈴木少佐は陸軍パンフレットの原稿修正に追われており、酒席など早々に切り上げたかったようである。

それにしても、杉森久英は何ゆえ「風にそよぐ葦の神話」を避けたのだろうか。資料の博捜で定評あるこの評伝作家は、一九三九年二月に中央公論社に入社し、一九四二年一一月に大政翼賛会興亜局に移るまで、『中央公論』編集部で働いていた。つまり、杉森は鈴木情報官時代の中央公論社のすべてを目撃していたはずだ。すべてを知った上での沈黙だったのではあるまいか。杉森は鈴木少佐について何も書き残していないが、興亜局で出会った右翼や壮士たちについて『大政翼賛会前後』（一九八八年）でこう回想している。

たしかに、この人たちの身体の中には、熱い血が流れていた。すこし粗野で、趣味がわるくて（人にもよるが）、時にはひとり合点のこともあるが、人が誠意をもってしたことには、誠意をもって答えようという純情が見られた。そんなのは浪花節的だといって、軽蔑するのが、そのころのいわゆる進歩的文化人のエリート意識だったが、今から考えると、それこそ軽蔑に値する心情だったかも知れない。すくなくともあのころ、中央線沿線の駅前の喫茶店あたりで、バッハやモーツァルトのレコードに耳をすまし、自分の国のことを「この国」といったり、先祖にさかのぼると自分と血のつながっている人たちのことを「日本列島に住む諸民族は……」などと、動物園の猿でも見おろしているかのような言い方をする連中の冷たい肌と冷たい心臓よりも、この人たちのゴツゴツした手のほうが、はるかに高級だと、ようやく気がついた。(197–198)

大政翼賛会での経験は、「学生時代からずっと左翼だった」杉森を、「趣味の戦争」では鈴木少佐の側に立たせたのではないか。いずれにせよ、以下では「鈴木少佐」を名指しで批判した四つの主要出版社の社史について、それぞれ具体的に検証してみたい。

2――講談社の場合――用紙統制の受益者

『野間省一伝』の告発

『講談社の歩んだ五十年』から『講談社の九〇年』に至るまで戦後に書かれた講談社社史で、鈴木少佐は繰り返し批判されている。その批判を集大成したのが、『野間省一《しょういち》伝』(一九九六年)の一節「軍と官の介入強化」である。野間(旧姓高木)省一は、『陣中倶楽部』や『征旗』など陸軍雑誌を数多く手がけて戦時中の「講談社雑誌王国」を護り抜き、敗戦直後に第四代社長に就任している。講談社は「戦犯出版社」の筆頭として出版界で厳しく糾弾されており、翌一九四六年一月には引責辞任している。大日本出版報国団挺身隊長だった野間省一が公職追放G項の非該当と認められ、社長に復帰したのは一九四九年六月七日である。当然ながら、『野間省一伝』における戦時下の記述は、戦争協力問題に慎重な配慮がなされている。「抵抗する講談社」を無理やりファシズムに引きずって行った人物として、鈴木少佐は登場する。微妙なニュアンスを伝えるため、少し長いが引用してみたい。

> 昭和十五年三月一日に陸軍情報〔ママ〕局出版担当官の鈴木庫三少佐が初めて講談社へやって来た（①）。以後、鈴木は度々来社したが、それよりも屢〻社の役員や編集者を呼びつけ、威嚇によって講談社を軍の意向に従わせようとした。昭和十五年十二月十九日に、東京出版協会、日本雑誌協会、中等教科書協会など、有力出版団体が自発的に解散して、日本出版文化協会、略称文協を設立した。文協は内閣〔ママ〕情報局の監督下におかれ、出版物の事前審査とそれに要する用紙の割当を行った。文協が設立される時に既にその構想があった取次店を一本化する日本出版配給株式会社、略称日配が十六年五月五日に設立され、出版物はすべて日配が配給することになった。これで出版物の企画から配給まで官庁の統制下におかれることになり、官の意向に添わぬものには紙の配給をしないという方法によって言論の統制を行ったのである。それがどのように行われたかを知るために、一つの例をあげておく。
>
> 　その年の十月二十日、講談社の部課長会議で、『婦人朝日』に中将湯《ちゅうじょうとう》のグラビア一頁広告が出たのを、情報局では、貴重な口絵を婦人薬に提供したことを咎《とが》め、こういうことが続くとグラ

ビア用紙の配給を停止すると言っていたことが報告され、対応が論議されている。

鈴木庫三は日配創立の会合において、書籍も雑誌も戦時には必要ない、教科書と新聞とラジオと映画があれば充分だ、と暴言を吐くような人物で、出版界がこの人物にどんなに苦しめられたことか、戦後においても長く憎しみを以《もっ》て語られていた。

講談社は雑誌のシェアの七割か八割を占めているといわれるような大出版社だったから、鈴木は特に目をつけて牛耳ろうとしたようである（②）。

鈴木は『講談倶楽部』に昭和十五年新年号から連載を始めた川口松太郎の「女浪曲師」を、時局をわきまえぬ怪しからぬ小説だと言って毎回中止しろと迫り、遂に抗し難く、十月号を以て完結という形で中断せざるを得なかった。編集担当者の萱原宏一は川口松太郎のところへ頭を丸めて赴き、軍に屈した不甲斐なさを詫びた〔萱原：147–149〕。

ある作家は夫人が従軍看護婦となって大陸に渡っている留守に愛人を作ったという噂が鈴木の耳に入り、そんなやつが書いている『婦人倶楽部』を発禁処分にすると怒り、編集局長と編集長が了解を求めに行ったが許されず、遂にその部分を切り取って発売したこともある（③）。

陸海両方から三人ずつの軍人に出席してもらい、前線の苦労話を聞く座談会を企画したところ、鈴木は、現在支那の戦争は主導権が陸軍にあるか、海軍にあるかわかるか、と言って、海軍から出さなくていいというからその案を止めてしまったこともある。

鈴木は昭和十六年二月十二日、講談社と軍との連絡係を呼びつけ、講談社の編集陣は弱体だから強化するために顧問制を設けよと強要した（④）。講談社では種々抵抗するが、軍刀をついて床を鳴らす鈴木に、用紙の配給が止まり、会社の命取りになるぞ、と脅かされ、文部省の外郭団体である国民精神文化研究所や陸軍報道部と関係の深い大東研究所などのメンバーを顧問としておしつけられた。講談社では、顧問の会合を社内では催さないという一線だけをどうにか守ってそれを受け入れざるを得なかった。この交渉に当たった者〔編集局総務部長・加藤謙一〕は鈴木と刺しちがえてやろうと思ったといっている。

文協の中にも業界の七割の紙を使っている講談社がつぶれれば、自分たちのほうに紙がまわって来ると考えていた向きもあったようだから⑤、講談社では社を守るために軍に抵抗しながらも軍の意向に従ってきたが、大東亜戦争突入以後は、戦いを始めた以上は国策に添うのは当然と、国策的な出版活動を行うようになっていった。（野間：147-150）

国民がメディアや大本営発表の被害者になろうとしたように、国家権力からの被抑圧体験を語るメディア関係者は多い。他の出版社の社史類も多くは「権力者の強制」を主張しており、講談社が特別な例外ではない。また、拙著『「キング」の時代——国民大衆雑誌の公共性』（二〇〇二年）で論じたように、この講談社の大衆雑誌は国民読者の参加欲求に応えただけであり、マスメディアとしては「正常な」機能を果たしたにすぎない。それゆえ、講談社に国民大衆への「加害」責任を問うことなど無意味である。とすれば、講談社がことさらに「被害者」を名乗る必要もないはずである。その前提の上で、社史記述の史料批判を行いたい。

まず、傍線部①だが、一九四〇年三月一日に鈴木少佐が「初めて講談社へやって来た」と書かれている。だが、鈴木少佐と講談社の会合は、この日が最初ではない。しかも、招いたのは講談社であり、この点は事実の歪曲といってよいだろう。

> 午後五時から講談社に招かれて、雑誌編輯に関する軍の希望について講演を行ふ。1939-5.1

その一週間後の五月九日、さらに一カ月後の六月一日と懇談を繰り返している。

> 十時頃から講談社の『キング』編輯主任が訪れて来て、時局の問答を二時間ばかりしてやった。1939-5.9
>
> 午後六時から国策に協力の問題に就て、講談社の職員と懇談会を行ふ。1939-6.1

さらに講談社の編集部と鈴木少佐の接触ならば、新聞班に着任直後の一九三八年八月まで遡らなければならない。当初、鈴木少佐が新聞班で担当した仕事の一つは、雑誌発行前の内閲である。雑誌の内閲は、鈴木着任の一年前、一九三七年八月から開始されていた。一九三六年不穏文書臨時取締法施行以後の出版統制は整備強化されており、発禁による経済的ダメージを恐れる出版業者の要請で始められた。この内閲の情報を得るために、懇談会が組織化された。一九三七年九月から内務省内での出版懇話会、翌三八年になると海軍報道部、陸軍情報部、陸軍航空本部がそれぞれ月例の雑誌懇話会を開くようになり、さらに一九四〇年には国民総動員本部、大政翼賛会文化部、同宣伝部、内閣情報部、一九四一年には出版文化協会雑誌部会なども同種の懇話会を開始した。

> 雑誌の指導や検閲や原稿の依頼等が多く中々進捗しない。午後六時から偕楽園に於て四社懇談会に出席。『日本評論』『改造』『文藝春秋』『現代〔ママ〕』等の綜合雑誌記者と陸軍及内務省の人々である。

1938-10.5

総合雑誌の四社懇談会のメンバーは、『現代』（講談社）ではなく『中央公論』である。なぜ、鈴木は日記で『現代』と誤記したのか。その理由は推定できる。当時、書店の店頭には鈴木少佐が司会した「忠勇壮烈鬼神も哭《な》く　最近帰還の部隊長座談会」を載せた『現代』一九三八年一〇月号が平積みされていたからである。この座談会こそ、鈴木少佐の一般雑誌デビューであった。一九三九年度中に鈴木論文を掲載した一般向け雑誌は、『受験旬報』（欧文社）を除けば講談社の主力雑誌『キング』のみである。しかも、一九三九年に陸軍省後援の下で講談社が企画した大イベント「出征兵士を送る歌」公募審査にたずさわったのは、選考委員の清水情報部長ではなく鈴木少佐である。

五相会議も東京会談も行詰つて情報部は平素の様に忙《せ》はしくない。唯、講談社の「出征兵士を送る歌」を詮考《せんこう》に忙はしいのみ。数万の応募者の中から三十五種の佳作を選定して、一等には大臣賞をくれる。今日、明日にそれが終るのである。1939-8.11

一二万八五九二件という応募総数は歌謡募集として空前絶後であり、内閣情報部が総力をあげた「愛国行進曲」の官制募集五万七五七六編の二倍を超えた動員力に講談社大衆雑誌の威力を推し量ることができる。

「紙の戦争」の勝者は誰か？

その三カ月後、一一月八日の同審査員慰労会にも鈴木少佐は出席している。この年末、一二月一九日には、また講談社幹部との懇談も行っている。だとすれば、「一九四〇年三月一日」には、一体何が「初めて」起こったのだろうか。

朝から雪だ。雑誌の指導を行ふ。午後二時から講談社に至り、社長以下社員を集めて時局講演を行ひ、講談社の編輯の欠陥を突いて改善を求めた。十分に認識を新にしたと称し、今後大陸国策に協力すべき記事を盛るといつて居たが、何しろ営利主義、自由主義の経営だから今後の監視が必要だ。 1940-3.1

前々日の二月二八日に『主婦之友』編集部との懇談会、前日の二月二九日に日本放送協会との懇談会があり、一見するかぎり、鈴木少佐にとって異例な行動ではない。では、「編輯の欠陥を突いて改善を求めた」内容とは何だったのか。答えは三日前の日記にある。

講談社の雑誌が少しく脱線し始めた。海軍に利己的な原稿を圧しつけられたらしい。又、紙の統制の折柄時局を考へざる乱費もある。何うしても厳重に戒告してやらねばならない。 1940-2.27

海軍への肩入れ、および用紙統制の逸脱、この二点である。三週間前の二月九日の日記にも「講談社が海軍と手を組んで」とある。講談社は陸海軍の対立のとばっちりを食ったのだろう。傍線部③、妻木新平（本名・福永隼人）「妻の従軍」の切り取り事件は日記でも確認できる。

講談社の『婦人倶楽部』で掲載禁止の記事「妻の従軍」を取扱つたので問題を起し、発送した雑

誌の切り取りまで漕ぎつけるのに大騒動だ。1940-9.12

『野間省一伝』も「〔福永が〕愛人を作ったという噂が鈴木の耳に入り」と書いており、「鈴木日記」に小説の内容へのコメントが一切ないこと、また「大騒動だ」と他人事のような鈴木少佐の書きぶりからは、この連載中止事件は次のように解釈できる。

福永の不倫を密告する者と講談社の間で、鈴木少佐はその仲裁役を買って出た。実際、萱原宏一『私の大衆文壇史』（一九七二年）によれば、「夫婦の間に愛情のトラブルがあったらしく、福永夫人の身内の者が、何事かを鈴木少佐に訴えたことが判った」（248）という。そのとき萱原は岡田編集長とともに、鈴木少佐に対応した様子を次のように回想している。

翌日は日曜日、よく晴れたいい天気であった。〔目の悪い〕岡田さんの手をひきながら、畳半畳もある、大きなカステラの折を抱えて、世田谷の奥の人家の稀れな畠の中の道を、トボトボと歩いて、探し探し鈴木さんの私宅へ行った。玄関へ立って案内を乞うと、和服の鈴木さんが出てきて、私の顔を見てにやっと笑い、「さあさ、上がって下さい」と機嫌がいい。狭い応接間へ通って、岡田さんが詫びの口上を言うと、鈴木さんはてれ臭そうな顔をして「いや、いや、どうもどうも」そんな調子なことを言って、もはや腹蔵するところは何もないらしい。

壁に掛けてあった紀平正美〔吉田静致の間違い〕博士と、もう一人はやり東大文学部の〔吉田熊次〕教授の写真を指しながら、両教授の噂話をした。帰りぎわに鞄の中から原稿を取り出し、「君のところの原稿出来ているよ」昨日烈しく渡すことを拒否した原稿を、私に渡した。（250–251）

重要なことは、酒席嫌いの鈴木少佐に対する講談社側の対応である。萱原は「カステラの折」を抱えて自宅に赴いている。自宅の応接間に恩師の肖像を飾る、この元東京帝大派遣学生に対して、早稲田大学政経学部卒業の萱原（のち講談社取締役編集局長、戦後はフジテレビ常務など歴任）は上から目線で評価を下している。

> 意地が悪く、下士官根性を捨て切れなかった面はあったにせよ、根は小心翼々の人であった。陸軍という背景を背負っていなかったら、権力欲と少々アクが強いくらいの、普通の官僚に過ぎなかったであろう。（252）

一方で、萱原は「鈴木さんを主力とする、講談社圧迫」の策源地が、本当は陸軍省情報部ではなく出版業界内にあったことも告白している。

> 業界内にも、講談社の出版界に占める地位に対する嫉視反感から、出版新体制運動の本格化とともに、アンチ講談社の声は、いよいよ激しくなった。講談社はたくさんの紙を独占しているとか、雑誌の数が多過ぎるとか、編集方針が微温的で、時局下の雑誌として相応《ふさ》わしくないとか、その他等々。この際よろしく出版新体制を断行して、紙の再配分を行ない講談社に大削減を加うべし、などの声はまだいい方で、甚だしきに至っては、いっそ潰してしまった方がいいなどと、放言して憚らぬ有様であった。鈴木さんが婦人倶楽部事件で、社の三幹部を怒鳴り上げたところが、ちょうどこの時期に相当していたわけだ。（254）

たしかに、同業者から講談社の記事内容を告発する投書が情報局に殺到していたことは間違いない。そもそも、通俗小説を読むことのない鈴木庫三は女性誌や大衆誌にあまり関心がなかった。そうした鈴木少佐の読書傾向は、日記だけでなく萱原の回想からも読み取れる。

知識階級への訴求のために、綜合雑誌が大事なことは言うまでもないが、大衆への訴求については、鈴木さんは『現代』に血道をあげたほどには、力瘤をいれなかった。ここに東大で哲学や倫理を勉強した鈴木さんの、傾向と言えば傾向、限界と言えば限界があった。私が鈴木さんの立場なら、もっと大衆雑誌に、『現代』より何十倍もの広汎な読者を持つ、婦人雑誌や大衆雑誌に力瘤を入れた筈である。お陰で私〔当時『講談倶楽部』編集長〕などは鈴木さんの重点目標から外れていたので、大助かりであった。(263-264)

大衆小説「弾圧」のうわさ

同じような大衆雑誌への「弾圧」事案として、講談社『キング』のライバル誌『日の出』(新潮社)の編集部にいた和田芳恵の回想がある。和田は『ひとつの文壇史』(一九六七年)で、次のような新潮社内の話を書き留めている。鈴木少佐が「青春叢書」の一冊、石坂洋次郎『美しい暦』(一九四〇年六月発行)を「弾圧」したという。

鈴木少佐の娘が弁当箱を包んだ古新聞に、「青春叢書」の『美しい暦』の広告が出ていた。これを見た鈴木少佐は「青春とはなにごとだ」と係のものを呼びつけてどなり、この叢書を続けるなら、社をつぶすと、軍刀で床を、どしんと鳴らした。このせいで、叢書は間もなく中止になった。

青春ということばが、なぜ、いけないだろうかと、私たちは考えてもわからないので、むしょうに肚がたってきた。私が尾崎士郎さんに頼んで、目黒の驪山荘《りざん》で鈴木少佐に抗議してもらったりした。（和田：96–97）

和田の『ひとつの文壇史』は「私小説的作品」とされているので、歴史的事実として検証すべきではないかもしれない。たとえば、石坂が最初の書き下ろし作品『美しい暦』を谷津温泉にこもって執筆した時期を「一九四〇年七月」と和田は書いているのが、同書の刊行は同年六月二九日だから、事実とは矛盾する。また、鈴木少佐が「社をつぶすと、軍刀で床を、どしんと鳴らした」という伝聞を引いているが、それも石川達三『風にそよぐ葦』の影響を受けた戦後のイメージだろう。というのも、『ひとつの文壇史』は和田が「石川達三さんの叔父にあたる」石川六郎・東京朝日新聞社学芸部長の紹介で新潮社に入社する話からスタートしており、『風にそよぐ葦』を読んだことは確実だからである。ちなみに、鈴木庫三の長女・渡辺昌子によれば少佐は竹光の指揮刀しかもっていなかった。竹光でも「どしん」と音がするのかどうか。

むしろ、注目したいのは、「鈴木少佐の娘が弁当箱を包んだ古新聞に、「青春叢書」の『美しい暦』の広告が出ていた」という個性的な描写である。これも新潮社内で「係のもの」が語る伝聞なのだが、描写は具体的である。確かに当時、長女の昌子は一六歳、次女の直子は一四歳の女学生だったから、ありえない話ではない。しかし、鈴木少佐があえて娘の弁当の包み紙を話題にしたとすれば、投書の告発を受け売りしているのではないと強調したかったからではないだろうか。この場合も、投書家と出版社の仲裁役を演じるセリフだったと考えた方が理解しやすい。なお、「青春ということば」を禁じたという話も、前章で見たように鈴木少佐が欧文社の『新若人』創刊を熱烈に支援したことを考えると、かなり無理があるように思える。なお、「目黒の驪山荘」で尾崎士郎と会ったという記録は一九四〇年の「鈴木日記」には見当たらない。

むしろ、「紙の戦争」を論じる本章では、和田芳恵の次の回想の方が興味深い。冒頭の「ある婦人雑誌」は『婦人倶楽部』あるいは『主婦之友』を指している。

ある婦人雑誌が、鈴木庫三少佐の心証をよくしようと、重大時局を認識させる短い記事を依頼し、その原稿料として、一流作家もおよばない高額な金を届けた。鈴木少佐は、軍人にありがちな単純さから、「自分にさえ、これほどの稿料を支払うところをみると、作家は、どんなに多くの収入を得ていることだろう」と、考えて、それから、作家をいじめることがはげしくなったともいいわれた。(176)

この手のうわさ話が出版業界で広まっていたことは、小学館から独立して新生閣を経営していた鈴木省三（戦後は集英社副社長）の『わが出版回顧録』（一九八六年）でも確認できる。

そのころの出版には文化も芸術もなかった。軍と官に顔のきく人が、洋紙の割当てをたくさん獲得できて仕事が拡大されるのであった。ただそれだけのことであった。当時陸軍省報道部に勤務していた鈴木庫三少佐は目黒書店から軍事教育概論というA5判の膨大な著書を出版していた。

そのほかにも新聞社や一流出版社から多数の図書を出版し、さらに毎月婦人雑誌、大衆雑誌、経済雑誌、総合雑誌等に似たりよったりの原稿をたくさん書いていた。それらの原稿料印税等は莫大な額に及び、その名の示す通り倉が三つ建ったそうだといううわさがとんだほどであった。（128）

さすがに「うわさ」と明記されている。もちろん、鈴木庫三『軍隊教育学概論』（目黒書店・一九三六年）は陸軍自動車学校教官時代の専門書（二五〇頁）で「膨大な」という形容はありえない。また、陸軍省報道部嘱託・大熊武雄の『勝ち抜く力』（一九四三年）や「子供のための大東亜戦記」シリーズで大儲けした新生閣社長として、鈴木省三が書くべき真実は別にありそうなものである。

『現代』顧問制導入事件

『野間省一伝』傍線部④の一九四一年二月一二日の顧問制導入事件は、一九四一年の日記がないため鈴木少佐側の資料から経緯は確認できない。しかし、二月に顧問リストが用意されていたとすれば、その出発点は講談社側から前年一一月に行われた懇談「申込み」だったのではあるまいか。

1940-11.20

午後六時から講談社の雑誌経営に関する懇談を申込まれたので、その指導に出かけて行つた。

顧問制導入の責任を鈴木少佐のみに帰するのであれば、その三ヵ月前に講談社が何を申し込んだのか、その説明責任は社史の側にあるだろう。ちょうど、雑誌の統廃合が行われた時期であり、一九四一年一〇月号で『雄弁』が『現代』に、一二月号で『冨士』が『キング』に吸収されている。もちろん、顧問を見るかぎり、鈴木少佐の人選であった可能性は高い。国民精神文化研究所から吉田三郎（歴史科・興亜錬成所錬成官）、伏見猛彌（教育科主任）、志田延義（国文科主任）、前田隆一（自然科学科・督学官）、陸軍省報道部の外郭団体である大東研究所から城戸元亮（元東京日日新聞主幹）所長以下、大熊武雄（元東京日日新聞記者）、阿部仁三（教育学）、平井正夫（外交問題）、加藤重雄（大衆社会）、日本世紀社から花見達二（元読売新聞政治部長）、西谷弥兵衛（経済ジャーナリスト・戦後は産業経済新聞論説委員）、中河与一（小説家）、神原孝夫（元報知新聞記者）、合計一三名（後に満田巌が加わり一四名）である（木村：476）。それにしても、『現代』の論調が顧問制導入の前後で大きく変化したようには見えない。

むしろ結果を見れば、雑誌統廃合の際に講談社、とくに総合雑誌『現代』に有利に作用したことだけは確実である。総合雑誌としては後発であり、売り上げ部数も少なかった『現代』だが、一九四四年の雑誌企業整備に際しては『中央公論』『公論』とともに残すべき「総合雑誌」三誌に選ばれている（『改造』は「時局雑誌」へ、『文藝春秋』は「文芸雑誌」へ移された）。当時、『講談倶楽部』編集長の萱原宏一は、このプロセスを次のように回想している。

情報局では当初『中央公論』だけを残す方向で決まっていたが、首相秘書官の赤松貞雄大佐から『公論』を残すよう東條英機首相の希望が伝えられた。情報局次長の久富達夫が裁定し、三誌を残すことが決まった。

『中央公論』と『公論』二誌では、なんだか取り合せが悪い。それに左右に片寄った印象も避けられない。討議の結果両誌の中間にある『現代』も、いっそ残したらということになって『現代』が残ることになった。（萱原：284）

当時、日本出版会（日本出版文化協会の後身）大衆雑誌部会幹事長だった萱原が秋山邦雄中佐から聞いた内幕情報だというのだが、いかにもありそうな話である。

かりに鈴木さんの改革強要がなかったとしても、講談社は早晩自分の手で、相当思い切った革新の手術を、行なわなければならなかったであろうことは、明白である。（萱原：264）

だとすれば、なおさら『野間省一伝』の傍線部②⑤で指摘している「紙の戦争」から状況を再検討するべきだろう。実際、講談社は「紙の戦争」の勝者だった。講談社が業界から嫉妬されたのは、明らかに用紙問題のためであった。その用紙を差配したのが鈴木情報官であり、この鈴木時代に講談社の収益は空前のものとなっていた。『キング』から『幼年倶楽部』まで「七大雑誌」の年間総発行部数に関して、講談社常務・堀江常吉の証言を聞こう。

いちばん部数がよくでたのは昭和十五、六年です。これは講談社はじまって以来の好成績です。統制がはじまると返品というものがない。買切りだから、一ヶ月で大きな会社が一つできるくらいの成績でした。（木村：416）

当然ながら、鈴木と講談社の関係は社史が描くほど刺々《とげとげ》しいものではなかったはずである。情報官をやめて一年半後、熊本の輜重兵第六連隊補充隊長だった鈴木中佐の日記である。

講談社の奈良静馬氏の次男久弥君が西部第九十九部隊に入営するので面会に来た。紹介状を書いてやる。1943-11.30

奈良静馬常務は、創業者の野間清治《せいじ》没後に講談社を実質的に仕切った人物である。鈴木情報官の時代、奈良は日本雑誌協会代表であり、出版新体制の立役者として日本出版文化協会理事であった。

新聞雑誌用紙統制委員会

「紙の戦争」は、一九三八年商工省の新聞供給制限令とともに始まり、一九四〇年五月米内光政内閣に石渡《いしわた》荘《そう》太《た》郎《ろう》内閣書記官長を委員長とする新聞雑誌用紙統制委員会が設置されて以後本格化した。用紙統制の実権が商工省から内閣情報部に移ったわけである。出版の生命線とも言える用紙統制を握ることで、一九四〇年一二月に拡大改組された情報局の言論統制能力は格段に飛躍した。加えて、日本出版文化協会による編集企画の事前審査により用紙割当が左右されたため、その後の雑誌・出版社の統廃合も加速化した。出版界にとって、同委員会の幹事に鈴木情報官が就任したことの意味は大きかった。「鈴木日記」で用紙統制問題が浮上するのは、情報局発足の九ヵ月前である。

新聞雑誌用紙の統制問題で各省と企画院で委員会を開くことになつた。紙は思想戦の弾薬だ。これが自由主義の単なる商品として今日まで放置されてあつたことはあまりに思想戦に理解のない仕打だ。吾等は二年前から此の問題を取りあげフィルムの統制、映画、演劇、放送の統制に至るまで国内思想戦態勢の強化を叫んで来たのであるがやつと今政府で取りあげることになつた。
1940-2.29

当時、『新若人』創刊を欧文社の赤尾好夫と計画していた鈴木少佐は、さっそく陸軍内の用紙問題の調整に着手している。だが、各省庁の利害対立がはげしく、企画院での議論は停滞していた。こうした中で、出版業者が「軍にこびて来る」のを敏感に察知していた。

近頃雑誌編輯の相談が頻繁になつて来た。紙の問題で脅威を感じ営利主義一点張りで行けなくなつたので、軍にこびて来る様にも見える。1940-3.22

鈴木少佐がこうした状況を国防国家建設のために利用し尽くそうとしたことは明らかである。だが日記では「陸軍に協力を申込んで来る」出版社の「商人根性」に対して、「憎らしい」と本音を吐露している。

『少年倶楽部』の原稿や『雄弁』の原稿やら、更に『婦女界』に口達筆記の原稿やら中々忙はしい。紙配給の問題から雑誌社や〔ママ〕振ひ〔ママ〕上つて陸軍に協力を申込んで来る。その裏面が利害打算から出発して居る商人根性が透して見えるのも憎らしい。然し少しでも読者網をもつ雑誌を利用して宣伝するのがこちらの任務だから仕方がない。唯、彼等のために乗せられぬ用心が大切だ。

1940-3.25

一九四〇年四月、企画院での調整は一応妥協が成立し、五月一七日、新聞雑誌用紙統制委員会（委員一一名、幹事一四名）の設置が閣議決定された。鈴木少佐は陸軍報道部長（委員兼任）の下で幹事として陸軍の窓口となった。用紙を求めて出版社の「鈴木詣《もうで》」が開始され、執務室から階段まで長蛇の行列ができたという。原稿執筆の時間を求めていた鈴木少佐は、阿諛追従する業者に嫌悪感を深めていった。

新聞雑誌の用紙統制委員会の幹事を内閣から嘱託されるといふことが新聞に出たら、利にさとい雑誌会社が、うるさい程国策協力などと今になつて唱へ出してやつてくる。憎悪感すら起る。午後五時から綜合雑誌四社の懇談会、陸軍側からは四名出席したが、『日本評論』の室伏〔高信〕氏が初めて顔を出して財閥の代弁の様な論法で支那事変処理の国策に反対論を唱へ出して大問題となつた。　1940-5.20

室伏高信と池島信平の回想

この「大問題」は、当時『文藝春秋』編集部に勤めていた池島信平（戦後は同社長）が『雑誌記者』（一九五八年）に記録している。発端は「〝東亜新秩序〟とか〝新体制〟とか空疎なスローガンは中国人には通用しない」という室伏高信主筆の発言だった、という。

するとと同席していた鈴木庫三少佐が顔を真ッ赤にして、「なにをいうか。お前はこの聖戦を否定するのか。キサマのような奴は切り捨てる！」といって立ち上がり、これもまた、軍人の習いで刀を抜こうとした。見ていて、ハラハラする場面であったが、そのときも大勢の人が同席していたので、なにかととりなして、それ以上のことはなかったが、蒼白になった室伏さんは飽くまで、鈴木少佐を睨みつけ、「どうしたって、お前のいうことナンか、きくものか」という気概を見せた。(110-111)

だが、室伏の回想録『戦争私書』(一九六二年)を読むと、むしろ四社懇談会に初出席の室伏の方こそ、傲慢だったようにも見える。

高《たか》が中佐〔当時は少佐〕が、そういう気位もあったろう。わたしは落ちつきはらって座布団からうごきもしないで、卓子の真ん中にじっと座っていて、みんなを見まわしていた。鈴木等はこの態度が気にくわなかったらしい。わたしのほうからいうと高が中佐ぐらいと思ったが、向うではわが世の春で、雑誌記者などお茶坊主くらいに考えていたらしい。(124)

その翌日の「鈴木日記」には、他人事《ひとごと》のような記述があるだけである。鈴木少佐にとっては、『新若人』創刊のことがはるかに重要だったようだ。

『日本評論』の下村〔亮一〕君が驚いてとんで来る。昨夜の問題は益々大きくなるばかりだ。今日は雑誌『〔新〕若人』の創刊号に就て相談をかけられて大熊〔武雄〕君と共に出かけた。いよいよ中学生指導雑誌が生れる。1940-5.21

池島も室伏も実名で批判するのは「鈴木少佐」だけで、他は「陸軍報道部の某中佐」などと匿名にしている。陸海軍の元将校たちとは戦後もつきあいが続いていたためだろう。実際、池島は「率直にいって、いまでも好感をもっているのは『ダマレ！』の佐藤賢了氏と海軍の高木惣吉氏である」と述べている。後述するように、高木大佐は、鈴木情報官の「左遷」を佐藤軍務局長に働きかけたことを証言している。また、高木の「聯合艦隊始末記」を『文藝春秋』に掲載したのが池島であれば、この池島証言が中立的でないことは明白である。

政治学者・丸山眞男は「鈴木庫三という気違いじみた内閣情報局情報官の中佐」（松沢：298）を出版弾圧の象徴とみなした上で、室伏高信の「戦中から戦後へ」の復権プロセスをこう述べている。

室伏高信なんていうのは、ぼくに言わせると本当にひどいやつなのだけれど、自由の旗頭のようにして出てくる。（略）まだ〔一九四五年〕八月の段階は、こういう連中が、たとえば鈴木庫三にやっつけられているわけでしょう。それが、ぜんぶ被弾圧者みたいな感じでパッと復活してくる。（松沢：307）

そうした「被弾圧者」特権ともいうべき戦後的バイアスにもかかわらず、池島の回想は重要である。他の編集者たちのものとはかなり異なって、批判の矛先が鈴木少佐よりも他人の足を引っ張った同業者に向けられているからである。検閲側が利用したのは一般読者からの投書とともに、編集部内から寄せられる密告であった。

われわれ古い編集者が、懺悔《ざんげ》とともにこれからの若い編集者にいい得ることは、もし将来、再び

> 暗い時代が来た時、敵は外にあると同時に、もっと強く内部にあると覚悟してもらいたいことである。(102–103)

内部の敵と戦っていたのは、統制側の鈴木少佐も同じである。新聞雑誌用紙統制委員会幹事会の初会合で鈴木少佐がはげしくやりあった相手は、それまで検閲を主務としていた内務省警保局である。縦割り行政の縄張り争いである。

> 午前十時から新聞雑誌用紙の会議が開かれた。陸軍の言論界に対する勢力を殺かんとする内務省側の伏線を看破して大いに戦つた。内務省の言論指導は時の内閣指針で右へでも左へでも動く。それが真に国家の為なら致し方ないが、国策が左様に変化する筈はない。真に強力な一元的内閣が出現せざる限り言論の指導上に軍部と内務省側との摩擦は避けられぬだらう。1940-6.17

国内思想戦を主張する鈴木少佐は、ここで検閲と用紙配給を結びつけたシステムを提案している。

> 午前中〔内閣情報部で〕、紙の会議。時局に臨み雑誌新聞の検閲を一層強化し、之に応じて紙を配給することを提案した。賛成者も多い。1940-7.3

この鈴木提案を受けて、同幹事会は出版新体制案策定のため、官庁側の小委員会の設置を決めた。第二次近衛内閣成立を受けて、「新体制」に向けた陸軍省内の調整も順調に進めている。

> 午前八時三十分から旧大臣畑俊六大将の告別の辞があり、続いて新大臣東條英機中将の新任の辞があつた。午前九時から省内新聞雑誌用紙統制の会議を第四会議室に開く。部長が出席出来ない

ので、余自ら統裁して進行した。一日かゝると思つた会議が一瀉千里《いっしゃせんり》午前中に終り、会議の目的も原案通り達成して大成功であつた。1940-7.23

一〇日後、八月三日、新聞雑誌用紙統制委員会は、東京出版協会、日本雑誌協会の代表を招致し、一元的な用紙配給・書籍流通機構の設立にむけて仮称「出版文化協会」に合流すべく自主的な解散を要請した。このとき、すでに委員会決定として、実績による用紙配給、取次組織の一元化などが申し渡された。「出版新体制」の動きも加速化していく。

出版文化協会設立委員の選定問題に就て今日も内閣情報部で会議だ。何しろ出版界が販売界の新体制を決定する問題だから軽々しくは出来ない。1940-8.30

「書籍や雑誌など不要の時代」

一九四〇年九月七日、内閣情報部は出版新体制準備委員会委員を発表した。政府側委員として海軍の高瀬五郎中佐と鈴木少佐が入っていた。

午前十時から出版文化設立委員会の初会合が内閣情報部に開かれる。民間側と官庁側と合せて約三十名が会合、根本方針に就て練つたが、国防国家の為の新体制といふことがはつきり分らぬ者が多いので一席国防国家の説明をしてやつた。1940-9.11

この第一回準備委員会では伊藤述史《のぶふみ》内閣情報部長が「あとで賛成しなかつたというやうなことのないやうに、私はここでハツキリ諸君から証拠を握つて置くことにする」(田代：17)と断固たる方針を示して議事に入った。

午前十時から出版文化協会設立準備委員会が開かれる。赤尾〔好夫・欧文社〕、上村〔哲弥・第一公論社〕、徳川侯〔義親《よしちか》・産業組合中央会〕などは新思想の革新分子であるが、中には随分旧《ふる》い、自由主義的な現状維持論者もある。あまり愚論を吐き利己的な主張をするので時々一喝してやると縮み上る。午後三時過ぎまでかかって要綱案の審議が終って小委員会を任命した。1940-9.18

「自由主義的な現状維持論者」は石山賢吉（ダイヤモンド社）や江草四郎（有斐閣）であり、佐藤義亮（新潮社）、奈良静馬（講談社）、石川武美《たけよし》（主婦之友社）でなかったことは確実である。いずれにせよ、「一喝してやると縮み上る」とあるように、「鈴木少佐」神話の根拠はたしかにあったようだ。

九月二五日に社団法人・日本出版文化協会設立要綱が決定し、準備委員会は設立委員会に移行した。以後、鈴木少佐の関心は「図書雑誌共販会社」設立に向かう。後の日本出版配給株式会社（日配）である。

午前十時から内閣情報部で雑誌出版物販売機構の会議。何うも商工省案は現状維持に化粧した様な案で徹底しない。午後から販売機構の実相を研究するため、東京堂の大橋〔達雄〕氏や欧文社の赤尾〔好夫〕氏と懇談す。1940-10.4

赤尾好夫も大橋達雄も日配創立委員会委員となり、設立後は大橋が専務取締役として日配を

陸海軍と雑誌社との懇談風景（日付、場所は不明。右より２人目から海軍省軍事普及部・田代格海軍少佐、高瀬五郎海軍中佐、陸軍省情報部・西原龍夫少佐、鈴木庫三少佐）

牛耳ることになる。この懇談が五日後の「急転」をもたらした可能性は高い。

> 午前十時から図書雑誌共販会社案、即ち新体制下の図書配給機構の準備委員会が開かれた。陸軍側の委員として出席す。商工省案が何《ど》うも生ぬるい現状維持案であつた為に却《かえ》つて業者から覆されたことは、民間の人々の態度が却つて国家的な方向に急転したことを示すもので実に喜ぶべき現象だ。1940-10.9

この第一回出版配給機構新体制準備委員会では、商工省作成の新配給機構試案（暫定的に書籍、雑誌の二本建制）を審議したが、官庁側も驚くほど民間側委員から革新的意見が続出した。田代金宣情報官の証言によれば、書籍・雑誌を一丸とする一元的配給会社設立へ大勢を決めたのは、岩波茂雄の以下の「大気焔《だいきえん》」であったという。

摩擦を恐れては革新は出来ない。当局はもつと確信と熱意とを持たれたい。資本に物を言はせず、熱意を有する業者に多くの使命と権利とを与へるべきである。日本出版文化協会の事業として配給事業をやる考へはないか。（田代：38）

「鈴木日記」にも文協創立委員会、日配準備委員会の経過が記録されているが、紙幅もないので、有精堂・山崎清一との「有名な対決」があった第二回日配創立委員会まで話を飛ばそう。争点は営業権の補償問題である。この日、鈴木少佐は午後から仙台に向けて出張予定が入っており、会議を早急に切り上げようと焦っていた。

午前九時前に旅行の仕度で出かけた。十時から神田淡路町の大東館で日本図書株式会社〔日配〕の創立委員会があるので出席。図書を単なる商品と見る思想がまだ強い。出版と共に思想国防の大切な使命を担当することの認識が足らないので、簡単ではあるが説明を行つて会議にかゝつた。一同に大きな衝撃を与へたらしい。午後一時三十分上野発の列車にやつとたどり着いて急行で仙台に向ふ。1940-11.29

四大取次店の一つである大東館の藤井誠治郎によれば、このとき、鈴木の名文句、「いまラジオと新聞があれば、書籍や雑誌など不要の時代だ」、が発せられた。

あの時鈴木中佐が、「取次会社をこしらえるんで集まっているけれど、いったい雑誌とか書籍なんかというものは、いまはラジオがあるし新聞があるから、あってもなくてもいいものなんだ。それをつぶしもしないで、配給会社をこしらえてやろうというのだから、みんなくだらんことをいわんで、協力しなくちゃならん」ということをしゃべったんです。すると山崎さんが、「お言葉を返すようだが、それはちょっと筋が違いはしませんか。私たちは今配給会社をつくるということで集ってるんで、新聞やラジオがあるから雑誌や書籍は発行しなくてもいいなどということは、それは出版会社に行って話したらいい。きょうは取次会社をどうしてうまくつくっていくかということが問題だと思う」こういったので、さすがの鈴木中佐も黙ってしまった。（橋本：577）

たしかに、生活がかかっている取次業者の側としては、「くだらんこと」では済まなかった。「出版界の斎藤隆夫」（宮守：237）と呼ばれていた山崎清一は、中小取次の代弁者として激しく反駁《はんばく》したのだろう。この発言はその後「尾ヒレがついて伝説的逸話」（荘司80：14）となった。ある伝説によれば、「ひそかに木刀を持参し、暴には暴の決意」を固めた山崎委員が、大声で「この機会にみんな意思をハッキリさせよ」と打ちまくったため、会議の様相はガラリと変わった、という（同：249）。しかし、鈴木少佐が予定の列車に間に合ったところを見ると、「（事前の）噂程の波瀾《はらん》もなく（略）焦らずに慎重を期さうといふことにして散会した」（田代：50）というのが実情らしい。

3――朝日新聞社の場合――文協内紛の震源地

陸軍省でも情報局でも雑誌担当だった鈴木少佐が署名執筆した新聞記事は、一九三八年九月三日付『東京朝日新聞』掲載の「従軍文士に期待」のみである。だが、朝日新聞社は講談社と競うように、早くから鈴木少佐に雑誌原稿の依頼を繰り返していた。

> 『朝日グラフ〔ママ〕』からまた投稿を申込んで来た。1938-10.23

この時期の『アサヒグラフ』が実質的に「戦争グラビア誌」だったとしても、新聞班着任二カ月にして二度目の原稿依頼は多い。しかし、『朝日新聞社史』には「鈴木庫三」はまったく登場しない。朝日新聞社は出版局をもつ一大雑誌社でもあった。月刊誌中心だった戦前の雑誌界において、『アサヒグラフ』『週刊朝日』『婦人朝日』『コドモアサヒ』など朝日新聞出版局の旬刊誌、週刊誌は戦時下に急成長を遂げていた。もちろん『朝日新聞出版局史』(一九七九年)に「鈴木少佐」は登場する。だが、「用紙調達の辛労はあったにしても、敗戦の破局にいたるまで、比較的平穏に発展することができた」(118)出版局の戦時期は、歯切れの悪い語り口に終始している。

むしろ、当惑したことは、鈴木に対する軍部や情報部の下僚たちの不人気であった。(135)

> 「自由主義者」鈴木文史朗と「戦犯編集者」鈴木敏夫

この「鈴木」は鈴木庫三ではなく、一九四一年五月一日に出版局長となった鈴木文史朗である。鈴木少佐が「同姓の文史郎を忌みきらった」と局史に書かれているが、具体的な記述はない。こうした乏しい証言だけでは、筋金入りの「自由主義者」かつ「反共主義者」として有名な鈴木文史朗が、鈴木少佐と対立した理由は特定できない。

大正デモクラシー以後、一般に「朝日新聞社は反軍的」という評価が定着しており、五・一五事件、二・二六事件でも襲撃対象となっている。しかし、「鈴木日記」を読むかぎり、『週刊朝日』『アサヒグラフ』への寄稿といい、より「親軍的」と目されていた東京日日新聞社よりも個人的な関係は深かった。

午後六時から朝日新聞社の社長〔村山長挙《ながたか》〕以下と懇談。1939-12.18

鈴木少佐が新聞社の社長と懇談した記録は、これ以外には日記に見当たらない。こうした中で、当時『航空朝日』編集員だった鈴木敏夫の回想「軍部さまさま〝われは戦犯編集者〟」（一九七二年）は貴重である。鈴木少佐を「〝悪玉中の悪玉〟として、出版界に鳴りひびいた怪獣クラゴン的存在だった」と批判している。

当時、私は朝日で『航空朝日』と海軍関係の本の仕事を主にしていたので、陸軍は航空本部とはよかったが、報道部とは悪かった。（略）彼ら〔海軍〕は陸軍よりはマシなのが多かったから、自然海軍びいきにもなり、私もこの鈴木庫三という、色黒のギョロ眼で、図体のデカい、一見海坊主を思わせる容貌魁偉《かいい》の横柄ずくな陸軍野郎とはソリが合わなかった。向こうもそれを気づい

ていて、「このヤロウ」という顔つきをするので、どうもうまくなかった。(85)

自ら「戦犯編集者」と懺悔した上で、鈴木敏夫は情報局内の陸海軍の対立を利用して、海軍を後ろ盾に鈴木少佐と対峙したという。講談社に対する鈴木少佐の疑念も、海軍との癒着であった。陸海軍の対立を助長して漁夫の利を得ようとする動きが編集者側にあったことがわかる。

〔海軍〕報道部の参謀肩章を吊った連中と、Kともども連夜のように料亭通いをせねばならなかった。山本五十六《いそろく》が愛用していた築地の「和光」という家をよく使ったが、それで彼らと大いに〝仲よく〟なったせいか、『作戦記録』〔正確には大本営海軍報道部編纂『海軍作戦写真記録』朝日新聞東京本社、一九四三年〕が上出来でよく海軍に協力したということで、海軍大臣島田繁太郎名での個人感謝状(これもお免状だけだった)までくれたのには驚ろいた。(90)

宴会嫌いの鈴木少佐がこうした「軍にこびて来る」編集者の振る舞いを「このヤロウ」という目つきで睨んだとしても無理からぬことである。用紙獲得のため、宴会で籠絡《ろうらく》できない「クラゴン」対策として「軍人キラー」と呼ばれた営業幹部Kの「名案」が採用されたという。Kとは朝日新聞社出版局業務部次長の栗田二作《にさく》であり、「名案」と鈴木少佐の著書出版である。

一旦《いったん》役所に帰つて午後六時から朝日新聞社の出版部の人々と国防国家論の単行本出版に就て打ち合せを行ふ。1940.10.15

「君、これが戦争というものだよ」

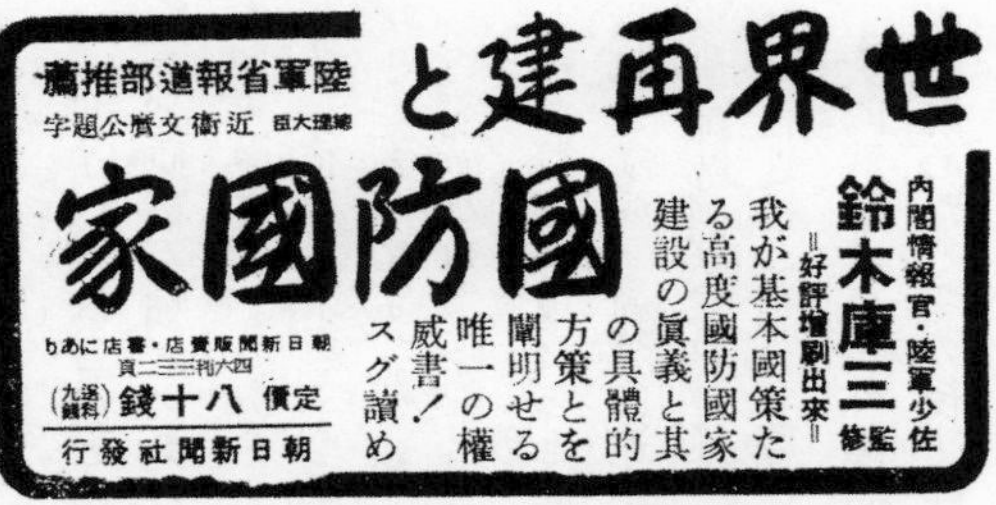

「総理大臣近衛文麿公題字」の『世界再建と国防国家』広告（『日の出』1941年3月号）

栗田は、朝日新聞社の用紙獲得で辣腕を振るった人物である。戦時中、情報局や陸軍省情報部に日参して用紙配給を獲得した苦心談は社史にも転載されている。一九四四年秋ごろ、陸軍報道部に呼び出された際、北海道から新潟に陸軍が運ぶ新聞巻取紙の一割を貰い受けるために、船舶保証金二〇万円の支出を栗田は即決した。軍用船には保険金が掛けられないので、陸軍はそのリスク負担を受益者の朝日新聞社に求めた。本社に帰って、栗田が鈴木文史朗出版局長に報告すると、「よかろう、おもしろい。君、これが戦争というものだよ」といって承認されたと回想している（朝日：590）。鈴木敏夫によると、鈴木庫三『世界再建と国防国家』も、そうした「保険金」だったことになる。

その本の名は『世界再建と国防国家』で、〝八紘一宇の精神〟を軸にして戦争協力を煽《あお》った全くツマラヌ内容のものだったが、むろん庫三が陸軍報道部の文才のある嘱託に（たぶん）タダで下請けさせたものだった。なにしろ、本を作る途中で、その嘱託に「君はいくらもらえるんだ？」と聞いたら「あのクソオヤジ、一銭もくれるもんか！」と吐き出すようにいっていたから、よその出版社の場合も、お

い、そらく大同小異だったのだろう。(87)

たしかに、ほとんどの陸海軍報道部員は参謀長や師団長になるまでの腰掛けポストと思っており、原稿を嘱託に丸投げしていた。だが、鈴木敏夫も他の編集者たちと同様、「鈴木少佐が何者であるか」を知らなかった。

今年一月余が一人で軍人会館に閉ぢ籠つて書いた「国防国家」の論文は遂に全国に広まつて輿論になつて了つた。然し此の真実を我が国に知る人は少ない。まして軍部自体にも之を知る人は極めて少数であらう。1940-9.21

他の幕僚将校たちと違って、鈴木少佐は自らの筆力に懸けた教育将校だったのである。雑誌指導と講演、執筆に追われるなかで、大衆向けの「書き直し」を嘱託に頼んだにすぎない。

国防国家建設論は更に大東研究所の大熊〔武雄〕、阿部〔仁三〕両氏によって大衆的に書き直すことにした。1940-2.20

大熊武雄は東京外国語学校支那語科を卒業し、満洲事変当時は東京日日新聞社の陸軍省詰記者を務めた。その後、陸軍省情報部外郭の大東研究所研究員を経て報道部嘱託となっていた。阿部仁三は東大文学部で教育学を学んだ後、師範学校教師から大東研究所を経て陸軍省嘱託に採用された。著書に『総力戦と国民教育』(一九四二年)と『教育刷新論』(一九四五年)がある。

朝日新聞社版の序文でも鈴木少佐は同書が自分の「監修」であり、陸軍省嘱託の大熊、阿部が書いたことを明記している。しかも、奥付の印紙には「大熊」の検印が使われている。鈴木敏夫は、「たぶん」や「おそらく」で逃げたつもりだろうが、実に無責任な虚言である。「戦犯編集者」よりも「詐話師」の肩書が鈴木敏夫にはふさわしい。当然ながら、大熊が鈴木少佐のことを、「あのクソオヤジ」と言ったとは思えない。

陸軍省情報部の解散に伴つて、大東研究所其他の人々の就職問題も考へねばならぬ。その善後策に就て、大熊氏と共に内閣情報部の久富〔達夫〕氏と会合す。1940-9.20

情報局への改組により、陸軍省情報部の別室である大東研究所は解散となる。彼らを陸軍省嘱託に採用したのも、鈴木少佐である。

だが、いずれにせよ、鈴木敏夫にすれば、『世界再建と国防国家』出版も朝日新聞社が「紙の戦争」に勝つための方便であった。内閣情報部が情報局に改組される二日前、一九四〇年一二月四日、朝日新聞社主催の「鈴木庫三『世界再建と国防国家』出版祝賀会」が築地・柳光亭で開催された。

そのときの朝日新聞社出版局長は飯島幡司《まんじ》である。鈴木より六歳年長の飯島は、神戸高等商業学校教授（銀行論）から一九一八年新興財閥・久原商事株式会社に入り、専務取締役として大阪鉄工所（現日立造船）の経営再建で敏腕を振るった。一九三二年朝日新聞社社長・村山龍平に見込まれて論説委員に迎えられ、朝日新聞社の経営にたずさわった。敗戦後は関西経済の再建に尽力し、一九四七年の公職追放発令まで関西経済連合会会長を務め、追放解除後は朝日放送社長に就任した。一方で、敬虔なカトリック教徒として早くからマルクス主義批判を行い、翻訳・共著を含め二八冊の著述を残している。

飯島が少なくとも一時期は鈴木少佐と親密であったことは、一九四一年秋に東京帝大経済学部で行った講演録『昭和維新――その経済的性格』（一九四二年）を読めば明らかである。教育改革に言及していないものの、その第四章「国防国家を目指して」の内容は、飯島が出版局長として刊行にたずさわった鈴木の『世界再建と国防国家』とおどろくほど似ている。両者に違いがあるとすれば、財閥を敵視した鈴木少佐と異なり、飯島が次のように財閥を弁護していることだろう。

もしも今日の財閥を、明治維新の際における幕府になぞらへて、これを倒すことが昭和維新だといふやうな了解を誘導する傾向があるとすれば、それは昭和維新なる言葉が左傾思想の迷彩につかはれてゐるのであつて、国民を誤るの甚しきものであります。（1-2）

日本出版文化協会叛乱の亡霊

一九四一年一月一六日、飯島は文協専務理事に任命され、さらに二月二四日には日配発起人会の代表にも就任している。文協や日配の人事にも介入できた鈴木少佐だが、少なくとも飯島の専務理事就任に反対しなかったことは確実である。

出版文化協会の画竜点睛をせねばならぬ重要問題で何うしても休んで居れぬ。一歩後れゝば国家のために極めて不利益で新体制の筋金が歪められる。それには何うしても事情に精通して居る自

1942年6月13日神田共立講堂の文協第2回定時総会

分が出馬せねばならぬ。仕方なくて病気を押へて十時頃出勤した。内務省国塩《くにしお》〔耕一郎〕情報官と打合せ乍ら協会の人事の排列をした。午後三時までに完成して課長に示す。それが終つたのが午後六時、更に部長に会つて要点を説明する。午後六時半になる。その間にも面会人は遠慮もなく押し寄せて来る。 1940-12.21

一九四〇年御用納めの日記も、「協会の人事の排列をした」満足感にあふれている。たしかに、中央公論社、改造社、文藝春秋社、日本評論社から文協役員が出なかったことは、象徴的である。その上で、文協の実質的トップである専務理事に朝日新聞社の飯島を置いたのは、「新聞があれば雑誌はいらない」と言い放ったに等しかった。

今日は官庁の御用収めだ。午前十一時二十分に大祓《おおはらえ》の式があり続いて総裁の訓示で終つた。午後も引続き事務の整理を行ふ。夜は六時から四社懇談会である。四社の連中は出版文化協会に役にも就かぬので少しく不平らしい。但し未だ〳〵自由主義や個人主義の思想から脱却出来ないのが四社の編輯であるから致し方ない。 1940-12.28

鈴木情報官は、このとき得意の絶頂にあったはずである。

しかし、この強引な人事が、一年半後に「文協叛乱」を引き起こす一因になる。

一九四二年六月一三日の文協第二回総会で起こった「文協叛乱」は、「朝日用紙問題」とも呼ばれている。なお不明なことが多い事件だが、まず自称「戦犯編集者」鈴木敏夫のデタラメな証言を引用しておこう。ジャーナリストの歴史記述を鵜呑みにすることがいかに危険か、メディア・リテラシーの教材ともなる。

〔昭和〕十六年十一月に朝日は、例の鈴木庫三少佐〔ママ〕〔同年三月より中佐〕の示唆で、陸軍から用紙の特配をもらい、『科学朝日』を部数八万五千で創刊していたが、出版文協は十七年四月からの一期三カ月分として、部数の二倍に当たる八万ポンドの増配を決定した。これをナンと庫三少〔ママ〕佐が不当特配だといって飯島専務理事以下協会首脳部の責任を追及したのである。

　庫三の考えでは、『科学朝日』がもっと軍ベッタリの戦時向け通俗技術誌になるはずだったのが、編集長が松野志気雄《しげお》というリベラリストで、むしろ合理的な科学思想普及を軸とした雑誌づくりを行なっていたのが、気に入らなかったようだ。

　そこで、飯島は職権を利用して、（略）朝日のために公私混淆《こんこう》して用紙を特別増配したと、庫三が暴露的攻撃を行なったのである。情報局きっての実力者の彼が摘発の口火を切ったのだから、会員である出版社はもとより、文協の〝正義派〟と称する職員多数までが、〝安心して〟幹部追及の〝反乱〟をはじめ、文協内部は大混乱におちいった。

　この騒ぎは六月十三日に共立講堂で、会員約二、二〇〇名出席のもとに行なわれた、協会の第二回通常総会で爆発した。（略）このとき強気な飯島は、新聞社は新聞用巻取紙の破損紙を出版へ流用することが公認されており、それも実績の中に入ると強弁して庫三と渡り合った。会場は緊迫した空気に包まれ、怒号が乱れとんだが、ついに協会の刷新を求める〝申合せ〟が多数決で可決された。

三日後に、飯島は全職員を集め、総会紛糾の責任を問い、書籍、書籍配給、庶務の三課長と職員十五名の懲戒罷免を強引に発令した。このしうちに怒った、出版業界側から出ている文協役員のほとんど全員が、即座に辞表を提出、「責任は逆に幹部側にある」と追及した。次いでクビになった職員たちは、情報局で軍人にしては人柄がいいため、人気のあった第二課長の古橋才次郎海軍中佐に陳情、これまた責任は一切幹部にありとして、解職辞令を一括返上した。

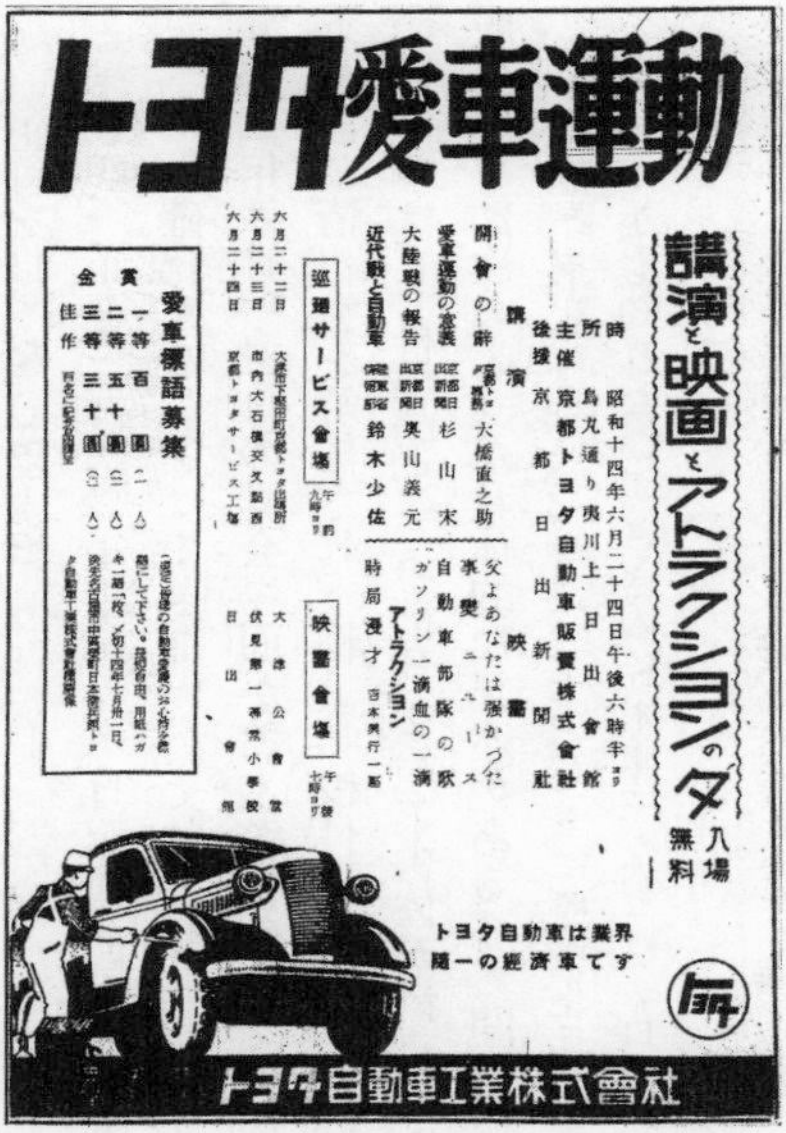

鈴木少佐「近代戦と自動車」と吉本興行のアトラクション「時局漫才」が並ぶトヨタ愛車運動「講演と映画とアトラクションの夕」広告（『京都日出新聞』1936年6月23日）

この騒ぎは結局、飯島と常務理事で文化局長の松本潤一郎が退任させられて、幹部側の敗退となり、専務理事には新たに久富達夫が就任して、戦時下にはめずらしいこの〝反乱事件〟はようやく終

止符を打った。(88-89)

一九四一年と一九四二年の「鈴木日記」が欠落しているので、この前後の出来事を「鈴木日記」から確認することはできない。それでも「強気な飯島」が「庫三と渡り合った」という一九四二年六月一三日の総会場面が鈴木敏夫の妄想であることは明白である。鈴木中佐はその二ヵ月前に情報官を解任され、輜重学校付に転出していたからである。この記述中で事実確認ができるのは、『科学朝日』の創刊を鈴木少佐が勧めたということである。それは、『朝日新聞出版局史』に次のような具体的な記述があるので間違いないだろう。

戦意昂揚を背景に、〝産業戦士〟たちに機械化兵器に関する基礎知識を与えようという考えであったかも知れない。さきの鈴木庫三などは、口ぐせのように「マシンツールを扱う雑誌が必要だ」といっていた。(136)

陸軍自動車学校教官だった鈴木中佐の経歴からしても、また当時「機械化兵器協会」や「愛車運動」のために自ら全国遊説をするなど、鈴木中佐が『科学朝日』に期待したことは確かだろう。しかし、鈴木敏夫の回想で信用できるのは、そこまでである。それ以外は、すべて信用できない。

陸軍・東大・文化局VS海軍・高商・業務局

最後の飯島、松本の退任に関する鈴木敏夫の記述も、ご都合主義的で信憑性に乏しい。すなわち、松本潤一郎文化局長は大会前の六月一〇日に辞表を提出し、一七日に受理されている。明らかに、飯島執行部批判の辞任である。松本の辞任と、松本派の粛清を続けて九月一六日まで専務理事にとどまった飯島の辞任とは、意味が大きく異なる。松本は戦前を代表する理論社会学者で、帝大派遣時代に鈴木大尉は松本講師の「階級研究」を聴講している。その当時、社会学科副手だった米林富男《よねばやしとみお》(戦後は東洋大学教授)は「松本潤一郎先生の思い出」のなかで、文化局長室に座る松本の苦悩をこう表現している。

戦時下陸海軍の激しい対立とこの対立を利用して自己の利益を擁護しようとする業者間の鋭い対立との間にはさまって、先生の苦悩は甚しかった。(松本:130)

この間の経緯については、帆刈芳之助『文協改革史』(一九四三年)が詳しい。戦時中の出版物だが、鈴木敏夫の回想よりはるかに信用できる。帆刈によれば、飯島が神戸高商同窓の縁で栗本鉄工所取締役から事業局長に抜擢した田中四郎の「高商派」と、法政大学教授から文化局長に就任した松本潤一郎の「東大派」の対立は当時から噂されていた(50)。鈴木大尉の帝大派遣学生時代に大学院生だった黒川純一拓殖大学教授(戦後は東大教授)を、松本文化局長は直属の書籍課長として文協に招聘《しょうへい》していた。鈴木中佐と黒川課長がかつて同じ教室で松本局長の講義を受けたことは間違いない。総会終了後、飯島は紛糾の責任を問うて黒川課長ほか文化局職員を懲戒罷免した。これに対して、黒川は『日本出版文化協会の防衛のために――現幹部の即時退陣を要求する』と題した三〇頁のパンフレットを関係筋に配布している(帆刈:

178-199)。飯島専務と田中事業局長、つまり「高商派」を痛烈に批判する檄文である。

飯島氏の恩寵《おんちょう》にかくれ自己の支配を協会の前面に振ふために、あらゆる巧妙なる詐術を以て文化局関係の活動を陰に陽に掣肘《せいちゅう》することにおいて、文協を徒《いたず》らに事務局化し、その文化運動的意義を著しく喪失せしめるにいたつた罪の一半は、まさしく田中氏が之を負ふべきものなのである。その一例を挙げることはさし控へるが、協会自動車の使用にしたところで、松本文化局長をさし置き殆んど飯島田中両氏の専用車であるかの如き観を呈し、心ある職員を屢々《しばしば》痛憤せしめたるが如き仔細《しさい》なことながら、氏の横暴恣意を遺憾なく物語るものではないか。(184-185)

こうした飯島=田中の業務局と松本=黒川の文化局の対立は、業界内周知のことであった。そして、文協内における用紙統制担当の情報官は、文化委員の鈴木中佐と業務委員の田代金宣の二人である。文化委員の鈴木中佐が「東大派」である松本や黒川の文化局に近かったことは言うまでもない。

帆刈も、一九四二年四月二日の文協用紙査定会議で鈴木中佐が『科学朝日』の用紙問題を摘発した経緯を詳しく記述している(68)。次節でみるように海軍側の鈴木情報官解任の策動は、一九四一年末から始まっていたが、これを機に急速に動きだした。四日後の四月六日、情報局第二部第二課長が佐藤勝也海軍大佐から古橋才次郎海軍中佐に代わっている。四月七日付『官報』第四五七〇号の古橋情報官の発令は、一見して異様である。

海軍中佐正六位勲四等　古橋才次郎　任情報局情報官　叙高等官四等。

その次の頁には、同日付で古橋の兼任を解除し、佐藤課長と交替させている。

> 海軍中佐兼情報局情報官　古橋才次郎　免兼官。情報局情報官　佐藤勝也　依願免本官。同　古橋才次郎　年俸三千二百二十円下賜　情報局第二部第二課長ヲ命ズ（210–211）

同日付で任官と兼官解除を行い、鈴木中佐の上位に新たな第二課長を配置したことがわかる。田中業務局長の秘書を務めた赤穂高義の証言によれば、海軍省をバックに「古橋さんが鈴木さんに引っ込んでもらった」という（赤穂：32）。

その三日後の『官報』第四五七三号に、同年四月九日付で「情報局情報官　鈴木庫三　依願免本官」とある。たしかに、古橋中佐は鈴木中佐を解任すべく海軍の切り札として送りこまれたと見るべきだろう。こうして一九四二年四月、鈴木中佐は輜重学校付へ転出している。

紛糾した総会後の七月一日、文明社の楠間《くすま》亀楠《かめくす》が文協業務局に田中四郎を訪ねて聞き取りをした要旨が『文協改革史』に採録されている。他の回想よりも、同時代の資料として信頼できる。

> **楠間**　『科学朝日』への特配問題は。
>
> **田中**　今日出た『出版同盟新聞』にも出てゐましたが、あれは正規の手続を経たもので問題ではありません。前情報官の某氏に触れますから多くを語りたくないが、某情報官があの問題を議する会議に二度欠席した。其間に決つた為《ため》作為的だと言ふ疑ですが、それが偶然朝日新聞社だつたことから、飯島専務と朝日の闇のやうに言はれます。（122）

（略）

楠間　文化局と業務局の対立といふ事はどうです。故河田嗣郎博士〔大阪商科大学長〕の著書『経済学原論』〕に対して文化局が二千部と査定したものを、飯島氏が三千部に訂正したといふのはどういふ経過ですか。

田中　これは内容的に優れた特色がないとの理由で二千部と決まつた後、飯島専務から高文試験の参考にはよい点があるからとて訂正が申出され、主査の意見書と共に文化局長の承認を経たものです。所がこの訂正が決まつた時、某職員が情報局の某情報官にこれを不都合だと言つて内通した。果せるかな某情報官から苦情が出たのですが、これ等は明かに部内の者の策動です。十七名の整理組の一人ですが、去つた者の悪口は言ひたくない。（123-124）

「某情報官」は明らかに鈴木庫三であり、「内通」した「某職員」は職権上、黒川書籍課長であろう。しかし、文化委員、つまり文協役員である鈴木情報官に決定経緯を伝えることを「内通」と呼ぶ田中業務局長の発言は、はしなくも文化局との敵対関係を露呈している。『田中四郎氏を偲ぶ』（一九七四年）に収録された座談会「出版文協より日本出版会へ」で、古橋元情報官を囲んで江草四郎（有斐閣会長）と布川角左衛門《ぬのかわかくざえもん》（元岩波書店編集部長）は、文協内紛についてこう回想している。

古橋　田中さんに前にだれが向こうの采配をふるっているかと聞いたら、平凡社の下中《しもなか》〔彌三郎《やさぶろう》〕さんらしいというので、ぼくは下中さんを呼んだんだ。（略）

江草　開会のために幕があいたら、職員の中で気脈を通じている連中が陰で……。かねての反対派との打ち合せのように動いたでしょう。

布川　それは黒川純一さんでした。松本さんのお弟子で、松本さんが引っぱってきた人。この黒川さんが協会職員内部としては首脳だったでしょう。だから協会内部とそれから業界の一部とが合体して、あの総会を混乱させたというふうに言ってもいいのじゃないかと思います。(104-105)

もちろん、鈴木情報官を追い出した古橋は、さすがに総会紛糾の責任まで鈴木中佐になすりつけようとはしない。だが、自称「戦犯編集者」鈴木敏夫は、総会壇上で飯島専務理事と渡り合った鈴木中佐を目撃したかのごとく証言する。そもそも鈴木中佐はこの紛糾総会の三カ月前の四月九日に情報局から輜重学校付に転出しており、すでに情報官ではない。そして、その四カ月後にはハイラルの部隊に転出している。何ら職権を持たない鈴木中佐が、どうして総会で登壇できようか。当時のどの資料を見ても、鈴木中佐の総会登壇など確認できない。鈴木敏夫は、本当に総会にいたのだろうか。あるいは、夢でも見たのか。

陸海軍を巻き込んだ文化戦争

紛糾した総会の二カ月前、四月一二日付『出版同盟新聞』は、第一面で「文協怪文書の内容——用紙横流しを衝《つ》く」を報じている。その横に小さく「鈴木情報官転出」と「松本局長辞任か」の記事がある。さらにコラム「同盟サロン」では、次のように書かれている。

情報局第二部第二課長を退き某要職に転出した佐藤勝也〔海軍〕大佐と、同じく陸軍自動車学校《〔ママ〕》に転出した前情報官鈴木庫三中佐とは十一日某所にて業界有力者数氏とお名残の宴を開き、風雲急なる文協改革問題に就ても意見を交換したと云はれる。

なるほど、「風雲急なる文協改革問題」の中に鈴木中佐の「影」は見え隠れしていた。「業界有力者」とは、文協叛乱に火をつけた大橋達雄理事（日配専務）、石川武美監事（主婦之友社）、赤尾好夫監事（欧文社）、目黒四郎監事（目黒書店）たちであろう。六月五日付同紙の「目黒・赤尾・大橋三氏　文協人事刷新陳情」によれば、これら鈴木中佐と親しかった「革新派幹部」が情報局第二課長・古橋海軍中佐に飯島専務理事の退陣を求めて陳情を行っている。

結論を急ごう。鈴木敏夫の証言も意図的な「虚言」か、あるいは「創られた記憶」である。六月一四日付『出版同盟新聞』は全紙面を使って、文協総会が大混乱に陥った様子を臨場感あふれるタッチで詳細に記録している。もちろん、飯島専務理事と鈴木中佐が壇上でやり合うような場面は存在しない。そもそも、鈴木中佐は総会にいなかった。このとき、壇上に登り飯島専務を糾弾したのは赤尾好夫監事であり、一時間に及ぶ弾劾質問を行ったのは、平凡社企画部長・佐藤彬であった。とくに佐藤の猛烈な糾問は、鈴木敏夫が「鈴木中佐」と勘違いしそうな勢いがある。

飯島専務はいかなる態度で文協を統率してゐるか、朝日新聞重役〔監査役〕を兼任してゐる理由如何《いかん》、若しその使命の重大さを考へるならば朝日を退くべきだと思ふ、更に過去の事を取上げるは酷かも知れぬが、重任を負ふ身を以て多くの日時を別荘や熱海温泉に過し、或は朝日の仕事に従事してゐて、生命を賭して働いてゐると言へるか、吾々の統率者として適格者ではないと思ふ。

佐藤の矛先は、さらに情報局第二部第二課に向けられている。第二課は三月まで鈴木中佐がいた場所である。「監督官庁として本総会の事態をいかに見るか」と。

佐藤の背後にいたのは、もちろん文協の革新派評議員、下中彌三郎・平凡社社長である。下中は飯島に辞職勧告を行って拒否されると、朝日新聞社に緒方竹虎《おがたたけとら》専務を訪ねて飯島退陣の斡旋を依頼した。結局、一九四二年九月一五日、飯島が専務理事の辞表を提出、同一九日文協は佐藤彬ほかを除名処分にして一応の手打ちが成立した。戦後平凡社取締役秘書室長となった佐藤彬は、この間の事情を『下中彌三郎事典』(一九六五年)で赤裸々に描いている(160-164)。

おそらく、鈴木中佐の「影」に怯えた人々は、批判者の標的が飯島専務ではなく、彼を庇《かば》い続ける第二課長・古橋海軍中佐であると看取ったのではあるまいか。この攻撃はたしかに鈴木中佐の仇討ち戦だったとも言えるのである。古橋は、『田中四郎氏を偲ぶ』で次のような発言をしている。

私は海軍の軍務局を通じて彼〔鈴木庫三〕を陸軍に引き取ってくれと頼んでやった。だから僕の着任と入れかわりに彼は引っ込んじゃったわけだ。(96)

だが、古橋の背後では、次節で述べるように、海軍省調査課長・高木惣吉大佐の周到な鈴木転出工作が練り上げられていた。古橋海軍中佐のあと第二課長に就任した企画院の竹本孫一は、海軍善玉史観とは距離を置いた証言を残している。竹本は戦後、片山哲首相秘書官から民社党政審会長、国会議員団長を務めた社会民主主義者である。竹本自身が情報局出版課長から満洲国の弘報処参事官に「追い出された」経緯に触れて、『私のなかの昭和史』（一九八二年）でこう述懐している。

初めは国防については陸軍の一部革新派はご承知のように民族的社会主義で、当時は我々と同じことを言っていたわけです。（略）僕は特に情報局時代には、出版課長というのは、とにかくややこしいところでしてね、当時、企業整理をやったんですよ。紙がなくなって、新聞が二ページになっちゃったんだから。その企業整理をやる時に、誤算もあり、先入観もあって、文官と軍人のけんか、陸軍と海軍とのにらみあいの真ん中にあって、双方から誤解されたし、たたかれもしたわけです。特に私は、企画院革新官僚的な統制経済論で企業整備をやっているんだという誤解で、特に海軍が反対した。（37）

もちろん、海軍が誤解から反対したわけではない。竹本が鈴木中佐とともに「革新官僚的な統制経済論」を主張したことは否定しがたい事実である。一九四二年一月上旬号の『エコノミスト』に掲載された「大東亜戦下の経済国策を語る座談会」で、竹本は鈴木中佐の国防国家論を受けて、鈴木と共有する「計画文化」論をこう開陳している。

そこで自由主義文化といふものが、今日では文化体系が行詰つてしまつて、計画文化と申しますかあるひは全体主義文化と申しますか、さういふものを現実的に要求してゐると思ふのです。その一つとして統制経済である、その一つとして計画経済である。さきほど鈴木さんがおつしやつたけれども、国防国家といふものは思想の問題だ。私自身の言葉でいへば世界観の展開といふところへ来てゐると思ふのです。中小商工業の問題もいろいろ出ましたが、その整理問題にしても、やはり物質不足だから統制整理をするといふのではなく、自由主義的な、個人主義的な、あるひは分裂主義的な制度、機構といふものが全面的に行詰まつたのだ、従つてこれに代るべきものは、共同的な、あるひは全体主義的な、さうしてまた計画的なものでなければならない。(70)

こうした計画主義／自由主義、あるいは全体主義／個人主義の対立こそ、陸海軍を巻き込んだ「国内思想戦」の核心であった。この国内思想戦の主戦場が「出版」であるとすれば、雑誌の講談社や朝日新聞社と並んで重要なのが岩波書店である。

4――岩波書店の場合――和辻哲郎の怒り

鈴木中佐からの電話

岩波書店にとっても「鈴木少佐」が特別な存在だったことは間違いない。岩波書店社史で検閲担当者が実名で登場するのは、「一九四一年四月一九日　情報局の干渉」だけである。

情報局〔第二部〕第二課鈴木庫三少佐〔ママ〕〔同年三月に中佐昇進〕から電話があり、安倍能成《よししげ》『時代

と文化』を例にとって、岩波書店の出版傾向を罵詈《ばり》した上、出頭を強制された。（岩波：217）

この電話事件は、岩波茂雄が敗戦後にまとめた「回顧三十年」（一九四六年）で言及した岩波書店に対する六つの言論弾圧の一つである。それは『日本資本主義発達史講座』発禁事件（一九三二〜三三年）、天野《あまの》貞祐《ていゆう》『道理の感覚』絶版事件（一九三八年）、津田左右吉裁判（一九四〇〜四四年）、情報局の「陸軍の将校」による出版物への圧迫（一九四一年）、『読書人』（東京堂の西田哲学攻撃（一九四三年）、文部省思想委員会の『教育』廃刊決定（一九四四年）だが、最初に取り上げたのが「陸軍の将校」からの圧迫だった。

当時情報部〔局の誤記〕が出来、陸軍の将校など時勢に乗じ随分勝手なことをしたものだ。平素文化のためなどと口癖にいつてゐる出版業者がかういふ不届者の御機嫌をとることを怠らなかつた。用紙を欲しいために相当世に認められたところまでもその意を迎へることに汲々とした。

或時情報局から個人の資格で電話がかゝつて「君のところに安倍能成といふ者の本が出てゐるさうだ。僕は読んだことはないが、それは内容がいけないといふことだから発行発売をやめろ。やめなければ紙はやらないぞ」と威して来たさうである。この種の電話は私の所のみでなく方々にかゝつたさうである。まるで気違ひ沙汰としか思はれない。今では夢のやうに思はれるが当時推進力といふものの中には新聞の朝日、学校の一高、本屋の岩波を退治せねばならぬとの考へがあつたさうだ。（植田：158）

一読してわかるように、部下から岩波茂雄が受けた報告の内容である。また、将校の発言として「僕は読んだことはない」とあるので、投書による告発、嘱託からの情報を受けた上での対応だろう。嘱託の報告であれば、阿部仁三あたりだろう。阿部は鈴木と東京帝大教育学研究室で知り合い、鈴木の監修で『世界再建と国防国家』（朝日新聞社・一九四〇年）を執筆している。また阿部仁三『総力戦と国民教育』（目黒書店・一九四二年）では、これまでの自由主義的な教育制度を厳しく批判しているが、戦後は東京書籍で教科書編纂を続け、海後宗臣『新しい社会』（一九五六年）などを担当している。

興味深いのは、「新聞の朝日、学校の一高、本屋の岩波」というリベラル文化複合体の自負が岩波書店側にあったことである。この岩波書店社史の典拠となった未公刊文書「岩波茂雄年譜」（岩波書店秘書室蔵）から全文を引用しておこう。

〔一九四一年〕四月一九日　情報局鈴木庫三少佐から電話。堤〔常〕さん応接。『時代と文化』の例をとり、出版傾向怪しからぬ趣き、同書を持つて出頭せよとの事。鈴木氏辱知の森〔静夫〕君に行つて貰ふ。

森静夫（東京帝大経済学部卒）は『岩波講座　教育科学』や阿部重孝『教育改革論』（一九三七年）などの担当編集者であり、東京帝大で阿部重孝助教授の演習に参加していた鈴木とは「辱知の」間柄である。また、鈴木が執筆した大項目「陸軍教育」を収めた『教育学辞典』（一九三九年）も森静夫の担当である。鈴木中佐が岩波書店に「個人の資格で」電話したとき、自分もまた「岩波書店の著者だ」と思っていたはずなのだ。

電話で槍玉にあがった安倍能成『時代と文化』（一九四一年三月刊）は既発表論文をまとめた

もので、つまり初出時に検閲当局が問題としなかった文章である。ナチズム批判を含む「民族と神話――『二十世紀の神話』を読む」（『思想』一九三九年一月号）もあるが、鈴木中佐の倫理教育学の立場（第三章第三節参照）から見て問題となりそうな箇所は見当たらない。

『日本武学大系』の出版企画

そもそも、「僕は読んだことはないが」と鈴木中佐が電話でことわっているならば、問題箇所を詮索しても仕方がない。重要なのは、その電話から三日後、一九四一年四月二一日の岩波書店社史の記述である。

《日本武学大系》について情報局から命令的態度をもって出版を強要さる――用紙の割当はなかった。（岩波：217）

この記述には「鈴木庫三」は登場しておらず、「用紙の割当はなかった」という付記にも詳しい説明はない。しかし、戦後に長田幹雄メモから「岩波茂雄年譜」に転記された以下の記述が典拠となっている。当時、長田は雑誌『教育』の責任者でもある。

四月二十一日午後、佐藤堅司氏情報局鈴木〔庫三〕氏を訪ね、武学史の紙の事で話す。夕方、佐藤氏長田〔幹雄〕自宅に立寄られ用紙却下の趣き。鈴木氏は岩波の名をきくや早速、岩波森〔静夫〕君に電話をかけて用紙断る旨申渡せし由。その申し分。「大橋〔進一・博文館社長〕氏とよく相談したが此を出すのは、博文館か岩波書店以外にはない。但し紙は、やるとすれば岩波書店の実績に於てやれ。今斯ういふものは岩波としてもやつておく方がよいと思ふ。後まで残るものだし、岩波の実績に於てやる事がよろしい。岩波でやつてもいいから是非やつて貰ひたい。岩波でやつた方がよいでせう。是非やりなさい。」と半命令的。

これを文字通りに読めば、事実関係は以下のようになる。元陸軍教授・佐藤堅司（日本武学研究所主宰・駒澤大学講師）は『日本武学大系』の企画をすでに岩波書店に持ちこんでおり、編集者・長田との間で刊行に向けて準備を進めていた。佐藤は印刷用紙の追加割当を鈴木中佐に陳情に出向いたが、鈴木はその要請を謝絶した。その上で二日前に会っている岩波書店編集部の森静夫に電話して、岩波書店への既割当分で出版するべき刊行物だと主張した。すでに鈴木がこの件で博文館の大橋社長と相談していたとすれば、鈴木自身も『日本武学大系』刊行を支持していたはずだ。当時の出版社にとって用紙特配の有無は検閲以上に効果的な統制手段となっていた。それゆえ鈴木中佐の電話を長田が「半命令的」と感じたのは事実だろうし、特配の拒否を悪意と解したとしても不思議ではない。

ただし、『日本武学大系』を企画した佐藤堅司（一八八九―一九六四年）の経歴を調べると、鈴木中佐のこの電話は悪意というより善意であったようにも思える。佐藤は陸軍士官学校を怪我で中退したのち、早稲田大学高等師範部で歴史学、さらに東京帝大で西洋史学を学んでいる。一九三六年には陸軍教授として広瀬豊と共に軍事史学会を組織して『軍事史研究』を創刊し、一九三九年に陸軍予科士官学校教頭を辞して以降、武学史研究に専念していた。一九四四年に駒澤大学文学部教授となり、敗戦後も追放解除ののち駒澤大学に復職している。佐藤堅司「学問と運命——津田左右吉博士と私」(『日本歴史』一九五五年四月号)によれば、佐藤は戦中戦後を通じて津田左右吉を師と仰ぎ続けていた。『日本武学大系』の企画を佐藤が岩波書店に持ち込んだとき、津田左右吉と岩波茂雄に対する出版法違反裁判はすでに始まっていた。鈴木中佐の電話は、津田裁判の予審終結の三週間後にかかっている。だとすれば、鈴木中佐が電話で話した「今斯ういふものは岩波としてもやつておく方がよいと思ふ」という言葉も意味深長である。自宅書斎には『岩波講座　哲学』や『岩波講座　教育科学』などを並べていた鈴木中佐も、熱心な読者として、また『教育学辞典』(岩波書店)執筆者の一人として、岩波書店には特別の思いを抱いていたはずだ。

いずれにせよ、岩波書店は一九四二年一一月から日本武学研究所編『日本武学大系』全三〇巻の刊行を始めている。第二回配本『佐藤信淵武学集』中巻は一九四三年一二月二〇日に刊行されているが、空襲で原稿が焼失したため第三回配本予定だった下巻以降は中絶している。この大系の監修者は陸軍の佐藤堅司と中岡彌髙《やたか》中将(一三期・陸大二四期・陸軍砲工学校長)と海軍の広瀬豊大佐と有馬成甫大佐だが、広瀬は『教育学辞典』で鈴木執筆の「陸軍教育」と対をなす「海軍教育」の筆者である。

とはいえ、鈴木中佐が岩波書店の「海軍びいき」に不満を抱いたことも確かである。日米開戦後の陸海軍対立における海軍寄りの岩波文化人の行動については、大橋良介『京都学派と日本海軍』（二〇〇一年）が、京大助手・大島泰正《やすまさ》が残したメモから詳細に論じている。だが、「大島メモ」は一九四二年以後のものであり、鈴木情報官の活動期とは重ならない。海軍ブレーンと鈴木中佐の対決で有名なのは、一九四一年一〇月三〇日の文協第一回図書推薦委員会の席上における天野貞祐『私の人生観』（岩波書店・一九四一年）評価をめぐる和辻哲郎との論争である。和辻とも天野とも関係が深い岩波書店だが、社史にこの論争の記述はない。この論争については改めて詳述する。

金亭燦（日配弘報課長・金田亨《かねだとおる》）は岩波茂雄と鈴木少佐との直接対決という虚構のドラマを書き残しているが、そうした流言が広まる背景は存在していた。明治人・岩波茂雄が社長室の壁一面に「五箇条の御誓文」を大書して掲げていたことはよく知られている。それがあたかも対右翼の「お守り」であったかのように誤解させる噂話を金亭燦は書き残している。

例によって例の如く鈴木少佐が軍服姿で先生を尋ねてきたという。――つまり、自由主義者、岩波茂雄をなじるつもりで、時局を論じ、国論統一を強調せんとする瞬間、先生は突然、席から立上り、不動の姿勢をとって〈五箇条の御誓文〉を注目しながら、「ヒトツ!! ひろくカイギをオコし、バンキ、コウロンに……」と拝誦《はいしょう》し出したら、途端に鈴木少佐も立上って、不動の姿勢をとりながら、岩波先生の朗読が終わるまで動かなかった。流石《さすが》

> に、〝天皇の軍人〟である!!　いくら乱暴者で、狂信的に〝自由主義者・岩波〟を攻撃しようと興奮しだした鈴木少佐といえども、〈御誓文〉の前には慴伏《しょうふく》せざるをえなかったのだ。彼は〈御誓文〉が済むや否や、言い出したことも続けもせず、挨拶もそこそこに逃げ出す如くに帰ってしまった、という。（金：397）

これも見てきたような伝聞である。しかし、このドラマは鈴木と岩波が初対面で、両者が互いの人物像に無知でなければ成立しないはずである。だが、一九四〇年一一月六日に東京会館で開催された文協設立委員会の第一回会合で、官庁側委員の鈴木少佐は出版社側委員の岩波と同席している。つまり、金亨燦の記録する出来事は一九四〇年以前でなければならない。だが、「岩波茂雄年譜」の一九四一年一〇月八日には「午後情報局二部二課の会合。鈴木庫三さんと初めて直接話す」と記録されている。一九四〇年以前に「五箇条の御誓文」で鈴木少佐を撃退したとすれば、一九四一年に「初めて直接話す」の記述はありえない。そもそも、この活劇が仮に本当であれば、岩波茂雄が「回顧三十年」で「電話」事件の伝聞のみを取り上げるのは不自然だし、事件の当事者である安倍能成が書いた『岩波茂雄伝』（一九五七年）で「五箇条の御誓文」事件を採用しない理由が見あたらないのである。

『読書人』における京都学派攻撃

安倍能成『岩波茂雄伝』で言論弾圧として取り上げられているのは、同時期に発行人・岩波茂雄も被告とされた津田左右吉裁判であり、蓑田胸喜など『原理日本』一派からの攻撃である。この裁判で、津田を擁護する上申書を提出したのは天野貞祐であり、岩波茂雄の依頼で証人に立ったのが和辻哲郎である。ここから、一つのストーリーを立ち上げることは容易である。『日本評論』編集部にいた長尾和郎は『戦争屋』（一九五五年）で、次のような物語を展開する。

> そこで自由主義的思想家、評論家の圧迫に公然と乗り出してきたのが、蓑田胸喜一派の『読書人』と『日本世紀』（井沢弘・齋藤忠・花見達二・西谷弥兵衛）と、これを操る情報局の鈴木庫三（陸軍少佐）であった。そしてまっさきに槍玉にあげられたのが京都学派（高坂正顕《こうさかまさあき》・高山岩《こうやまいわ》男《お》・西谷啓治《にしたにけいじ》・鈴木成高《しげたか》各教授）であった。（57）

つまり、陸軍の機密費を使って蓑田ほか右翼を陰で操る「黒幕」鈴木少佐という陰謀説である。この元ネタは池島重信が西山正夫名義で『太平』（時事通信社）一九四六年二月号に執筆した「京都哲学派弾圧の経緯」だろう。法政大学で三木清に学んだ池島は、戦時下の日本放送協会で教養部副部長をつとめていた。池島は「輿論を戦争一本へ持つて行かうとした東條軍閥」の一機関として、一九四一年に「陸軍参謀本部から十万円の資金を受けて、銀座の七宝ビルの一室に呱呱の声をあげた」日本世紀社を紹介し、次の一文を付け加えている。

> 同社の機関紙『日本世紀』はさして強力なものでなかつたが、一方、情報局に送りこまれた鈴木庫三少佐の縦横無尽な言動と相俟つて、自由主義的思想家、評論家の圧迫に乗り出したのである。（26）

たしかに「鈴木日記」を見るかぎり、読売新聞政治部長・花見達二ほか『日本世紀』同人と鈴木は懇談を繰り返している。

午後六時から大熊、花見、山田等『日本世紀』（新聞）関係の人々と新体制下の情報局と情報網の構成に就て懇談した。1940-9.30

しかし、彼らが『現代』や『公論』、さらに『読書人』で盛んに京都学派への攻撃を始めるのは、鈴木情報官の解任以後のことである。とりわけ注目すべき『読書人』の京都学派攻撃は一九四三年七月号の「特輯　哲学書批判」で頂点に達する（西山：29）。この前月、高坂正顕は「思想戦の形而上的根拠」『中央公論』一九四三年六月号で、かつて鈴木中佐が唱えた「国内思想戦」を懸念する議論を展開していた。

戦争が一そう深刻となるであらう場合、何よりも必要なのは国内の和である。同じ日本の同胞に対しては、その思想を否定すべき場合にも、出来うべくはその人を救ひ、導くべきである。それが真の国内思想戦である。（強調は原文：10）

これに対して、西谷弥兵衛は「生死を超ゆる経済への道」（『公論』一九四三年八月号）で「皇国思想戦の何たるかを解さぬ」暴論と高坂論文を批判している（山領：53）。そのため、西山正夫こと池島重信は、『読書人』の京都学派攻撃にもそこに鈴木庫三の影を見ようとしている。

雑誌『読書人』は『東京堂月報』が鈴木庫三、蓑田胸喜両氏の努力によつて転身したものであつて、用紙の供給を確保すると同時に、内容を一新すべき事情において再発足した。（西山：29）

しかし、鈴木庫三と蓑田胸喜の関係は確認できない。「鈴木日記」に蓑田の名前は一度も登場していないからである。ただし、『東京堂月報』から『読書人』への改変を鈴木中佐が主導した可能性は高い。『読書人』に鈴木中佐の寄稿はないものの、『東京堂月報』一九四一年九月号に「出版の国防体制」（同年五月二四日の文協会員懇談会での講演要旨）が掲載されている。そこで鈴木中佐は「今日我が国の思想戦の急務」を「個人から直ちに国家を超えて世界に飛ぶ」ユダヤ哲学思想の一掃であると唱えている。それは「民営の国防機関」たる出版業者、「思想戦の食物を料理する料理人」たる編集者、「思想戦の武器や弾薬を造る熟練工」の執筆者が、すべて一丸となる思想国防論である。こうした「国家の思想宣伝の網」は戦時下のその場しのぎではなく、「戦後」体制でも継続させねばならない、と鈴木中佐は総力戦体制論を展開している（6-8）。

この鈴木論文が登場した翌月の一〇月号で『東京堂月報』は終わり、一九四一年一二月に後継誌『読書人』がスタートしている。このとき、学芸や広告を扱う「出版法の雑誌」から政治など時局を扱う「新聞紙法の雑誌」への切り替えも行われた。そうした誌面改変に鈴木中佐の影響力を読み取れるということであれば、池島の記述は妥当である。実際、『読書人』創刊号には鈴木中佐と東京帝大で親交があった海後宗臣が「学生と読書」、黒川純一が「勤労青少年の読書指導」を寄せており、第二号（一九四二年一月）から新著月評（教育）を担当するのは陸軍省報道部嘱託の阿部仁三となっている。

ただし、蓑田胸喜が『読書人』に初登場したのは、一九四二年三月発行の第四号「特輯・思想戦と出版」へ寄稿した「思想戦の力源弾機」である。すでに前節で述べたように、この翌月に鈴木中佐は情報官を解任されており、この特集号を鈴木中佐が指導できたとは考えにくい。そのため、蓑田を「操る」鈴木中佐という池島や長尾の見立てには無理がある。蓑田が主宰した『原理日本』同人たちによる京都学派弾劾は一九四三年七月号の「特輯　哲学書批判」でピークに達するが、この間の動きに満洲に左遷された鈴木中佐の影響力があったとは考えられないのである。

もっとも、『読書人』一九四二年八月号から新著月評「哲学思想」を担当した小沼洋夫・文部省教学局教学官（戦後は国立教育研究所指導普及部長）は、一九三〇年に東京帝大文学部倫理学科卒業で同年入学の鈴木中佐と同じ吉田静致門下である。小沼は文部省内において極めて早くかつ頻繁に「皇国史観」の用語を使用した当局公認イデオローグである（昆野：217）。とはいえ、「鈴木日記」に小沼は登場しないので、和辻哲郎や西田幾多郎を厳しく批判した小沼と鈴木中佐に接触があったかどうかは不明である。『読書人』の京都学派批判については、その全号を詳しく分析した思想史家・植村和秀の「書評誌『読書人』の国内思想戦」（二〇一二年）における総括が最も妥当である。

この弾劾の背景には陸軍がある、あるいは大日本言論報国会があるなど、戦中も戦後もさまざまな背後関係が推測されていた。実際、一部の弾劾者は政治権力や統制団体の威光を背負っていた。

しかし弾劾者たちには、組織の一員と組織の利用者という立場の二面性があったように思われる。たとえば、阿部仁三嘱託と陸軍、小沼洋夫教学官と文部省との関係には、阿部や小沼という知識人の思想が入り込んでいたはずである。京都学派への攻撃は知識人としての覇権の争奪戦でもあったし、『中央公論』への攻撃は執筆誌面の争奪戦としても理解することができるであろう。国内思想戦は言論空間の争奪戦であり、その戦いは、組織のみならず個人としても遂行されていたのである。(62–63)

さらに植村は「編集者を出版社社員としてのみならず知識人としても把握する視点が必要であろう」(63) と続けている。同じように、鈴木中佐のような軍人も「知識人としては把握する視点」が必要なのである。

だとすれば、蓑田と鈴木が「知識人として」活動した時期のズレは無視できない。蓑田ら原理日本社の「学匪《がくひ》」追放キャンペーンは、一九三三年京大滝川事件から三五年美濃部天皇機関説事件、三八年河合栄治郎発禁事件までをピークにして、一九四〇年津田左右吉不敬事件で一応終わっている。それ以後は、狡兎《こうと》死して走狗《そうく》烹《に》らるの故事どおり、「排除する存在」だった蓑田たち原理日本同人は翼賛体制に背く反体制派として、むしろ「排除されるだけの存在」になっていった (竹内06：40–41)。

一方、巻末の年譜を見れば明らかだが、鈴木中佐の「知識人として」の全盛期は一九四〇年と一九四一年の情報官時代である。蓑田が津田左右吉の批判を開始した一九三九年、鈴木少佐は津田の勤め先である早稲田大学の教壇に立っていた。それにもかかわらず、まったく「鈴木日記」には蓑田や津田裁判に関心を示した形跡はない。むしろ日記では文部省の唱える「偏狭にして極端な」日本主義教育論を「寒心に堪へぬもの」と評し、違和感を表明していた（第四章第一節参照）。右翼新聞の言説に対しても鈴木少佐は懐疑的、批判的であった。

　『日本』新聞の如きは右翼新聞でありながら、或る方面の息がかゝると平気で反国策的記事を書き立てる。実に之等は困つたものだ。1939-9.30

『日本』新聞は、『原理日本』同人・若宮卯之助《ゆうのすけ》が主筆をつとめた週刊新聞であり、蓑田胸喜も美濃部天皇機関説の糾弾などに使っていた。「或る方面」が現状維持派の財界を指していることは、鈴木少佐の上司だった佐藤賢了新聞班長の回想「制服時代の主役」（一九五八年）からも推定できる。

　大政翼賛会の成立迄には、現状維持派の財界、これに結びつく右翼団体、そして内務省の強力な反対があった。(157)

近衛新体制運動と大政翼賛会を「赤化」と糾弾した蓑田に対し、鈴木少佐は「新体制」の理論を擁護し続けていた。

　自分独り決めで、自分は非常に偉い人間でありながら新体制の重要な役につかないといふ不平から、新体制に赤といふ悪罵を加へた者もありはせぬかと思はれます。もう一つは、複雑な思想関係にあるのでありまして、利己的な現状維持の思想に囚はれてをる人たちは、新体制となると利己的な現状を維持することができなくなるので、何とかしてこれを阻《はば》まうとしてをる者も少なくないのでありますが、正しい新体制の理論と闘つては、到底勝つことができないのであります。その理論に負けた場合は、理屈なしに赤といふ悪罵を加へたがるのであります。（鈴木40b：117–118）

また、鈴木少佐は『教育の国防国家』においては、国防国家建設の三様式としてソビエト型（暴力革命型）、独伊型（ファシズム型）でなく、日本型（無血維新型）を次のように論じている。

第三の日本型といふのは一体どういふ様式であるかといふに、皇道を指導原理とするもので、ソ聯邦のやうに暴力革命にも依らず、独伊のやうに計画的な教育から先に着手するのでもなく、いろ〳〵な国難を突破し、困難なる国際情勢に対処して居る間に、自然に国民の間に輿論が起り、この輿論に基いて政治の枢軸が生れ、所謂合法的な無血維新といふやうな形に依つて建設されるものであります。（鈴木40a：45）

蓑田胸喜は最後の単行本『国防哲学』（一九四一年）で、鈴木庫三の輿論主義、「合法的な無血維新」論を批判的に引用している（29–30）。内に二・二六事件、外に支那事変で払われた「無量の犠牲」をより重く見る蓑田にすれば、鈴木のように新体制を「合法的な無血維新」と合理化することはできなかったのである（29–30）。

「ミノダ」と「一情報官」

蓑田の『国防哲学』に対する鈴木中佐の反応は確認できないが、東京帝大教育学研究室のネットワークを駆使して中等教育改革と輿論指導を進めようとした鈴木と、「我国の思想参謀本部を以つて目すべき帝国大学」の「非日本反国体的学風」を攻撃した蓑田の違いは明らかである。もちろん、鈴木も帝大のあり方に不満を抱いていたが、蓑田の唱える「学術維新」よりも、新たな「興亜大学」創立を構想していた。

午後二時から帝大に至り文学部の会に臨んで時局講演を行ふ。比較的真面目な学生の集りであつたが、文学部全体としては如何にも少数の集りであつた。学生や配属将校宮崎〔富雄〕大佐や学生監等の話を綜合すると未だまだ教授自身が個人主義、自由主義で病膏肓《やまいこうこう》に入つて居るから学生の人物陶冶は出来ぬらしい。文部省の役人も多くは彼等の教へ子であるので文部省の力も高等学校や帝大には及ばない。大学令の中から国家枢要の人材を陶冶するといふ条項を抜き取ろうといふ企てさへあると聞いて驚いた。学生の大部も知識の餌にうじ虫の如く喰ひつき立身出世を追ふ。これで何うして新東亜建設の聖業を担ふ教育家や政治家が養成されようか。こんな大学や高等学校の教育改善を行ふよりは、別に興亜大学を設立して実物教訓を示すより他はあるまい。

1939-11.29

いずれにせよ、「言論弾圧者」のイメージが重なるためか、蓑田と鈴木は当時からしばしば並べて論じられた。戦時下に高木惣吉海軍省調査課長が組織した海軍ブレーン集団「思想懇談会」で、和辻哲郎が一九四一年六月一七日に報告した「思想国防について」の自筆メモでも、

「ミノダ」と「一情報官」は並置されている。

> ▲尊皇思想に於て特に然り。（略）神聖なるものを笠に着て独断を押しつけ、不合理に屈服させる態度也。その好例＝ミノダ。冒瀆《ぼうとく》の印象さへ与ふ。（略）
>
> ▲滅私奉公のスローガンと雖《いえども》同様無理解に用ゐられる。その具体的なる現はれ。情報局による安倍〔能成〕関口〔泰〕氏ら著書の絶版要求。同じ情報局は国家の機関として発売頒布を公認。然るに一情報官は一己の意見として絶版を要求し、もしきかれぬ時には紙の配給の手加減すと嚇《おど》かす。国家権力を「私」するもの。古《いにしえ》の悪代官そつくり也。しかもかゝる人がふりかざすスローガンは滅私奉公也。（和辻：446–447）

和辻は、この二カ月前の一九四一年四月一九日に鈴木中佐が岩波書店にかけた電話内容を知っていたのである。それもそのはずである。絶版を要求された安倍能成（一高校長）も関口泰《たい》（朝日新聞論説委員）も同じ思想懇談会メンバーなのである。もっとも、和辻は「ミノダ」と「一情報官」を並べているだけで、その関係には言及していない。しかし、和辻たちにとって蓑田と鈴木はどちらも思想敵であることに変わりはない。こうした「国内思想戦」の構図は和辻によって示され、海軍の高木惣吉によって広められたのだろう。西山正夫「京都哲学派弾圧の経緯」（一九四六年）は、鈴木庫三を名指しで批判した最初期の論文だが、その末尾には次の一文がある。

この間終始問題の公正な解決のために尽力した海軍省教育局長高木惣吉少将の名は特筆しておく

必要があろう。(29)

「海軍びいき」を隠さない和辻哲郎に、鈴木情報官が反撥を覚えたのは当然である。しかも、和辻を特別に意識する理由が鈴木少佐にはあった。両者が東京帝大倫理学研究室で出会った形跡はないが、吉田静致教授の退官送別会の前後で接触があったのではあるまいか。一九三三年六月五日、学士会館で行われた送別会において鈴木大尉は長屋喜一講師から指名されて告別の辞を述べている。長屋講師は吉田教授の後任と目されていたが、京都帝大からの和辻教授の異動により文部省教学局教学官に移った。鈴木が倫理学の手ほどきを受けたのは、この長屋講師だった。和辻倫理学一色に塗り替えられた東京帝大倫理学研究室を鈴木がどのような思いで眺めていたかは想像に難くない。教育道徳を主題とした地味な吉田倫理学と、西田哲学とともに論壇の脚光を浴びた和辻倫理学との断絶は、あまりに大きかった。吉田―長屋門下を自負する鈴木「学士」にとって、和辻「博士」は無視できる存在ではなかったのである。

和辻哲郎の怒り

和辻と鈴木の対立は、当時から知識人の間で噂になっていた。鈴木、蓑田とともに世田谷豪徳寺の住人である広津和郎《ひろつかずお》は『続年月のあしおと』(一九六七年)に、こう記している。

鈴木という陸軍中佐が学者たちをとっつかまえて、カントの講義をしたので、さすが和辻哲郎氏が我慢がならなくなって来て、それを論駁《ろんばく》したというような噂。(496)

この噂こそ、一九四一年一〇月三〇日、午後三時から丸ノ内東日会館で開催された文協第一回図書推薦委員会での大論争である。和辻の妻・照《てる》は『和辻哲郎とともに』（一九六六年）で、「その事件」に触れている。

ある夕方、哲郎はその出版文化協議会〔ママ〕から帰ると、珍しく興奮した顔いろで私に、「陸軍の中佐でスズクラというわからずやがいてね、――鈴木庫三といううんだがね、みんなスズクラと言ってるのさ、スズクラで沢山だよ――それの言う事はまるでメチャクチャなんだ。腹が立ってね、ムシャクシャしてね」といかにも癇《かん》に障って辛抱が出来なかったといった様子で、そのスズクラの言い分を話してきかせた。(260)

この文章からは「スズクラ」のメチャクチャぶりよりも、むしろ和辻教授の激昂ぶりだけが伝わってくる。それに続いて引用されているのが、和辻照宛の高木惣吉書簡（一九六四年二月二五日付）である。戦後二〇年近い歳月を経た述懐だが、和辻―鈴木対決についての今日もっとも詳細な記録である。

それは太平洋戦争に突入する直前の十六年十一月だったと記憶します。突然海軍省にみえた先生は、いつもに似ない強い口調で、出版文化に対する軍部委員の盲目的な干渉を弾劾されまして、海軍の幹部はこのような事態を座視していいのか、と詰め寄られました。

後で調べましたところ出版文化協議会〔ママ〕の第一回の図書推薦会の席上で、先生は天野貞祐博士の『私の人生観』を推薦されたところ、陸軍の鈴木庫三委員（中佐・情報局第二部）と、阿部仁三嘱託から反対意見が出て、その推薦が流されてしまいました。情報局で紙の配給を握っていましたので、推薦が流るれば、出版はむろん絶望であります。単にそれだけではなく、反対の理由というのが、「カントは自由主義者である。本書はカントを是認しているから怪しからん」「出版文化協会の仕事は思想戦を敢行して不逞思想を弾圧するにある」という趣旨でしたから、先生は肚にすえかねて強硬に論駁されたのは当然のことでしょう。たしか高坂正顕博士も同席され、おなじ推薦者だったと聞いています。その後調査課（海軍）と高坂博士の斡旋で、星ヶ丘茶寮で鈴木中佐と懇談の席が設けられましたが、そこでも遂に先生の納得が得られなかったのです。つまり思想戦に対する根本的な対立で、再考の余地がなかったのだと想像します。

「陸軍は国内思想戦というが、それは何を対象とし、どういう方法で何を使って思想戦を戦おうというのか？」との反問に対して、「国内にある外国的思想、すなわち自由主義思想を討つのであり、各個撃破の戦術で、徹底的に討伐せねばならぬ」と答えるので、開国維新いらい欧米から学びとった文化、思想、芸術などを権力と迫害とによって弾圧しようというに等しかった。そこで先生は、「そういう方法はまさに内乱の誘発にほかならぬではないか」と反駁され、物別れに終ったのであります。当時嶋中雄作社長に対して「中央公論社をぶっつぶすぞ！」と脅迫した時代の雰囲気であります。また大学の配属将校の中には、公然と京都学派や、欧米発祥の学問思潮に対する脅迫を放言する者もあった頃ですから、先生の論争は道理の争いよりも実は決闘に近い危険がありました。これらの思想的暴力団の陰に、超国家主義者の一味があり、陸軍の権力に便乗した官僚の協同策謀があったことも、今では隠れもないところであります。

ただでさえ大義名分の立たない戦争に対し、わが国の知識階級の結束をいやが上にも破綻《はたん》に追いこんだ始末は、全く想像に余るものでした。

いかに時局緊迫の折とはいえ、最も良心的な学界や言論出版界に対して、余りにも無茶な思想的弾圧に加えて、いろいろと風評の流れる乱暴な紙の配給統制を見かね、岡〔敬純〕海軍軍務局長から陸軍の佐藤〔賢了〕軍務局長《ママ》〔局長昇進は一九四二年四月二〇日なので軍務課長〕に申入れをしてもらいました。また高田〔利種《としたね》・軍務局〕一課長（海軍）からも陸軍の軍事課長に、「文学や哲学のことはお互に解っていないではないか。それで思想問題や出版文化のことで、国民に不安をいだかせるような下僚の独断専行は十分取締っていこうではないか。海軍も大いに注意するから……」という趣旨の提議をしました。その後鈴木中佐は十七年四月輜重兵学校に転じ、同八月にハイラル駐屯の輜重第二十三聯隊に赴任しました。(261-263)

『高木惣吉――日記と情報』には、事件直後に和辻と会った記述はない。しかし、五日後の一一月四日には、現場に居合わせた谷川徹三の来訪があり、その一週間後一一日には思想懇談会があったので、和辻からも直接、事情を聞いたはずである。また、佐藤賢了軍務課長への申込みという話も信憑性は高い。鈴木情報官の異動が発令される二週間前の「高木日記」にこうあるためだ。

一二〇〇、陸海軍クラブニテ会合。陸軍側、佐藤〔賢了・軍務局軍務課長〕、真田〔譲一郎・同軍事課長〕両課長。（伊藤：604）

高木大佐にも、いくつか誤解があるが、経緯はほぼこのとおりだったただろう。「推薦が流るれば、出版はむろん絶望」とあるが、この推薦図書が原則として「〔昭和〕十六年九月初旬から十月初旬にいたる一ヵ月間に出版された新刊書」に与えられるという選考規則を知らないための誤解である。実際、選ばれた図書の大半はこの期間内に刊行されていたが、第一回目とあって七月や八月の発行分も選ばれている。たとえば、八月四日発行の馬淵逸雄『報道戦線』(改造社)、七月二〇日発行の白鳥庫吉『西域史研究　上』(岩波書店)、七月一二日発行の山本英吉『伊藤左千夫』(東京堂)、七月五日発行の和田伝『船津伝次平』(新潮社)などである。『私の人生観』の推薦は見送られたわけだが、高木がいうように「出版は絶望」どころか、一九四一年九月一五日発行の『私の人生観』の売り上げはたちまち一万五〇〇〇部を超えた。「かゝる時勢の中にも、岩波書店の好況は続いたばかりでなく、頂上に達する姿を呈した」と『岩波茂雄伝』は伝えている(安倍:236)。

また、「後で調べましたところ」と高木がいう推薦委員会の様子も少し事実とは異なっている。「慎重な審議六時間」「息づまる論戦展開」と見出しをつけた一九四一年一一月三日付『日本読書新聞』によれば、激論が交わされた場面は二度あったようである。まず、高坂正顕(京大教授)推薦の『私の人生観』をめぐる「学問と国家」論争では、高木書簡が挙げた阿部仁三嘱託のほかに吉田熊次(東大名誉教授)、小川義章《よしあき》教学官、谷川徹三(法政大学教授)が発言した。それとは別に、谷川徹三推薦の「某登山家の紀行書」をめぐる「スポーツとイデオロギー」論争では井上司朗情報官、岸田国士(大政翼賛会文化部長)も発言している。

後者で問題となった「某登山家」とはジャーナリストでもある浦松佐美太郎であり、その「紀行書」は『たった一人の山』（文藝春秋社・一九四一年六月三〇日発行）だった。表題の「たった一人の山」（『文藝春秋』一九三九年八月号）ほか総合雑誌に掲載したヨーロッパ遊学中のアルプス登攀の回想を中心とした紀行文である。「ここも、ファッシストのものになってしまったのかと思う」（浦松：83）などイタリア・ファシズムに批判的な文言も含まれており、個人主義のイデオロギーが問題とされたようだ。西本武志（日本勤労者山岳連盟理事長）が同書の解説「数奇な過去を背負わされた名著」でその経緯を詳しく跡づけている（浦松：264–267）。『文藝春秋三十五年史稿』（文藝春秋新社、一九五九年）で池島信平は「当時の情報局当事者によって『たった一人の山』とは極めて個人主義的な怪しからぬ名前であると非難された」と書き、松方三郎（満洲国通信社理事長、戦後は共同通信社専務理事）は「『たった一人の山』——随筆登山入門（四）」（『図書』一九六三年五月号）でこう回顧している。

あの本の出た昭和十六年ころは正に戦争時代で、「一億一心」だとか「一億総蹶起」だとか、いうことだけは景気のいい時代であった。『たった一人の山』などとは、そもそものいい方が怪しからぬ、そんな本を出す出版社には紙をわけてやれないと嫌や味をいった役人がいたとか、あとできいた。つまり「たった一人」とは個人主義的で飛んでもない話しだということなのであった。
(23)

そう批判したのは第五部第三課（文芸担当）の井上司朗情報官であった、と『中央公論』元編集長・畑中繁雄が証言している（浦松：266）。井上司朗は安田銀行山岳部でリーダーを務めた登山家でもあり、逗子八郎の名義で『山征《ゆ》かば　紀行集』（中央公論社・一九四一年）などの著作もある歌人である。残念ながら井上司朗『証言戦時文壇史』（人間の科学社・一九八四年）には、この推薦委員会についての記述がない。

『私の人生観』をめぐる激論

この推薦委員会で「皇室、哲学、思想、教育」を扱う第一部委員は、高坂正顕、和辻哲郎、山県武夫（宮中顧問官）、吉田熊次、伏見猛彌の五名に、陸軍省の鈴木中佐と阿部嘱託が加わっている。吉田と伏見は鈴木中佐の恩師であり、阿部は『世界再建と国防国家』の共著者である。一方、高木海軍省調査課長が組織した思想懇談会のメンバー（安倍能成、岸田国士〔第六部会〕、関口泰、谷川徹三〔第六部会〕、富塚清〔第五部会〕、藤田嗣雄、和辻哲郎〔第一部会〕）のうち、四名がこの委員会に出席していた。

本書旧版の執筆においては、一時間におよぶ大論争を招いた天野貞祐『私の人生観』の推薦者である高坂正顕が『西田幾多郎と和辻哲郎』（一九六四年）に書き留めた回想を見落としていた。高坂によると、事前に「係の人」から推薦を撤回するよう働きかけがあったという。

天野先生の『道理の感覚』〔岩波書店・一九三七年〕が〔反軍的として〕問題となったことは私は百も承知している。私が天野先生の『私の人生観』をあえて候補に出したのには、相当の覚悟もあった。（略）私は天野先生の立場をかなり詳しく説明した。すると委員達の席とは別な向いの席から一人の男が立って、訊問しだした。天野教授はカント主義者である。カントは至上命法ということをいうが、日本人にとっての至上命令は陛下のお言葉のほかにはない。詔を承けては必ずつつしめ。それが日本人にとっての最高の命令である、と。（略）議論はそこから始って、一時間の余に及んだ。その人たちの主張をにがにがしく思っていた人もあったろうが、誰も発言しない。ただ和辻さんだけが私の応援に出て下さった。しかしその結論は、強い反対論があるから「保留」が妥当だろうということであった。私の相手は陸軍報道部の阿部少佐なるひとであったことをあとで知った。この驕激な少佐は、当時、岩波書店の小売部に顔を出して、見ておれ、じきにこの店はつぶしてやるから、と叫んだ人である。（182-183）

この文章をどう解釈すべきだろうか。「阿部少佐」を鈴木中佐の単純な誤記と片付けるべきかどうか。文化委員である鈴木中佐が、「委員達の席とは別な向いの席」に座っていたかどうかはわからない。「訊問しだした」のは陪席していた陸軍省報道部嘱託の阿部仁三である可能性が高い。だとすればカントを批判したのも阿部嘱託だということになる。また、「その人たち」とあるから、当然ながら鈴木中佐も阿部嘱託に加勢したのだろうか。

忘れてはならないことは、鈴木・和辻論争のあった第一回を含めて文協推薦図書では岩波書店が他社を完全に圧倒していたことである。第一六回（一九四三年三月）までの推薦図書三二八点のうち、岩波書店の二三点は第二位講談社の一一点の二倍以上である。以下、第三位は創元社一〇点、第四位は日本評論社、博文館、朝日新聞社、弘文堂書房、中央公論社の九点、第九位に新潮社八点となっている（福島2011：303-304）。日配取引の出版社が三五四四社、そのうち推薦図書の発行社だけで一四六社もあったので、岩波書店の圧倒的勝利といえよう。

一般に推薦図書の選定は著者や読者に向けた思想の統制として理解されているが、文協の場合は出版社に対する企画の統制であった。出版用紙の統制下では、売り上げよりも文協の推薦によって企画内容は方向づけられた。文協企画課長・黒川純一「決戦下における出版統制の問題」（『図書』一九四二年二月号）によれば、推薦図書としていったん特配を手に入れると、その量の何割かが次期の用紙割当に加算されるシステムになっていた。そのため、推薦制と用紙特配は結果的に不良出版社を淘汰し、優良出版社を残す仕組みだったという。つまり、岩波書店の企画は戦時期においても模範として推奨されていたのである。

鈴木・和辻論争の翌年、和辻哲郎の『倫理学』中巻（一九四二年六月）は発売予告時に印刷部数の約一〇倍の注文を受け、発行即品切れ状態となっている。岩波書店やその著者が政治的に右翼から攻撃されたことは間違いない。しかし、その出版活動は当局から文化的に推奨されていたのである。岩波書店が「紙の戦争」でも「趣味の戦争」でも勝者だったことは明らかである。

そうした勝敗を見極めた上でなお残された問いは、高坂が要約する粗雑なカント批判は、卒業論文「人格と道徳生活」を書いた鈴木庫三の発言としてふさわしいかどうかである。卒業論文ではカントを「近古の大哲学者」と評価した上で、その道徳論の時代的制約をこう評している。

善の完成は人生の目的とし乍《なが》ら、徹底的に自律的完成を論じ得ずして、外的に神を認め、善悪に対する正当なる報を要求したるは道徳論として不徹底なり。何故に善の完成を人格の特質として終始し得ざりしか。（105）

こうした鈴木庫三のカント理解の水準について、専門外の私は判断できない。鈴木庫三の学位論文「人格と道徳生活」を読んだ教育学者・山田正行は、和辻倫理学との比較においてカントを堅実に読み込んだ鈴木の論文が「堅実なだけでなく、独創的でもある」と評価している（山田18：51）。その上で、鈴木・和辻の「大論争」についても、次のような解釈を示している。

高木〔惣吉〕のいう「国内にある外国かぶれの中途半端な思想、すなわち自由主義思想を討つのであ」るとの鈴木の発言も、「国内にある外国的思想、すなわち自由をはき違えた自己中心的な思想を撃つ」という方が学位論文の論理に合っている。（同48）

ちなみに、高坂正顕もまた「阿部少佐」（鈴木中佐）が岩波書店の小売部で「この店はつぶしてやる」と叫んだという噂話を信じていたようだ。しかし、すでに岩波書店の『日本武学大系』企画に関して述べたように、自分もまた岩波書店の一著者であるとの思いから鈴木中佐が岩波書店の編集者に接していたことも確かである。

今後、編集者たちの戦時下日記がさらに公開されることを期待したい。中央公論社で児童書を編集していた藤田圭雄《たまお》（戦後は日本児童文学者協会会長）は、雑誌『日本の子供』を刊行すべく鈴木中佐の自宅に日参した様子を自分の日記を引用して語っている。一九四二年二月二二日に鈴木中佐は沼津に講演の出張をしていて会えず、翌日も翌々日も留守だった。ようやく二五日に面会できた際の記述である。

二五日。晴れ。快い雪晴れの日。朝、社の会議に出ようとしていると、鈴木中佐から電話で、すぐ来いという。情報局で一時間半いろいろと話す。考えていたこと、思っていることを充分話せて愉快だった。雑誌はだめ。やむをえない。（滑川：138）

たしかに、鈴木中佐は中央公論社に不信感を抱いていたが、藤田を編集者として評価しており、「自分のところには、紙をたくさんもっていてプランがなくて困っている出版社が来ているから、そこへ君を紹介するから、そこへいってやれ」と言ったという（同139）。実際、「思っていることを充分話せて愉快だった」と書いているので、友好的な対話だったのだろう。しかし、この会話があった一九四二年二月、鈴木情報官の解任はすでに内々に決まっていたはずである。

「趣味の戦争」の構図

文協第一回図書推薦委員会の四ヵ月前、海軍省の思想懇談会で、和辻は「一情報官」を激しく批判していた。この日の対決は、決して偶発的なものではない。陸軍が支援する教学局・国民精神文化研究所を中心とした東大教育学グループと海軍が支援する京都学派・岩波文化人の対立図式は明白である。臼井吉見は小説「安曇野」（『展望』一九七二年一一月号）で「鈴木庫三情報官と渡り合って勇名をあげた」和辻哲郎についてこう書いている。

和辻が剛気だつたのも、海軍大学あたりで講義をやつて、海軍とつながりがあつたからだらうなんて言ふ者もある。（200）

高木大佐は「文学や哲学のことはお互に解っていないではないか」と書いているが、教育将校である鈴木中佐はそう思ってはいなかった。いずれにせよ、これは陸海軍をまき込んだ文化戦争であった。高木は、「日本陸海軍抗争史」ではこう述懐している。

陸海の技術的、事務的な直接の争いの外に、例の民間の思想言論の弾圧をめぐつても激しい抗争がくり返された。しかしこの国内の言論迫害に対しては、海軍の報道部は全くの無能者に近かつたので、火花を散らして争つたのは官房調査課、後には教育局のグループであつた。鈴木庫三などゝいう内乱の教唆者はどうにか駆逐できたが、谷萩〔那華雄〕、杉本〔和朗〕などの新手が、十七年秋頃から反撃にでて、『中央公論』『改造』の編集者の検挙、雑誌の廃刊が相つぎ、『日本評論』のてん落その他多くの悲喜劇が続出した。（150）

本書執筆にあたって、図書推薦委員会に陪席し、鈴木と和辻の対決を真後ろで目撃した勝部《かっべ》真長《みたけ》・お茶の水女子大学名誉教授に話を聞くことができた（二〇〇四年一月二七日）。勝部は和辻が京大から戻った一九三三年に東大に入学し、和辻の紹介で文協事務局に勤めていた。最初の激論の後、鈴木は「この時局に金縁眼鏡か」と和辻に声をかけたという。和辻はとっさに眼鏡をはずすと床にたたきつけ、「こんなもの」と踏みにじった、と勝部は証言する。

ブルジョア的趣味の象徴としての「金縁眼鏡」は、「鈴木日記」に何度か登場する。全国を講演旅行した鈴木少佐だが、秋田県へ講演に向かう二等列車の中でも、同乗客の「金縁眼鏡」を睨みながら農村改革の決意を固めていた。

将来は国策的に自作農を創設して、国防や国民精神涵養のためにも農村を国家が護らねばならぬといふ様な考を起した。汽車の中で此の様な考を繰り返しつゝ、思はず涙を流した。然し、二等車の中の客の面々は、何れも個人主義其者《そのもの》の様な顔をして居る。金の献納、政府の売却を奨励して居る今日、大部分の人が耻《はずか》しくもなく金を飾つて居る。1939-5.28

この文化戦争も、「ハビトゥス」（社会的に形成された習慣）の対立に起因する。ここでは「紙の戦争」との対比で「趣味の戦争」と言いたい。それは和辻の妻が回想で、鈴木中佐に（東京帝大派遣学生出身）ではなくあえて（輜重兵出身）と付記（和辻照：271）してしまう感性の問題である。あるいは夫の哲郎が自宅で「スズクラ」を「輜重兵の分際で」などと罵ったのだろう。また、高価な「金縁眼鏡」をとがめられただけで、それを踏みにじることのできる生活感覚の問題なのだろう。都会のブルジョア文化に対する青年将校時代の反発については、第二章で述べた。和辻の洗練された都会的趣味に、鈴木情報官がどう反応したかを想像することはむずかしいことではない。

戦後の半世紀以上が経過してみれば、「趣味の戦争」の勝者がどちらであったのか、それは明らかである。スマートで都会的な海軍を「善玉」、野暮ったく田舎じみた陸軍を「悪玉」として描く海軍史観が、今日まで歴史叙述の主流である。当然、「趣味の戦争」の勝者である和辻の怒りが戦後まで継続することはなかった。和辻自身、戦後の回想で「スズクラ」に触れていない。

これに対して、晩年まで繰り返し「スズクラ」への怨念《おんねん》を語った編集者もいた。実業之日本社の内山基《もとい》である。

5——実業之日本社の場合——内山基の恨み

モダンな文人趣味

『少女の友』主筆・内山基は、戦前の女学生文化に大きな足跡を残した名編集者である。出版史上、「明治の博文館、大正の実業之日本社、昭和の講談社」と並び称される実業之日本社は、元『読売新聞』記者の増田義一《ぎいち》によって、一九〇〇年に創業された。社名となる『実業之日本』のほかに『婦人世界』『日本少年』『少女の友』など次々と創刊して、大正期には一大雑誌王国を作り上げた。昭和に入って婦人雑誌では主婦之友社、少年少女雑誌では講談社が、その大衆性で実業之日本社を凌駕《りょうが》した。その退潮の中でひときわ輝いたのが、内山が主筆の少女雑誌であった。満洲事変勃発の一九三一年『少女の友』の主筆となった内山は、都市中間層を対象とした編集方針を明確に打ち出した。一九三五年より中原淳一のイラストを雑誌の顔に採用し、その都会的でエレガントなスタイルは女学生の間で熱狂的なファンを生み出した。この成功を背景に一九三七年、内山の主筆兼任で『新女苑』も創刊された。若い婦人読者を狙ったモダンな知的婦人雑誌である。「都会的」「エレガント」「モダン」の形容はいずれも社史によるが、こうした美意識が「欲しがりません勝つまでは」の戦時標語と折り合いをつけることは困難だった。内務省は中原の描く少女を「不健康」として圧力をかけ、『少女の友』一九四〇年七月号から中原のイラストは消滅した。さらに同年一〇月二一日、内山は『新女苑』主筆を突如解任された。情報局の成立の二カ月前である。

まず、内山主筆と鈴木少佐の「趣味の戦争」を内山の回想「新女苑挽歌」から引用してみたい。『新女苑』一九三九年五月号の「新しい時代の女性教育座談会」で市川源三が述べた言葉が発端である。

> 通されたのは広い部屋の一画で、長いテーブルの正面には報道部長の〔清水〕中佐〔ママ〕が座り、向き合って六、七人の少佐、中佐が左右に並び、私は長方形の机の一番下座にすわらされた。私は、別に意識してそうしたのではないが、いつもの習慣でコートを着て、左手の腕にステッキをかけていた。すると、一人の少佐が、声を荒げて、「内山氏、コートを着たまま応待〔ママ〕するのは無礼でしょう」というのである。私は、あっそうかと思って、急いでコートを脱ぎ、ステッキを脇にお

いた。彼等が私を呼んだのは、その二、三日前に発行された『新女苑』に掲載された座談会の内容が問題になっているのであった。それは「女子と教育」というテーマだったのである。なるほど指摘されてみると、彼等が怒るのも無理からぬことであった。

座談会の成り行きから、出席者の一人である東京府立第一高女（今の白鷗《はくおう》高校）の校長である市川源三という人が、今の日本の教育を誤まらせた大きい原因の一つは陸軍の軍隊教育にある。軍隊のあの絶対制教育が、日本の教育の自主性、自由性を押しまげ、現在のように枯渇した日本の教育の典型をつくり上げた大きな原因である、というようなことを語ったのであった。

出席者はみんなで五、六人であったが、私はいまはだれに来てもらったか記憶にない。ただ一人だけ憶えているのは神近市子《かみちかいちこ》さんである。当時神近さんは大杉栄との問題の後、労農党の鈴木〔厚〕という人と結婚していたのであるが、これは明らかに左翼の人である。彼等はその出席者の中に神近市子さんのいることに大変こだわっていた。ただ幸いなことに今の陸軍教育の問題をしゃべったのは、神近さんではなく、現職の都立の、しかも女子教育者としては高名な市川源三であったので私は大変助かった。

「日本が現在光輝ある皇国精神を維持して来ているのは根幹に陸軍の軍隊教育があったればこそである。それをこんな風に陸軍教育を非謗《〔ママ〕》するようなことを云うとはどういう考えなのだ。内山君、君は編集長としてこの座談会に責任を持つのか」

激しい口調でそう云ったのは鈴木庫三という少佐であった。まな板のような顔をした色の黒い鈴木庫三の顔は四十年たった今も、昨日のように私の眼に浮ぶのである。（略）今後は充分注意することで二時間ばかりの後、私は放免された。併し、『新女苑』という雑誌及び内山という編集者が、彼等の要注意人物となったことは確かである。その翌日、私は市川源三氏を訪ねた。昨日のいきさつから、若し市川氏に迷惑がかかっては悪いと思って、説明にいったのである。ところが市川氏はこんなことを云いはじめた。「いや、私はもし陸軍で私に説明を求められたら、私はあんなことはしゃべらなかった。『新女苑』の編集者が勝手にあんな風にこしらえたので、私も不快に思っているのだというよ」というのである。私は驚いて、貴方の云った言葉を速記者が書いて、それをこちらが整理しただけで、勝手にこしらえたなんてそんなことを云われては困るというと、「いや、私はとにかくあんなことは云わなかったとしか云えないね」と答えるのである。私は市川源三氏の顔をみるだけでそれ以上この男と話をしても無駄だと考えて、そこを去った。

市川源三と云えば、明治から大正、昭和のはじめにかけて、女子教育の先駆者として女子教育史にも名を連ねる人ではないかと思うのであるが、いざとなると自分を守るためにはどんな嘘でも、しかも当人の前で平気でついて恥じないこの人を私は、不思議な気持で眺めたのである。戦争中、私はしばしばこうした経験をした。敵は当面のこれら軍人たちだけではなく、同じ味方だと信じていた者たちの中にもいたのである。（内山83：5–6）

内山が許せない人物として記憶したのは「まな板のような顔をした色の黒い鈴木庫三」よりも、「自分を守るためにはどんな嘘でも、しかも当人の前で平気でついて恥じない」市川源三だったのかもしれない。内山の記憶も細部ではかなり曖昧である。当該座談会の出席者は、市川源三と神近市子のほかに、谷川徹三（法政大学教授）、西村伊作《いさく》（文化学院長）、長谷川時雨《しぐれ》

(劇作家)である。「陸軍教育を非謗《ママ》するようなこと」とは、「女学校の知的教育を引き下げろ」という一部軍人の議論に対する反論である。

市川　海軍は昔からそんなことはいひませんね。それから陸軍だつて、今度の戦争によつて、知育が足りない、科学教育をしなければならぬといふことは明瞭に現はれて来てゐる。けれども、今度の戦争の始まる少し前に、在郷軍人か何かの立てた花嫁会とかいふもの、私はそこへ行つて見たわけではないが、行つた人の話によると、なんだか知育なんか要らないやうな講義をしてゐたらしい。(市川：96)

陸軍教育への誹謗というより、海軍との比較が問題とされたとも考えられる。「鈴木日記」にも、内山主筆を呼び付けた記録が残っている。

近頃の婦人雑誌は自由主義、個人主義の立場で編纂され、従つて反国策的なものが多い。『新女苑』の極端な記事があつたので、昨日編輯主任を呼んで注意を与へて置いたが、今日は其の筆者の市川源三氏を招いて忠告した。同氏は鷗友学園高等女学校の校長であり校長会議の役員であるが、教育者が此の様な有様では実に困つたものだ。1939-4.13

さらに一カ月後、懇談会で陸軍側から実業之日本社に国策協力の要望が述べられている。おそらく、記事内容以前に鈴木少佐は、内山(石川達三と同じ早稲田大学英文科卒)の「文人趣味」に違和感を抱いたようである。

『新女苑』といふ雑誌が何うも消極的で国策に添はざる点が少くない。編輯主任の性格が自由主

義の文人的性格であるから何回注意してもうまく行かぬ。1939-9.30

それは、内山自身、よく理解していた。

私の編輯していた『少女の友』、『新女苑』が軍人から批難を受けた一番大きな理由は、一般大衆雑誌でありながら、芸術至上的な空気が強く、従ってそれを貫く思想的傾向は自由主義であり、反戦的である。（内山50：158）

問題は政治的内容ではなく「芸術至上的な空気」、つまり「趣味の違い」であるから、両者の溝が埋まるはずもなかった。内山は鈴木少佐を喜ばせようと、白虎隊を扱った神崎清《かんざききよし》「会津戦記」をのせたが、それがまた問題とされた。

雑誌『新女苑』が脱線して反戦的、反国策的思想を記述して居るので、編輯主任以下三人を呼んで直接警告を与へ指導した。1939-10.7

このときの問答を、内山は明瞭に記憶し、書き残している。

鈴木庫三に云わせると、こうした戦争の悲惨酷烈をリアルに伝えることは読者に戦争恐怖を感じさせる。又松平〔容保《かたもり》〕一族のエゴイズムや、武士と領民との相剋を画くことは、天皇に対する諷刺であり軍民離間の陰けんなる手段である。断じて許せないと云うのであった。私が如何に自分の気持を説明してもなっとくしないし、私がこの原稿を反戦的だなどとは思わない、と云いはると、よろしいそういう態度を持する君の思想そのものに対して、軍は反戦的なものと考えて処断するというのである。（内山50：159）

この原告証言が完全に正しいとはいえないだろうが、「この原稿」ではなく「そういう態度」を鈴木少佐が問題視したことは重要である。「趣味の戦争」という所以《ゆえん》である。

内山は一九四〇年二月はじめ、林芙美子「凍れる大地」（『新女苑』一九四〇年四月号）の事前検閲で、鈴木少佐に再度呼び出されたという。「鈴木日記」には、それらしき記述は存在しない。鈴木少佐にとって、日常業務の一つにすぎなかったのだろう。しかし、内山はそのときの屈辱を忘れられなかったようだ。この「凍れる大地」事件の背景を理解するためには、鈴木少佐と林芙美子の関係、そして朝日新聞社が展開した林芙美子『戦線』キャンペーンに触れておくべきだろう。

林芙美子の「報告報国」

林芙美子（一九〇三～一九五一年）はアジア・太平洋戦争で最も活躍した女性従軍作家である。一九三八年「ペン部隊員」としての漢口従軍、一九四二年「陸軍報道班員」としての蘭印派遣など正式な従軍のほかに、一九三八年南京特派、一九四〇年北満洲視察、一九四一年満洲国境慰問など新聞社・雑誌社と特約した報道旅行を繰り返し、多くの前線ルポを書き残している。言論報国というジャンルの中でも、「報告報国」の第一人者といえよう。

この林芙美子を含め多くの従軍作家たちは、いやいや軍部に協力したというよりも、主体的かつ積極的に戦争に参加していた。林と鈴木少佐の関係は、一九三七年の日中戦争勃発時にさかのぼって説明する必要がある。盧溝橋事件から約二カ月、一九三七年九月二五日、内閣情報部官制が公布されるが、林は翌一〇月二〇日付『東京朝日新聞』のコラム欄「鉄騎兵」に「この際宣伝省」を寄稿している。

官吏のひとたちの消極的な宣伝方法にまつてゐては、日本は益《ますます》歪められてしまふ感じだ。このさい、民間から偉いジヤアナリストを選んで宣伝省と云ふのでも造つたらどんなもんだらう。(略)もつと大局的なものに宣伝費をつかつてほしいものだ。皇軍の苦労が捨石にならぬやうに、もつともつと官民一致を来したいものである。

「宣伝下手な日本」を歯痒く思った林が宣伝省を要求するこのコラムを、鈴木少佐はわが意を得たりと読んだはずだ。林の「ペン部隊」参加は、もちろん自ら望んだものだが、ペン部隊のメンバーは一九三八年八月二三日に鈴木少佐も参加した内閣情報部の懇談会で決定された。翌二四日の新聞で発表されたリストに、女流作家では林芙美子と吉屋信子の名があがっているが、林の積極性は翌二五日付『東京朝日新聞』朝刊のコメントでも際立っていた。

是非ゆきたい、自費でもゆきたい、ならば暫く向ふに住みたいと願つてゐたところです、(略)もう今はくだらん恋愛なんか書いてゐる時代ぢやないと思ひます。

その五日後から「漢口従軍を前にして」と題した文士の決意表明文が同紙に連載された。佐藤春夫、吉川英治、片岡鉄兵に続いて、九月二日、林の「行つてきます」が掲載された。

兎に角、戦場へ行つたら、一生懸命兵隊の方々と行を共にしたいのだ。戦場で死すとも生命惜しからずである。（略）強い信念を持たれた有望な作家の方々の第二、第三の文章部隊を、どし〳〵従軍させて、日本のいまの文化に新しい清掃作用をすることもまた必要かなと思はれる。すべては腐りかけぬうちに……ぐん〳〵この時代と共に、私は逞しく素朴に進んでゆきたいと思つてゐる。

送り出す内閣情報部の意を汲んだ内容である。翌日、この連載最終回で登場したのが陸軍省新聞班員の鈴木少佐だった。鈴木少佐は次のように応答している。

また夫々《それぞれ》個性をもち、従つて各自の観察するところ各自の詩情の湧き出るところも自ら特色ある筈だ。而して各々得意とするところもあり、発表の仕方も異なるべき筈である。（略）希くはつまらぬ拘束を離れて自由に観察し、優れた天分を遺憾なく発揮し偉大なる構想を遂げ、読む者をして感泣せしめ、日本精神を将来永久に作興せしむる様な不朽の傑作が一つでも世に現れて貰ひたいものである。

林がこの課題に真剣にこたえようとしたことは間違いない。もっとも、「不朽の傑作」の創作意欲よりも、毎日新聞社と特約したもう一人の女流従軍作家・吉屋信子へのライバル意識の方が林の内面では大きかったようである。海軍班の吉屋に対抗する林は、拡販競争で毎日新聞社を猛追する朝日新聞社と契約を結んだ。一九三八年当時、東日・大毎（毎日新聞社）は発行部数二八五万で東朝・大朝（朝日新聞社）の二四八万に大きく水をあけていた。陸軍班の林と海軍班の吉屋の従軍報告は二大全国紙の「代理戦争」の観を呈していた。

●主要新聞の部数変化

『「毎日」の３世紀』別巻、『朝日新聞社史』資料編、『読売新聞百二十年史』より作成

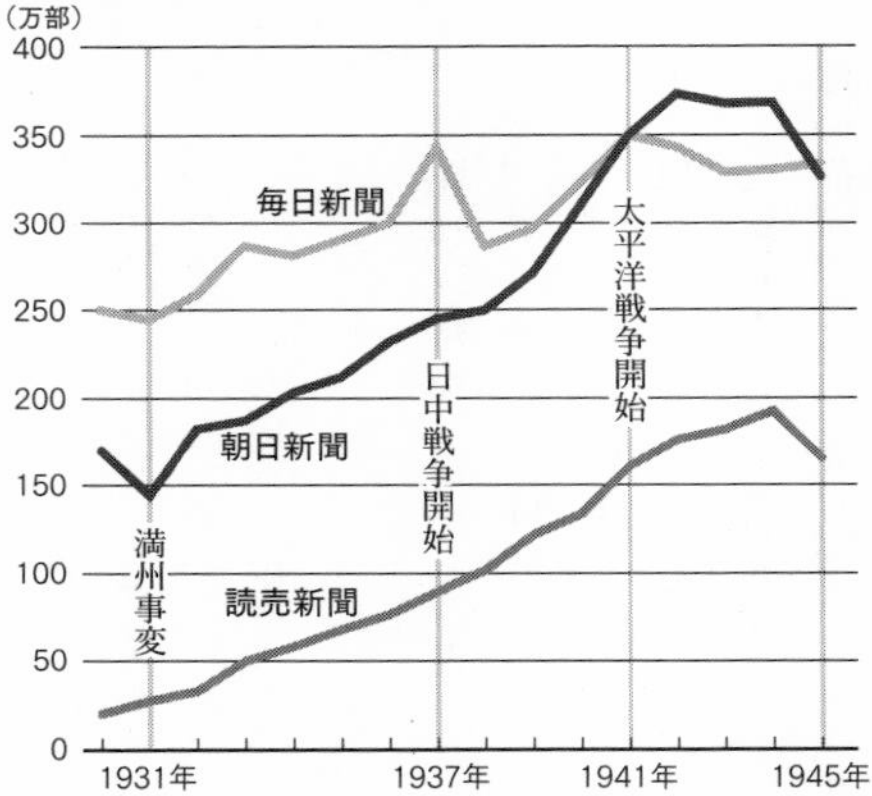

結果的に見れば、海軍班に属し後衛の位置から戦場を視察した吉屋の記事よりも、あえて団体行動から離れ、朝日新聞社のフォード製トラックを駆使して漢口に「一番乗り」した林の報告が強度と精度において圧倒していた。林はこの漢口従軍体験を書簡体『戦線』（朝日新聞社・一九三八年）と日記体『北岸部隊』（『婦人公論』一九三九年一月号）の二冊に書き分ける離れ業まで演じている。ペン部隊従軍作家として『北岸部隊』を書いたとすれば、内地の新聞記者に宛てた書簡体の『戦線』は朝日新聞社と共同制作したメディア・イベント作品と言える。

一九三八年一二月二〇日、『戦線』発売日には、朝日新聞本社の屋上から特大の宣伝用アドバルーンが高々と上げられた。

刊行後も、林自らラジオに出演して『戦線』の規模拡大をはかった。一九三九年二月九日午後三時「婦人の時間」に「銃後の女性と日本精神」と題する講演を行っている。さらに、一九三九年一月一三日付『東京朝日新聞』夕刊は東宝劇団が有楽座で「戦線」を二月に上演するこ

とを伝えている。この紹介記事を読む限り、演劇「戦線」の主人公は兵隊でも林でもなく朝日新聞取材班であることは自明だった。さらに、アサヒグラフ主催「林芙美子撮影『戦線』展」が東京銀座松坂屋七階で一九三九年一月二九日から二月二日まで開催されている。三月三一日夕刊によれば、『戦線』の主題歌（林芙美子作詞・古関裕而《ゆうじ》作曲・伊藤久男独唱）もコロンビア・レコードから発売された。『戦線』のベストセラー化が朝日新聞社主導のメディア・イベントの賜物であったとしても、それは林の筆力と行動力あってこその成功である。陸軍省情報部でこのメディア・イベントを眺めていた鈴木少佐は、この人気作家の才能を高く評価していた。

「凍れる大地」——国策キャンペーンをめぐる確執

鈴木少佐は農村の貧困解消のため満洲移民を支持しており、その国策キャンペーンに林芙美子の起用を考えたようだ。一九三九年一二月二九日の「鈴木日記」に次の記述がある。

休みではあるが出勤した。文士林フミ子を満洲国へ派遣するので紹介してやる（新女苑）。1939-12.29

前日は御用納めであり、鈴木少佐は「年末の感想」として軍需景気に沸きかえる都会の富裕層への批判を書き留めていた。

今年は万事質素で陸軍省の門松なども極く小さい。然し世の中の非常時に無関心な連中は相変らず札ビラを切つて歩くためにエンフレ〔ママ〕の傾向が強い。物価は2倍3倍になつたものもある。軍需

工業関係者や、上層階級や其の有閑婦人、都会の人々の個人主義的傾向は困ったものだ。1939-12.28

そうした「上層階級や其の有閑婦人」への反感の裏返しとして、自分と同じく極貧の生活を経験した『放浪記』著者に鈴木少佐が親近感を抱いていた可能性も高い。林の旅行中も鈴木少佐は帰国後の広報活動に備えて、一九四〇年一月一七日に満洲拓殖公社企画委員会幹事の喜多一雄と打ち合わせをしている。

今日も原稿を書く。昼に日比谷の東洋軒で満拓の喜多氏と会し、青少年義勇軍の寮母竝《ならび》に花嫁養成問題、開拓村の娯楽施設、紙芝居による思想指導問題などを討議した。近く拓務省、満拓等の主任者と面会協議することを約して別れた。1940-1.17

喜多は二年後、日本大学講師となり大著『満洲開拓論』（明文堂・一九四四年）を執筆している。それに序文を寄せたのは元満洲国総務長官で東條英機内閣書記官長・星野直樹である。戦後、喜多は日本世論調査研究所専務理事を経て自由民主党政務調査会調査役などを歴任した。いずれにせよ、鈴木も喜多も林の紀行文が「青少年義勇軍の寮母竝に花嫁養成」のキャンペーンに役立つと期待していた。ちなみに、青少年義勇軍一期生・菅野正男の手記『土と戦ふ』（満洲移住協会・一九四〇年）が文部省推薦図書になった際、土井晩翠、海音寺潮五郎、松田解子などの感想とともに、鈴木少佐の談話「土に生きる真実の文学」が『新満洲』一九四〇年四月号に掲載されている。

昭和十五年二月五日　(月曜日)

凍れる大地

大きく伸びる力

行く先々に見る心打つ情景

満洲を旅して　林芙美子

昭和十五年二月十三日　(火)

雄々しい少年義勇隊

満洲を観察して

林芙美子

林芙美子「凍れる大地——大きく伸びる力」『東京朝日新聞』1940年2月5日、同「雄々しい少年義勇隊——満洲を観察して」同1940年2月13日

真剣に生きる者のみが真実をつかむ。新満洲に、東亜諸民族解放の大理想を目指して、真剣に「土と戦ふ」筆者に依つて、この素朴ではあるが、真実の文学の生み出された事は不思議ではない。筆者が益々自重して「土と戦ふ」同志のために、土と共に生きる文学の建設に精進することを希望してやまぬ。(66)

同じような「真実の文学」を鈴木少佐は林芙美子の満洲紀行文に期待していたはずである。林芙美子「凍れる大地」を掲載した『新女苑』一九四〇年四月号の「編輯後記」には、「本誌特派として満洲に旅立たれた林芙美子さんの百五十枚に亘る旅行記」と紹介されている。「特派」の旅費は実業之日本社が払ったとしても、この「一人旅行」ルポを読めば明らかだが、全行程を朝日新聞社の現地スタッフがアテンドしていた。だからこそ、帰国の翌々日、「〝凍れる大地〟　大きく伸びる力——行く先々に見る心打つ情景　満洲を旅して」が一九四〇年二月五日付『東京朝日新聞』家庭欄に掲載されている。その意味では、この満洲旅行は朝日新聞社の『戦線』キャンペーンの続篇だった。

林は一九四〇年一月五日に関釜連絡船で外地入りし、朝鮮総督府鉄道（鮮鉄）と南満洲鉄道（満鉄）を結んで運行していた急行列車「ひかり」号で新京（現・長春）に到着しているが、駅頭に林を出迎えたのは『戦線』取材でトラック「アジア号」に同乗した大阪朝日新聞社の特派員・渡邊正男である。渡邊は漢口戦のあと従軍記者としてノモンハン事件を取材した後、新京支局に赴任していた。「凍れる大地」に実名で登場する新聞記者は、満洲新聞学芸部の山田清一郎をのぞけばすべて朝日新聞関係者である。新京から牡丹江までの旅行は朝日新聞社の伝書鳩班が同行している。牡丹江でも朝日支局の鈴木記者が出迎え、宝清への往復飛行、佳木斯《チャムス》の開拓村、弥栄村などの視察にも付き添っている。林の「一人旅行」は朝日新聞社による演出なのである。

一方、林は新京ではまず関東軍司令部で報道班長・長谷川宇一少佐、人見潤介中尉（後に比島派遣軍宣伝班）に挨拶し、牡丹江で前田少将、宝清で赤木少佐、木下少将、四手井大佐、塩加井中佐、春山中佐、山田少佐などと会食している。「平和な一人旅行」という名の前線視察だった。林自身は、この旅行をこう語っている。

私は、今度の旅行では、開拓村へ行くにも、青少年義勇隊へ行くにも、公式の案内と言うものをして貰わなかったし、どこへでも単独で出掛けて行かねばならなかった。（略）私は内地で色々と手続きをして貰ったはずだのに、あまり公式な便宜は与えられなかった。（林：227）

外地では「公式の案内」がない代わりに、「内地で色々と手続きをして貰った」人物の中に鈴木庫三がいることは間違いない。鈴木は戦後の日記で次のように書いている。

嘗《かつ》て支那事変中、文士林芙美子女史が満洲を訪れると云ふので、私が陸軍報道部にゐるころ、渡満後に於ける便宜を与へて青少年義勇軍に関することも少しは原稿に書いてもらひたいと思つて満拓の喜多一雄氏などにも紹介したことがあつた。同女史は満洲視察を終つての帰途、下関で新聞記者にとりまかれて「青少年義勇軍にも行つて見たが今は何も言ひたくない」と云つただけで、山梨県で募集した志願者が一時に一〇〇名も取り止めになつて了つたといふので、山梨県庁から私のところに林芙美子に注意を与へてもらひたいと言つて来たことがある。1951-12.14

この日記を読む限り、「林芙美子に注意を与へてもらひたい」という「山梨県庁から」の依頼を受けて善処を求めたように見える。たしかに、二月五日付『東京朝日新聞』記事の末尾は意味ありげにこう結ばれている。

少年義勇隊へも行つたけれど、私はこゝのことは今は語りたくない気持ちである。

このコメントだけで志願者が激減するほど「林芙美子」に影響力があったのかどうかはわからない。しかし、鈴木少佐は朝日新聞社に山梨県庁からのクレームを伝えたのだろう。その八日後、二月一三日付『東京朝日新聞』には防寒服をまとった林のスナップ写真付きで「雄々しい少年義勇隊——満洲を観察して」と題した文章が掲載されている。

いずれにせよ、鈴木少佐が『東京朝日新聞』記事の見出し「凍れる大地」に失望したことは

満洲から帰国した林芙美子を迎える内山基（内山基『編集者の想い出』モードェモード社より

確かだろう。この見出しをそのままタイトルとした満洲紀行文を『新女苑』に掲載した編集長が内山基なのである。内山基は『編集者の想い出』（一九八三年）に「凍れる大地」の事前検閲で鈴木少佐に呼び出されたと書いている。「掲載不許可」のゴム印でつき返された林のゲラについて、内山は鈴木少佐と三時間近く交渉し、ある程度の削除と訂正で掲載を認められたという。

細部の描写も鮮明であり、信用できる証言だろう。「満洲は悪魔の如く寒い」と書かれているのを、こんなことを書けば、満洲へ進出しようとする農民の人々の気持ちをはばむことになるではないかというのでけずったこととか、その頃内閣が変って、大蔵大臣に三井の大番頭、池田成彬がなったのを、林さんは「何ともいえないホッとした気持で受け取った」と書いたのを、「池田なんていう自由主義経済の男が大蔵大臣になったのを喜ぶなどという表現はけしからん」というのでけずったことなどである。あまり馬鹿げているので強く印象に残ったのではないかと思う。(8)

内山は「あまり馬鹿げている」というが、鈴木少佐の思想と行動を理解すれば「さもありなん」と思える。実業之日本社に元ゲラが保存されていないので、削除・訂正の具体的箇所を確認することはできない。首相が阿部信行・陸軍大将から米内光政・海軍大将に交代した部分の記述は、つぎのようになっている。

私が東京を出る頃は、阿部内閣の生命も今日か明日かと言われていた。何もわからないなりにも、短命な内閣をみると、何故みんな力を添えて大きく押し通せないものかと不思議におもえるのだ……。（林：162）

内山の回想にある池田成彬蔵相に関するコメントが「……」の部分に書かれていたのだろう。また、「満洲は悪魔の如く寒い」という表現は雑誌中には存在しないので、「悪魔の如く」の形容だけが削除された可能性もある。ただし、零下三〇度以下にもなる満洲での開拓農民を描く「真実の文学」のタイトルとして、「凍れる大地」はそのまま残された。本文の末尾、林芙美子が春を待つ気持ちを綴った箇所に置かれた「凍れる大地」は、あるいは修正で加筆されたのだろうか。

私も、その花々の咲く春のころには、この厳しい酷烈な凍れる大地が、どのような変貌を示すかが見たいと思う。地の底深く凍った大地から、芽を吹く花々の花弁の色はさだめし美しいことであろうと想像される。（林：243）

いずれにせよ、鈴木少佐が反感を抱いたのは内山の編集方針であって、林芙美子という作家の文章ではなかった。貧しい生活体験を共有する林の美意識には、むしろ共感していたはずだ。「凍れる大地」の中で、林はこう書いている。

此頃、女性の国民服も何彼と言われているけれど、赤裳裾引くの美しさのなくなってしまう女の国民服ほどみじめなものはあるまい。職業によって、生活によって、色々な服装がある、それでよいのではないかと思う。どのような衣服を着ていても国をおもうこころに変わりはないはずだ。国民服を着て愛国の念のなきものほど愚なものはあるまい。（林：223）

かなり痛烈な統制への批判である。鈴木少佐がこうした女性の声を認めていたことは、本章の最後で扱う「国防国家と美術（座談会）」（『みづゑ』一九四一年一月号）の発言でも明らかだ。いやむしろ、鈴木少佐の「女工の美意識」論には林芙美子の声が反映されているとさえ言えるのかもしれない。

林芙美子の「国民服」批判はともかくとして、「上層階級や其の有閑婦人」の非実用的な趣味を嫌悪した鈴木少佐と、内山との間の「趣味の戦争」はエスカレートするかに見えた。それを回避すべく、増田義一社長は内山を円満に編集から遠ざけた。興亜院が招待した中国視察団に内山を加えたのである。増田義彦専務は、鈴木少佐も招いて送別会をしている。

午後六時から実業之日本社編輯関係者と懇談、時局と雑誌の方向に就て意見を述べた。1940-7.4

内山によれば、日比谷の裏通りにある中華料理屋だったという。その場で、鈴木少佐はこう述べたという。

> 編集者の中には、どうしても自分達の意図を理解してもらえない人々がいるのは残念だが、そうした編集者のいる出版社に対しては発行停止という処分もとることがあることを考えていて欲しい。（内山83：9）

内山が神戸から出港した二日目、増田義一社長から電報が届いた。増田義一は講談社の野間清治とともに内閣情報部参与となっており、一九四〇年一二月の第七六議会では衆議院予算委員長、翌一九四一年に発足する日本印刷文化協会の会長でもあった。

> 「スズ　キクラゾ　ウニトキド　キタヨリヲダ　サレタシマスダ　ギ　イチ」

社長の親心に感動したと内山は書いているが、それを実行することは彼の美意識が許さなかった。内山の肩代わりをしたのは、増田義彦専務である。

> 五時頃、実業之日本社の専務が訪れて来て、社員の教育に就て懇請されたので、日本出版界の進路について其の方向を暗示する座談会をやってあげた。1940-9.18

翌年の一九四一年六月二四日から二六日にかけて軍人会館で催された第二回「新女苑文化講座」に鈴木中佐は出席している。読者一五〇〇名を集めた講演では、林芙美子「青春と文学」と鈴木中佐「高度国防国家と家庭教育」が、上泉秀信《かみいずみひでのぶ》「女のたのしみ」、亀井勝一郎「美と信仰」、辻二郎「科学のおもしろさ」、武者小路実篤「人生について」とともに並んでいる。

だが、社史には一九四一年一〇月三日に開かれた文協雑誌分科会で、鈴木中佐が増田社長の『実業之日本』連載記事を痛論し不掲載を主張した、とある。当時の取締役山下秀雄の証言が引用されている。

ファシズムに飽くまで反対だった増田社長が、『実業之日本』誌上で殆ど毎号に亘って、反対論を書き続けた。それは当然軍部の怒りを買った。そして私たち編集当事者はたびたび呼びつけられて、雑誌をつぶしちまうぞと嚇かされた。（略）しかし社長は頑として筆を曲げなかった。私たちは実はあの時の社長の強さにはホトホト困り果てたことだった。（実業：161）

どのような反ファシズム論が展開されていたのか興味を抱いて、『実業之日本』のバックナンバーから増田社長の連載コラムを読んでみた。ほとんどが増田のベストセラー『青年出世訓』（一九二五年）や『立身の基礎』（一九二六年）の延長上にある無害な処世訓である。山下は「殆ど毎号に亘って」と誇張しているが、正確には一九四一年では上旬号のみに連載されている。増田の記事を列挙してみる。「進歩する人、せざる人」（七月一日号）、「広い世間を狭く渡る人」（八月一日号）、「真に頼むべきは何か」（九月一日号）、「嫌悪すべき威張る心理」（一〇月一日号）。「当然軍部の怒りを買った」と山下は言うが、理解に苦しむ。唯一、一〇月三日の文協雑誌分科会で問題になりそうな箇所があるとすれば、統制経済下で官吏が威張ることを戒めている一〇月一日号の「小役人」批判である。しかし、それは統制経済を批判しているわけでなく、ましてファシズムに反対しているわけでもない。

ヒットラーは独裁的に政治を行ってゐるが、それは国家の為と固く信じてゐるので決して威張らんがためではない（略）。ヒットラーにして斯くの如し。小役人や平凡者などが威張るのは、以ての外である。深く戒慎すべきことだ。（46）

この文章をファシズム批判と解釈するためには、さらなる状況証拠が必要である。しかし、内山もこうした問題について何ひとつ語っていない。結果だけは雄弁である。雑誌整理の中で『少女の友』『新女苑』とも「勝ち組」として他誌を吸収合併しつつ読者を拡大していった。

中国視察から帰国後も、内山は編集部長にとどまったが、主筆から外された。一九四四年二月、「婦人雑誌」では三誌の刊行のみが認められた。『主婦之友』『婦人倶楽部』は当然としても、「知識婦人層向け雑誌」として存続したのは『婦人公論』（中央公論社）ではなく『新女苑』であった。しかし、内山はいう。「『新女苑』は私にとっては昭和十五年十月号を限りに死んでしまった」。つまり、実業之日本社は「紙の戦争」には勝利したが、内山は「趣味の戦争」に敗北したのである。

石川達三『風にそよぐ葦』の連載開始に触発されて、内山は自ら発行する『婦人の世紀』第一二号（一九五〇年六月）に「風にそよいだ人たち――編集者の反省」を寄せている。

私はあの葦沢とかいう雑誌社社長を見ていると、自分の経験から見て、あんな人物は、当時ありえなかったと思うのである。あれが同人雑誌か名も無い小雑誌の社長ならいざ知らず、少くとも日本第一流の雑誌の社長であの様に理想だけで行動している、いわば汚れない白い手で雑誌など

は経営していけるものではない。（159）

「汚れない白い手で雑誌などは経営していけるものではない」とは、増田義一社長のことを言っているのだろう。その没後に刊行された『増田義一追懐録』（一九五〇年）に、元文協専務理事・飯島幡司「古武士の風格あつた増田さん」とともに、元実業之日本社取締役出版部長・内山基は次のような一文を寄せている。内山は、増田社長が彼の長髪を嫌っていたこと、つまり両者の間に「趣味の相違」が存在したことも率直に書いている。

日本の資本主義が二度三度と幸運なる戦争によって急速に発達し、そのらんじゅく期に達する過程を身を以て体験し、しかもその順調なる流れとともに自身仕事をなしていった明治中期から大正にかけての資本家の典型的な姿を、私は前社長の中に見たのである。こうした権威と力に対する自信と肯定は、大正末期から昭和にかけての懐疑と不安の中に教育を受けた私たちにとっては、まるで世界の違ったものとしてしか感ぜられなかった。（880）

しかし、皮肉なことである。鈴木少佐を最も憎み、性格的にも対極にあった内山だけが、石川達三の「下手な人形芝居」に反撥しているのである。

この『風にそよぐ葦』には、如何にも見かけは時代的鼓動と生活をあくなく画いているように見せかけて、筆者の浅いセンチメンタリズムと功利主義しか感ぜられない浅い小説としか思われないのだ。（内山50：160）

6——女性の国民化——宮本百合子の微笑

『婦人朝日』座談会

正確に言えば、『風にそよぐ葦』に不快感を表明した鈴木少佐の「知人」がもう一人いる。プロレタリア作家・宮本百合子である。『婦人公論』一九五〇年一二月号に「傷だらけの足」を寄せている。

> 同じ作者が書いた『生きてゐる兵隊』といふ小説は、戦場の野蛮さと非人間さが、現代の理性とヒューマニティーを片はじから喰ひころしてゆく、暴力の血なまぐさい高笑ひを描いた作品であつた。榕子〔『風にそよぐ葦』のヒロイン〕の言葉は、こんにち、こんどは美貌の女の唇をとほして日本の中で、語られる極めてインヒューマンな発言である。(33)

なぜ、宮本はこの小説の主題である言論弾圧について言及しなかったのだろうか。彼女は「佐々木少佐」のモデルに一言もふれていない。彼女が鈴木少佐と『婦人朝日』座談会で何を語ったか、忘れたわけではあるまい。この座談会は陸軍内部でも注目を浴びていた。以下は、『自動車記事』一九四一年三月号掲載の読者投稿である。

> 慰問に送られた『婦人朝日』《ママ》と云ふ雑誌に自校で教を受けた情報局の鈴木庫三少佐殿が女の社会運動家として有名な市川房枝〔深尾須磨子の誤記〕、金子しげり、宮本百合子と云ふ様な人達と、

女の人にもわかり易い新体制を語つてをられた。正直に云ふと、戦場にゐる私達には、新体制と云ふものが、どんなものであるかわからないのである。その記事の中に少佐殿の写真も出てゐたし、ゆつくり読みかへして行くと自校の講堂で訓話を受けてゐる時の様な気になつて、鈴木少佐殿のあの巨大な姿が、新体制に整備されて行く日本の強さと何かしら結ばれてゐる様な気がしてきた。（大窪：52）

投稿者が深尾須磨子（全日本女性詩人協会代表）と市川房枝（大政翼賛会調査委員）とを取り違えた理由は、市川が婦人参政権獲得期成同盟の創設者として金子（山高）しげりと並び称せられていたからだろう。やがて、金子は母性保護運動にすすみ、兵力・労働力増加を図る国策に棹さして、大日本婦人会理事、大政翼賛会中央協議会理事に就任する。彼女たちが、座談会前から鈴木少佐の名前を知っていたことは間違いない。鈴木少佐が婦人雑誌と婦人団体への講演にとくに気を配ったことは、日記に記載された関連論文と座談会からも明らかである。

午後五時から赤坂幸楽に於て『婦人倶楽部』主宰の国策結婚、人口問題に関する座談会があつた。婦人の名士が二人、陸軍側二人、其他男子の研究家二名ばかりを加へた会であつたが、深刻に研究が進められた。要するに大陸経営の為には少くとも我国の人口は一億五千万にならねばならぬ。

1939-8.23

前出の林芙美子のほか、吉屋信子など女流作家の取材にも積極的に協力している。

吉屋信子女史を雑誌記者として主婦之友社から中支に派遣することになつたので昼にその送別会

が築地の蘭亭に開かれた。同女史のために種々今度の任務に必要な参考資料を提供して午後二時に終った。1939-9.9

さらに、家庭生活の改善運動にも積極的に関わっている。

午後五時から『家の光』主宰の興亜結髪研究会に出席した。竹内しげよ女史を始め女性四五人の研究会であったが、要するに現に問題となりつゝあるパーマネン〔ト〕ウェーヴの問題、之に代るべき結髪の要件などを研究して午後九時終った。1939-10.30

そうした座談会の一つが、一九四〇年八月一七日に開催された「新体制を語る座談会――鈴木少佐を囲んで」(『婦人朝日』同年一〇月号)である。『宮本百合子全集』別巻二(対談・座談会)に未収録のこの座談会について、佐藤広美『総力戦体制と教育科学』(一九九七年)は、新体制運動と女性の社会進出との関係で、わずかにこう触れる。

座談会での宮本も、新体制運動におもねる様子はなく、婦人の生活上の問題を具体的に提起し、その解決の在り方を新体制運動の推進者に問い返している点で、同席した金子しげりとの違いは明瞭であった。(292)

たしかに「おもねる様子」はないが、はたして「違いは明瞭であった」だろうか。発言回数は宮本一四回、金子一三回、深尾二回だが、鈴木の言葉を直接受けているのは圧倒的に宮本である。むしろ、鈴木少佐と意気投合しているのは宮本なのである。佐藤広美もまた、鈴木少佐が何者であるかに関心がなかったようである。

鈴木　或は将来国防国家が本当に完成されて教育的部門の制度が整へば、今までの自由主義の時代においてはどんなに頭が良くても貧乏人の子供は最高学府などには行かれないやうになつてをつたのが国家の経費で教育も受けられるやうになり、或は過去の経済組織の欠陥を直さうとしても、今までは直し得なかつたのが今度は直し得るやうになつた。要するに世界が変つて来る。だからこの自由問題は今までの個人主義的なデモクラシー的な習慣を持つてをつた人には不自由だけれども新しい世界観にもとづいて国家主義、全体主義的な思想を持つ人達にとつては非常に自由になつて来る。（略）

宮本　今のお話で大体色々の方面にわたつてのお話が分つて来たと思ひますし、女の人達なんかどんなに家にをつても経済の色々な問題に直接関係するのでございますから、さういふものが色々に統制的に変化することで損害を被る人は国民の中に非常に少いわけで、多くの人は利益を得る、さういふことが、一般の家庭婦人には非常に理解されてゐるのです。（宮本40：96–97）

戦争国家は福祉国家

鈴木の「国防国家＝教育国家」論や、中国並みに生活水準を下げるという「興亜の理念」は、すでに前章で紹介した。さらにここで鈴木少佐は「国防国家＝福祉国家」による「夫婦共稼ぎのすゝめ」を展開している。

宮本　〔奥むめをは〕結婚すると皆隠退してわが亭主尊し、わが家庭尊しといふことになつて引込思案になつて仕様がないといふことをいつていらつしやるのです。今度の新しい社会生活の問題の中ではさういふことはどういふやうに考へられてゐるのでせう。

鈴木　〔女には〕工業方面だつて、商業方面だつてやつて貰はなければならぬ。それからいざといふ場合には平時から代り得られるやうな教育も必要なんです。それからまた一方女でなければならぬ仕事を女が担当するやうに教育することが必要です。そこで一番大きな問題になるのは女でなければならぬ仕事、或は女の方がよいやうな仕事で或る工場なり、会社なり、団体なりに入つて仕事を考へて見た場合に、それらの人達は結婚して後もさういふやうな仕事が必要な場合もある。それがために結婚が出来ないといふことは人口対策の上からいつても非常に大問題です。さういふやうな場合には男女共稼でやる。（これは一、個、人、の意見として主張してゐるのです。）例《たと》へばこゝに一つの工場の例を取つて見ると男工もゐれば女工もゐる。ところが女工あたりも二年、三年となるとだんだん腕前が上つて生産率が上つて来る。ところがお嫁に行くためにやめてしまふのです。これは国家の上からいつても、その工場自体の上からいつても非常に勿体ない話です。どうしてもやめなければならぬ事情がある人は別だけれども何故さういふ風な不経済をするか、誰かに出雲《いずも》の神様をやつて貰つて夫婦共稼が出来るやうな形にしたらどうでせう。さうすれば病院も、託児所も、授産所、学校も必要になる。住宅、購買組合も必要になつて来る。さういふ風にして一つの工場が一軒の家になるやうな組織に発展して行くことが必要ぢやないですか。これは男と女と別なところに勤めてゐるといふやうな場合でも、さういふやうな組織が必要だと思ふのです。（略）

金子　労務動員計画からいへば共稼も相当見て置かなければ婦人の労働力が動員出来ませんものね。

鈴木　人口対策からいつても共稼をした方がよいと思ふのです。必ずしもそんなに沢山月給の取れるまで一人で置く必要はないのです。それに貧乏して子供を育てた方が立派な子供になる。

（略）

宮本　それで非常によくわかりましたけれども、いまの過渡期的な条件の中で雇ふ人はいままでの営利的な観念ですから、女の人をドンドン使ひながらあなたの仰《おっ》しやるやうな遠大な計画のもとにその人が母親にもなつて経過して行く時代を考へないで兎に角いま人がいるので使ふのだ、女の人なんか平和になればまた家庭に還るのだからといふ考へで賃金問題なども永続的な計画でやらない、さういふ営利的な会社に対しては、新しい社会生活に即応するといふ意味で一つの力として要求してよいわけですね。

鈴木　家族主義といふやうな団体になると愛情が起つて来る。さうすると職工を募集すると自分の息子や娘のやうな気持で、脚気や肺病になつてもよく養生させる、自分の家族の一員だといふやうな考へになつて来ると、余ほど病気は防げると思ふのです。

金子　産業報国運動がだんだん育つて呉《く》れればさういふところに行くのでせうね。けれどもいま宮本さんの仰しやつた条件なんかはやはり働く女の人からドンドン出さなければいかぬと思ふのです。（宮本40：108–110）

「一個人の意見」と断っているが、鈴木の「国防国家＝福祉国家」は、ほとんどソヴィエト体制である。もちろん、宮本百合子と鈴木庫三は思想信条を異にしたはずである。両者が同じだといいたいわけではない。だが、「趣味の戦争」においても、敵の敵は味方という状況は存在

「国防国家建設と主婦の責任を語る座談会」『主婦之友』1940年12月号

したはずである。この座談会から約二カ月後の『主婦之友』一二月号で鈴木少佐は壺井栄《さかえ》たちと対談している。戦後は『二十四の瞳』（一九五二年）で知られる壺井だが、戦前は宮本百合子と並ぶ女流プロレタリア作家である。この「国防国家建設と主婦の責任を語る座談会」では、栄は「壺井繁治《しげじ》氏夫人」の肩書きで「主婦」の立場で発言している。壺井繁治もアナーキストからマルクス主義者に転じて『戦旗』編集にたずさわったプロレタリア詩人で、治安維持法で二度投獄されている。

> **鈴木**　あなた方に近い例をとつて言ひませうか。全国に産業組合とか、商業組合といふものがありますね。それらは今まで、組合員の利益擁護のためのものだつた。ところが、これを国家目的に一元化

して統制的に運営してゆけば、中間に商人が入つて不合理な歩合を取るなどゝいふことがなくなるから、皆さんには安くて良い品を提供することができる。一旦戦時になれば、これは直ちに物の集散配給の網になつて、切符制度なども実に容易に行へる、かういふことになるのです。さうすれば生活は安定するし、すべての方面に、今までより国民全体が幸福になり得るといふことがよく解りますね。

壺井　ほんとに早く、炭だの、石炭、木綿、綿などが切符制になつてくれるとい丶と思つてをりましたが、日本でも追々にさうなつてゆくのでございますね。(184)

戦時体制下の社会主義者や女性知識人たちが、統制経済による「新しい社会生活」に新たな希望を見出していたこともまた事実なのである。関口すみ子「内閣情報局による「婦人執筆者」の査定と山川菊栄——『最近に於ける婦人執筆者に関する調査』(一九四一年七月)」(二〇一二年)は、本書旧版を引用しつつ、鈴木中佐が提唱した男女「共稼」社会を前提とする国防国家論に反撥する情報局内部の別の動きを史料的に裏付けている。ジェンダー史の視点から、関口は鈴木情報官を排除する動きは海軍側だけでなく、鈴木発言を「家族制度の破壊」として危険視する東條英機を中心とする陸軍主流派からも生まれていたと見ている。関口は次のように総括している。

おそらく、鈴木が、「共稼」に対するこれほどまでの反発に「無理解」・無防備であった一因に、茨城県真壁郡の貧農の家(養家)に育ち、女が働くのをごく当たり前に見てきたこと、また、

「良妻賢母主義」による組織化（女学校・中学校その他）の比較的外側で教育を受けたことが挙げられるであろう。以上のように、「情報局」設立後も抗争と混乱は続いたようだ。つまり女性知識人・執筆者への抑圧と働きかけ（「思想戦」）は、複数の方向から競合的になされたとみられるのである。（関口：25）

鈴木少佐を陸軍省新聞班、情報部に引き上げたのが、石原莞爾に近い勢力であったとすれば（第三章第四節参照）、陸軍内の反主流派として退けられたという解釈も十分に可能ではある。

「貴司山治日記」の記述改変

女性知識人やプロレタリア作家たちが鈴木の国防国家論に「革新」を見ていたこと、そうした戦時下の記憶を戦後に自ら修正した象徴的事例を、「貴司山治《きしやまじ》日記」に見ることができる。貴司山治は「芸術の大衆化」をめぐり『戦旗』誌上で蔵原惟人《これひと》と論争したプロレタリア作家で、『『キング』論』（『綜合ジャーナリズム講座』第三巻・一九三〇年）など秀逸な文化批評も残している（佐藤2020：80–92）。貴司は一九三七年に治安維持法違反で三度目の検挙拘留となるが、文部参与官・池崎忠孝が身元引受人となることで釈放されていた（佐藤2023：365–375）。貴司は一九四〇年一月三〇日に佐藤春夫が主宰する「経国文芸の会」で鈴木少佐の講演を聴いている。貴司の名前は登場しないが、その日の「鈴木日記」は以下の通りである。

午後三時から芝西久保桜川町の町村長会館で経国文芸の会に臨み時局講演を行った処、更に座談

会をせがまれて午後九時まで時局問題座談会を行ふ。1940-1.30

「貴司日記」が貴重なのは、戦後の記述改変の痕跡がはっきりと読み取れるからである。当時、貴司は転向作家として「東亜共同体論」を唱えていた。

鈴木少佐は昭和五六年頃帝大に学んだことがあるらしい。その思想は革新、二十・二六将校達に同じ革新主義（軍人はみなこうなのか知らないが、恐ろしく威張った男）である。午後三時半頃から六時すぎる迄休みなくしやべつてゐる。その話にはかなり啓発されるものが（こちらの知らないことがかなり）あつた。但し少佐が大阪で万才師三百人を集めて国策を吹きこんだ話を少し得意さうに話してゐる中に、万才師の会合を周旋したらしい秋田実をしきりにほめて、秋田が二十年来万才の脚本を書いてゐる男だと言つてゐたが、それは（たのには、おどろいた。）秋田が鈴木少佐にそんな与太を書や（とばし）たのか、鈴木さんがこの場で与太を言つたのかどつちかわからないが、どうやら鈴木少佐は秋田実が左翼の崩れ者だとは知らないやうである。（貴司ＤＶＤ：1940-1.30）

見え消しの削除部分、「革新主義」「啓発される」「〔鈴木〕さん」の原記述を見る限り、全体としては鈴木少佐に敵意を抱いてはいない。だが、カッコ内で書き加えられた加筆は鈴木少佐の「悪名」に沿った軌道修正となっている。

貴司は東京帝国大学文学部在籍中に『戦旗』編集部員だった「左翼の崩れ者」秋田実を強く意識している。もちろん、鈴木少佐は秋田の経歴を熟知していた。秋田と鈴木はともに東京帝大文学部の同窓生であり、在籍の期間も重なっている。「貴司日記」では、この会合から三カ月後の四月一五日に再び鈴木少佐が登場している。

（加賀耿二は）八日の晩上京して陸軍省へ行つたら情報部の鈴木少佐からケンモホロロの挨拶をくひ、匆々《そうそう》にして逃げ出したらしい。軍人を文化人だと思つてはならぬのか？　少し暗い気持になる。（同：1940-4.15）

加賀耿二は貴司のすすめで労働運動から作家活動に転じた谷口善太郎（戦後は共産党代議士）のペンネームである。加賀の「鈴木詣で」は失敗だったようだが、この軍人がプロレタリア作家が頼るべき「文化人」と一部で思われていたことも確認できる。これから二年後、貴司も『日本評論』編集長・下村亮一を通じて鈴木情報官への陳情を試みている。

下村〔亮一〕君と落ちあひ、春陽堂の改革経過を話し、鈴木情報官との面談の周旋をたのむ。二十三日の昼間ときめる。そのあと、下村君からその後の情報局の内情をきく。朝日新〔聞〕に対する弾圧に着手したこと、『科学朝日』の不正利権の剝奪を手始めに、文協から飯島以下の朝日系分子を追ひ出し、〇〇を〇〇〇を粛清するつもりだといふことがわかる。（同：1942-4.17）

本章第三節で論じた「日本出版文化協会（文協）叛乱事件」の噂話が書き込まれている。だが、貴司が「鈴木情報官との面談の周旋」を下村に依頼した一週間前、すでに一九四二年四月九日付で鈴木中佐は情報官を解任されており、鈴木との面談は実現していない。

国分一太郎——記憶の嘘の綴り方

このように、鈴木中佐がプロレタリア運動や左翼活動からの転向者を嫌った形跡はない。私の目についた唯一の例外は、生活綴方運動の指導者として治安維持法違反で執行猶予三年の判決を受けて釈放された国分一太郎が、一九四三年夏に鈴木庫三中佐に殴打されたという記述である。すでに述べたように、鈴木中佐はその前年に情報局から転出し、当時はハイラルにいた。歴史上はありえない「殴打事件」であり、悪質な歴史の捏造《ねつぞう》である。転向者に典型的な責任転嫁の一事例として、津田道夫『国分一太郎——転向と抵抗のはざま』（一九八六年）から引用しておこう。

国分は、きょうあすにも文筆の仕事をはじめたかっただろう。そこで留置場で気にかけていた「日本少国民文化協会」に入会すべく、かつての生活綴方運動の盟友であった滑川道夫《なめかわみちお》をたよっていった。ところが、主務官庁である情報局に行かされ、そこで文化・文学関係の統制の仕事にあたっていた陸軍中佐・鈴木庫三にあったところ、かつての綴方運動のことを難詰され、あまつさえ殴打までされたというのだ。情報局の一介の中佐ふぜいが、まったくの恣意から、わが国分一太郎をなぐりつけ、彼から文筆の仕事をとりあげる、そうゆう時代であった。国分一太郎をかばってとりなしに奔走してくれるものも、いまやいなかった。鈴木庫三によるこの国分殴打事件は、権力をカサにきることしか能のない鈴木のごときやからによっては、日常茶飯事の一事件でしかなかったであろう。しかし、国分にとっては、まさに青天の霹靂であったであろう。彼が受けた衝撃には、そんな文字表現も及ばないものがあったと思われる。（316）

見て来たような嘘とは、こうした語り口を指すのであろう。仮に一九四三年に殴打事件があったとしたなら、それは鈴木中佐ではありえない。また、仮に事件がこの年でなかったとすれば、国分がわざわざ「一九四三年」とした理由は何だったのだろうか。しかも、津田は国分の回想録について、次のように書いている。

『小学教師たちの有罪』〔一九八四年〕を、正確な事実史の記述とうけとってしまっては、恐らくまちがいだろう。そこには、明らかに素材の選択のあとがあり、フィクションももちこまれていると思われるからである。（略）今回、あらためていろいろ調べてみて、これが事実史の記述というより、むしろフィクションをもふくむドキュメンタリー小説であるとの事実にぶちあたった。とはいえ、これが事実史のそのままの記述でないからといって、そこに歴史の真実が現れていないなどというつもりはない。むしろ、国分固有の手法によって――これをリアリズムといってもいい――、かえって歴史の真実、弾圧の実相に迫りえているのだ。（281）

まことに恐ろしきは、綴方のリアリズムである。しかも、この殴打事件は、津田が事実史として怪しいと認める国分の回想録にさえ存在しない伝聞である。これも驚きだが、津田は典拠に山中恒『撃チテシ止マム』（一九七七年）を挙げている。国分本人から事件を聞き出したのは、『間違いだらけの少年H』（一九九九年）で妹尾河童《せのおかっぱ》の記憶の嘘を完膚なきまでに叩いた山中恒であった。

主務官庁である情報局へ行かされ、そこで情報局の陸軍中佐鈴木庫三に会ったところ、かつての綴方運動のことを非難され、入会拒否されたばかりか、殴打までされたというのである。これは最近本人に会って確認している。その点からすれば、二反長《にたんおさ》の回想の〈事務手続き上の手落ち〉というのも疑わしい。(121)

山中が国分にインタビューした目的は、日本少年文化協会(少文協)文学部会の庶務幹事だった童話作家・二反長半《なかば》の回想「日本少国民文化協会」を批判するためであった。一九四三年に鈴木中佐が満洲にいたことを、山中が知らなかったとしても仕方がないかもしれない。ただ、鈴木中佐がすでに一九四二年四月に情報局から転出していることは、少し調べればわかる事実である。不可解なことは、少文協の設立経緯を詳しく叙述している山中が、あえて見落としたと思われる矛盾である。そもそも、鈴木中佐への陳情という行為そのものが疑わしいのである。情報局で少文協を所管したのは第五部第三課(文芸担当)で、鈴木の第二部第二課(雑誌担当)ではない。雑誌指導に忙しい鈴木情報官が、所轄外の少文協設立に関与した形跡も存在しない。鈴木中佐の所轄外であることを、山中はなぜ国分に問い質さなかっただろうか。

国分は一九四一年一〇月一一日から一九四三年七月初旬まで収監されていたので、鈴木中佐との対面が可能であったとすれば、国分が南支派遣軍報道部での宣撫活動を終えて帰国した一九四一年一月から一〇月までの間である。この間に、国分が少文協加入のために鈴木中佐に会うはずはない。なぜなら、少文協の設立総会は国分逮捕から約二カ月後の一九四一年一二月二三日、発足式はさらに翌年二月一一日なのである。収監中の国分に入会申込書が転送されたのは、一九四二年一月一〇日であった（津田：279）。

では、なぜ国分は「嘘の記憶」を語ることになったのか。それを説明するためには、検挙されるまでに国分が行った戦争協力について触れなければならない。一九三九年一月から一九四一年一月まで二年間、国分は南支派遣軍報道部で宣撫活動に従事していた。戦地で執筆した『戦地の子供』（中央公論社）は、南支派遣軍報道部長・吉田栄治郎中佐（三〇期、陸大四一期）の序文付で刊行され、文部省推薦を受けている。帰国後、検挙されるまでの九ヵ月間、国分は『外国権益』（厚生閣）、「戦場の幻燈」（『少年倶楽部』一九四一年一〇月号）、『センチノガン』（帝国教育会出版部）など数多くの翼賛読物を執筆している。客観的に見れば、陸軍省情報部との蜜月時代である。もし両者の対面が本当にあったとすれば、鈴木中佐に仕事を求めて近づいたのであろう。津田によれば、「この転向＝戦争協力が、生涯、国分の心理内面に枷《かせ》のごとく作用していた」（12）という。作家の戦争協力を厳しく追及する山中恒を前に、「殉教の聖痕」を示さねばという心理的な防衛機制が働いたにちがいない。「鈴木中佐に殴打された」という嘘が口をついて出た理由も、実は合理的に説明できる。二反長は、国分を少文協から排除したことはないと『児童文学の展望』（一九六九年）で証言しており、国分も山中のインタビュー前にそれを読んでいたはずである。ここに国分の落とし穴があった。二反長は『少国民文学』一九四三年五月号の内容に触れた後に、次のように書いている。

陸軍省、海軍省でも検閲をし、編集にも口を入れた。そのボスといわれる人が鈴木庫三という陸

軍少佐で、庫三少佐ににらまれたがさいご、その雑誌、単行本は発行不能、出版社はたちまちにぎりつぶされた。(249)

これを読んだ国分は、自分が釈放された一九四三年夏にまだ鈴木中佐が情報局で検閲をしていたと思い込んだにちがいない。ここで、「フィクションをもふくむドキュメンタリー小説」を語ってしまった新日本文学会議長の弱さを責めようとは思わない。しかし、「国分固有の手法によって――これをリアリズムといってもいい――、かえって歴史の真実、弾圧の実相に迫りえているのだ」(津田道夫)と開き直るべきではないだろう。

鈴木少佐のプロレタリア芸術観

実は「趣味の主戦場」である美術芸術に関しても、鈴木の「国防国家=福祉国家」論はプロレタリア芸術論に急接近していた。

午後一時から美術家の新体制運動で新日本美術聯盟が生れたので、之に講演に赴き、我が国の植民地的美術を攻撃、新日本美術創作に就て大いに激励して置いた。1940-9.10

鈴木少佐の芸術論としては、一九四〇年一一月二七日に行われた座談会記事、「国防国家と美術――画家は何をなすべきか」が『みづゑ』一九四一年一月号に掲載されている。美術批評家・荒城《あらき》季夫《すえお》が陸軍省情報部員の三名、秋山邦雄少佐、鈴木庫三少佐、黒田千吉郎中尉に尋ねるという形式である。高級部員・秋山邦雄(三三期)は、新聞・放送・雑誌を統括する第二班班長で、報道業務の主任者である。ここでも発言の中心は鈴木少佐である。

私は新聞雑誌方面で、紙は商品にあらずといふことを説いた一人である。単なる商品にあらず、思想戦の弾薬なり、商品であると同時に思想戦の弾薬なり、同じことが映画に出て来た。ヒルム〔ママ〕は単なる商品にあらず、今度はもう一歩行くと絵具は単なる商品にあらずといふことを言ひたいと思ふ。言ふことを聴かないものには配給を禁止してしまふ。又展覧会を許可しなければよい。さうすれば飯の食ひ上げだから何でも彼でも蹤《つ》いて来る。（鈴木41c：135）

この鈴木発言が画壇に衝撃を与えたことは、同四月号掲載の松本竣介《しゅんすけ》「生きてゐる画家」を一読すればわかる。松本はルオー、ピカソ、グロッスなど西洋現代絵画を貪欲に吸収しつつも日本的抒情あふれる作品を残した「夭折の天才画家」である。

何ら積極的示唆を与へるものでなかつた、この座談会記事を読んだ一友人は子供のやうな驚きと怖れを顔に現してゐた。（480）

宇佐美承《しょう》『池袋モンパルナス』（一九九〇年）によれば、「一友人」は麻生三郎である。さらに宇佐美は、一九四一年四月五日の前衛画家・福沢一郎の逮捕時の状況説明（393–394）、あるいは古沢岩美《いわみ》の主婦之友社「靖国神社の歌」挿絵事件でも鈴木少佐の発言を引用している（406）。だが、松本竣介の論文に反論したのは鈴木少佐ではなく、座談会企画者である黒田千吉郎中尉であった。黒田は東京美術学校図案科出身で、鈴木監修『世界再建と国防国家』の装丁者でもある。この年七月に開催された第二回聖戦美術展覧会の委員にも就任している。『みづる』同六月号に「時局と美術人の覚悟」で、名指しではないが松本竣介の論文を意識しつつ、画壇の「商業主義を清算しきれない悲劇」と批判している。その上で「産業的な美術、或は又装飾的な美術への研究が、国家目的に添ひ得る要素ともなるであらう」と、美術人の覚悟を促している。

だが、改めて松本論文をよく読むと、奇妙な印象を受ける。芸術至上主義を否定する鈴木発言に対して、松本はこう反論している。

芸術自体の価値については、嘗て階級争闘〔ママ〕の激しかつた数年前、芸術の階級性乃至社会性といふ命題によつて芸術至上主義といはれるべきものは、一応粉砕されてゐたと思ふ。（松本：478）

また、鈴木の唱える高度国防国家論にふれて、松本はこう書く。

高度国防国家を狭義に解した場合、美術といふものは国家社会の前衛性をもつたもの以外は不可といふことになるのであるが、それは私達にもよく理解されるのである。性格は全く異つてゐるが、嘗てのプロレタリア前衛芸術と軌を一にするものである。（松本：480）

この文章は、「然《しか》し高度国防国家を広義に解した場合」と続き、松本はプロレタリア芸術論を退けている。つまり、鈴木発言を「プロレタリア前衛芸術論」と同列に扱うことで、鈴木少

黒地に日蝕が描かれた『世界再建と国防国家』の表紙イラスト（黒田千吉郎画）

佐に「赤化」批判の逆ねじを食わせようとしている。この場合も、松本が鈴木少佐は何者かを知らなかったための行き違いというべきだろう。もっとも、この悪評高い鈴木発言も、趣味の階級性を鋭く批判しており、松本が感じたとおり一九三〇年代ソヴィエトのフォルマリズム批判に通低している。

松沢病院の狂人が描く様な円とか三角を描いて、誰が見ても分らぬのに芸術家だけが価値ありとしても、実に馬鹿らしい遊び事である。この国家興廃の時にあゝいふ贅沢なことをして呑気に構へて居つては困る。（鈴木41c：132–133）

「女工の美意識」論

むしろ驚くべきは、鈴木少佐が健全な裸体画や恋愛小説を積極的に奨励していることである。昭和初年に『戦旗』誌上で開始された「芸術大衆化論争」を想い出すのは私だけではあるまい。

裸体なら裸体を通じて今日の国防国家的な思想感情を生かせばよい。或る画家の描いた肺病やみのやうなものはいかない。例えば雑誌だつてさうである。幾らでも訓令、訓示を竝《なら》べればよい雑誌と思ふ人があるが、――大都市でお昼の休に皆に市民体操をやらせる。ところが青年あたりは後の方で茶化して踊を踊つてゐるといふ（笑声）。何の為の体位向上か分らぬ。又新らしい世界観なり国家観といふものが分らない。大部分の者はそれが分らずにやつて居る。何で分らすかといふと私は一番よいのは恋愛小説だと思ふ。（何だ軍部はやかましいことを言ひながら、恋愛小説でも書けば怒られると思つて居ると、軍部で恋愛小説を書いてもよいといふ。）そんなものは恋愛の三角関係を書けば直ぐ解決する。金持のお坊ちやんで、新らしい世界観もない、体力も気力もない、一本立の出来ないやうな者が恋愛の三角関係の勝利者になつたのは駄目である。その反対に立派な体力があり、立派な気力があり、立派な見識を持つて、新しい国家観を持つて居るやうな人が恋愛の勝利者になるやうにして御覧なさい。体位向上も訓令を竝べなくても自然にやるやうになる（笑声）。（鈴木41c：136）

だが、鈴木少佐の最も面目躍如たる「趣味」発言は、画家に実用的な工夫を要求する「女工の美意識」論であろう。ちなみに、七・七禁令とは一九四〇年七月七日施行された奢侈《しゃし》品等製造販売制限規則である。

着物の柄を一つ考へてもさうである。七・七禁令が出たらどう変つた。まるで芸者が百姓の野良着みたやうなものを着て居つた。私はびつくりした。これも腕がないからです。極端から極端に飛んだんです。（略）十六、七から製糸工場なりその外の工場に行つて働く女の子を考へて御覧なさい。せめて一年間働いて派手々々しいぱつとするやうな柄の着物を一枚も着たいといふのが彼女等の心理状態である。さういふのは当り前のことである。所が図案家にそれだけの腕がないから途方もない極端から極端に飛ぶ。裸体画も同様です。（鈴木41c：136–137）

鈴木少佐が憎んだのは富裕層の奢侈品であって、女工たちのおしゃれ着ではなかった。それゆえ、この座談会の発言でも「芸術の大衆化」を超えて、「芸術の国民化」を目指せと鈴木少佐はむすんでいる。

価値盲と言はれても構はぬ、大多数の国民が価値盲であつて、画家だけがよいといふ時代は過ぎてしまつた。やつぱり大多数の国民に価値を与へなければいかぬ。価値盲だから当てにならぬといふかも知れないが、それは間違ひと思ふ。（鈴木41c：137）

美術雑誌新体制

この座談会の半年後、一九四一年七月に内務省警保局は美術関係雑誌の第一次統合を行った。三八誌がジャンル別に全八誌、すなわち総合評論誌『画論』（旧『造形芸術』）、日本画専門誌『国画』（旧『塔影』）、日本画大衆誌『国民美術』（旧『美術』）、洋画専門誌『新美術』（旧『みづゑ』）、洋画大衆誌『生活美術』（旧『アトリエ』）、刊行種別で週刊の『美術文化新聞』（旧『日刊美術通信』）、旬刊の『旬刊美術新報』（旧『日本美術新聞』）、季刊の『季刊美術』（旧『日本美術』など）に集約した。そのうちの一つであり、「新しき国防美術文化の建設に与へられたる使命を完ふせん」の社告を掲げた『旬刊美術新報』創刊号（一九四一年八月二五日）は、鈴木中佐が出席した「新発足の美術雑誌　第一回編輯会議」を詳しく報じている。

当局列席のもと新体制下八社の編輯部構成メンバーに成る第一回編輯会議は、八月十一日午前十一時丸ノ内会館に於て開かれた。今度の統制に当られた内務省警保局企画課瓜生〔順良・戦後は宮内庁次長〕事務官、佐伯〔郁郎〕係長、今後の指導に当られる内閣情報局鈴木中佐、秦〔一郎・第五部第三課）情報官等の出席あり、午餐ののち瓜生事務官から今後の健全なる経営と選んだ八社の責任の重大なる点につき極めて謹厳なる挨拶あり、鈴木中佐情報官よりは座談の形で今回の統制は自分の考へてゐる高度国防国家態勢から見ればまだ〳〵手ぬるいもので、美術人の覚醒の如何にも足りないことを近来に至つて愈々痛感した。作家の情操はもつと健全に高度でなければならぬと西欧の独逸、仏蘭西、伊太利に例をひき豊富なる世界的知識をもつて中佐一流の明快なる所論を吐かれ、列席者の異常の注意をひいた。

同号グラビア「我が国新文化建設の重任を担ふ人々」には、編輯会議の主催者として瓜生事務官の横に座る鈴木中佐の姿も写っている。芸術分野を統括する情報局第五部第三課長・上田俊次海軍機関中佐と並べられた雑誌担当の鈴木情報官の写真には次のキャプションが付けられている。

高度国防国家建設に日となく夜となく非凡の精力を傾注されてゐる。殊に文化面の再編成には筆に口に並々ならぬ努力が払はれてゐる。この六ケしいお顔からも時々諧謔も出れば警句も聞かれます。

この編輯会議の鈴木中佐の座談は「国防国家と文化」として『美術文化新聞』に三週連続で掲載されている。鈴木中佐の冒頭の言葉は美術雑誌の整理統合でも大きな発言力を持っていたことがわかる。

高度国防国家を建設するために私の理想は非常に高いのであつて、今度の美術雑誌統制はその第

「我が国新文化建設の重任を担ふ人々」『旬刊美術新報』創刊号（1941年8月25日）グラビア頁。鈴木中佐（右）と上田中佐（左）が出席した1941年8月11日丸ノ内会館での「美術雑誌新体制　第一回編輯会議」風景（下）

一歩を踏み出したに過ぎないのである。若しその結果を見て悪ければ最後には一つになるまでやるといふのが、私の決心であります。

（一九四一年八月一七日号）

国防国家と文化国家は表裏一体であると言う鈴木中佐は、ここではナチ芸術を「健全なる創作」と高く評価し、これまでのフランス芸術の人気を「ユダヤ哲学から発する禍根」と断じている。「雑誌の性格をだん〳〵高尚なものに上げて行くこと」を美術誌編集者に要請し、統制システムへの能動的参加を求めている。

諸君の大切なことは作家のリストを作り、いい作家を紹介して行き、堕落してゐる美術界を浄化する一役を果すことだ。私が思ふのに洋画壇の堕落はひどく、ことに二科展をみたときはフランスの植民地にでも行つたやうな感じがした。（一九四一年八月二四日号）

美術界における「ブラックリスト」が存在したのかどうか不明だが、鈴木情報官の持っていた『（秘）評論家一覧』（第四章第三節参照）もこのようにして編集者の手で作られた可能性は否定できない。

この第一次統合で残った八誌も戦局悪化により、一九四三年一〇月発行を最後に第二次統合が行われた。残ったのは、新たに設立された日本美術出版株式会社の月刊『美術』と季刊『制作』だけである。実質的に一誌となった統合誌『美術』は鈴木少佐が出席した座談会を掲載した『みづゑ』、その後継後誌『新美術』を母体としており、『美術』は敗戦後に『みづゑ』に復題してよみがえる。

終章

望みなきにあらず

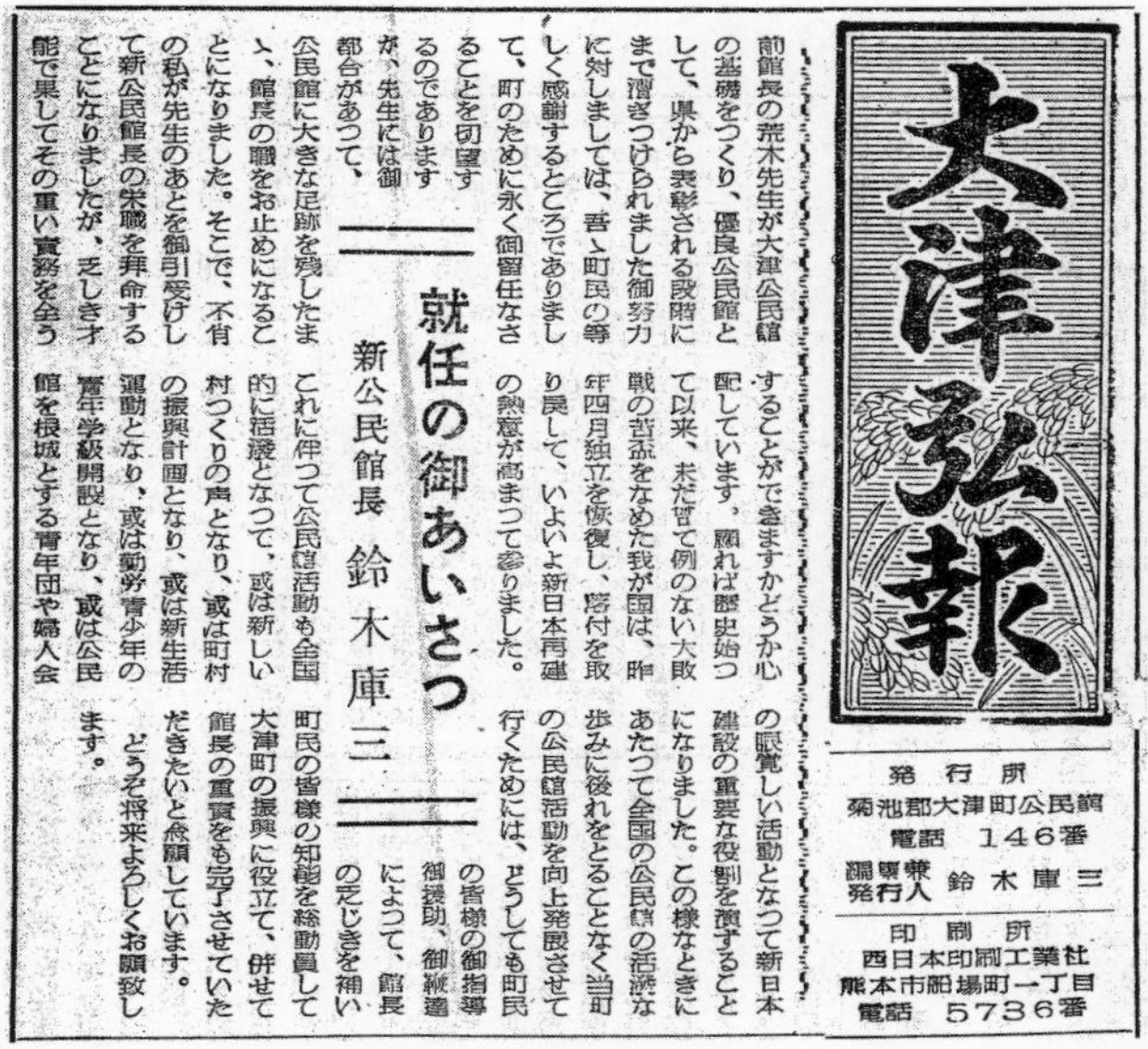

大津弘報

発行所
菊池郡大津町公民館
電話 146番
編集兼発行人 鈴木庫三
印刷所
西日本印刷工業社
熊本市船場町一丁目
電話 5736番

就任の御あいさつ

新公民館長 鈴木庫三

前館長の荒木先生が大津公民館の基礎をつくり、優良公民館として、県から表彰される段階にまで漕ぎつけられました御努力に対しましては、吾々町民の等しく感謝するところでありまして、町のために永く御留任なさることを切望するのでありますが、先生には御都合があつて、公民館に大きな足跡を残したまゝ、館長の職をお止めになることになりました。そこで、不肖の私が先生のあとを御引受けして新公民館長の栄職を拝命することになりましたが、乏しき才能で果してその重い責務を全うすることができますかどうか心配しています、顧れば歴史始つて以来、未だ曽て例のない大敗戦の苦盃をなめた我が国は、昨年四月独立を恢復し、落付を取り戻して、いよいよ新日本再建の熱意が高まつて参りました。

これに伴つて公民館活動も全国的に活潑となつて、或は新しい村つくりの声となり、或は町村の振興計画となり、或は新生活運動となり、或は勤労青少年の青年学級開設となり、或は公民館を根城とする青年団や婦人会の眼覚しい活動となつて新日本建設の重要な役割を演ずることになりました。この様なときにあたつて全国の公民館の活潑な歩みに後れをとることなく当町の公民館活動を向上発展させて行くためには、どうしても町民の皆様の御指導御援助、御鞭撻によつて、館長の乏じきを補い町民の皆様の知能を総動員して大津町の振興に役立て、併せて館長の重責をも完了させていただきたいと念願しています。

どうぞ将来よろしくお願致します。

新公民館長・鈴木庫三の「就任の御あいさつ」
鈴木が編集兼発行人となった『大津弘報』（1953年６月20日号）

終戦前の青年団や婦人会を回顧して見ると団員や会員はいやおうなしに義務的に入団加入させられ、会費の徴収も、会合の暇暮し〔繁忙〕も、勤労奉仕もまた同様で、愛国心の一声が力強い社会的強制力であつた。敢て指導者や支配者の上からの力というよりは寧ろ眼に見えない社会意識が吾等の良心の具体的内容となり、自己の良心の声として自己に呼びかけ、自己に強制力を働かしていたのである。ところが終戦と共にこの様な愛国心は打破されたのみならず、その反動に乗じたアメリカやソ連の宣伝が成功し、甚だしきに至つては独立第二年を迎えた今日でも、夫等《それら》の宣伝の酒に酔つぱらつているものが少くないけれども、戦前の思想は潰滅したわけではなく今も尚、余熱を残している。

鈴木庫三「町づくり村づくり（四）――城東連合青年団発足に寄せて」
『大津弘報』一九五三年九月一五日

1――ハイラル「左遷」から

鈴木中佐を標的とする情報戦

日米開戦の一九四一年、鈴木中佐「左遷」を記録した一九四二年の日記があれば、さらに戦時出版史に光が当てられるはずだが、残念ながら存在しない。後に鈴木中佐の雑誌指導を引き継ぐ平櫛孝少佐によれば、報道部内でも開戦の「一二月八日」を知っていたのは「報道部長と中佐部員の一、二名くらい」だったという（平櫛：34）。平櫛は七日の昼ごろに知ったというが、雑誌指導と講演で飛び回っていた鈴木中佐が知らされていなかったとしても不思議ではない。八日朝ラジオの臨時ニュースを自宅で聞いた鈴木中佐は「やってしまったか」と絶句した、と家族は証言している。もちろん、その後、情報官として「何故大東亜戦争は起こったか　暴《ぼう》戻《れい》英米の野望を暴く」（『婦人倶楽部』一九四二年二月号）、「興亜の聖業と家庭教育」（『主婦之友』同月号）など、開戦の意義を説く原稿を数多く執筆している。だがすでに述べたように、鈴木中佐は一二月八日の開戦からわずか四ヵ月後には輜重学校付に転出している。

当時から鈴木中佐の転出は知識人の間で、「左遷」と受け取られていた。フランス文学者の渡辺一夫がシンガポールで従軍報道にたずさわっていた中島健蔵に宛てた葉書が残っている。一九四二年四月三〇日付で、渡辺はこう書いている。

ガルガンチユワ〔渡辺一夫訳『ガルガンチュワとパンタグリュエル 第1之書』白水社・一九四三年〕がやうやく校正が出るところまで運んだが、さて文協先生はどうして下さるかわからない、鈴木庫造《〔ママ〕》先生はデカピテ（馘首《かくしゅ》）された、良いシーニュ（徴候）なりや否やわからない、祝酒をのんだ本やさんもゐるよし、またいつか、四月三十日　渡辺一夫（中島：116）

鈴木中佐について、中島自身は「赤坂の料亭の玄関で彼と出くわしたわたくしは、例の向うみずで危うく口論に及ぶところだったことを思い出す」（117）とのみ書きつけている。しかし、中島の証言もあまり信頼できない。どうせ思い出すのであれば、料亭の玄関でのすれ違いなどではなく、鈴木情報官が司会した一九四一年二月一五日帝国ホテルでの「少壮評論家座談会日本革新の方向と学徒の動向」（『新若人』四月号）を思い出してほしかった。そこで「教育の国防国家」を唱える鈴木に対して、中島が「例の向うみずで危うく口論に及ぶ」ような素振りは、残念ながらまったく確認できない。

それにしても、鈴木中佐の輜重学校、さらに四カ月後のハイラル輜重兵第二三連隊長への転出を、百パーセント「左遷」と決めつけるわけにもいかない。陸軍の人事内規で三官衙勤務の将校が、将官になるためには佐官時代に最低二年間の隊付をやらねばならないことになっていた。そのためエリート幕僚は少佐時代に大隊長、大佐で連隊長を務めて将官となるわけだが、この教育将校は少佐昇進後からずっと陸軍省勤務であった。その意味では、中佐での連隊長異動は一般には将官コースへの栄転と言えなくもない。だが、鈴木中佐はこの時、四八歳である。

陸軍省『昭和十七年九月一日調　陸軍将校実役停年名簿』では、中佐列次で一二五三番である。通常であれば、大佐以上で現役を終えるとは考えられない。

もちろん、高木惣吉海軍大佐の回想にある海軍側の工作が行われたことも間違いない。一九四二年年一月二一日、『中央公論』松下英麿編集局長、同畑中繁雄編集長、『改造』大森直道編集長、『日本評論』松本正雄編集長らは、銀座の銀茶寮で「鈴木対策」の相談を行い、同三月三日に海軍省調査課の高木大佐を霞ヶ関茶寮に招いて鈴木解任を陳情した。その会合は「高木日記」でも確認できる（伊藤：603）。畑中によれば、高木大佐は「われわれのほうで考えてみる」と約束したという（畑中：99）。

輜重兵第二三連隊長の鈴木庫三中佐

鈴木中佐の転出は、その翌月である。このとき、海軍側と出版社側から鈴木中佐を標的とする情報戦が展開されたことは想像に難くない。畑中は次のように回想する。

> 鈴木放逐の一件などもからんで、私たち総合雑誌編集者の一部が、陸海軍離間の陰謀を画策している、などとの、まことしやかな風説も一部にながされて、私たちはいっそう陸軍側の反感をあおる結果におちこんでいった。（同：100）

だが、陸軍省報道部でもスペシャリストとして絶大な発言力をもった鈴木中佐の処遇に困ってはいたはずである。一九三八年八月からの最古参部員であり、馬淵逸雄部長までは陸士の先輩だが、一九四一年一〇月着任の大平秀雄部長は三三期の同期生である。鈴木中佐の情報官転出直前の一九四二年三月に、報道部長は二九期の谷萩那華雄大佐に変わっている。

戦後、「鈴木少佐」が言論弾圧者の代名詞となり、集中砲火を浴びたとき、陸軍省報道部における彼の元上官や元同僚は誰一人として彼のために弁明しようとはしなかった。松村秀逸は『三宅坂――軍閥は如何にして生れたか』（一九五二年）、『大本営発表』（一九五二年）の回想で「鈴木少佐」に一切言及していない。松村の後任、馬淵逸雄も沈黙した。馬淵自身は中野正剛との関係を東條首相に疑われ、朝鮮の歩兵第七八連隊長に「左遷」された、と戦後に主張している（西岡：274-277）。一九四一年一二月に報道部に転入し鈴木中佐の仕事を引き継いだ平櫛孝は『大本営報道部』（一九八〇年）で、意図的に「鈴木少佐」への言及を避けようとしている（一箇所「部員鈴木庫三」とのみ登場するが）。

もちろん、松村・馬淵・大平は陸大出、平櫛は陸大専科である。その他にも、中島健蔵が序を寄せている『心理作戦の回想』（一九七八年）を書いた恒石重嗣《つねいししげつぐ》少佐（四四期・陸大五三期）など、報道部や情報局に在籍した陸大卒のエリート将校が残した回想は少なくないが、申し合わせたように鈴木庫三に言及していない。

彼ら「天保銭組」に対する鈴木の対抗心も、知らず知らずに表情に出ていたのだろう。鈴木自身、現存する戦後最初の『昭和二一年日誌』冒頭で、五・一五事件、二・二六事件以後の経過を次のように書いている。もちろん自己弁明とも解せるが、その「陸大亡国論」は戦後世代の私たちが知る教科書記述に近い。

陸軍大学校出身者は横暴の限りをつくした。余は陸軍省、情報局等に奉職間、屢々《しばしば》意見を提出したが容れられず。却つて満洲の奥地に転出させられた。爾来再び中央に出ることなく病により熊本の補充隊長となり、恢復後動員あつて百四十六師団輜重隊長として鹿児島半島川辺地区に駐屯中休戦になつたが、満洲事変から支那事変、大東亜戦争と一連の戦争間、日本は遂に泥沼に滑り込んで溺れたのである。思想を知らず科学技術を無視し戦術一点張の陸大出身者が日本の国を亡した様なものだ。遠く遡れば帝大の教育、文部省の教育が悪い。堕落した政治家を養成したのが事の始りだ。国危しとして軍閥が取つて代つた。然るに其の軍閥が自惚《うぬぼれ》ばかり強い無智者であり、之に加担したのが神がゝりの学者連中、何れも精神や国体の過大評価をして敵側を過小評価し、戦力比較を誤つて戦争指導をしたのが失敗の基だ。1946-1.1

いずれにせよ、戦後は鈴木自身、情報官からの「転出」を左遷と考えていたことがわかる。以下、ハイラル時代と熊本時代を簡単に見ておきたい。

ハイラルでの闘病

鈴木庫三「昭和十八年当用日記（博文館）」は現存しており、輜重兵第二三連隊の教育・演習に関わる記事は「陣中日記」として『輜重兵大二十三連隊・独混第八十旅団輜重隊追録』

（満洲ハイラル第七四四部隊戦友会・一九八七年）に転載されている。

一九四二年八月、鈴木中佐は輜重兵第二三連隊長として満洲のハイラルに赴任した。日記を読むかぎり、左遷の挫折感は見られないが、極寒の地で体調を崩している。それまでの超人的な活動の無理が重なったためでもあろう。二代目連隊長として着任した第二三連隊は、鈴木中佐の離任後はルソン島に移動し同地で終戦を迎えている。満洲での鈴木中佐は読書に比較的多くの時間を割いていた。

花見達〔二〕君から雑誌を送つて来た。氏独自の大東亜政治論が見られる。白柳《しらやなぎ》秀湖《しゅうこ》氏から『民族日本歴史』の王朝篇を、文藝春秋社から名鑑三部を送つて来た。43-2.10

白柳秀湖はプロレタリア文学運動の先駆けとも評せられる作家だが、鈴木とはとくに気があったようである。当時は、日本文学報国会理事に就任していた。鈴木が講談社の『現代』編集顧問として送り込んだ花見達二は、国内情報を伝える手紙を何度も寄せている。もちろん、新聞社・出版社との関係も続いていた。朝日新聞社出版局営業部長の大塚貞三は、新年の挨拶とともに『朝日日記』を五部贈呈している。毎日新聞社の西村栄城も、徳富蘇峰翁が鈴木中佐のために揮毫《きごう》した書を書留で送ってきた。一月一四日、「今日は特別に暖かい」マイナス二六度のソ満国境に届いた手紙について、次のように述べている。

夕刻帰隊したら各方面から手紙が来てゐる。何れも言論界、出版界の新体制実施で重要な時だから東京に帰つてくれといふ希望ばかりだ。1943-1.14

しかし、「教育将校」に戻った鈴木連隊長の日常はここでも「教育研究」一色だったと言ってよい。

将校教育資料蒐集のため大東亜戦争に於ける軍紀風紀犯罪事例を研究した。昼食の際、その資料で教育す。1943-4.14

また、休みの日には、蒙古人の国民学校の視察なども行っている。だが、対ソ最前線の連隊長も戦況について独自な情報源をもっていたわけではない。

新聞報道によると、ソロモン群島中のガタ《〔ママ〕》ルカルナ《〔ママ〕》島及びニューギネ《〔ママ〕》ア島の「ブナ」から陸海軍部隊の撤退がある。1943-2.12

新聞報道では「転進」と表記されたはずだが、日記には「撤退」と書かれている。購読紙は『朝日新聞』であり、二月二五日には「神風賦」（現在の「天声人語」）の切り抜きが挟んであった。陸軍パンフレット『国防の本義と其強化の提唱』の先見の明を称えたコラムに、我が意を得たのであろう。「情報官」の使命感は未だに衰えていない。

竹中君から新聞を送つて来た。出版文化協会が発展的解消をして新に出版統制会が生れた。久富達夫氏が会長で大体役員の顔触れが定つた。余が在京中、久富氏を推薦して置いたのが実現したのが大出来だ。然し留岡〔清男〕氏が理事になつて雑誌を担当するのは、思想上面白くない。1943-4.17

「竹中君」は講談社編集局総務部の竹中保一であろう。「出版統制会」とは、正しくは特殊法人・日本出版会（一九四三年三月二六日設立認可）であり、理事には石川武美（配給部長）、斎藤晌《しょう》（書籍部長）、留岡清男《きよお》（総務部長・雑誌部長）、永井茂弥（業務部長）の五部長を配して、とくに雑誌部門が強化された。留岡清男は、キリスト教社会活動家・留岡幸助の四男で、法政大学教授である。三男の留岡幸男は内務官僚で東條内閣の警視総監であった。東大で教育学・心理学を学び『教育学辞典』編集や教育科学研究会設立に加わっているため、鈴木とも面識があったはずである。留岡は大政翼賛会青年部副部長、翼賛壮年団理事も務めているが、「思想上面白くない」という鈴木の言葉どおり、一九四四年六月に治安維持法違反容疑（教科研事件）で拘禁されている。こうした国内情報は、陸軍省嘱託の大熊武雄が伝えたようである。

大熊武雄君から手紙が来た。内地の事情を知らせてくれたのでいろ〳〵思想戦関係のことが明《あきらか》になつた。1943-6.17

だが、四月後半からは体調を崩して、公務も滞りがちになる。それでも無理を重ねるために病気はかなり悪化した。その情報は内地にも伝わり、輜重学校長の中村肇大佐（二五期）が鈴木を輜重学校幹部候補生隊長に転属させる運動を始めている。だが八月定期異動では発令されず、人事行政への失望が日記に綴られている。七月二八日には、ムッソリーニが失脚しイタリアが枢軸側から脱落した電報を受け取った。この時期、鈴木は高田保馬《たかたやすま》・京都帝大教授の『民族耐乏』（甲鳥書林・一九四二年）と『思郷記』（文藝春秋社・一九四一年）を読んでいた。高田は文協の文化委員兼同理事であり、委員会で知り合ったようである。

高田保馬博士の『民族耐乏』があつたので、此の貧乏物語を一気に読んで了つた。平素自分が主張し、且つ情報局時代に贅沢は敵だとばかり国民に呼びかけた思想そのものであつたので、非常に面白く興味深く読みつゞけた。先方は学者、こちらは素人の体験から来た思想が、ぴつたり一致してゐるのが面白い。1943-7.30

三日にわたり詳細な読書感想が記されている。それは逆に、多忙を極めた陸軍省情報部・情報局時代に落ち着いた読書の余裕がなかったことを示している。

高田保馬氏の『民族耐乏』と和田伝氏の『農村生活の伝統』〔新潮社・一九四二年〕と久保田万太郎氏の『浅草記』〔生活社・一九四三年〕と三冊を括《まと》めて読むことを国民指導者に奨めたいものだ。1943-9.6

一方で興味深いのは、鈴木中佐が内地の言論状況をかなり知っていたことである。

『りつ女年譜』〔舟橋聖一著・中央公論社・一九四二年〕とか『外科医の手記』〔アンドレア・マヨッキ著・柳田泉訳・改造社・一九四一年〕とか読んで見たが、まだ〳〵重大時局にこんな本が出るかと思はれる程つまらぬ本だ。中央公論社版だが、やはり『中央公論』だの『改造』だのはよくない。1943-9.15

中央公論社や改造社を告発する材料として、わざわざ内地から他社の編集者が送り付けたのであろう。同年『中央公論』三月号で谷崎潤一郎「細雪」が連載停止となり、『中央公論』六月号の岸田国士論文を契機として谷萩那華雄報道部長名の中央公論社に対する公式絶縁状が出されている。この日記が書かれる一年前、すなわち一九四二年九月一四日、『改造』八月号・九月号に掲載された細川嘉六の「世界史の動向と日本」が谷萩報道部長によって「共産主義宣伝」と批判され、細川は治安維持法違反の容疑で検挙されている。いわゆる「横浜事件」の始まりである。こうした出来事を、鈴木は手紙などで知らされていたかもしれないが、日記にそれに関連した記載はない。

熊本への転任発令

一九四三年九月二一日の深夜一一時、待ちに待った電報が到着する。日記欄外に「転任発令」と力のこもった文字が躍っている。離隊式を一〇月四日に済ませ、一〇月八日対潜警護の駆逐艦に護衛され、釜山《プサン》から出港した。救命具をつけたまま無事に下関へ到着し、一〇月一〇日には東京の自宅に戻っている。

前師団長の西原貫治閣下〔二三期・陸大三三期・中将・教育総監本部長事務取扱〕、吉積〔正雄〕整備局長、谷萩報道部長などを訪れたが、何れも不在だつた。報道部では秋山、大熊、阿部、加藤、斎藤、池田等の諸氏と会つた。会食を申込まれたが断つた。1943-10.11

だが、三日後には慌ただしく熊本に向けて出発である。東京駅で見送ったのは、家族のほかに、赤尾好夫旺文社社長、日配の久保平林《なるしげ》理事、栗原安吉東亜課長、朝日新聞社出版局の栗田二作業務部次長などである。いずれも、鈴木中佐と親密な出版関係者であるが、アクの強い仕事人ばかりとも言える。

荘司徳太郎は久保平林を「日配の道鏡《どうきょう》」と評している（荘司95：98-99)。日配の専務取締役大橋達雄（東京堂）の片腕として、鈴木情報官時代に日配運輸部長に抜擢された。雑誌流通の円滑化のため自動車運送会社を買収し、その子会社を自ら経営した。結果的に日配の輸送力を飛躍させたが、自動車輜重が専門である鈴木中佐の助言などがあったと考えられる。一九四三年六月に石川武美（主婦之友社）が日配社長になると、企画部長として雑誌の適正配分体制の確立を強引に推進した。終戦直前に理事を勇退し、郷里の上田市で製林業者に転じた。戦後復興でみごと巨利を得たが、没落するのも早かったという。

栗原安吉は、朝鮮・満洲など外地取次店・大阪屋号の営業部長から、大東亜共栄圏への配給を担当する日配東亜課長に就任している。軍部にもはっきりものを言う硬骨漢として、いくつかのエピソードを残している。大東亜省の選定した宣伝刊行物を軍に納入する際にも、お役所仕事で十数個ものハンコが必要となる。栗原は軍の担当官と大喧嘩をしたという。「戦争中だというのに、そんな悠長なハンコ行政をやっているから戦いに負けるのだ！」（荘司95：107)。戦後は株式会社日教販を総務担当重役として切り回したが、あらぬ赤字責任を押し付けられて引責退社したという。その後は信仰の道に入り、白光真宏会《びゃっこうしんこうかい》の出版局長を務めた。

鈴木中佐の熊本での仕事も依然として教育活動といってよい。予備役の総動員と下級将校の消耗は、軍隊教育を一層困難にしていた。

やはり独逸の様に少年団から国家主義的に思想の根底に培はねば駄目だ。軍隊内務上の欠陥、将校以下の執務上の欠陥は皆此処から来る。1943-12.27

とはいえ、鈴木中佐が模範と見てきたドイツの敗色も濃くなっていた。この年の二月スターリングラードの第六軍が全軍降伏し、同五月には北アフリカ戦線も崩壊していた。

着任早々の一〇月一九日、熊本師団の合同慰霊祭で、元内閣情報部長の横溝光暉と出会っている。横溝は岡山県知事を経て、一九四二年七月から熊本県知事に着任していた。「突然言葉をかけられて初めて知つた」とのみ日記に書かれている。戦況、国内政治に関する記載はほとんどないが、一一月五日の大東亜会議開催には感激したようで、『朝日新聞』第一面の「大東亜共同宣言」が貼り付けられている。その一〇日後、熊本師範学校の開校記念講演会で、東京帝大文学部教育学研究室の先輩、海後宗臣と再会している。

東京から帝大〔助〕教授の海後宗臣氏がやって来るといふので、先輩に敬意を表するため講話をきゝに行つた。十三時半から講話が始つた。最初は海後氏が「元田〔永孚《ながざね》〕、井上〔毅《こわし》〕両先生と明治の教育」といふ題で講演をした。次《つい》で陸軍中将の多田礼吉氏が「大東亜戦争と科学教育」といふ題で講演した。科学教育といふよりも戦争に対し科学の必要性を説いたもので、これはあ

まり上手な講演ではなかった。1943-11.16

「先輩に敬意を表するため」とある。本来は「二人の先輩」のはずなのだが、鈴木中佐が先輩と感じたのは、教育学者の海後だけだったようだ。もう一人の多田礼吉予備陸軍中将（一五期）も、鈴木と同じく砲工学校から東京帝大派遣学生となり、理学部で物理を学び、後に工学博士号を取得している。技術畑を歩み、兵器局長、科学研究所長、技術本部長を経て一九四〇年一二月に待命。その後、科学動員協会理事長から、終戦間際の一九四五年五月に技術院総裁に就任した。

海後宗臣は鈴木より七歳年下だが、帝大派遣時代の教育学研究室助手である。その後、国民精神文化研究所員を経て、一九三六年東大助教授となっている。教育勅語の研究など教育史研究をリードし、戦後は東大教育学部長、日本教育学会会長を歴任した。鈴木は「帝大教授」と書いているが、教授昇進は終戦後の一九四七年である。東大退官後、海後は『教育学五十年』（一九七一年）で、戦時下の教育学に関連して鈴木庫三に触れている。

さらに戦争と密着した教育論書も刊行されて注目をうけていた。陸軍報道部に職をもっていた鈴木庫三氏の『教育の国防国家』（昭和一五年）、阿部仁三氏の『総力戦と国民教育』（昭和一七年）などが国民教育の課題を提起していた。またこの系譜の教育著作として注目されていたのは倉沢剛氏の『総力戦教育の理論』（昭和一九年）であって、五〇〇頁に近い大著である。（140）

「陸軍報道部に職をもっていた」という表記では、阿部が陸軍省嘱託であるように鈴木庫三が職業軍人であったかどうかさえ判然としない。

敗戦から八年後、阿蘇に引き籠もっていた鈴木は、海後教授からの手紙を受け取っている。

東京大学の教育学部長の海後宗臣氏から手紙が来た。十年振りに東大の様子を知ることができたが教育学科が部に拡張され、中に種々な研究部門ができて随分変つたものだ。上村福幸先生は六十歳の停年が来て此の三月三十一日限り退職とか、吉田熊次先生、林博太郎先生は何れも八十歳を超えたとやら、入澤宗壽先生は他界されたといふ。私共の知つた人々は海後氏を始め岡部弥太郎氏、宗像誠也氏など何れも教授になつてゐる。1953-2.23

鈴木庫三は、海後にとって、いつまでも助手時代の「学生」だったのだろうか。

2――阿蘇の農民生活――沈黙した大佐

阿蘇山麓への引き籠もり

ポツダム宣言受諾の結果、日本本土に聯合軍が進駐し、武装解除を受けるといふので、十七日以降師団命令で重要書類は勿論、地図、私物書籍、手帳の類まで焼却を命ぜられた。これがために最も記念すべき昭和二十年の日誌と昭和十八年〔十九年の誤記〕の日誌とを焼き棄てた。1946-1.1

「鈴木日記」の欠落（日米開戦前後の一九四一年、一九四二年と終戦前後の一九四四年、一九四五年が見当たらない）はこの焼却命令のためだ。部下に焼却を命じながら、自らの日記だけを残すことはできなかったのだろう。

終戦の二カ月前、鈴木中佐は大佐に昇進していた。一九四五年九月二三日部隊の復員を完了し、部下を頼って熊本に移った。熊本の風土と人柄に感銘を受け、一〇月一二日には旭志村《きょくし》伊萩《いはぎ》に農地を購入している。一一月には購入した畑に種蒔きを行い、家族を呼び寄せる準備を整えた上で、一二月六日ようやく東京世田谷の自家に戻っている。

欧文社、講談社、久保平林君、栗原君訪問。終戦と共に利害関係なくなり態度一変せる人情を知る。1945-12.7

この時期、鈴木大佐に関わることは出版社にとってリスクが大き過ぎた。同月、講談社も旺文社もGHQ民間情報局に「戦争協力出版社」として資料提出を求められている。さらに翌一九四六年一月二一日、民主主義出版同志会は両社を含む七社に対して日本出版協会からの除名決議を行っている。敗戦後に講談社取締役となった萱原宏一は『私の大衆文壇史』（一九七二年）で次のように書いている。

それにしても、一言半句も〔軍部に〕意見を述べず盲従し、進んで軍官に阿諛迎合した人々が、戦後自分の行動をすべて官や軍の強制強圧によるものとして、死んでしまった軍や、情報局に濡れ衣を着せることによって、戦後の激変した時代に、再び阿諛しようとする動きも、目立ってきた。（303）

加えて、一九四五年一二月八日、自宅を講談社の高木義賢前専務に買い取ってもらえないかと打診に来た鈴木大佐について、自称「愛国者」萱原宏一は次のように書いている。

私は鈴木さんに対して、戦争中といえども、やり過ぎるとは思っていたが、特に悪感情を抱いた覚えはない。上司の胸中を臆測し、また独断で、猟犬のごとく奔走し、必要以上にやりつけた、その権力的官僚的独善性は、決して私どもの心情に合致するものではなかった。けれども、非常時局の歴史のどこかに、鈴木さんのような人物が、必らず一人や二人は登場するものなのである。その意味において、私は鈴木さんの存在を認めていたのである。(307)

自宅の売却と荷造りを終えて熊本に再出発するのは、一九四六年一月二二日である。それ以後の日記には、生活の困難と農作業の苦労が綴られている。だが、公職追放となり「沈黙」したまま田園に逼塞《ひっそく》した一軍人の生活について、ここで多くを語る必要はない。自決したもの、収監されたもの、転向したもの、そうした職業軍人が世の注目を浴びたけれども、鈴木大佐と同様、「語らず、書かず、出歩かず」の姿勢を堅持した元将校が圧倒的に多かったはずである。

阿蘇山麓への引き籠もりを決意したのは一九四五年九月ごろだろうが、やはり戦犯指名を怖れてのことだったと言えよう。敗戦から二、三週間後には、早くも「東條軍閥の代弁者」として鈴木庫三を名指しで批判する記事が新聞紙面に登場したと、子供たちは記憶している。その記事を特定できなかったが、旧軍人の多くが戦争犯罪人として裁かれる不安を抱いた。たとえば、一九四五年一二月一日付『毎日新聞』第一面トップには「善良な軍人まで指弾は遺憾　軍閥の意味誤解するな」の見出しで、自由党北玲吉《きたれいきち》が衆議院本会議で行った質問が載録されている。議会議員の間でも「次は〝我が身〟の木枯――噂と不安の旋風」（同一二月四日付）が吹き荒れていたのである。もちろん、後世の後知恵から言えば、鈴木大佐が収監されることはなかっただろう。言論統制の関係で戦犯指名された軍人はいない。いや正確にいえば、横浜事件の引き金を引いた谷萩報道部長が、インドネシアで収監されメダン法廷で刑死している。だが、それは第二五軍（スマトラ）参謀長としてオランダ人捕虜虐待の罪に問われたもので、横浜事件のためではもちろんない。

しかも終戦当初、新聞雑誌で批判の矢面に立たされたのは、鈴木少佐ではなく陸海軍の報道部長、大佐クラスである。一九四五年一二月八日、敗戦後はじめての開戦記念日、日本共産党ほか五団体共催による戦争犯罪人追及人民大会が神田共立講堂で開催され、天皇皇族から軍部、官僚、学界、言論界など各方面、一六〇〇余名におよぶ戦争犯罪人名簿が読み上げられた。一二月一二日付『赤旗』再刊第六号掲載のリストでは、軍閥関係として以下の名前が挙げられている。

軍閥――畑俊六・永野修身・寺内寿一等大将三十七名。武藤章・富永恭次《とみながきょうじ》、谷萩那華雄、石原莞爾、根本博、平出英夫、遠藤三郎以下七十九名及び一切の職業憲兵、陸海軍省軍務局課員および一切の特務機関員

陸海の報道部長、谷萩那華雄や平出英夫の名前があるが、「以下七十九名」の中に鈴木庫三

が入っていたかどうか、『赤旗』記事では不明である。いずれにせよ終戦直後、言論統制者として名前が最初に挙がった軍人は、少なくとも鈴木庫三ではなかった。

鈴木庫三の名前が戦争犯罪人リストとして挙がった最初は、確認できるかぎりでは一九四六年六月二〇日に日本美術会が日本民主主義文化連盟に提出した「美術界に於て戦争責任を負ふべき者のリスト」(『日本美術会報』第三号)である。井上司朗(情報局文芸課長)、中村恒夫(航空美術協会理事)、山内一郎(陸軍報道部員)、住喜代志《すみきよし》(陸軍美術協会)、遠山孝(美術記者)、横山大観(芸術報国会会長)、児玉希望(美術及工芸統制会理事長)、藤田嗣治(画家)、中村研一(画家)、川端龍子《かわばたりゅうし》(画家)、鶴田吾郎(軍需生産美術挺身隊隊長)、長谷川春子(女流美術家奉公隊長)、中村直人(彫刻家)とともに、「軍部のとつた美術破壊政策の実践を直接担当した軍人」として挙げられている(南:202)。この日本美術会設立に際して、「自らの肉を衝き、骨を削る態度をもつて」画壇の粛清を訴えたのは、「生きてゐる画家」で鈴木少佐を批判した松本竣介である(南:200)。だが、松本自身も航空美術展に戦争画「航空兵群」を出品していた(宇佐美:487)。驚くべきことは、鈴木少佐の「国防国家と美術」座談会で司会を務めた荒城李夫まで戦犯追及側に立っていたことである。菊畑茂久馬『絵描きと戦争』(一九九三年)は、こう書いている。

高圧的な戦争美術論を終始展開していた評論家までが、「問題は必要以上に軍と協力し戦争を鼓吹したかにある。そうすると戦争中ファシズムに便乗して陸軍美術協会の牛耳をとったその幹部あたりが該当するのではなかろうか」(荒城李夫)とまで提唱する。占領軍の戦争犯罪者追及のお先棒をかついだ新たな「新生日本」のデモクラシーの鬼たちが次々と跋扈して暗澹たる狂った季節を現出させる。「日本美術会」創立のメンバーの中には錚々たる戦争画家がまぎれ込んでいたのである。(15)

戦犯を追及する側にこうした戦争画家や陸軍美術協会会員が含まれており、この御都合主義的な告発は茶番劇として忘れ去られた。

それでも鈴木が戦犯訴追の不安から完全に解放されたのは、一九四九年のことである。その一週間前、一九四八年一二月二三日東條英機ほか七名のA級戦犯が絞首刑になっている。

東京裁判のA級戦犯の審理判決は終つた。捕虜関係の裁判も終つた。松村秀逸氏は郷里の「八代《やつしろ》市」日奈久《ひなぐ》に居る。我等報道関係の戦犯はもう裁きもあるまい。して見ると、此の問題は済んだ。進駐軍との接触から来る諸問題は初めに想像した程ではなく、今は全く心配なくなつた。1949-1.1

「言論統制の思ひ出」

そうした「全く心配なくなつた」状況が一変するのは、序章で述べたごとく、石川達三『風にそよぐ葦』の新聞連載以後のことである。この間、鈴木庫三は阿蘇山麓で家族とともに農作業を行っていた。だが、『風にそよぐ葦』のモデルについて」を収めた黒田秀俊『血ぬられた言論』（一九五一年）を、鈴木は発売後間もなく読んでいる。ちょうど、恩師である梅地慎三が熊本の鈴木家を訪問していた。

〔梅地先生と〕元の岸〔信介〕商工大臣、安倍〔源基〕内務大臣等追放解除後の再起の話にも及んだが、言論界に於ける私の情報局時代の印象はあまりにも強く残つてゐるので、岸、安倍両氏など丶名を連ねて日本再建の青年教育などに乗り出すと誤解され、又反対派の政治的謀略に利用される危険があると警告をされてゐた。やはり陰の人として働いて時を待つか、無難の方向（例へば宗教方面）に行くより外はあるまいと思つた。1952-11.22

翌日、梅地先生を熊本駅まで送ってから、『血ぬられた言論』を一気に読み続けている。

情報局時代の私のことも次々に書かれてあるのが出てくるので、あの時代の苦しい愛国的な活動が甦つて来る。誤れる為政者がなすべからざる冒険を敢えてするに至つたあの世相、如何に自分が勝算のない戦争に反対であらうと其の意見も用ゐられずに宣戦の詔勅にまで及んだ今日、軍人の道徳を生きて実践するためには一切を白紙にして命がけで少しでも戦力の出る様に働かねばならぬ立場に置かれた武人として当然の行為であつたが、結果から見て批判する人は勝てば官軍の古諺《こげん》の範疇《はんちゅう》外に出ることはできまい。1952-11.23

その一〇日後、反論として『言論統制の思ひ出』を執筆しようかと思い悩み、「感情が高まつて来て、殆んど眠れなかつた」とある。しかし結局、その著作は書かれることがなかった。

こうした鈴木の沈黙が「鈴木少佐の悪名」を倍加させた。『東洋経済新報別冊』第一三号

（一九五三年）に、改造社編集総務の富重義人が「馬場恒吾と鈴木庫三少佐」のエッセーを寄せている。書き出しは、「バカッ！　貴様かァ？　馬場の原稿をとりに行った奴は……国賊奴《め》！」。馬場恒吾の論説「政治力の問題」を『大陸』に掲載した際、鈴木少佐からかかってきた電話という。

改造社の出版編集総務ともあらうものが、かくまで造言を以て読者に偽りの言論を公にするかと思ふ。（略）初めから電話で馬鹿呼ばはりしたとかよくもあゝした虚言が出たものだ。それに較べると『血ぬられた言論』を書いた黒田秀俊氏の方が良心的である。然し彼も自分に都合の悪いことは少しも書いてゐない。こうなると新聞雑誌放送が無冠の大王となり、暴君となり、民主政治の名の下に彼等が平素悪罵を浴びせてゐる独裁者に取つて代ることになる。（略）『改造』でも『中央公論』でも戦時中解散を命ぜられたが、若し此の様な記者なり編集総務なりの態度であつたとしたなら、解散を命ぜられるのは当然である。何所《どこ》の国でも戦争遂行上言論を統制しない国はない。米国の如きは既に独立した日本で作られた映画《原爆の子》〔新藤兼人監督自主製作映画・一九五二年〕等を国際的医学研究会に公開することすらも裏から圧力を加へて禁止してゐるではないか。1953-3.18

そうした「造言」「虚言」へも反論できない無念さを鈴木は噛みしめていた。たしかに、『風にそよぐ葦』の神話」への便乗が露骨である富重の証言は信憑性に乏しい。馬場恒吾を嫌って「機会あるごとにその名をあげて、かれの執筆を抑えようとした」情報官として、中央公論社の畑中繁雄は、鈴木少佐ではなく元『都新聞』政治部長の田代金宣の名前を挙げている

（畑中：87）。

一度メディアが報じた「悪名」を訂正することは至難である。戦後、一農民となった鈴木には反論すべき手段も機会も与えられてはいなかった。

3――「青い山脈」と「花の生涯」

公民館長の青年学級

一九五一年、鈴木一家の農業はようやく軌道に乗ろうとしていた。二人の娘はすでに嫁ぎ、やがて長男が高校に進学した。しかし、五〇歳代後半となり体力も衰えはじめた鈴木だけで農作業を続けることは難しくなっていた。前年一一月から開始された旧軍人の追放解除を、鈴木はいまや遅しと待ち構えていた。日記には、新聞発表のたびに切り抜かれた追放解除者リストが挟み込まれている。結局、鈴木大佐は解除されぬまま一九五二年四月二六日、最後の追放解除者二九名の発表を迎えた。もちろん、その中に自らの名前を探している。

今日の新聞で第十四回の追放解除が発表になつた。徳富蘇峰、菊池武夫等もある。徳富蘇峰先生の文化奉公会会長は私が情報局在任中、大熊武雄を使にやつて山中湖畔に病気静養中の先生を出馬してもらつたのであるが、之がために追放になつた先生が解除されたことは私自身が解除になつたよりも安心である。さて私の分は未だ解除にならないらしい。大佐級で解除にならないのは殆んど私一人かも知れぬ。岸信介氏は解除になつたのを再び逆戻してそのまゝと報ぜられるが、これは国際関係から来たらしい。何れにしても講和条約の効力発生と共に追放令廃止で追放はなくなるだろうと思ふ。1952-4.26

実際、その二日後、四月二八日サンフランシスコ対日講和条約の発効により、岸信介や鈴木庫三を含む残りの約五七〇〇人の公職追放が自動的に解除された。

この年一月、すでに鈴木は伊萩の田畑を処分し、菊池郡大津町に転居していた。その翌年、一九五三年六月、鈴木庫三は晴れて大津町公民館長に就任した。自ら編集兼発行人となった地域月刊紙『大津弘報』の一九五三年六月二〇日付創刊号に、就任挨拶を掲載している。

顧《かえりみ》れば歴史始つて以来、未だ嘗て例のない大敗戦の苦盃をなめた我が国は、昨年四月独立を恢復し、落付《おちつき》を取戻して、いよいよ新日本再建の熱意が高まつて参りました。

それは、鈴木自身の教育者としての新たな熱意の高まりでもあった。新公民館長は、とくに勤労青年の青年学校開設、婦人会活動に力を注ぐことを表明している。就任以来、『大津弘報』にコラムや「町づくり村づくり」(一)〜(九)、「通俗哲学」(一)〜(六)などを書き続けている。「青年の使命」を説き、「民族の個性」の大切さを訴えることで、戦時下の言説からほとんどブレるところがない。また、戦時下の『新若人』とおなじように、青年たちを集めて「営農座談会」や「酪農座談会」を行って紙上に発表している。

公民館職員として鈴木館長とともに働いた吉村昌之さんは、二〇〇三年七月二〇日、次のように回想してくれた。

「若者に対する期待が大きく、教育が大切だとよく口にしていました。当時、男女がフォークダンスなどすると眉をしかめる人が多かったが、鈴木館長は目を細めて見ていました」

まだ軍服を改良した上着を着ていた鈴木館長が、阿蘇山麓でフォークダンスに目を細めている話を吉村さんから聞いていると、石坂洋次郎の新聞連載を映画化した今井正監督《青い山脈》（一九四九年）の主題歌が耳に響くような気がした。女学生たちが自転車に乗ってさわやかに走る有名なシーンは、阿蘇の麓であってもおかしくはないように思えた。日中戦争下の「鈴木日記」の一節を思い出したからである。一九三九年二月一七日、陸軍省情報部員として熊本で講演した鈴木少佐は、はじめて阿蘇山を訪れている。阿蘇の雄大な景色に心を打たれたのだろう。当日の日記はめずらしく三頁にわたる長文で、最後には詩まで書き残している。

葦原の阿蘇の姿の雄々しさは、日本男《お》の子の心ともなれ。
葦原の阿蘇の麓の優しさは、日本乙女の心ともなれ。

一九五三年一一月二〇日、大津町教育委員会主催の講演会に講師として九州大学教育学部長・平塚益徳教授（後に国立教育研究所長）が訪れた。その晩は、大津町教育委員長を加えて三人で深夜まで昔話に花を咲かせている。

〔平塚〕氏は私より一年先輩の東京帝国大学教育学部〔ママ〕〔正しくは文学部教育学科〕出身で氏の国民精神文化研究所時代には、私が陸軍省や情報局に勤めて、伏見猛彌氏、阿部仁三氏等と共に親しくしていた。（略）氏が広島文理大の専攻科を指導していた時に会ったのが最後で、昭和十六年頃と思うが丁度十二年にもなる。（略）同じ大学を出ても敗戦の結果、学者と武人との間に雲泥の開きができてしまった。（略）戦時中、精神的に協力して戦わねばならぬと思想戦を推進した戦友の伏見、阿部両氏それぞれ教科書会社の編集部長をしていることをきいて、我がことのように嬉しく安心した。教育学懇談会の名簿もそのうち送ってくれると言っている。1953-11.20

ちなみに、これから一〇年後、一九六三年に平塚が第四代所長に就任した国立教育研究所は、鈴木と平塚が「教育の国防国家建設」を論じ合った国民精神文化研究所の跡地に建てられていた。平塚所長は、そのとき鈴木や伏見、阿部のことを思い出していただろうか。

一方、鈴木は翌年一月から大津町公民館に青年学級を開設した。女子学級のみだが、鈴木は新聞を教材にした社会科や作文を熱心に教えている。しかし、人々が公民館に集まるのは、時々行われていたアメリカの古着即売会のときぐらいであった。教育活動を再開した鈴木は、公民館の改革に乗り出そうとしていた。

従来の公民館活動が郷土振興や祖国再建の社会教育に縁遠いことが多かったからである。（略）そのために公民館は歪んだ方へ発達してダンスホールのようになり有閑夫人のための公民館となり、極めて少数の青年や町の比較的生活の楽な人々の公民館になり下って了った。1954-3.5

鈴木館長は公民館の青年学級を拠点とした社会教育運動の開始を日記で宣言している。だが、その四日後、一九五四年三月九日、鈴木館長は農業教育の中心である合志《ごうし》義塾の開講式に招かれ、議論の最中に脳梗塞《こうそく》で倒れた。数日後、意識は快復するものの館長を辞職し、以後寝たきりの生活が続いた。

『大津弘報』に連載した「通俗哲学」の第六回「人間の幸福」（一九五四年二月一五日）は、最後の公的な文章といってよいだろう。日本とアメリカの生活水準の差を指摘した上で次のように書いている。国防国家の唱道者として、総力戦を戦った教育将校が到達した地点である。あるいは、総力戦体験の中でも変わらなかった「鈴木庫三の人生観」というべきだろう。

貧乏国日本の国民がアメリカ人の古着を買って着るのは仕方がない。それは外形の問題であるが、古着に包まれた中身の精神生活だけは彼らの古着になりたくないものである。外見はどうあろうとも日本人の心は、どこまでも大和魂でありたい。日本人は日本人らしい精神生活によって、異彩ある文化を創造して人類文化に貢献して行きたいものである。と言っても私は徒らに自惚《うぬぼれ》排他の思想を鼓吹するものではない。物質的富力に不当な価値を与え、之を礼讃するのあまり、盲目的に優勝模倣に走り、民族の個性も文化の個性も退色して精神的に民族が滅亡することを虞《おそ》れるものである。

茅葺《かやぶき》の小さな掘立小屋の中にも読書の楽しみはある。又破屋の隙間《すきま》から中秋の明月を眺めつゝ大自然の美を自己の精神生活にとり込むこともできて、そこに詩情も涌いて来る。更にそれ等の破屋の中に雨露をしのぎながらも、そこに和合して光に満たされた家庭生活を営むこともでき、その小庭を菊の香や梅の香に満たすこともできるだろう。

約一〇年の病床生活ののち、一九六四年四月一五日、かつて「日本思想界の独裁者」とも呼ばれた鈴木庫三は静かに息をひきとった。

世の中は、半年後の東京オリンピック開催にむけて熱気を帯びようとしていた。この年は、一九四五年の敗戦以上に日本社会の大きな転換点だった。高度経済成長の加速によって地方対中央、農村対都市、大衆文学対純文学、大衆対知識人という近代日本の枠組みが解体された画期である。日本は「豊かな社会」に向けて驀進しようとしていた。鈴木庫三はそうした日本社会の変貌をどのように眺めていたのだろうか。

「花の生涯」を眺めながら

鈴木庫三は、世田谷区の豪徳寺境内に眠っている。自動車学校教官時代に夭折した愛娘のために建てた墓、そこに自分も入ることは生前から決めていたにちがいない。そこから幕末の大老井伊直弼《なおすけ》の墓所まではわずかな距離である。

安政の大獄と昭和の言論統制、それはペリー黒船来航から始まって戦艦ミズーリ号上の降伏調印で終わった近代日本、その政治的悲劇を象徴している。奇しくも鈴木の亡くなる一年前、一九六三年四月から始まったNHK大河ドラマの記念すべき第一作は、井伊直弼を尾上松緑が演じて大ヒットした《花の生涯》であった。舟橋聖一の原作は『風にそよぐ葦』の連載終了から一年後、同じ『毎日新聞』に連載された。病床の鈴木庫三もその大河ドラマを見ていたという。

井伊直弼。彦根藩主の第一四男、しかも側室の子である。よもや大老になろうとは誰が考えただろうか。本来なら他家に養子にいくか、部屋住となって捨扶持《すてぶち》で一生を送る運命である。五歳で母を失い一七歳で父が亡くなると、三〇〇俵の捨扶持を与えられて城を出された。直弼はそこで次のような歌を詠んだ。

世の中を　よそに見つつも　うもれ木の　埋もれておらむ　心なき身は

このまま埋もれてなるものか、その思いを込めて直弼は陋屋《ろうおく》を「埋木舎《うもれぎのや》」と名づけ、ひたすら文武の修養に励む。が、直弼三二歳、花の舞台はめぐってきた。世子が病死したため、一三代彦根藩主となる。持ち前の忍耐力と対処力で足場を築き、決死の覚悟で国難に立ち向かう。

この桜田門外に散った「花の生涯」を、病床の鈴木は自らの生涯と重ねていただろうか。豪農の一〇人兄弟の六男に生まれ、里子に出されて極貧の生活から苦学を重ね、血の汗を流して働いた日々。輜重兵科に配属され陸軍大学校の夢やぶれた鈴木庫三士官候補生、二五歳の日記にこうある。

殊ニ前途ヲ阻害サレテ居ル輜重兵科ニ身ヲ委《ゆだ》ヌルニ就テハ、仮令《たとえ》幸運ニアルモ不快ハ去ルマイ。然シ人間万事塞翁ガ馬デアル、意志サイ〔ママ〕強固ニシテ国家的ニ活動スルノ覚悟ガアツタナラバ、決シテ社会ハ見捨テマイ。必ズ栄光ノ花ハ、後ニ開クデアラウ。1919-7.31

それから、二〇年が過ぎた。「栄光の花」はたしかに咲いた。一時は陸軍を代表する国防国家のイデオローグとして時代の脚光を浴びた。その絶頂にあった一九四〇年の大晦日、万感の思いが日記に綴られている。

今年は極めて忙《せ》はしい年だつた。然《しか》し自分が一月上旬に書いた論文、「国防国家建設の提唱」は歴史的なものだ。その論文の理念によつて国家は今動いて居る。二千六百年の光輝ある歴史を飾る論文と言ふてもよい。事情あつて之は公にされなかつたが講演では盛に宣伝した。又独伊の国防国家論と共に日本の進路を説いて歩いたのが俄然輿論となつた。年末近くなつてから余の監修で『世界再建と国防国家の建設』といふ論文を朝日新聞から公にした。これが大好評。続いて余の著述で『教育の国防国家』と云ふ書を公にした。これは目黒書店から出したのだが、教育界に大好評。近く『国防国家と青年』といふ書を公にすべく準備中である。其他雑誌によつて宣伝した国防国家論は枚挙に遑《いとま》がない。要するに国防国家論の本家本基が鈴木少佐といふことになつた。これは何うしても日本歴史、就中《なかんずく》昭和維新史の一枚に基〔付〕らるべき問題だ。今後益々活躍せねばならぬ。十二月六日には情報局が出来、余は情報局情報官高等官五等で武官のまゝ文官になることになつた。ここでまた雑誌や出版物を指導して思想戦の陣頭に立つことになつた。出版文化協会は余が主任になつて監督することになつた。日本の出版界を左右し同時に思想戦を指導する重任を負はされた。

幼少の頃、母が「我の子には末の方で国家の重要な仕事をする子がある」と幾度となく言つた。それは誰れだらうと何時《いつ》も言つて居たが、何とか其の本人が余にある様な気がする。然し今は父母は現在しない。定めし天にあつて見守つてくれるだらう。1940.12.31

井伊大老は生前に自分の戒名を用意していた。「宗観院柳暁覚翁大居士」という。「柳暁覚」

の文字には、日本の夜明けに目覚めて自然体で嵐に立ち向かう柳と自らを擬した、醒めた炎の如き決意が込められていた。

鈴木大佐も早くから自ら戒名を用意していた。「文武院憂国居士」。「文武院」とは、「情報局情報官高等官五等で武官のまま文官」。日本大学文学部を首席卒業して倫理教育学科の助手を務め、東京帝国大学に派遣され教育学を学んだ陸軍将校。「憂国」とは、昭和維新の夢を教育国家建設に懸けた情熱。没後、住職が俗名から「庫」、ふるさと筑波山麓を示す「岳」の字を挿入し、その墓には「文武院憂国庫岳居士」と刻まれた。

「教育国家」の終焉?

『花の生涯』の夕刊連載開始に一ヵ月遅れて、一九五二年八月二〇日、同じ『毎日新聞』朝刊で石川達三『青色革命』の連載が始まっている。『風にそよぐ葦』完結から一年ぶりの石川作品である。主人公、元「日新大学」教授、小泉先生一家の戦後生活を描いた風俗小説である。オールド・リベラリスト小泉教授の大学復帰に反対する久松文学部長について、「生徒を煽動したり群衆を動かしたりすることには一種の天才をもっている」と小泉先生は評している(237)。文協職員として鈴木少佐の演説を直に聞いた、和辻門下の勝部真長は、当時を思い起こしながらこう語ってくれた。

「敵ながらスズクラの演説は上手かった。思わず引き込まれてしまうような熱弁だった」

『青色革命』の久松教授に、日新大学ならぬ日本大学の助手から学者の道を選んだ場合にありえたであろう「鈴木教授」の姿をダブらせてしまう。

久松君という人はね、自分が受けた教養よりは、自分の性格の方が強いんだ。（略）教養は一ぱい持っているが、教養なんか糞食らえという性根があるよ。つまり久松個人がのさばり返ってね、総長が何と言おうが小泉が頭を下げて頼もうが、嫌だとなったら梃子《てこ》でも動かんね。その時はこの野郎と思ったけれど、あとから考えてみると、久松君の方が僕は却って気持がいい。喧嘩をしたって、あの方が喧嘩の仕甲斐がある。正岡さんじゃあ喧嘩になるまい。喧嘩の出来ない人間なんて君、やっぱり片輪だろう。喧嘩というのは、個性が喧嘩をするんでね。個性のなくなった人間は喧嘩しないよ。（165）

鈴木庫三が「個性」の強さにおいて陸軍内でも突出していたことは、陸軍省情報部で鈴木中佐と同じく「無天組」だった総務担当の冨永亀太郎少佐が回想『猪突八十年』（私家版・一九八七年）に書いている。「個性の強い人」鈴木中佐について、冨永少佐は「仕事に熱心の余りのことと思うが、余りに個性をむき出しにしたことはいたゞけない」と評している（91-92）。

たしかに、鈴木庫三とは、貧しい青年が国家を双肩に担う大志を抱いた近代日本の強烈な「個性」であった。もちろん、明治にあった「坂の上の雲」は消えて、鈴木青年の前には閉塞感ただよう現代システム、「天保銭組」の陸軍官僚制とブルジョア的な「趣味の壁」が立ちはだかっていた。その両方に対して「個性をむき出しに」喧嘩を挑んだ人間こそ、「鈴木少佐」

なのである。

もちろん、鈴木少佐の「国防国家」論は戦争の勝利を前提としていた。しかし皮肉なことに、目標であった「教育国家」は必ずしも勝利を必要としなかった。総力戦遂行のプロセスそのものが、社会の平準化を促し、国民国家の統合が強化された。つまり、戦争国家は福祉国家を必然化させ、教育改革は敗戦の中でも、あるいは戦勝の場合以上の速度で動きはじめた。一九四三年一〇月一二日、「教育ニ関スル戦時非常措置方策」が閣議決定されて全国の大学、高等学校、専門学校の文科系学生の「特権」だった徴兵猶予が停止された。それから六日後の一〇月一八日、経済的理由により就学困難な学生に奨学資金を貸与する財団法人・大日本育英会が設立されている。

この稀有な教育将校は、その後、高度経済成長に邁進する戦後日本をやはり憂いつつ亡くなったのだろうか。一九五五年に五〇%を超えた高校進学率はその後も急上昇を続け、建前としては貧富の差なく高等教育を受ける機会を保障された大衆教育システムができつつあった。はたして、彼が夢見た「誰でも教育を受けられる国」は実現した。だが一方で、国民大衆の進学熱はそれまで一部の富裕階層の「地獄」だった受験勉強を、国民総動員の「戦争」へと変えていった。戦前から使われた「受験地獄」に代わり「受験戦争」という新語が登場したのは、ちょうど鈴木が没する一九六〇年代半ばである。「教育の国防国家」を説いた教育将校の目には、それはどのように映っていただろうか。

そして、二一世紀の日本。「受験戦争」は過去の記憶となり、戦中から続いた平等主義の「教育国家」は、大きな曲がり角にさしかかっている。努力はダサく、知識よりも趣味が評価される現代日本で、大志とともに青少年から喧嘩の気概も失われている。鈴木少佐の悲願であった「教育国家」はこのまま終焉を迎えるのであろうか。

あとがき――鈴木庫三とは何者だったのか

何かを言い残そうとしながらも沈黙した、その人の声を聞きたい。
そうした想いが出発だった。この本が出来るまでの道のりを振りかえることで、「あとがき」とさせていただきたい。

もう十数年の前のこと、私はNHKテレビの画面で、熊本在の郷家の床に横たわる鈴木庫三の姿を見た。かれは病床から手を振り上げて、戦時中の自分の行動が正しかったことを絶叫していた。(545)

美作太郎『戦中戦後を歩む――編集者として』(一九八五年)の一節である。これを読んだときから、私の鈴木庫三研究は始まった。私が鈴木庫三という名前を意識するようになったのは、『「キング」の時代――国民大衆雑誌の公共性』(二〇〇二年)の執筆中であった。講談社や岩波書店の社史などで戦時下の出版史を整理していて、言論ファッショ化の「元凶」として何度もその名前に出くわした。

これまでの戦時言論史の多くは、「軍部独裁」を糾弾する被害者(執筆者・編集者)の証言を中心にまとめられてきた。戦後は日本出版学会会長などを務めた美作太郎も、『日本評論』編集者として横浜事件で逮捕されている。『覚書　昭和出版弾圧小史』（一九六五年）の畑中繁雄、『言論の敗北』（一九五九年）の藤田親昌・渡辺潔など、いずれも横浜事件に連座した体験者である。そうした体験は、たしかに忘れられてはならない貴重なものである。だが一方で、そのために戦時言論史は、被害者史観で塗り固められてきたとも言える。

『覚書　昭和出版弾圧小史』を書評した久野収（『世界』一九六五年一一月号）は、ボーヴォワール『或る戦後』から次の言葉を引用している。

　首切人には状況の本質はわからないが、切られる方は生死にかかわる瞬間として、その状況を直視しないわけにはいかない。

そして、こう続けている。加害者側が証拠をすべて湮滅《いんめつ》し、口をとざしているが、彼らがたとえ口をひらいたとしても、被害者以上の証言がでてくるわけではなかろう、と。もちろん、被害者にしか痛みはわからないという糾弾側の主張に耳を傾けたい気持ちは理解できる。だが、こうした被害者証言を聖典化してしまうと、加害者側には弁明の余地さえ残されず、ただ沈黙することしかできなくなる。実際、言論弾圧を行った「加害者」側の証言は極端に少なく、「被害者」側への反対尋問もほとんど行われてはいない。だが、公正な歴史記述のためには、反対尋問が不可欠なのではあるまいか。鈴木庫三が「言論の首切人」として悪役扱いされながら、彼が残した膨大な著書、論文、座談会に関心を示した研究者はこれまでほとんどいなかった。もちろん、鈴木庫三が本当に「首切人」だったかどうか、まずそこから検討すべき必要はあるだろう。もし、「首切人」であったとしても、ボーヴォワールとは逆に、全体状況を見わたすことができたのは、「首切人」だけだったということもあるのではないか。

正確に言えば、「鈴木少佐」に注目した研究者が一人は存在していた。言論報国会理事だった自身の戦争協力体験を踏まえて『国家悪——戦争責任とは誰のものか』（一九五七年・中央公論社）をものした大熊信行である。「大日本言論報国会の異常的性格——思想史の方法に関するノート」（『文学』一九六一年八月号）を、鈴木庫三と和辻哲郎の「国内思想戦」論争から書き起している。

> 戦争期の思想情勢を有効に取り扱うには、まず思想そのものの国内的な対立に視点をおくことが必要であるが、鈴木・和辻論争は、おのずからその対立の頂点が波間にあらわれたものとみなければならない。わたしは戦争期の思想に主戦と反戦の対立があったとする見かたを、あまり重視しない。もちろんあの時期に、非戦・反戦の思想が伏在していた事実を尊重するけれども、しかし書かれるべき思想史としては、戦争支持者の間における思想上の対立にこそ、興味の焦点がおかれるべきものだと考える。(2)

そして、大熊は戦争支持者の対立軸には、「資本主義体制の擁護を念とするものと、戦争体制の強化の過程をとおして社会主義体制への接近を志向するもの」があったという。もちろん、それが和辻と鈴木の対決だったとは、残念ながら述べていない。海軍寄りの知識人と自称する大熊もまた、鈴木少佐が何者であったか十分に理解してはいなかった。しかし、こう書き添えている。

鈴木・和辻論争を起点とした戦争期の記述があらわれることを、わたしは待っている。「国内思想戦」は史家の研究にあたいする奇怪な事件である。それに関する従来の文献には、歴史の生命がみとめられない。(二)

本書は、鈴木・和辻論争を終点とした歴史記述である。「歴史の生命」の有無は読者の判断に委ねたい。

＊

今思えば、「鈴木少佐のテレビ・インタビュー」の一文を読んだとき、私は不思議な確信を抱いた。カメラの前から逃げようとはしなかった「鈴木少佐」は、きっと何かを歴史の審判のために残しているはずだ、と。

そこで集めた膨大な雑誌記事(実際にコピーを入手したものだけで約一二〇本)や著作類(単著五冊、共編著二冊、分担執筆四冊)。だが、手元にある「鈴木少佐」の人物データは極端に乏しかった。

鈴木庫三、一八九四年(明治二七)年、茨城県生まれ、陸士三三期卒、一九二一年輜重兵少尉任官、東京帝国大学文学部陸軍派遣学生、陸軍自動車学校教官を経て、一九三八年陸軍省情報部、

大本営報道部付となり、雑誌メディアを中心に国内思想戦で〝勇名〟を轟かせた陸軍将校。偕行社でも防衛研究所でも秦郁彦編『日本陸海軍総合事典』（東京大学出版会）記載の任官歴以上の情報はなかなか出てこなかった。NHK関係者に番組を問い合わせてみたが、番組名も放送日もわからないままでは調査のしようもなかった。美作の記述以外、戦後の足跡はまったく不明だった。唯一の例外は、下村亮一ほか『昭和動乱期を語る——一流雑誌記者の証言』（一九八二年）の記述である。戦時中『キング』編集長だった講談社の萱原宏一が、終戦直後に鈴木が講談社を訪問したことに言及していた。

> 終戦直後に講談社に訪ねてきたんだよ。あれ満洲へ行ったんじゃなくて、熊本の輜重の連隊長だったんだ。それでたくさんトラックを持っているものだから、終戦になってそのトラックを使って運送会社をやっているといううわさを聞いたんです。けれども真偽は知らない。そうしたら、終戦後、ほどなくふらっとやってきまして、僕のところに来たわけだ。それで、ねえ君、今は民主主義というんだが、おれはもう民主主義の本家だというわけですよ（笑）。民主主義だったら何だって知っているんだから、何か民主主義について書くことがあったら書くよと言うんです。これには僕も驚いた。あれだけ民主主義、自由主義を目の敵にした討伐隊長が、民主主義の本家だというんだ。鈴木さんとしては、これはエラーですよ。（336–337）

美作の記述とあわせると、鈴木は戦後ずっと熊本にいたらしい。それなら、熊本に行ってみよう。本来が書斎派である私にとって、こうした調査旅行ははじめてのことである。結果からいえば、この「うわさ」を下敷きにして「真偽は知らない」という萱原証言には大いに振り回された。だが、「鈴木庫三の民主主義」を萱原のように笑い飛ばすのではなく、それに向き合ってみようと思わせてくれた点で感謝している。そもそも鈴木庫三が敵視したのは個人主義と自由主義であって、はたして民主主義を目の敵にしていたかどうか。

二〇〇三年、私は半年間に四度も熊本に足を運んだ。幸運だったのは、熊本日日新聞社の矢加部和幸編集委員の知遇を得て、全面的な協力を得たことである。私は古い電話帳で熊本では少ない鈴木姓を調べた。矢加部さんは県下の運送業界に問い合わせてくれた。昭和三〇年代熊本市内にあった「鈴木モータース」を電話帳で見つけたときは、本当に飛び上がらんばかりに興奮した。だが、住宅地図で確認し登記簿を調べてもらうとまったくの別人であることがわかった。「トラックを使って運送会社をやっている」という萱原証言は間違いだった。だが、そうした「うわさ」が広まった経緯も今なら、よくわかる。序章で紹介した石川達三の小説『風にそよぐ葦』の「馬場恒吾と鈴木庫三少佐」（一九五三年）に、そう書かれていた。富重義人「佐々木少佐」と「広瀬軍曹」（戦後は印刷会社社長となる）のイメージが富重の脳裏でダブったのだろう。

調査は振り出しに戻った。熊本から転居したのだろうか。あるいは美作証言も間違いなのではないか？　もう見つからないかもしれない。ほとんど最後の望みを、矢加部さんが執筆した『熊本日日新聞』朝刊コラム「新生面」（二〇〇三年六月二六日付）にかけた。

若手研究者の新たな視点による〝昭和史研究〟が盛んだ。国際日本文化研究センター（京都市）の佐藤卓己助教授（メディア史）が関心を寄せているのが、晩年を熊本で過ごした旧陸軍情報部の鈴木庫三中佐。鈴木は戦時言論弾圧史で最も悪名高い軍人といわれてきた。仁王立ちの鈴木から「ぶっつぶす」と脅された出版社もあるし、編集に介入した「軍国主義の尖兵」と社史に書いた出版社もある。佐藤さんはしかし、鈴木の著書『軍隊教育学概論』『教育の国防国家』などを調べるうち、合理性と近代性を備えた考えに〝悪名〟とは異なる印象を持った。「単なる武断派ではなく、高度国防国家の推進者として教育の近代化を図った知識人」との側面もあるとみる。戦後、鈴木は東京から熊本に移り住んだ。軍需品を輸送する輜重第六連隊補充隊長として、いたことのある熊本。運送会社を始めたようだが、貝のように口を閉ざし、その動静はほとんど分からない。一九六〇年ごろ、「自分の行動は正しかった」と病床で絶叫する姿がNHKで放映されたのが唯一の例外。「熊本に逼塞した鈴木が何を思い、どうしていたのか。戦後十数年を経て自説の正しさをテレビで叫ぶ気になったのはなぜだろう」と佐藤さん。懐かしい時代になりつつある昭和だが、鈴木庫三のことを知っている人がいるに違いない、と思っている。

この時点ではまだ萱原証言の運送会社経営説にとらわれていたことがわかる。記事の反響を待っていたとき、もう一つの突破口が開けた。NHKエデュケーショナルの梨本英央ディレクターと別の番組企画でお会いした。私はすでに二週間連日、図書館にこもり新聞縮刷版をめくって、テレビ放送開始から一〇年分のNHK番組をチェックしていた。梨本さんに可能性のありそうな教養番組の確定表のチェックをお願いした。OBディレクターに照会してもらった結果、美作証言の番組は一九六一年五月二日、総合テレビ午後一〇時からの三〇分番組「歴史の証言『言論の自由と責任』」であることが判明した。主な出演者は、美濃部亮吉（東京教育大学教授）、池島信平（文藝春秋新社専務）、山本嘉次郎（映画監督）、杉村春子（新劇女優）、千葉雄次郎（前東京大学新聞研究所長）ほかであり、鈴木庫三は「ほか」扱いで短いインタビューだったらしい。病床にありながら「大東亜建設のためにしたことであり、自分の行動は一切やましいものはない」と発言した、という。

やはり、熊本だった。矢加部さんに早速電話した。しかし、熊本局にも映像は保存されておらず、当時は放送が終われば関連資料も捨てられるのが常識だった。だが梨本さんは、鈴木に直接インタビューした平田悦郎アナウンサーから次の証言を聞き出した。

「おぼろげな記憶だが、阿蘇だったと思う。旧家という古い感じの家ではなかった。奥さんがいた。最初はインタビューに乗り気ではなかったが、最終的に話を聞くことができた。たしか脳梗塞を患った後かで、ベッドに横たわった状態の鈴木氏に対し、オリコンというタイプの同録フィルムで聞いたはずで、三分程度しか収録できず、非常に短い談話だった」

その数日後、圧倒的なシェアを持つ県紙の威力に驚くことになる。旧満洲ハイラルの輜重兵第二三連隊で部下だった内藤大治さんの手紙が編集局に届いた。

「鈴木連隊長は自ら内務班をよく巡視し、清潔・整頓に厳しかったが、演習後の講評は要を得て雄弁だった」

内藤さんの手紙から、鈴木は病気で倒れるまで大津町公民館の館長だったこと、長女の渡辺昌子さんが阿蘇にご健在であることもわかった。さっそく熊本に赴いて渡辺さんにお会いし、さらに鈴木館長の下で働いた吉村昌之さんにもお話を伺うことができた。このインタビューは、矢加部さんによってまとめられ、終戦特集「情報将校・鈴木庫三の戦後」と題して『熊本日日新聞』(二〇〇三年八月五〜一九日)夕刊第一面に連載された。

内藤さんの手紙とほぼ同時に、研究室のパソコンに鈴木庫三の孫にあたる木下真さんからのメールが届いた。これほど緊張してメールを読んだことはなかった。数日間の頻繁なメール交換。その結果、東京で長男の鈴木哲夫さん、次女の木下直子さんとそのご家族にお話を伺うことができた。そして、蔵書や日記が残っていることも判明した。

ぎっしりと書き込みのある英書や独書。士官学校時代までを綴った『思出記』、そして何よりも貴重だったのは、大正三(一九一四)年から昭和二九(一九五四)年まで、一部の処分・散逸はあるものの毎日几帳面に書き残された日記。大学院時代の演習ノート。情報官時代の手帳類。

最初に日記を手にしたとき、思わず息が詰まった。一次資料を目の前にして、歴史家が味わう恍惚感《こうこつ》とはこれなのだろうか。残念なことに、一九三五〜三七年、一九四一〜四二年、一九四四〜四五年の七年間分の日記はなかった。終戦時に鈴木大佐の手元にあった四四〜四五年分は他の機密書類ともども焼却したと、一九四六年の日記にある。戦後数度の転居に際して紛失した可能性も高い。だが、第三章で述べたように「昭和維新」への情熱が記されていたであろう一九三五〜三七年の日記は二・二六事件以後に処分され、日米開戦期の日記は戦争責任を問われることを恐れて戦後に処分されたのかもしれない【この旧版の刊行後、一九三五〜三七年分が発見された。この増補版では第三・四章でこの日記を利用している】。

大切に保管されていた貴重な資料を借用させていただき、不躾《ぶしつけ》な質問にもこころよくお答えいただいたご遺族の皆様には、改めて感謝申し上げたい。

いずれにせよ、研究者冥利に尽きる幸運の中で私自身は鈴木庫三研究にのめりこんでいった。調べるほどに、意外な事実が判明する。そもそも、彼を批判する人々で本当に「鈴木庫三が何者か」を知っていたものはいたのだろうか。たとえば、彼が日本大学を首席卒業して、吉田静致教授と佐々木英夫教授の下で倫理教育学専攻の助手を務めていたという事実。「英文日記」を書き、カントを原書で講義した陸軍将校。こうした鈴木庫三の実像を知っていた人はほとんどいなかった。鈴木庫三が怪物呼ばわりされた最大の理由は、彼が軍人らしい軍人ではなく、学者のような軍人だったからではあるまいか。

＊

目から鱗が落ちる、という表現がある。鈴木庫三の研究は、そうした経験の連続だった。戦後派はおろか戦無派世代の私自身、軍隊あるいは軍人をかなり偏ったイメージで思い描いていたわけである。一九六〇年ヒロシマ生まれの私は、平和教育を繰り返し受けて育った。それゆえ、軍隊という言葉から私が連想するイメージは、おそらく一昔前の戦後民主主義世代とあまり変わらない。軍隊とは暗く陰鬱な存在であり、軍人精神とは非理性的で野蛮なもの。あまり触れたくないテーマであった。

それは戦後の平和教育の成果というべきだろうが、こうして生理的な反応を引き起こすステレオタイプの拡大再生産が本当によいとも思えない。つまり、ステレオタイプとは思考のエネルギーを節約する方便だが、そのため対象をラベリングするだけで客観的に精査しようという意欲を失わせてしまう。実際、「日本の小型ヒムラー」「内乱の教唆者」「札付きの武断派」……あらゆる罵詈雑言が一人の軍人に投げつけられたにもかかわらず、というより、それゆえに、彼がいかなる人物であったか、戦後半世紀の間、誰一人まともに検証しようとはしなかったのである。結果として、こうしたステレオタイプは、別の政治目的に利用された可能性はなかったのだろうか。たとえば、「日本思想界の独裁者」を設定することで、言論にたずさわった人々は全員程度の差はあれ「被害者」となりおおせた。つまり、鈴木庫三という「敵の名前」を出しさえすれば、みんな被害者仲間になれたのではなかったか。戦前と戦後を貫くメディア史の連続性において、鈴木庫三とは機能はわかっているが構造は不明なブラックボックスであり続けた。あるいは、高度国防国家から高度経済成長へと飛んだ現代日本のブラックボックス《フライトレコーダー》か。

まったく別のテーマで書く約束だった中公新書だが、担当編集者の郡司典夫さんに研究の状況を語ったところ、即決で了解していただいた。

書き出しの言葉は、そのときすでに決まっていた。鈴木庫三伝は中央公論新社から出るべきである。郡司さんには国立国会図書館、旺文社資料室、防衛庁防衛研究所図書館、靖国神社偕行文庫、日本大学文理学部哲学研究室、日本大学新聞社など多くの資料収集・取材に同行していただいた。本作りは編集者との共同作業だが、この本はその「共同」の中身が通常よりもかなり重い。インタビューでは多くの方にお世話になった。とくに和辻哲郎と鈴木庫三の対決を直接目撃された勝部真長氏（お茶の水女子大学名誉教授）からは貴重なお話を聞かせていただいた。心から御礼申し上げたい。

資料収集では講談社資料室、実業之日本社編集部、そして国際日本文化研究センター資料課と京都大学教育学部図書室の皆さんにお世話になった。この三月まで勤め先だった日文研は考えうるかぎり最高の研究環境を提供してくれた。猪木武徳先生の共同研究会「戦間期日本の社会集団の相互関係とネットワーク」では本書の骨子を報告させていただき、とくに北岡伸一先生、戸部良一先生からは貴重な助言を賜った。また、竹内洋先生を代表とする共同研究「大学危機の時代におけるアカデミズムとジャーナリズム」（サントリー文化財団特別研究助成）での討議も大変参考になった。記して感謝申し上げたい。

最後に、ひと言。親族への細やかな愛情にあふれた「鈴木日記」を読み続けたこの半年間、書斎にこもりがちな夫、あるいは父として、内心忸怩《じくじ》たる思いがあった。その意味で、家族に感謝したい。

二〇〇四年七月吉日

佐藤卓己

増補版あとがき――言論弾圧史から言論統制史へ

本書旧版は二〇〇四年八月、「戦後の還暦」を一年後に控えた夏に刊行された。私はそれにより「前途有為の学者」に与えられる吉田茂賞をいただいた。当時四四歳だった私はなるほど前途だけを見つめていた。新たな関連史料を入手していても、目前の仕事に追われ、本書の改訂を考える余裕はなかった。それでも、折々に発見した事項のメモだけは書き残してきた。

今回、改訂を思い立ったのは、心の余裕が生まれたというだけではない。本書刊行以後に発展した検閲研究の新しいパラダイム――「言論弾圧」被害者のジャーナリズム史から「言論統制」共犯者のメディア史へ――によって、もう一度すべての資料を読み直してみたかったからである。たとえば、そうした新潮流を象徴する金子龍司『昭和戦時期の娯楽と検閲』（二〇二一年）は、本書旧版以後に活発化した検閲関連の先行研究を次のようにまとめている。

文学・演劇・報道などさまざまな分野における検閲の研究が活発化し、娯楽に関する検閲についても事務フローや検閲官その人を単独のテーマに取り上げて詳細に論じる研究が現れはじめた。この結果、悪意ある検閲官像に見直しが図られた。

その嚆矢ともいえるのが、佐藤卓己による出版統制の検閲官鈴木庫三の伝記的研究であった。カントを原書で講読し大学で教育学を講じる情報局情報官の姿は、無知で威圧的といった従来の検閲官イメージに大きな修正を迫った。（7-8）

たとえば、村山龍「〈検閲官・佐伯郁郎〉を通して見る文化統制」（二〇一九年）である。創作する詩人であり、また内務省警保局図書課の検閲官だった佐伯郁郎に、「従来、対立項として二分されてきた文化統制と作家という状況をくつがえす、作家たちが積極的に文化統制に協力する1930〜40年年代の統制のモードをまさに体現するもの」（166）を村山は読み取っている。大学の教壇に立ち論文を執筆した鈴木少佐が同じように見えなかったとすれば、それは鈴木自身が日記で書いているように「文官で而も現役将校といふ変態的な官吏」（1940-12.6）という特殊性のためだろう。いずれにせよ、本書旧版をふくむ演劇、映画、文学、音楽など新しい検閲研究を金子は次のように総括している。

このように二〇〇〇年代以降の一連の検閲研究は、検閲する側とされる側の交渉過程を重視することで検閲官たちが教養をもち、文化芸術に対する理解を自任していたことや、製作者側とのコミュニケーションを通じて取締りに及んでいた事実を明らかにした。これにより従来の検閲官像の見直しが促されたと評価できる。もちろんコミュニケーションといっても、最終的な法的権限は検閲官側にあった以上、そもそも両者は対等ではなかったし、理解ある検閲官といっても、一方的かつ強権的な権力行使が絶無だったわけでもなかった。したがって一連の検閲研究が提起

した問題は、文化芸術に対する弾圧が理解ある検閲官によってなされていたという事実の複雑さであったといえる。(9)

この視点から、戦時下の娯楽統制においても、権力側に厳しい取り締まりを求める「投書階級」からの「民主的」な告発が決定的な役割を演じたことを金子は明らかにしている。娯楽統制の場合、たしかに取締りの最終決定権限は官僚たちの手にあったが、その官僚たちにしばしば決定を迫ったのは投書であり、いうなれば「民主的」な言論空間であった。(15)

むろん、雑誌出版を担当する鈴木情報官のもとにも密告や投書が殺到していた。こうした「民主的」な言論空間を前提としてはじめて、鈴木少佐による言論弾圧シーンの多くが正しく解読できるのではないか。今回の増補で、序章に辻平一「軍部の検閲」、小島政二郎「眼中の人」、丹羽文雄「告白」などにおける言論弾圧シーンを追加したのは、そうした解読例を示すためである。

鈴木情報官が投書階級と出版社を媒介する仲介者だとすれば、雑誌編集者が「鈴木詣で」を続けた理由も明らかである。彼こそある局面では大衆世論からメディアを守る防波堤になったからである。戦時下の検閲が大衆世論を尊重したという意味では「民主的」であったこと、さらには戦時期の娯楽作品に芸術性を求めた統制側の意図が戦後になって達成された可能性にも金子の研究は言及している。

ファシズム体制における「投書による〝民主的〟言論空間」は、もちろん日本独特のものではない。ロバート・ジェラテリーは『ヒトラーを支持したドイツ国民』（根岸隆夫訳、みすず書房、二〇〇八年）で秘密国家警察（ゲシュタポ）の報告書などの分析からドイツ国民がナチ体制に受動的だったとする通説を否定している。密告の投書こそ、多くのドイツ国民がナチ体制に能動的に参加した証拠とされている。

警察またはナチ党に情報を提供することは、第三帝国では市民参加のもっとも重要な貢献のひとつだった。（略）人びとは反ユダヤ主義と、外国人労働者にたいする人種差別主義の実施に協力した。普通犯罪にかんしても、彼らは密告に躊躇しなかったにちがいない。（313）

国民の政治への参加感覚を「民主主義」の指標とするのであれば、投書は高度に主体的な民主的行為である。それに支えられたファシズムの「民主的な」世論形成については、拙著『ファシスト的公共性――総力戦体制のメディア学』（岩波書店、二〇一八年）で論じている。旧版あとがきに「まったく別のテーマで書く約束だった中公新書だが」とことわり書きを入れているが、そのテーマこそ「ファシスト的公共性」、すなわち「世論を生み出すファシズム空間」であったわけである。しかし、二〇〇四年に『ファシスト的公共性』はなお時期尚早であり、それが理解されるために私は『言論統制』を書くことになった、と思うべきかもしれない。

いうまでもなく、歴史の解釈は社会の潮流によって変化する。私がよって立つ「メディア史」は一九九〇年代、東西冷戦終結の後に登場した歴史研究である。それ以前の「ジャーナリズム史」は垂直型権力観（国家権力による上からの言論弾圧）を前提としており、ミシェル・フーコーが示したような水平型権力観（オーディエンスからのメディアに対する同調圧力）はほとんど無視されていた。それまでの新聞史、出版史、放送史において、記者、作家、編集者は軍部やGHQなどの「被害者」であり、国家権力に抵抗したジャーナリストが「英雄」的に描かれることが多かった。その語り口において鈴木庫三は「ファシスト」のメートル原器とされてきた。たとえば、今回、第五章第四節で増補した鈴木中佐の岩波書店への電話事件にふれて、松浦総三「広津和郎と松川事件」（『現代の眼』一九七五年一月号）はこう記している。

　この鈴木庫三という男は、しばしばGHQ新聞課のインボウデン少佐と比較されるが、庫三にくらべれば、インボウデンのほうが、遥かに〝ファシスト度〟が薄かった。(62)

そうした言論弾圧史観は、送り手から受け手への「弾丸効果」モデルと重ねられ、一般に広く浸透している。このメディア効果モデルにおいて、受け手たる国民は「大本営発表に騙された」被害者であり、自らの戦争責任が問われることはなかった。しかし、マスコミの「限定効果」モデル、さらに双方向メディアの「強力効果」モデルが浸透した今日の視点では、メディアと国民大衆の共犯性を認める言論統制史観がより受け入れられやすくなっているはずだ。

＊

旧版に対しては、数多くの書評が各種メディアに掲載されたほか、本書に登場する軍人やジャーナリストの親族をふくめ多くの読者からお手紙を頂戴した。その大半は励ましの言葉であったが、むろん「国家権力への批判精神が足りない」という執筆姿勢への不満、また「日記で客観的な歴史が書けるのか」という批判があったことも書き留めておきたい。

前者については、右に述べた水平的権力観に立ったメディア権力（第四権力）への批判は十分に行ったつもりである。国家権力を直接に批判する記述が少ないのは、これまでの垂直的権力観に立つ文献が国家権力批判によってメディアと国民大衆の共犯性を隠蔽してきたことに疑問を抱いていたためである。

後者については、エゴ・ドキュメント（一人称で書かれた資料）の歴史研究という新しい歴史研究の潮流を踏まえたものだと言ってもよい。この場合のエゴとは、「自律した個人」というよりも「人的な結合関係の中で構築される主体」であり、本書でも日記の記述を社会的文脈に照らし合わせながら分析している。

こうした研究パラダイムはこの増補版においても世代を超えて多くの読者に理解されると信じている。しかし、一部には理解したくない人もいるだろう。たとえば、本書でその虚言を批判した国分一太郎の評伝作家が示した反応である。津田道夫は『国分一太郎――転向と抵抗のはざま』（一九八六年）の改訂版『国分一太郎――抵抗としての生活綴方運動』（二〇一〇年）で、「鈴木庫三によるこの国分殴打事件」の一節を「このパラグラフは旧版を全面的に書き直している」（336）として、本文から抹消している。しかし、「改訂新版のあとがき」で本書の「記憶の嘘の綴り方」などの評言は絶対に容れる訳にはいかないと述べ、編集者や執筆者を「指導」したというだけで十分に「戦犯」的行動だと主張している（371-374）。

『鈴木少佐』神話」も、当時において鈴木がどこにいたかは別にして、この種の評は、あのデスペレートな状況下、伝説として膾炙されたと思われる。つまり、あながち無根拠な妄想とはいえぬものがあるのだ。（375）

事実とちがっていても、記憶の嘘が「かえって歴史の真実、弾圧の実相に迫りえている」（一九八六年版）という津田の信念はゆるぎない。「鈴木がどこにいたかは別にして」と強弁する空想家に、歴史家である私は何もいうべきことはない。一方、津田が国分証言の典拠として挙げていた『ボクラ少国民』シリーズの著者・山中恒からは、次のような手紙をいただいた。

思わず「アイタタタ！」と叫んでしまいました。国分一太郎に小生も一杯くわされていたのですね。（略）改めて自戒の機会を与えられて感謝しております。

本書旧版を書きはじめる前に、私は山中恒『新聞は戦争を美化せよ！――戦時国家情報機構史』（小学館、二〇〇一年）を書評していた（共同通信社配信）。そこで私は同書の結語を引用していた。

とにかく私たちは、もうそろそろ類型化された概念で歴史を見ることをやめるべきであると思う。そこからは歴史を年表的に分類するだけで、トータルに歴史を学ぶ姿勢はうまれない。その意味で、あらかじめ類型化された歴史概念をインプットされていない若い世代の旺盛な好奇心や探求

心に支えられた研究者に期待したいと思う。(879)

「類型化された概念で歴史を見ることをやめるべきである」という山中氏の期待に、私は「若い世代」の研究者として応えたつもりだった。改めて山中氏の誠実な応答に感銘を受けた。

＊＊

子曰く、衆之を悪《にく》むも必ず察す。衆之を好むも必ず察す。

世評にとらわれず人物を観察する必要性を説いた孔子のことば(『論語』衛霊公篇)である。その後もメディア史の評伝を書く際、私はこれを肝に銘じてきた。そうした姿勢は、本書第五章で扱った「紙の戦争」の当事者、すなわち中央公論新社、講談社、朝日新聞社、岩波書店などでは理解されたようである。それは本書旧版へのそれぞれの反響からも読み取れる。

序章で見たように、『中央公論』は「鈴木少佐」神話の主要舞台であり、そのために本書をあえて中公新書で出した経緯は旧版「あとがき」で触れている。その後、新たに発見された一九三五〜三七年の「鈴木日記」に関しても、「新資料発見　鈴木庫三と二・二六――「言論統制官」の誕生」を『中央公論』二〇〇四年一二月号に寄稿した。そこで昭和史のターニングポイントである永田鉄山斬殺事件(一九三五年)、二・二六事件(一九三六年)、盧溝橋事件(一九三七年)を含む「鈴木日記」の記述を検討した。今回の改訂版ではそれを利用して第三章「昭和維新の足音」に新たに第4節「二・二六事件をめぐる対応」を追加した。

なお、教養主義や自由主義との関係では、高田理恵子『学歴・階級・軍隊──高学歴兵士たちの憂鬱な日常』(中公新書、二〇〇八年)が本書旧版を参照しつつ、平等と公平を標榜した旧制高校の寄宿舎生活イメージが鈴木庫三のドイツびいき、あるいはナチスの教育理想と重なることを論じている。

講談社は、旧版の執筆過程でもその図書室資料を自由に閲覧させてくれた。私は「顧問制導入の説明責任は〔講談社〕社史の側にある」と書いているが、講談社の新しい社史『物語 講談社の100年』(二〇一〇年)の第一九話「戦時体制下での出版活動」は、過去の社史記述を大きく軌道修正している。

> こうして三年九ヵ月余の鈴木庫三時代の全体を見なおし、大ざっぱに得失を差し引きしてみると、鈴木と講談社の関係はこれまでの社史や『野間省一伝』が描くほど刺々しいものではなかったはずだという〔佐藤卓己の〕指摘にも一理がある。(253)

さらにその後、『講談社の歩んだ五十年』(一九五九年)の編纂に使われた「秘蔵資料」を利用した魚住昭『出版と権力──講談社と野間家の一一〇年』(講談社、二〇二一年)が刊行された。そこで陸海軍との交渉を担当した編集局総務部の竹中保一の証言から、『現代』顧問料(本書第五章二節参照)の詳細が「高木〔義賢〕専務のポケットマネーから出た」ものとして明らかにされている。

国民精神文化研究所の伏見〔猛彌〕氏に千円(後三百円、十九年二月より)、〔国民精神文化〕研究所に千円（後五百円、十八年十月より）、大東研究所の五人に対しては、城戸〔元亮〕氏が千円、大熊〔武雄〕、阿部〔仁三〕、平井〔正夫〕、加藤〔重雄〕の四氏には各二百円、日本世紀社の花見〔達二〕氏が五百円、西谷〔弥兵衛〕、中河〔与一〕両氏が各三百円、神原〔孝夫〕、満田〔巌〕両氏には各二百円ということになっております。（魚住：383）

魚住もいうように、この「べらぼうな額」が専務の交際費だけで支出できたとはにわかに信じられないが、そうした会計処理ができるほど戦時下における講談社の出版ビジネスは我が世の春を謳歌していた。そのことは、拙著『「キング」の時代——国民大衆雑誌の公共性』（二〇〇二年）で明らかにした通りである。この顧問料データよりも重要なのは、講談社が鈴木中佐に接近した理由を語る竹中証言である。

同業他社が軍部方面に働きかけて機会あるごとに講談社の悪口を告げ、自己の雑誌の生きていく道に狂奔するといった状況で、いわば講談社は出版界で四面楚歌の中にありました。同業他社は打倒講談社を叫び、講談社の雑誌一冊をつぶせばわれわれの雑誌数冊が助かるというので、ことごとに講談社の牙城に肉薄し、本社の行く道もまた暗澹たるものがありました。（同428）

同業者から繰り返される告発の窓口が情報局であり、その防戦のため講談社は鈴木中佐に接近する必要があった。竹中は「毎日のように鈴木少佐と会い、いろいろ情報やら注意やら指導を受けていました」（同429）と証言している。証言には残されていないとしても、こうした情報交換においては、当然ながら講談社側からも同業者に対する告発が行われたはずである。

竹中保一メモはすでに萱原宏一『私の大衆文壇史』（一九七二年）に抄録（327-334）で公開されており、すべてが未公開の資料ではない。しかし、検閲研究の新しいパラダイムに立ってはじめて見えてくる風景もある。たとえば、竹中証言の次のような部分である。

陸軍、海軍どちらにも満遍なく連絡を取っておったのですが、なにぶん鈴木中佐という当時出版界の指導力において一番有力な権力者が講談社に力を入れ、声援をしている、そのため、坊主憎ければ袈裟までと、講談社に対する海軍の当たりも強かったわけで、それはやむを得ないことでありました。その当時いかに陸軍省が指導力を持ち、推進力になっておるかということを見ましたならば、陸軍省の方についておったほうがいいというふうにわれわれは考えまして、陸軍省の方に傾いておったわけであります。（魚住：445-446）。

言論弾圧史から言論統制史へのパラダイム転換において、この竹中証言を読み解くと、「講談社文化vs岩波文化」図式も、陸軍の大衆主義と海軍のエリート主義の対立に重なる。結局、これまで『講談社の歩んだ五十年』など過去の社史が隠蔽してきた竹中証言は、鈴木情報官との関係を「幸せなことだった」と告白する以下の結論部だった。

（鈴木中佐と講談社の関係は）終始一貫変わらなかったのみならず、何のわだかまりもなく実にその辺は都合よく行きまして、その点、中佐に良くしていただいたということに対しましては、社の方針が非常に良かったんじゃないかと思いました。社は大きな犠牲も払わずに主力誌はあくまで存続し、わずか二誌〔『雄弁』『冨士』〕というようなことで犠牲を止めたほか、寧ろ最後にはこれはまあ鈴木中佐が直接やられたんじゃないですけれども、雑誌を増やすような結果になりまして、失うよりも増やしたのが多いということになって相変わらず講談社は雑誌王国としての王座をどこまでも崩さなかったのは幸せなことだったと思います。（同481）

朝日新聞社に関しては、二〇〇四年一〇月三日付『朝日新聞』が大型書評として苅谷剛彦「戦時下の真相は戦後なぜ隠されたか」を掲載した。教育社会学者である苅谷は本書のタイトル「言論統制」の射程が、戦時下のみならず今日に至る長い戦後のメディア史に及ぶことを正確に読み取っている。

「剣はペンより強い」。悪者を見いだすことで、自らを被害者の側におく。加害者の邪悪さや無教養をあげつらえば、自らの戦争協力は、非合理な暴力に屈した結果として免罪できる。すすんで行った戦争協力という否定しがたい過去を掘り起こさないためにも、鈴木庫三の真相に迫ることはタブーとなった。そこに、民主主義を騙る、歴史の捏造があった――これこそ、より根深い言論統制ではなかったのか。

その後、朝日新聞社は二〇〇七年四月から翌年三月までの連載「新聞と戦争」、二〇〇九年三月から翌年三月まで連載「検証・昭和報道」など、戦中・戦後の言論統制に迫る優れたメディア史の企画を行った。その連載中の二〇〇七年四月から二〇〇九年三月まで私は同紙の紙面審議会委員をつとめている。

岩波書店について、創業百年企画として『物語　岩波書店百年史2――教育の時代』（岩波書店、二〇一三年）の執筆を引き受けた。二〇一〇年から「百年史の会」に出席し、戦時期の社内資料を自由に閲覧させてもらった。その成果は今回大幅に加筆した第五章第四節、特に「鈴木中佐からの電話」、「『日本武学大系』の出版企画」、「『読書人』における京都学派攻撃」などに活用している。岩波書店と鈴木庫三との関係は旧版では十分に明らかにできていなかった。旧版刊行後に読んだ『丸山眞男回顧談（上）』（岩波書店、二〇〇六年）で、鈴木中佐に関する生前の丸山発言に接したことも、今回の増補版執筆の契機となった。丸山は和辻哲郎「アメリカの国民性」（『思想』一九四四年二月号）を「あれはひどい。当時の雑誌『思想』の恥ですね」（296）と批判する一方で、「鈴木庫三という気違いじみた内閣情報局情報官の中佐」と激しく対決した和辻は高く評価できるという（298）。はたして鈴木中佐は丸山が言うように「岩波書店を潰そうとした筆頭」だったかどうか。今回の増補版は、それに対する明確な回答である。

＊＊＊

いずれにせよ、旧版刊行から二〇年が経過しようとしている。この間に文献情報のデジタル化は急速に進み、当時発見できなかった鈴木庫三執筆の雑誌記事をふくめ国立国会図書館デジタルコレクションで多くの資料が自宅で閲覧できるようになった。そのため改訂では「鈴木庫三年譜」への論文、記事の追加から着手した。

旧版後に私が取り組んだ研究の中で出会った新資料も少なくない。たとえば、野依秀市主宰の「東亜再建座談会」は『負け組のメディア史――天下無敵　野依秀市伝』（岩波現代文庫、二〇二一年）に、貴司山治日記や坂口献吉日記は『貴司山治全日記』パンフレット（不二出版、二〇一一年）や「地方紙と戦争　外伝　⑭鈴木庫三」（『新潟日報』二〇一四年八月七日）で紹介した。旧版では紙幅の関係で省略した関東大震災における鈴木日記の「朝鮮人来襲デマ」記録も『流言のメディア史』（岩波新書、二〇一九年）に引用している。こうした新しい史料についても、今回は可能な限り反映している。

また、次女の木下直子さんが保存していた鈴木庫三関連資料から『（秘）評論家一覧』が発見された。評論家の所属先や書き込みから一九三八年に作成され、情報局時代にも使われていたことが確認できる。この史料については『池崎忠孝の明暗――教養主義者の大衆政治』（創元社、二〇二三年）でも利用したが、本書第四章の最終節「ブラックリスト」でその内容を紹介している。

右に記したもの以外にも、「鈴木庫三日記」の史料構成について伊藤隆・季武嘉也編『近現代日本人物史料情報辞典　2』（吉川弘文館・二〇〇五年）にまとめた。その後、二〇一二年五月一〇日に長男・鈴木哲夫の遺品を整理した親族から「鈴木庫三の幻の主著」の生原稿などの寄贈を受けた。「鈴木日記」に頻繁に登場する「人格と道徳生活」、「国家の倫理学的研究」は、東京大学や日本大学の図書室を探し回っても見つからず、結局あきらめたものだった。さっそく、「まぼろしの学位論文」の概要は拙稿「再読・鈴木庫三日記――第1回「幻の主著」の出現」『UP』(東京大学出版会、二〇一五年四月号)で紹介したが、私自身にそれを読み込む余裕はなかった。そのため、教育思想史研究のために閲読を希望された山田正行・大阪教育大学教授(当時)にお預けした。山田正行『平和教育の思想と実践』(同時代社、二〇〇七年)の第四章「体制変革の現実性と「軍部赤色革命論」」で、「鈴木〔庫三〕と宮原〔誠一・東京大学教授〕の近接性」が論じられていたためである。その読解成果として、山田正行「「絶対矛盾的自己同一」の実践倫理――鈴木庫三「人格と道徳生活」を読む」『社会教育学研究』第四三号(二〇一八年)、山田正行・堂本雅也「鈴木庫三の学位論文第一篇「人格と道徳生活」を読む――和辻哲郎との「大論争」を切口に」『大阪教育大学紀要 総合教育科学』第六七号(二〇一九年)が公刊されている。

＊　＊　＊

この「まぼろしの学位論文」を保存していた長男・鈴木哲夫との関係では、プリンストン大学名誉教授・志村五郎の『記憶の切繪図』(筑摩書房・二〇〇八年)の記述が気になっていた。志村が少年時代を回想した同書第二章「茶色のランドセル」に、鈴木哲夫が登場するためだ。志村は「フェルマーの最終定理」解決に貢献した世界的数学者だが、子供のころ「情報局にいて戦争中に絶大な権力を振った鈴木庫三という悪名高い人物」と同じ町内に住んでいたと書いている。そこで「少佐の長男」――鈴木哲夫という実名は出ていない――への嫌悪感を書き残している。

> 陸軍の情報局〔ママ〕にいて戦争中に絶大な権力を振った鈴木庫三中佐という悪名高い人物がいる。この人については戦中に彼と交渉を持たざるを得なかった文筆家によって戦後いろいろ書かれている。それが私の大久保の家の隣組にいて当時は少佐であった。隣組では愛想よく普通にしていて、誰も彼の権力の振い方など知っていなかった。顔がきいたから、隣組で何かする時に便宜をはかるような事はしたと思う。この少佐の長男が私より一学年下であった。それがこまっしゃくれているというか、こすっからいというかどうにも気に入らなかった。隣組で何か行事をして子供も加わる。そんな時に自分に都合よくする目的でお為ごかしのような事を言う。たいした事ではないのでしたいようにさせておいたが、私のつき合っていた同級生達の中には、人を出し抜こうとする者はいなかった。この親にしてこの子ありであろうか。(47–48)

まず一読して、「隣組では愛想よく普通にしてい」る鈴木少佐の日常的な姿に、私はリアリティを感じた（たとえば、本書二一五頁の写真参照）。しかし、志村は当時「大久保の家」に住み「大久保小学校」に通っていたと書いている。だとすれば、この記憶も当てにならない。鈴木家は一九三二年に「世田谷区世田谷町四―七二三」に自宅を構えて以来、終戦まで転居していない。戦時中も同じ場所に住み続けていたことは『日本紳士録』四三版（一九三九年）などで確認できる。長女の渡辺昌子によれば、長男の哲夫が通学したのは世田谷小学校であり、志村が通う大久保小学校ではない。鈴木姓は軍人にも多いので、別人の可能性が高い。ちなみに、

「情報官・鈴木庫三」を騙る詐欺事件は実際に発生していた。熊本で連隊長をしていた一九四三年の「鈴木日記」を引用しておこう。

主婦之友の石川武美氏から『わが愛する生活』〔一九四〇年・主婦之友〕の支那語訳を送つて来た。又、言論報国会から思想戦に関する単行本三種程送つて来た。妻から手紙が来た。何者か悪者があり僕の名をかたつて詐欺を働いてゐるらしい。愛し児を軍隊に入営させてゐる婦人を相手に情報局第一部第一課長鈴木大佐と名乗つて金品を捲き上げてゐるらしいが、早速本人に警告させると共に警視庁の市川警部にでも頼んで手配する様に返事を出した。1943-11.18

それにしても、志村の帰納法的な回想は興味深い。「愛想よく普通にしてい」る少佐と「こまっしゃくれている」長男という印象から、戦後の「悪名」を介して「この親にしてこの子あり」という一般的な結論を引き出している。少年同士のトラブルが具体的に何であったのかは書かれていない。おそらく志村が書いているように「たいした事ではない」にちがいない。

江戸定府の尾張徳川家家臣の家柄を誇る志村少年の属した山の手文化人の都会的ハビトゥスと、極貧から苦学した地方出身の鈴木少佐の家庭にあった農村的ハビトゥスの文化摩擦は、その遭遇がまぼろしであったとしても、戦後的記号「鈴木庫三」の定着を考える上では参考になる。ハビトゥスとは出自や教育に規定された実践感覚であり、行為や言説を構造化する心的システムである。「ノンコンフォーミスト」（非協調主義者）を自負する志村は、男子のランドセルは黒が普通だった当時、「新宿の伊勢丹かどこか」で購入した「茶色のランドセル」を使っていた。「人と同じ様にしようという気がない」性格に自信を持っていたと言うのである(33)。統制経済下に稀少な「茶色のランドセル」を選ぶ自由を鈴木中佐が「女工の着物の柄」(本書第五章第六節)と同じように許容したのか、それとも「和辻の金縁眼鏡」(本書四四〇頁)のように嫌悪感を示したのか、志村少年の記憶の真偽よりもそちらが気になっている。おそらく、鈴木中佐はデパートで購入された高級ランドセルにも嫌悪感を示しただろう。だが皮肉なことに、陸軍組織において鈴木庫三もまた一人の「ノンコンフォーミスト」であったことも間違いないのである。

いずれにせよ、旧版刊行からの二〇年間で戦時下のメディア研究は大きく前進した。その変化によって本書の読み方もまた変わるはずである。今回の増補版によって、そうした新しい読み方とともに、若い世代の新しい読者が生まれることを期待している。

二〇年前と同じく、この増補版も郡司典夫さんに担当していただいた。長年のご厚誼に感謝したい。

二〇二四年四月三日

佐藤卓己

●引用文献

＊以下は参照文献リストではない。その他の政治史、軍隊史、教育史、ジャーナリズム史などの先行研究を多く参考にしたが、ここでは引用典拠を示すため、本書で直接引用した文献に限り列挙した。なお冒頭に【○】が付された資料は、増補新版における追補である。また鈴木庫三執筆の文献は、年譜にまとめて記載した。

赤穂高義「文協事件聞書―赤穂高義氏インタビュー」、『出版文化　別巻』金沢文圃閣、二〇〇四年
朝日新聞社百年史編修委員会編『朝日新聞社史　大正・昭和戦前編』朝日新聞社、一九九五年
芦田均ほか「〝風にそよぐ葦〟と現実」『中央公論・文芸特集』第七号、一九五一年
姉崎正治「武備精神と人生の活動」『中央公論』一九一九年四月号
安倍能成『岩波茂雄伝』岩波書店、一九五七年
飯島幡司『昭和維新――その経済的性格』朝日新聞社、一九四二年
飯塚浩二『日本の軍隊』岩波現代文庫、二〇〇三年
池島信平『雑誌記者』中公文庫、一九七七年
○伊佐秀雄『人物記』文祥社、一九四二年
石川達三「武漢作戦」『中央公論』一九三九年一月号
石川達三「実践の場合」『文藝』一九四三年一二月号
石川達三『生きてゐる兵隊』河出書房、一九四五年
石川達三『風にそよぐ葦　前編』新潮文庫、一九五五年
石川達三『青色革命』新潮文庫、一九五八年
石川達三『経験的小説論』文藝春秋、一九七〇年
○石川達三『自由と倫理』文藝春秋、一九七二年
○石原莞爾『最終戦争論・戦争史大観』中公文庫、一九九三年
市川源三ほか「新しい時代の女性教育座談会」『新女苑』一九三九年五月号
伊藤隆編『高木惣吉――日記と情報』下巻、みすず書房、二〇〇〇年

○伊東六十次郎『東亜聯盟結成論』東亜思想戦研究所、一九三八年
○伊東六十次郎『石原莞爾と戦争学』大湊書房、一九七八年
○伊東六十次郎『満洲問題の歴史　下巻』原書房、一九八三年
今井清一・高橋正衛編『現代史資料4　国家主義運動1』みすず書房、一九六三年
入澤宗壽『入澤教育辞典』教育研究会、一九三二年
岩波書店編『岩波書店八十年』岩波書店、一九九七年
○魚住昭『出版と権力――講談社と野間家の一一〇年』講談社、二〇二一年
○植田康夫・紅野謙介・十重田裕一編『岩波茂雄文集3』岩波書店、二〇一七年
○植村和秀「書評誌『読書人』の国内思想戦――1940年代前半日本の言論空間研究3・完」『産大法学』第五五巻三・四号（二〇二二年）
○浦松佐美太郎『たった一人の山』平凡社、一九九八年
○臼井吉見『蛙のうた――ある編集者の回想』筑摩書房、一九六五年
○臼井吉見「安曇野」第四部第一一回『展望』一九七二年一一月号
宇佐美承『池袋モンパルナス』集英社、一九九〇年
内山基「風にそよいだ人たち――編集者の反省」『婦人の世紀』第一二号、一九五〇年六月号
内山基『編集者の想い出』モード・エ・モード社、一九八三年
内山雄二郎『班長助教・教育指針』武揚堂、一九三〇年
梅山紀編『増田義一追懐録』実業之日本社、一九五〇年
江草四郎編『田中四郎氏を偲ぶ――出版文協時代とその前後』有斐閣、一九七四年
遠藤芳信『近代日本軍隊教育史研究』青木書店、一九九四年
大内裕和「教育における戦前・戦時・戦後」山之内靖ほか編『総力戦と現代化』柏書房、一九九四年
大窪生「淡水」『自動車記事』一九四一年三月号
大熊信行「大日本言論報国会の異常的性格――思想史

の方法に関するノート」『文学』一九六一年八月号
大澤益次郎「自動車記念日の創定を提唱す」『自動車記事』一九四一年三月号
大下英治『映画三国志』徳間書店、一九九〇年
大谷敬二郎『軍閥――二・二六事件から敗戦まで』図書出版社、一九七一年
大西巨人「渡邉慧と石川達三――永久平和革命と『風にそよぐ葦』」『新日本文学』一九五〇年一一月号
岡田茂『波瀾万丈の映画人生　岡田茂自伝』角川書店、二〇〇四年
小川菊松『日本出版界のあゆみ』誠文堂新光社、一九六二年
小尾俊人『本は生まれる。そして、それから』幻戯書房、二〇〇三年
海後宗臣『教育学五十年』評論社、一九七一年
○貝塚茂樹「昭和一六年文部省教学局編纂『臣民の道』に関する研究（一）」『戦後教育史研究』第一〇号（一九九五年）
加太こうじ『軍歌と日本人』徳間叢書、一九六五年
○加太こうじ『紙芝居昭和史』岩波現代文庫、二〇〇四年
○萱原宏一『私の大衆文壇史』青蛙房、一九七二年
河野仁「大正・昭和期における陸海軍将校の出身階層と地位達成」『大阪大学教育社会学・教育計画論研究集録』第七号、一九八九年
○河辺虎四郎『市ヶ谷台から市ヶ谷台へ――最後の参謀次長の回想録』時事通信社、一九六二年
菊池寛「話の屑籠」『菊池寛文学全集』第7巻、文藝春秋新社、一九六〇年
菊畑茂久馬『絵描きと戦争――菊畑茂久馬著作集①』海鳥社、一九九三年
木坂順一郎「日本ファシズム国家論」『体系・日本現代史』第三巻、日本評論社、一九七九年
○貴司山治『貴司山治全日記DVD版』不二出版、二〇一一年
城戸幡太郎ほか編『教育学辞典』第四巻、岩波書店、一九三九年
木村毅編集代表『講談社の歩んだ五十年』下巻、講談社、一九五九年
清沢洌（橋川文三編）『暗黒日記2』ちくま学芸文庫、

二〇〇二年
金亭燦『証言　朝鮮人のみた戦前期出版界――一編集者の回想』出版ニュース社、一九九二年
久保義三『昭和教育史　上』三一書房、一九九四年
黒田千吉郎「時局と美術人の覚悟」『みづゑ』一九四一年六月号
黒田秀俊『血ぬられた言論――戦時言論弾圧史』学風書院、一九五一年
○高坂正顕「思想戦の形而上的根拠」『中央公論』一九四三年六月号
○高坂正顕『西田幾多郎と和辻哲郎』新潮社、一九六四年
○小島政二郎「眼中の人　その二」『小島政二郎全集第一二巻』鶴書房、一九六七年
○駒込武ほか編『戦時下学問の統制と動員――日本諸学振興委員会の研究』東京大学出版会、二〇一一年
○昆野伸幸『近代日本の国体論――〝皇国史観〟再考』ぺりかん社、二〇〇八年
佐々木隆『メディアと権力』中央公論新社、二〇〇二年
定金右源二監修『早稲田大学八十年誌』早稲田大学出版部、一九六二年
佐藤観次郎『自動車部隊』高山書院、一九四〇年
○佐藤堅司「学問と運命――津田左右吉博士と私」『日本歴史』一九五五年四月号
佐藤賢了「制服時代の主役」『文藝春秋』一九五八年四月号
佐藤卓己「総力戦体制と思想戦の言説空間」『総力戦と現代化』柏書房、一九九四年
○佐藤卓己「新資料発見　鈴木庫三と二・二六――「言論統制官」の誕生」『中央公論』二〇〇四年一二月号
○佐藤卓己『岩波書店百年史2――教育の時代』岩波書店、二〇一三年
○佐藤卓己「再読・鈴木庫三日記――第1回　「幻の主著」の出現」『UP』二〇一五年四月号
○佐藤卓己『テレビ的教養――一億総博知化への系譜』岩波現代文庫、二〇一九年
佐藤卓己『『キング』の時代－国民大衆雑誌の公共性』岩波現代文庫、二〇二〇年

○佐藤卓己『負け組のメディア史——天下無敵　野依秀市伝』岩波書店、二〇二一年
○佐藤卓己『池崎忠孝の明暗——教養主義者の大衆政治』創元社、二〇二三年
○佐藤卓己『ある昭和軍人の記録——情報官・鈴木庫三の歩み』中央公論新社、二〇二四年
○サトウ・ハチロー「陸軍省情報部を訪ねて」『少女倶楽部』一九三九年八月号
佐藤広美『総力戦体制と教育科学』大月書店、一九九七年
滋野辰彦「風にそよぐ葦（前篇）」『キネマ旬報』一九五一年二月一五日号
実業之日本社社史編纂委員会編『実業之日本社百年史』同会、一九九七年
○志村五郎『記憶の切繪図——七十五年の回想』筑摩書房、二〇〇八年
下中弥三郎編『政治学事典』平凡社、一九五四年
下村亮一ほか『昭和動乱期を語る——一流雑誌記者の証言』経済往来社、一九八二年
○下村亮一『雑誌記者五十年——虹と嵐と雲と』経済往来社、一九八四年
荘司徳太郎・清水文吉編『資料年表・日配時代史』出版ニュース社、一九八〇年
荘司徳太郎『私家版・日配史』出版ニュース社、一九九五年
杉森久英『中央公論社の八十年』中央公論社、一九六五年
杉森久英『大政翼賛会前後』文藝春秋社、一九八八年
須崎愼一『二・二六事件——青年将校の意識と心理』吉川弘文館、二〇〇三年
○鈴木省三『わが出版回顧録』柏書房、一九八六年
○鈴木常勝「優しさからの戦争動員——国策紙芝居『チョコレートと兵隊』をめぐって」『一般教育論集（愛知大学一般教育研究室）』第二七号、二〇〇四年
鈴木敏夫「軍部さまさま〝われは戦犯編集者〟」『新評』一九七二年一二月号
○関口すみ子「内閣情報局による「婦人執筆者」の査定と山川菊栄——『最近に於ける婦人執筆者に関する調査』（一九四一年七月）」『法学志林』第一一〇巻第二号（二〇一二年）

高木惣吉「日本陸海軍抗争史」『聯合艦隊始末期』文藝春秋新社、一九四九年
○高見順『昭和文学盛衰史』文春文庫、一九八七年
竹内洋『教養の没落——変りゆくエリート学生文化』中公新書、二〇〇三年
○竹内洋「帝大粛清運動の誕生・猛攻・蹉跌」、竹内洋・佐藤卓己編『日本主義的教養の時代——大学批判の古層』柏書房、二〇〇六年
竹本孫一ほか「大東亜戦下の経済国策を語る座談会」『エコノミスト』一九四二年一月上旬号
竹本孫一『私のなかの昭和史——回顧と展望』荒地出版社、一九八二年
田代金宣『出版新体制の話』日本電報通信社出版部、一九四二年
田中隆吉『日本軍閥暗闘史』中公文庫、一九八八年
○辻平一『文芸記者三十年』毎日新聞社、一九五七年
津田道夫『国分一太郎——転向と抵抗のはざま』三一書房、一九八六年
○津田道夫『国分一太郎——抵抗としての生活綴方運動』社会評論社、二〇一〇年
壺井栄ほか「国防国家建設と主婦の責任を語る座談会」『主婦之友』一九四〇年一二月号
東京大学百年史編集委員会編『東京大学百年史　部局史1』東京大学出版会、一九八六年
戸部良一『逆説の軍隊』中央公論新社、一九九八年
富重義人「馬場恒吾と鈴木庫三少佐」『東洋経済新報別冊』第一三号、一九五三年
○富永亀太郎『猪突八十年』私家版、一九八七年
長尾和郎『戦争屋——あのころの知識人の映像』妙義出版株式会社、一九五五年
○中島健蔵『昭和時代』岩波新書、一九五七年
中島健蔵『雨過天晴の巻——回想の文学⑤』平凡社、一九七七年
永田鉄山「陸軍の教育」『岩波講座　教育科学』第一八輯、岩波書店、一九三三年
○滑川道夫『体験的児童文化史』国土社、一九九三年
西岡香織『報道戦線から見た「日中戦争」——陸軍報道部長　馬淵逸雄の足跡』芙蓉書房、一九九九年
○西山正夫（池島重信）「京都哲学派弾圧の経緯」『太平』一九四六年二月号

二反長半『児童文学の展望』大阪教育図書、一九六九年
日本ジャーナリスト連盟編『言論弾圧史』銀杏書房、一九四九年
日本大学哲学研究室編『日本大学哲学科70年の歩み』第二巻、一九九七年
日本大学百年史編纂委員会編『日本大学百年史』第二巻、一九九七年
○丹羽文雄「告白」『丹羽文雄文学全集　第十八巻』講談社、一九七四年
野間省一伝編纂室編『野間省一伝』講談社、一九九六年
橋本求『日本出版販売史』講談社、一九六四年
秦郁彦編『日本陸海軍総合辞典』東京大学出版会、一九九一年
○波多野完治ほか座談会「一心理学者のあゆみ」⑦⑧『波多野完治全集』第五巻・第八巻月報、小学館、一九九〇年
畑中繁雄『日本ファシズムの言論弾圧抄史』（『覚書昭和出版弾圧小史』新版）高文研、一九八六年
林茂『日本の歴史25　太平洋戦争』中央公論社、一九六七年
○林芙美子『戦線』中公文庫、二〇一四年
平櫛孝『大本営報道部』図書出版社、一九八〇年
平塚益徳「新体制と教育の革新」『帝国教育』一九四一年一月号
○平野謙『政治と文学の間』未来社、一九五六年
○平野謙『平野謙全集 第4巻』新潮社、一九七五年
広島大学二十五年史編集委員会編『広島大学二十五年史　包括校史』広島大学、一九七七年
広瀬豊「海軍教育」『教育学辞典』岩波書店、一九三九年
広田照幸『陸軍将校の教育社会史——立身出世と天皇制』世織書房、一九九七年
広津和郎「続年月のあしおと」『広津和郎全集』第12巻、中央公論社、一九七四年
○福島鑄郎解題『戦時推薦図書目録』金沢文圃閣、二〇一一年
○福嶋寛之「エポックとしての戦争末期——進歩的教育学者宗像誠也における戦後の出発」下『福岡大学

人文論叢』二〇一〇年九月号
帆刈芳之助『文協改革史』帆刈出版研究所、一九四三年
真崎甚三郎（伊藤隆ほか編）『真崎甚三郎日記』山川出版社、一九八一年
増田義一「嫌忌すべき威張る心理」『実業之日本』一九四一年一〇月一日号
○松方三郎「『たった一人の山』——随筆 登山入門（四）」『図書』一九六三年五月号
○松沢弘陽・植手通有編『丸山眞男回顧談（上）』岩波書店、二〇〇六年
○松永健哉『五分の魂の行方』大空社、一九八八年
松村秀逸『三宅坂——軍閥は如何にして生れたか』東光書房、一九五二年
松本竣介「生きている画家」『みづゑ』一九四一年四月号
松本達治編『松本潤一郎追憶』非売品、一九五三年
三浦朱門『「中央公論」一〇〇年を読む』中央公論社、一九八六年
水島治男『改造社の時代 戦中編』図書出版社、一九七六年
蓑田胸喜『国防哲学』東京堂、一九四一年
美作太郎「軍国主義とジャーナリズム」関西学院新聞部編『現代ジャーナリズム論——その分析と批判』駸々堂、一九四八年
美作太郎・藤田親昌・渡辺潔『言論の敗北——横浜事件の真実』三一新書、一九五九年
美作太郎『戦前戦中を歩む——編集者として』日本評論社、一九八五年
宮島清「教育制度改革の根本問題」『教育』一九三四年一月号
宮本百合子ほか「新体制を語る座談会」『婦人朝日』一九四〇年一〇月号
宮本百合子「傷だらけの足——ふたたび純潔について」『婦人公論』一九五〇年一二月号
宮守正雄『ひとつの出版・文化界史話』中央大学出版部、一九七〇年
○村山龍「〈検閲官・佐伯郁郎〉を通して見る文化統制」『Intelligence』第一九号、二〇一九年
室伏高信『戦争私書』中公文庫、一九九〇年

○森沢真理『地方紙と戦争』新潟日報事業社、二〇一四年
○山田幸伯『敵中の人――評伝・小島政二郎』白水社、二〇一五年
山田孝雄「三崎町時代の倫理学教室」『精神科学研究』第一四号、一九七五年
○山田正行『平和教育の思想と実践』同時代社、二〇〇七年
○山田正行「「絶対矛盾的自己同一」の実践倫理――鈴木庫三「人格と道徳生活」を読む」『社会教育学研究』第四三号（二〇一八年）
山中恒『御民ワレ――ボクラ少国民第二部』辺境社、一九七五年
山中恒『撃チテシ止マム――ボクラ少国民第三部』辺境社、一九七七年
○山領健二「『革新』と『公論』(一)」『文学』一九六二年一二月号
鐙田研一ほか「国防国家と職域奉公問答会」『日の出』一九四一年三月号
○吉田昇「書評　鈴木庫三著『教育の国防国家』」『教育思潮研究』一九四一年七月
吉田昇「スパルタ教育と国防国家体制」『帝国教育』一九四一年一月号
吉田裕「満州事変下における軍部――「国防国家」構想の形成」『日本歴史』第二三八号、一九八二年
吉野作造「我国の軍事評論家について」『中央公論』一九一九年四月号
陸軍省情報部『支那事変の真意義』一九三九年
陸軍省情報部『国家総力戦の戦士に告ぐ』一九四〇年
陸軍省新聞班『「国防の本義と其の強化」に対する評論集　続篇』一九三五年
早稲田大学史編集所編『早稲田大学百年史』早稲田大学出版部、一九八七年
○和田芳恵『ひとつの文壇史』講談社文芸文庫、二〇〇八年
和辻哲郎『和辻哲郎全集』別巻二、岩波書店、一九九二年
和辻照『和辻哲郎とともに』新潮社、一九六六年

●鈴木庫三年譜

＊文献に付した(a)(b)などアルファベットは本文引用での識別記号である。

一八九四年（明治二七年）　0歳
一月一一日生。本籍地は茨城県真壁郡明野町大字鷲島。豪農、鈴木利三郎の六男四女第七子。

一八九五年（明治二八年）　1歳
筑波郡田水山村大字田中の農家、大里菊平の養嗣子となる。

一九〇一年（明治三四年）　7歳
田水山尋常小学校に入学。

一九〇六年（明治三九年）　12歳
三月、田水山尋常小学校を総代として卒業。四月、北条高等小学校に入学。

一九〇八年（明治四一年）　14歳
三月、北条高等小学校を学級内二番の成績で卒業。養家の農業を手伝いながら、帝国模範中学会で独学。

一九一〇年（明治四三年）　16歳
養父母に内密に師範学校を受験し、口頭試験まで残る。

一九一三年（大正二年）　19歳
二月、砲兵工科学校に願書提出。一二月、同校入学。

一九一四年（大正三年）　20歳
士官学校の受験を目指して猛勉強。梅地慎三先生に数学を習い、英独学館で英語を学ぶ。

一九一五年（大正四年）　21歳
一一月、砲兵工科学校（一九四〇年に陸軍兵器学校と改称）銃工科を成績一〇位で卒業。一一月、砲兵三等銃工長として青森の歩兵第五連隊に赴任。一二月、盛岡の騎兵第二四連隊に転任。

一九一六年（大正五年）　22歳
七月、陸軍士官学校を受験するも不合格。一一月、砲兵二等銃工長に昇進。

一九一七年（大正六年）　23歳

七月、陸軍士官学校の二回目の受験も不合格。

一九一八年（大正七年）　24歳

七月、陸軍士官学校に合格、二二〇名中一一五位。八月、砲兵二等銃工長として大阪砲兵工廠付に転任。「思出記」を執筆。一〇月、士官学校は輜重兵科に分属される。一二月、第三三期士官候補生として輜重兵第一大隊付となる。

一九一九年（大正八年）　25歳

一二月、市谷台の陸軍士官学校に入学。第七中隊第五区隊、支那語第二班に分属。

一九二一年（大正一〇年）　27歳

七月、陸軍士官学校を六九位、輜重兵科三位で卒業。一〇月、輜重兵少尉に任官、輜重兵第一大隊第三中隊付、輪卒教官となる。

一九二二年（大正一一年）　28歳

八月、「山梨軍縮」により第三中隊が解散。一〇月、陸軍砲工学校（一九四一年に陸軍科学学校と改称）の入学が認められる。

一九二三年（大正一二年）　29歳

一月、陸軍砲工学校普通科聴講生となる。一月七日、松下きる子と結婚。四月、日本大学法文学部予科に合格。一二月、陸軍砲工学校高等科聴講生となる。

一九二四年（大正一三年）　30歳

五月、長女昌子誕生。七月、世田谷町代田の借家へ転居。一〇月、輜重兵中尉に昇進、輜重兵第一大隊下士候補者中隊付。一二月、砲工学校高等科修了。

一九二五年（大正一四年）　31歳

五月、日本大学文学部倫理教育学専攻に進学。

一九二六年（大正一五年＝昭和元年）　32歳

三月、陸軍自動車学校練習隊付兼教官に転任。八月、次女直子誕生。世田谷町豪徳寺前の借家に転居。九月、日本大学文学部倫理教育学科・学生委員に就任。一〇〜一一月、陸軍大学校の参謀旅行演習に参加（関西から九州を巡る）。

一九二七年（昭和二年）　33歳

一月、大正天皇大喪儀の車馬係を拝命。七月、実父・利三郎死去。一一月、三女道子誕生。日本大学の卒業論文「建軍の本義」を執筆。

一九二八年（昭和三年）　34歳

五月、日本大学文学部を首席卒業。九月～一〇月、特別大演習で東北地方に出張。一一月、昭和御大典の警備司令部要員となる。一二月、日本大学文学部倫理教育学研究室の助手に就任。

一九二九年（昭和四年）　35歳

五月、日本大学大学院に進学。八月、陸軍自動車学校研究部主事兼教官に就任。

一九三〇年（昭和五年）　36歳

二月一一日、正七位に叙勲。四月、東京帝国大学文学部陸軍派遣学生となる。八月、三女道子死去。一一月、長男哲夫誕生。

一九三一年（昭和六年）　37歳

三月、輜重兵大尉に昇進、兵器本廠付となる。九月、大学院論文「国家生活の倫理学的研究」完成。一二月、日本大学助手を辞任。

「現今の社会相を観て（其一）」『偕行社記事』一二月号。

一九三二年（昭和七年）　38歳

五月、勲六等瑞宝章を受章、世田谷四丁目に自宅を構える。九月、大学院論文「国家生活の倫理学的研究」完成。一二月、同論文を陸軍省に提出。

「陸軍教育」ほか分担執筆（入澤宗壽『入澤教育辞典』教育研究会）、『皇軍の倫理的研究』（陸軍省「調査彙報号外」八月）、「農村問題と満蒙問題」（樋山光四郎編『新興満洲国の実相』偕行社）、「現今の社会相を観て（完）」『偕行社記事』一月号。

一九三三年（昭和八年）　39歳

三月、東京大学文学部卒業。輜重兵第一大隊付。八月、同大隊下士官候補者隊長。一〇月、陸軍自動車学校教官兼任。

一九三四年（昭和九年）　40歳

一二月、陸軍自動車学校練習隊付、兼同校教官、兼同校研究部員。

「軍隊教育の特色と軍隊教育学の成立」『教育思潮研究』五月号。

一九三五年（昭和一〇年）　41歳

六月、教育資料蒐集のため輜重兵第四大隊（大阪）、同一六大隊（京都）に出張。

「建軍の本義」『日本大学文学科研究年報』第一輯、『軍隊教育学概論』陸軍自動車学校、「交通道徳に就て」『自動車記事』（陸軍自動車学校高等官集会所）八月号、「軍

隊教育の特色と軍隊教育学の成立」『自動車記事』九月号。

一九三六年（昭和一一年）　42歳

二・二六事件では自動車部隊による警備部隊輸送を担当。事件後の詳報編纂委員となる。

『軍隊教育学概論』目黒書店、『日本精神の研究』陸軍自動車学校、「初年兵（乗用車・側車・貨車）野外応用操縦演習細部計画」『自動車記事』五月号、「技能教育の話」①〜④『自動車記事』八月〜一二月号。

一九三七年（昭和一二年）年　43歳

七月、日中戦争勃発により東京整備委員として兵器本廠で民間自動車徴用計画などを担当。八月、輜重兵少佐に昇任。

「日本精神の研究」①〜④『自動車記事』一月〜四月号。

一九三八年（昭和一三年）　44歳

八月、技術本部付兼軍務局兼務仰付、陸軍省新聞班員、大本営報道部付となる。九月、新聞班は陸軍省情報部に改組、同部員として雑誌指導を担当。

(a)「漢口従軍を前にして　従軍文士に期待」『東京朝日新聞』九月三日付、(b)「聖戦の真意義」『偕行社記事』一〇月号、「個人主義反対」『支那事変画報（週刊朝日・アサヒグラフ臨時増刊）』第二四輯（一一月一五日号）、「武漢陥落と国民の覚悟」『揚子江』一二月号。

鈴木庫三／上月良夫／坂西平八／奥保夫／月野木正雄／臼田寛三／棚橋真作「忠勇壮烈鬼神も哭く　最近帰還の部隊長座談会」『現代』一〇月号、鈴木少佐／井上謙吉／蠟山政道／太田宇之助／尾崎秀実／大西齋／神田正雄／桑原中佐／横田実／高木陸郎／村田孜郎／山崎靖純／山崎大佐／松本忠雄／松本愼一／杉森孝次郎「支那経営大座談会」『日本評論』一一月号、鈴木庫三／井上謙吉／桑原重遠／佐藤安之助／松本忠雄／松島慶三／横田実「漢口攻略とその後に来るもの　座談会」『青年』（日本青年館）一一月号など。

一九三九年（昭和一四年）　45歳

五月〜六月、早稲田大学東亜研究科講師。六月〜七月、天津租界工作のため北支・蒙疆・満洲に出張。

(a)「陸軍教育」『教育学辞典』岩波書店、(b)『支那事変の真意義』（陸軍省情報部名義）四月、(c)『国家総力戦の戦士に告ぐ』（陸軍省情報部名義）六月。

「国策と学校教育」『体育と競技』一月号、「日支はなぜ戦ふか」『小学四年生』二月号、「大陸経営と日本青年」『陸軍画報』三月号、「兵役法の改正について」『帝国教育』四月号、「時事問題早わかり（支那事変の将来）」『キング』七月号、「戦に勝つには何うすればよいか」『冨士』八月号、「満洲青少年義勇軍と国策移民」『陸軍画報』九月号、「支那事変の原因は何か」『受験旬報』九月下旬号、「戦に勝つには何うすればよいか」『冨士』一〇月号、「大陸に花嫁を送れ」『主婦之友』一〇月号、「事変の今後は何うなるか」『受験旬報』一〇月中旬号、「将来の時局と青年学徒の覚悟」『受験旬報』一〇月下旬号、「本格的長期建設へ」『支那事変画報（アサヒグラフ臨時増刊）』一一月号、「ドイツとフランスのえうさい」『幼年倶楽部』一二月号。

鈴木庫三ほか「排英座談会」『ユーモアクラブ』九月号、鈴木庫三／板井武雄／宇原義豊／本田トヨ／竹内茂代／吉岡英太郎「戦争と大陸経営・早婚を奨める座談会」『婦人倶楽部』一〇月号、鈴木庫三／清瀬一郎／濱野末太郎／福山寛邦／中谷武世／松岡孝児「〈東京会談決裂以後〉座談会」『文藝春秋　現地報告』九月号、鈴木庫三／堀切善兵衛／伊藤政之助／井上謙吉／木村増太郎／伍堂卓雄／高木睦郎／吉岡文六／野依秀市／松本忠雄／吉田政治／譚覚真／永井柳太郎「東亜再建座談会」『興亜産業経済大観』（『実業之世界』一〇月特別臨時大増刊号）。

一九四〇年（昭和一五年）　46歳

四月、中野学校教官を兼任。五月、新聞雑誌用紙統制委員会幹事に就任。九月、出版文化協会設立準備委員会委員を兼任。九月七日、日本放送協会より「国防国家の話」全国中継放送（ラジオ初出演）。一〇月、日配創立委員会委員を兼任。一二月、情報局第二部第二課に勤務（軍務局御用掛）。

(a)『教育の国防国家』目黒書店、(b)監修『世界再建と国防国家』（大熊武雄・阿部仁三著）大阪朝日新聞社、(c)「先づ国内問題を解決せよ」（宇田尚編『思想建設――興亜の理念』広文堂）、(d)「教育国家建設の提唱」文部省教学局『思想研究』第一〇輯、(e)「国防国家の話」『ラヂオ講演・講座』九月中旬号。

『青年講座11　国防国家の話』社会教育協会、「新東亜建設の諸問題」『公論』一月号、「事変処理と総力戦」『公論』二月号、「興亜の精神に就て」『少女の友』二月号、

「国内思想問題と国家総力戦」『公論』三月号、「聖戦と建設」『受験旬報』三月中旬号、「広義国防から見た満洲開拓民と青少年義勇軍」『新満洲』三月号、「支那の現状と治安状況」『拓殖情報』四月号、「国防上より見たる満洲開拓」『講演通信』四月号、九段軍人会館四月八日講演「国防上より見たる満洲開拓」『日満一体の姿』日本電報通信社、「聖戦と建設」『揚子江』四月号、「聖戦と建設」『陸軍画報』四月号、「青年の聖戦観」『雄弁』五月号、「半島から大陸へ」『新満洲』五月号、「世相随想・知らずに犯す親の罪――こんな親を持つ子の将来は？」『婦女界』五月号、「内鮮一体と満洲開拓問題」『拓務評論』六月号、「大陸経営と教育の革新」『青年教育研究』六月号、「支那事変で日本は何を得るか」『キング』六月号、「鈴木少佐勧説　対支精神文化工作宗団は素裸となり重点主義をとれ」『中外日報』七月五日、「都会生活と個人主義」『現代』七月号、「時艱の突破と国防国家の建設」『偕行社特報』七月号、「荷物は重いぞ」『冨士』八月号、「義人郝占元之墓（北京に於ける支那事変記念日の思出）」『冨士』八月号、「国防国家建設の要諦」『日本評論』八月号、「国防国家の新体制」（永井柳太郎・中野正剛・八田嘉明・道家齊一郎・鈴木庫三『新体制問題大雄弁録』新興之日本社）、「陸軍情報部鈴木庫三少佐に国防国家とはどんなものかを聞く」『昭和躍進時代』九月号、「ヘイタイサンノカブリモノ」『幼年倶楽部』九月号、「国防国家とは何か」『新若人』一〇月号、「高度国防国家に就て――わが国独自の国防国家建設へ」『講演時報』一〇月号、「国防国家と宗教」『六大新報』一〇月号、「国民試練の秋」『週刊朝日』一〇月一三日号、「国防国家とはどんな国家か」『キング』一〇月号、「国防国家と新体制」『文芸世紀』一〇月号、「日独伊三国同盟の意義」『週刊朝日』一〇月二〇日号、「皇国独自の国防国家建設へ」『家の光』一一月号、「国防国家とは何を指すか」『社会教育』一一月号、「国防国家の話」『講談倶楽部』一一月号、「現代の戦争は国家総力戦なり」『モーター』一二月号、「国民戦と軍人精神」『講談倶楽部』一二月号、「日独伊同盟と学徒の覚悟」『新若人』一二月号、「大陸へ花嫁を送れ」『家の光』一二月号、「青年の国防国家建設に対する使命」①②『青年指導』一二月〜一九四一年一月号。

鈴木庫三／大坪保雄／加藤長／小林尋次／鈴木重郎／田

代格／高瀬五郎／塚越虎男「時局は婦人に何を要求してゐるか座談会」『婦人倶楽部』二月号、鈴木庫三／ラインハルト・シュルツェ／長屋喜一／米本正／宮本守雄／百々巳之助／小塚新一郎／弘田親輔／伊藤規矩治／赤尾好夫／池田佐次馬「シュルツェ氏を中心に独逸の教育、学生、青年を語る座談会」『新若人』九月号、鈴木庫三／今井善四郎／新居格／吉田賢抗／田代格／成瀬正勝／南波恕一／浦本政三郎／宇野哲人／小和田武紀／赤尾好夫「学徒の動向を語る」『新若人』一〇月号、鈴木庫三／金子しげり／深尾須磨子／宮本百合子／桜木俊晃「新体制を語る座談会」『婦人朝日』一〇月号、鈴木庫三／大西斎／大宅由耿／華方伯／譚覚真／野田清武／佐々木勝三郎／広田洋二／関根郡平／赤尾好夫「大東亜共栄圏と青年学徒の使命を語る座談会」『新若人』一一月号、鈴木庫三／大浜英子／瀧川総子／壺井栄／坂本順子「国防国家建設と主婦の責任を語る座談会」『主婦之友』一二月号、鈴木庫三／志水義暲／赤尾好夫〔東大〕櫻井恒次・大木孝〔東京商大〕早川康正〔東京文理〕関良一〔早大〕樋口弘其〔慶大〕長谷川英夫〔一高〕志村一夫〔東京師〕竹本数夫〔東京外〕楢原淳平〔東京芸〕甲田太作「学生の新体制を語る座談会」『新若人』一二月号。

一九四一年（昭和一六年）　47歳

三月、中佐に昇進。三月中旬から約三週間、中国大陸での新聞出版状況を視察のため南京、上海に出張。

(a)『国防国家と青年の進路』大日本雄弁会講談社、(b)『家庭国防国家問答』主婦之友社、(c)鈴木庫三・秋山邦雄・黒田千吉郎・荒城季夫「国防国家と美術―画家は何をなすべきか（座談会）」『みづゑ』一月号。

「国防国家講座」第一講～第一九講『大日本青年』（大阪毎日新聞社）一月一日号～一〇月一日号、「世界の再建」『サンデー毎日』一月五日号、「国防国家に対する誤解と其の本義」『講演』第五二八号、「国防国家と用紙配給」八月一二日懇談会速記録、「世界の再建」『新若人』一月号、「国防国家の建設と家庭教育」『婦女界』二月号、「国防国家と臣道実践――肇国の大精神を実現しよう」『写真週報』三月号、「国防国家建設と臣道実践」『時潮』三月号、「国防国家の建設と武道鍛錬の復活」『新武道』四月号、「国防国家とは何か」『水道』四月号、「封建から臣道実践へ」『文芸世紀』三・四月号、「国防国家と人口問題」『新若人』五月号、「産業戦士は何うすれば

よいか」『冨士』五月号、「新進作家に望む」『講談倶楽部』五月号、「支那事変と国防国家」『文藝春秋』七月号、「国防国家と教育」『日本評論』七月号、「日本出版文化の新体制」『日本教育』七月号、「国家総力戦と武道」『新武道』七月号、「国防国家と文化」一〜三『美術文化新聞』八月一七・二四・三一日、「文化의 自由와 國防國家」『三千里』九月号、「出版の国防体制」『東京堂月報』九月号、「国防国家のお陰─皇国民たるの自覚をもて」『日の出』九月号、「之からの見方考へ方」『キング』一〇月号、「国防国家と思想」『新若人』一〇月号、「日本魂の蘇生」『講談倶楽部』一〇月号、「軍人精神講座」第一講〜第一二講『大日本青年』（大阪毎日新聞社）一一月一日号〜一九四二年四月一五日号、「国民精神へ還れ」『サンデー毎日』一一月九日号、「出版新体制と良書推薦」『講演』第五二五号（一一月三〇日号）、「出版新体制と良書推薦」『国策放送』一二月号、「日本婦人の生活─女性と美」『主婦之友』一二月号、「思想戦と国防体制─特に出版文化のために」『現代』一二月号、「国民戦と軍人精神」『講談倶楽部』一二月号。

鈴木庫三／石濱知行／亀井貫一郎／和田傳「国防国家と国民生活を語る座談会」『冨士』一月号、鈴木庫三／H・ショメル／W・ダニエル／A・モンディーニ／J・ストラミジョーリ／志鶴一衛／弘田親輔／赤尾好夫「日独伊学生座談会」『新若人』一月号、鈴木庫三／西原龍夫／赤尾好夫／佐藤清作／高明〔東大〕中山立平・佐藤正二・江理中〔早大〕樋口弘其・王龍友・郭慶復〔明大〕趙蘊東〔日大〕李公汗「日満支学生座談会」『新若人』二月号、鈴木少佐／大熊大佐／高瀬中佐／岸田文化部長／田代情報官「文化新体制対談会」『戦線文庫』三月特別号、鈴木庫三／高瀬五郎／長屋喜一／宇野喜代之介／栗原美能留／雨谷菊夫／菅井準一／赤尾好夫「転換期に於ける学徒の使命並に役割について（座談会）」『新若人』三月号、鈴木庫三／伊藤裕時／戸谷仁太郎／平井岐代子／福澤勝／松井永孝／三原智津子／鑓田研一「国防国家と職域奉公　問答会」『日の出』三月号、鈴木庫三／穂積七郎／中島健蔵／秋澤修二／安達巌／木下半治／赤尾好夫「少壮評論家座談会　日本革新の方向と学徒の動向」『新若人』四月号、鈴木庫三／津久井龍雄／加田哲二／春山行夫／菅井準一「出版文化を語る座談会」『日本評論』四月号、鈴木庫三／井上勇／濱田常二良／

大屋久寿雄／甲斐静馬／小寺厳／赤尾好夫「新帰朝ジャーナリスト座談会　戦時下欧州の青年学徒を語る」『新若人』五月号、鈴木庫三／岡本銑一郎／根津知好／松本正雄／阿部知二／清水照男／弘田親輔／赤尾好夫「少壮実社会人座談会」『新若人』六月号、鈴木庫三／関寛之／御堀伝造／間狩信義／倉永菊千代「誉れの遺児の導き方相談会」『婦人倶楽部』六月号、鈴木庫三／阿部仁三／熊埜御堂定／伏見猛彌／木内キャウ／阪本一郎「国民学校と家庭教育の座談会」『婦人倶楽部』七月号、鈴木庫三／中河与一／前田隆一／伏見猛彌／寺田彌吉／阿部仁三／木村毅／赤尾好夫「新しき文化と教養について座談会」『新若人』七月号、木村毅「事変四周年記念日を迎へて―鈴木陸軍中佐にお話をきく」上下『少年倶楽部』七月号・八月号、鈴木庫三／羽生隆／上泉秀信／長屋喜一／野間海造／丸山義二／阿部仁三／佐藤得二／杉山平助／赤尾好夫「学徒青年と娯楽の問題　座談会」『新若人』九月号、鈴木庫三／井澤弘／西谷彌兵衛／匝瑳胤次／藤田実彦／岸偉一／赤尾好夫「世界はどう動くか　座談会」『新若人』一二月号。

一九四二年（昭和一七年）　48歳

四月、情報局より陸軍輜重学校付に転出。八月、満洲国ハイラルの輜重兵第二三連隊長に転任。正六位旭日章四等を受章。

八幡良一共著『我等は日本少年』新潮社。「思想戦と出版新体制」『宇宙』一月号、「新しい国民生活」『生活科学』一月号、「国防国家と皇国民錬成」『日本教育』一月号、「世界観の転換期に立つ日本学生」『新若人』一月号、「新しい生活の建設」『主婦之友』一月号、「生活転換期に立つ日本婦人」『婦人日本』（東京日日新聞社）一月号、「何故大東亜戦争は起こつたか　暴戻英米の野望を発く」『婦人倶楽部』二月号、「特別講座　大東亜戦争と国防国家の建設」『初二国民教育』『高二国民教育』二月号、「大東亜戦争と国民の覚悟」『家の光』二月号、「興亜の聖業と家庭教育」『主婦之友』二月号、「大東亜戦争と青年の心構へ」『新若人』二月号、「世界史の転換にあたりて」『新武道』二月号、「輝く戦果と新生活の建設――米英の贅沢生活を追放せよ」『食養』二月号、「大東亜戦争に動員された日本婦人」『主婦之友』三月号、「日本婦人の道場」『主婦之友』四月号、「軍人に感謝いたしませう」『少女の友』四月号、「大東亜戦争と国民教育」

『放送』四月号、「大東亜共栄圏建設と人口問題」『主婦之友』五月号、「皇国民錬成と軍隊教育」『日本教育』五月号、「特集・軍人教育について　軍隊教育の特色」『新武道』五月号、「世界新秩序確立の聖戦と一億の決意」『機械化』五月号、「高度国防国家の建設と皇国民の錬成」『向上』五月号、「日本少女の美しさ」『少女の友』五月号、「教養の頁　大東亜戦争はいつまで続くか」『新女苑』五月号、「すべてを戦のために」『主婦之友』六月号、「言論の国防体制に就て」『出版文化』七月号。

鈴木庫三／竹本孫一／谷口吉彦／赤松要／大串兎代夫／木村介次／帆足計ほか「大東亜戦下の経済国策を語る（座談会）」『エコノミスト』一月上旬号、鈴木庫三／大平秀雄／堀田正明／景山誠一／柏原兵太郎／美濃部洋次／迫水久常／下中彌三郎／中山正男「大東亜国防国家の建設の構想を語る座談会」『陸軍画報』三月号。

一九四三年（昭和一八年）　49歳

九月、熊本の輜重兵第四六連隊長に転任。一〇月、輜重兵第六連隊補充隊長に異動。

「国防国家と思想」『吉田博士古稀祝賀記念論文集』寶文館。

一九四四年（昭和一九年）　50歳

三月、鹿児島の第一四六師団輜重隊長に転任。

一九四五年（昭和二〇年）　51歳

六月、大佐に昇進。一二月、復員して東京の自宅に戻る。

一九四六年（昭和二一年）　52歳

二月、熊本県菊池郡旭野村伊萩に移住し、農業に従事。

一九五二年（昭和二七年）　58歳

一月、熊本県菊池郡大津町に転居。四月、講和条約発効にともない公職追放解除。

一九五三年（昭和二八年）　59歳

五月、大津町公民館長に就任。『大津弘報』を編集・発行。「就任の御あいさつ」『大津弘報』六月号、「町づくり村づくり」九回連載『大津弘報』六月号～一九五四年二月号（①「他山の石」、②「村か家か人か何れが先か」、③「青年の使命」、④「城東連合青年団の発足に寄せて」、⑤「建設ということ」、⑥「大津地区組合立青年学級設立について」、⑦「百年の大計」、⑧「営農座談会」、⑨「酪農座談会」）

「通俗哲学」六回連載『大津弘報』八月号〜一九五四年二月号（①「働くために食うのか　食うために働くのか?」、②「何のために働くか?」、③「民族の個性」、④「民族の個性（続き）」、⑤「人間の幸福」、⑥「人間の幸福（続き）」）

一九五四年（昭和二九年）　60歳
三月九日、合志義塾の開校式にて脳梗塞で倒れる。

一九六一年（昭和三六年）　67歳
五月二日、NHK総合テレビ「歴史の証言—言論の自由と責任」のインタビューで登場。

一九六四年（昭和三九年）　70歳
四月一五日、熊本県菊池郡大津町にて没。世田谷区豪徳寺境内に永眠。戒名は文武院憂国庫岳居士。

＊偕行社データベース、秦郁彦編『日本陸海軍総合事典』東京大学出版会なども参照した。また、日記など未公刊史料の詳細については、佐藤卓己「鈴木庫三」、伊藤隆・季武嘉也編『近現代日本人物史料情報辞典2』吉川弘文館、二〇〇五年、一二五〜一二七頁を参照されたい。

人名索引

◎事項索引を掲載しないため、ノンブルはやや広めに拾った。例えば、【宮本百合子】という項目には、【『宮本百合子全集』】のノンブルが、【近衛文麿】の項目には、【近衛内閣】や【近衛上奏文】などのノンブルが含まれている。
◎図版キャプションにのみ現れる場合は、数字の後に「c」を添えた。

佐藤卓己（さとう・たくみ）

1960年，広島県生まれ．京都大学大学院文学研究科博士課程研究指導認定退学．東京大学新聞研究所助手，同志社大学文学部助教授，国際日本文化研究センター助教授，京都大学大学院教育学研究科教授などを経て，現在，上智大学文学部新聞学科教授，京都大学名誉教授．専攻はメディア文化学．2020年にメディア史研究者として紫綬褒章を受章．
著書に，『大衆宣伝の神話』（ちくま学芸文庫），『現代メディア史　新版』（岩波テキストブックス），『『キング』の時代』（岩波現代文庫，日本出版学会賞・サントリー学芸賞受賞），『言論統制』（中公新書，吉田茂賞受賞），『八月十五日の神話』（ちくま学芸文庫），『テレビ的教養』（岩波現代文庫），『輿論と世論』（新潮選書），『ファシスト的公共性』（岩波書店，毎日出版文化賞受賞），『負け組のメディア史』（岩波現代文庫），『池崎忠孝の明暗』（創元社）など，また編著に，『ある昭和軍人の記録』（中央公論新社）などがある．

言論統制《げんろんとうせい》　増補版《ぞうほばん》
中公新書 *2806*

2004年8月25日初版
2009年5月15日6版
2024年5月25日増補版発行

著　者　佐藤卓己
発行者　安部順一

本文印刷　暁印刷
カバー印刷　大熊整美堂
製　　本　小泉製本

発行所　中央公論新社
〒100-8152
東京都千代田区大手町1-7-1
電話　販売 03-5299-1730
　　　編集 03-5299-1830
URL https://www.chuko.co.jp/

Published by CHUOKORON-SHINSHA, INC.
Printed in Japan　ISBN978-4-12-102806-8 C1221